21世纪经济管理类精品教材

现代物流管理

（第3版）

张余华／主编

Modern Logistics Management

清華大學出版社
北京

内 容 简 介

本书共有十二章，主要包括物流导论、供应链管理、运输与包装、仓储与库存管理、配送与流通加工、物流信息系统、企业物流、第三方物流、国际物流、物流战略管理、物流成本管理以及绿色物流。为使读者更好、更系统地了解现代物流管理的理论、技术和方法，跟踪国际、国内物流管理的发展动向，本书注重现代物流管理的实践和新技术的运用，每章均有案例链接，在章尾均给出了案例及案例分析和复习思考题，力求理论与实践相结合。

本书适用于高等教育本科院校工商管理类专业、物流工程专业的教学，同时对从事物流管理的专业人员也具有较高的参考价值。

图书在版编目（CIP）数据

现代物流管理/张余华主编．—3版．—北京：清华大学出版社，2017 (2024.8重印)
（21 世纪经济管理类精品教材）
ISBN 978-7-302-48159-1

I. ①现… II. ①张… III. ①物流管理-教材 IV. ①F252

中国版本图书馆CIP数据核字（2017）第205755号

责任编辑： 杜春杰
封面设计： 康飞龙
版式设计： 楠竹文化
责任校对： 何士如
责任印制： 曹婉颖

出版发行： 清华大学出版社
网　　址：https://www.tup.com.cn，https://www.wqxuetang.com
地　　址：北京清华大学学研大厦 A 座　　邮　　编：100084
社 总 机：010-83470000　　邮　　购：010-62786544
投稿与读者服务： 010-62776969，c-service@tup.tsinghua.edu.cn
质量反馈： 010-62772015，zhiliang@tup.tsinghua.edu.cn
印 装 者： 北京嘉实印刷有限公司
经　　销： 全国新华书店
开　　本： 185mm×230mm　　**印　　张：** 24.5　　**字　　数：** 549 千字
版　　次： 2017 年 11 月第 3 版　　**印　　次：** 2024年 8月第13次印刷
定　　价： 69.80 元

产品编号：060931-03

前　　言

进入 21 世纪以来，随着经济全球化和科学技术的迅速发展，现代物流管理作为一种先进的组织方式和管理方式，受到了广大企业、学术界和各国政府的高度重视，并在实践中得到了广泛应用，现代物流在提高经济运行质量、经济效益和社会效益等方面发挥了重要作用。

在中国，互联网和电子商务在商业实践中的影响对物流提出了巨大的挑战，同时也创造了更多的机遇，物流已成为企业最为活跃的活动之一。越来越多的企业已经把物流战略与企业的发展战略紧密地联系在一起。事实上，对物流与供应链管理在企业竞争力和获利性上的重要性认识的提高，使物流成为一个真正的战略问题，并把物流推向了企业战略的核心地位。

本书的第 2 版《现代物流管理》（2010 年版）系统地介绍了现代物流管理的理论和方法。在过去的 6 年，无论是全球化还是我国的市场环境都已发生了深刻的变化，信息技术和先进装备在物流领域广范围的运用，使物流服务水平提高的同时也增加了物流系统管理的复杂性。许多企业已意识到物流系统管理、物流总成本最小化、快速反应、最低库存、整合运输的重要性，物流新技术和新方法不断地涌现。我们在充分了解并听取专业教学人员及企业专家意见和建议的基础上，对本书进行了修订，增加和夯实了应对市场运作过程中物流所出现的现实性问题的内容、技术和方法。

此版在观点与内容的表述上更为严谨，全书由张余华教授完成修订。第一章，进一步突显了现代物流的理念，强调物流是供应链管理的一部分，是为满足顾客需求而进行的正向或逆向的物流战略与管理的活动；重新梳理了我国物流的发展。第二章，延续第一章的脉络，对供应链管理的相关概念、理论及方法进行了概述性的介绍，为此，将第二章确定为“供应链管理”。第三章，对包装的定义表述更为详细，对包装的功能进行了整合，并且清晰表明现代包装的基本功能是彼此联系、相辅相成的，需要通过包装容器融为一体共同发挥作用。第四章，依据库存管理的重要程度，增加了安全库存的模型。第五章，为体现流通加工在物流活动增值中的作用，对流通加工与生产加工进行了更为细致的比较分析。第六章，介绍物流信息系统功能，更加强调其在管理与决策中的作用，同时增加了地理信息系统及物联网等信息技术的内容。第七章，对于企业，采购从本质上已变得更具战略性，为此，本书加大了采购内容的介绍，在此章加重了采购目标的阐述，增加了全球采购的方法。第八章，增加了第三方物流实践现实性问题及新方法，如有关电子商务发展对第三方物流提出一系列新挑战的剖析。第九章，加强了进出口商品检验程序的介绍及进出口货物运输流程的描述，对国际物流、国际多式联运、国际货运代理等定义表述更为严谨。第十章，增加了企业战略的构成，阐述了物流战略与企业战略之间的内在联系。第十一章，重新整理了物流成本的分类及物流成本核算与实施中存在的现实性问题，增加了作业成本法和物流成本构成，进一步阐述了采购与供应阶段的物流成本控制。第十二章，在逆向物流的内容中进一步阐述了逆向物流成因的分析及产品召回。

为使读者更好、更系统地了解现代物流管理的理论、技术和方法，追踪国内外物流管理的发展动向，本书进一步阐述了物流管理的实践和新技术、新方法的运用，书中的链接资料和案例都是近年来企业的实践。有关 PPT 课件、学习资源以及案例库可以在广东省资源共享课“物流管理学”课程网站（网址：http://www1.gdufs.edu.cn/jwc/bestcourse/kecheng/36/）下载。

在编写及修订过程中，我们参考并借鉴了大量的物流和供应链管理方面的专著、教材和学术论文，已尽可能在参考文献中列出，如有遗漏，请联系我们补正，在此对文献的作者表示诚挚的谢意！对本书第 1 版和第 2 版参与编辑工作的老师所做出的贡献表示衷心的感谢！

本书涉及了许多新理论、新技术和新方法，如存在疏漏，敬请读者批评指正。

张余华

2017 年 4 月于广州越秀区

目　录

第一章 物流导论

本章重点

- 物流概念的形成与发展
- 物流的定义及其特征
- 物流的基本构成及种类
- 物流的价值
- 物流学的学科性质
- 物流的理论认识
- 物流管理的概念与内容
- 物流管理的原则

现代文明开始以来，物流就已经存在了，它算不上新生事物。然而，讲到现代物流，尽管它好像是看不见、摸不到的事物，但在现实社会中，实现最佳的物流已成为业务管理和部门管理的最激动人心和最富挑战意义的作业领域之一。物流也被誉为企业发展的“加速器”和“第三利润源泉”，物流业的发展被称为21世纪的“黄金产业”。

第一节 物流概念的产生与发展

物流科学自产生以来已显示出它的强大生命力，成为当代最活跃、最有影响的新学科之一。物流科学以物的动态流转过程为主要研究对象，揭示了物流活动（运输、储存、包装、装卸搬运、配送、流通加工、物流信息等）之间存在相互关联、相互制约的内在联系，认定这些物流活动都是物流系统的组成部分，是物流系统的子系统；它界定了物流系统的边界，使其在经济活动中从潜隐状态显现出来，成为独立的研究领域和学科范围。物流科学是管理工程与技术工程的结合，实现了物流的时间效益和空间效益。物流科学的产生和应用给国民经济和企业的生产经营带来难以估量的经济效益，因此，引起了人们的重视并给予高度评价，从而得到了迅速的发展和普及。

一、商物分离

人们对物流的最早认识是从流通领域开始的。我们知道社会分工使社会发展到生产与消费相分离的商品经济，产生了连接生产与消费的流通功能，从而使社会经济活动由生产领域、消费领域和联结两者的流通领域组成，如图 1-1 所示，在生产和消费之间存在着社会间隔（生产者和消费者不同）、场所间隔（生产地和消费地不同）、时间间隔（生产时间和消费时间不同），是流通将生产和消费之间的这些间隔联系起来，以保证经济活动顺畅进行。

图 1-1　社会三大经济领域

- 生产领域：将生产资料进行物理变化或化学变化，制成各种产品满足社会消费需求的经济活动领域，生产的结果为有形产品。在经济不发达的社会，生产产品基本上在原地消费。但在今天，某地所生产的各种产品几乎被全国，甚至全世界消费。
- 消费领域：消耗产品或商品的使用价值，满足社会的某种需求，消费的结果为废弃物。随着消费领域与生产领域的间隔逐渐变大，联结二者的流通领域作用逐渐突出。
- 流通领域：将生产和消费联结起来的领域，流通的结果是产品或商品的所有权转移和产品或商品在时间空间上的转移。

产品或商品的所有权转移是指通过经济手段取得产品的所有权，如人们在购买某种商品时，交款取得发票后，即获得此商品的所有权。产品或商品的所有权转移称为商流，其表现形式为代表所有权的凭证在时间和空间上的转移。商流的特征是所有权凭证交易。

完成产品的所有权转移后，紧接着的是产品本身在时间和空间上的转移，以克服生产和消费领域的“间隔”，达到产品实现其价值的最终目的。产品或商品在时间空间上的流动全过程简称“物流”。其表现形式是物品本身在时间和空间上的转移。物流的特征是物品运动和停滞。例如，在生产钢铁时，把铁矿石从矿山运到钢铁厂所克服的“间隔”主要是距离，在物流中称为运输；再如，农民生产的粮食当年不会全部消费，其大部分要储藏起来以备来年消费，这时所克服的“间隔”主要是时间，在物流中称为仓储。

在物流概念产生以前，产品本身流动和停滞的全过程由各个不同的运作独立完成，这些不同的运作称为物流环节。物流环节包括运输、仓储、保管、搬运、配送及对产品的简单包装等。各个不同的物流环节由不同的企业完成，从事上述各个环节的企业有着不同的名称，如从事运输环节的称为运输公司，又细分为海运公司、空运公司及铁路、公路等运输公司。

社会进步使流通从生产中分化出来之后，并没有结束分化及分工的深入和继续，现代化大生产的分工和专业化是向一切经济领域中延伸的。分工的升级和细化促使流通领域中的主要职能商流和物流进一步分离。在第二次世界大战之后，流通过程的这两种形式出现了更加明显的分离，从不同形式逐渐转变成了两个有一定独立运动能力的不同运动过程，这就是所谓的“商物分离”，即流通中两个组成部分商业流通和实物流通各自按照自己的规律和渠道独立运动，如图 1-2 所示。社会化的独立形态物流，进一步系统化，使专业的物流职能向专业的物流经营方向发展，形成物流行业。再进一步，物流行业也由初期的承运向货运代理方向发展，乃至发展到高水平的第三方物流、第四方物流和供应链。时至今天，这些独立的企业和物流行业已经可以构筑成一个完整的物流业。

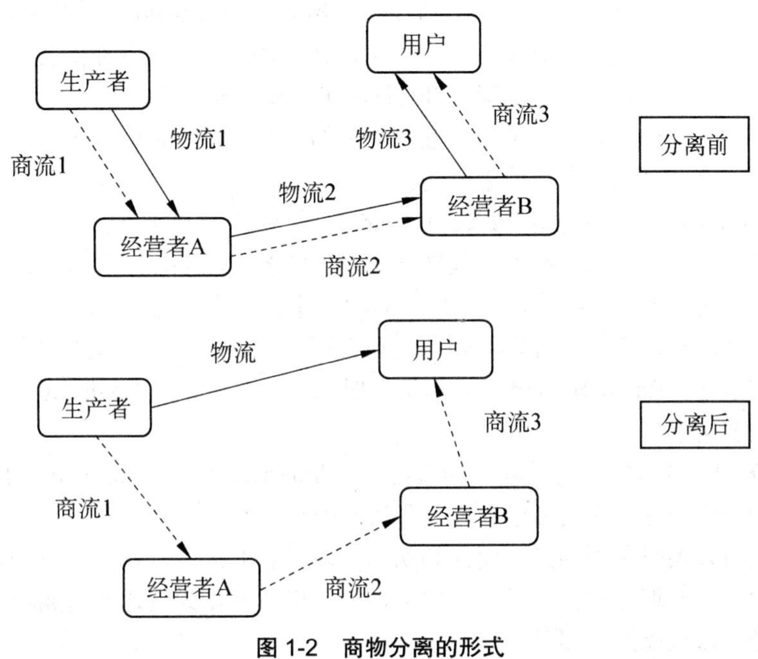

图 1-2 商物分离的形式

商物分离是物流科学赖以存在的先决条件，物流科学正是在商物分离基础上才得以对物流进行独立的考察，进而形成一门科学。

二、物流概念的产生

物流作为被研究对象，最早要追溯到 1901 年，约翰·格鲁威尔（J. F. Growell）在美国政府报告“关于农产品的配送”中，第一次论述了对农产品配送成本产生影响的各种因素，从而拉开了人们对物流活动认识的序幕。现代物流概念的形成经历了一个漫长而曲折的过程，归纳起来大致有以下三个发展阶段。

（一）第一阶段：物流概念的孕育阶段

从 20 世纪初到 20 世纪 50 年代，这个阶段是物流概念的孕育阶段。这一阶段的特点：一是局部范围，主要是在美国；二是少数几个人提出物流的概念；三是 Physical Distribution

和 Logistics 两种概念并存。

1. 营销学派的概念

美国市场营销学者阿奇·萧（Arch W. Shaw）1915 年在《经营问题的对策》一书中，初次论述物流在流通战略中的作用。同年，L. D. H. 威尔德（Weld）指出市场营销能产生三种效用，即所有权效用、空间效用和时间效用，与此同时，他还提出了流通渠道的概念，应该说这是早期对物流活动较全面的一种认识。

阿奇·萧于 1921 年提出了物流的概念，叫作 Physical Distribution（简称 P. D）。他在 *Some Problems In Marketing Distribution* 一书中指出，在市场分销中，存在两类活动：一类叫作创造需求；另一类叫作物资实体分配（Physical Distribution of Goods），这两类活动是不同的，但是在市场分销中，是互相平衡、互相依赖的。在市场分销中发生的重大失误，往往是由于在这两类活动之间缺乏协调造成的。

营销专家弗莱德·E. 克拉克（Fred E.Clark）于 1929 年在所著的《市场营销的原则》一书中，将市场营销定义为商品所有权转移所发生的各种活动以及包含物流在内的各种活动，从而将物流纳入了市场经营行为的研究范畴之中，将流通机能划分为“交换机能”“物流机能”和“辅助机能”三部分，将物流活动真正上升到理论高度加以研究和分析。1927 年拉尔夫·布素迪（Ralph Borsodi）在《流通时代》一书中，用 Logistics 来称呼物流，为物流的概念化奠定了基础。

1946 年美国正式成立了全美输送物流协会（American Society of Traffic Logistics），这是美国第一个关于对专业输送者进行考查和认证的组织。

这一时期可以说是美国物流的萌芽和初始阶段。总的来看，在这一时期，尽管物流已经开始得到人们的普遍重视，但是在地位上，物流仍然被作为流通的附属机能看待，也就是说，物流是流通机能的一部分。

2. 军事后勤学派的概念

美国少校琼西·贝克（Chauncey B.Baker）于 1905 年在其所著《军队和军需品运输》一书中提出了物流的概念，叫作 Logistics。他是从军事后勤的角度提出的，称 Logistics 是“与军备的移动与供应有关的战争的艺术的分支”。在第二次世界大战中，美国的反法西斯战线拉得很长、很宽，在某种意义上说，美国庞大的军事后勤补给决定了战争的胜负。美军方邀请著名的管理学家、运筹学家、军事专家共同组成课题组，研究军事物资采购、运输、储存、分配、保养以及废弃后处理的一体化方案，并把此方案称为 Logistics，即“后勤学”。其基本思想是把战争物资从供应地到作战前线的整个流通过程作为一个系统，把各个环节，如军用物资仓储、运输、保养、运送到各个战区等作为子系统，研究如何提高效率、降低成本，并且能及时而准确地发挥军用物资在战争中的作用。他们提出的 Logistics 的基本原则、运行的规律、许多措施和方法形成了物流的基本思想和理论框架。美国军事兵站后勤活动的开展，以及英国在战争中对军需物资的调运的实践都大大充实和发展了军事后勤学的理论、方法和技术，因此，支持了 Logistics 说的发展。

这两个不同意义的概念之所以都分别存续下来，是因为各自都在各自的专业领域中独立运用，二者之间没有发生冲突，此时也没有一个统一的物流学派来进行统一规范，社会上在绝大多数的范围内还基本上没有物流的概念。

（二）第二阶段：分销物流概念阶段

从20世纪50年代中期到20世纪80年代中期，可以称为分销物流（Physical Distribution）概念阶段。这个阶段的基本特征是：分销物流概念得到发展而占据了统治地位，从美国走向了全世界，形成了一个比较统一的物流概念；形成和发展了物流管理学；也形成了物流学派、物流产业和物流领域。

（1）Physical Distribution 概念继续在美国得到发展和完善，基本形成了比较完整的物流管理学。

第二次世界大战后，美国的经济迅速发展，先进生产理论和观念不断引入，新技术不断出现、管理水平不断提高，促进了生产力水平的大幅度提高。产品的极大丰富和激烈的市场竞争迫使产品必须降低成本、提高质量。物流逐渐为管理学界所重视；企业界也开始注意到物流在经济发展中的作用，将改进物流管理作为激发企业活力的重要手段。这一阶段是物流快速发展的重要时期。

1954 年，在美国波士顿工商会议所召开的第 26 次波士顿流通会议上，鲍尔 • D. 康柏斯发表了题为“市场营销的另一半”的演讲，他指出无论是学术界还是实业界都应该重视认识、研究市场营销中的物流，真正从战略的高度来管理、发展物流，应该讲，这是物流管理发展的一个里程碑。

1956 年，霍华德 •T. 莱维斯（Howard T.Lewis）、吉姆斯 •W. 克里顿（James W. Culliton）和杰克 • D. 斯蒂勒（Jack D. Steele）三人撰写了《物流中航空货运的作用》一书，在书中他们指出航空货运尽管运费比较高，但是由于它能直接向顾客进行商品配送，因而节省了货物的在库维持费和仓库管理费，因此，应当从物流费用总体上来评价运输手段的优缺点。霍华德等学者的研究第一次在物流管理中导入了整体成本的分析概念，深化了物流活动分析的内容。

由于现代市场营销观念的形成，使企业意识到顾客满意是实现企业利润的唯一手段，顾客服务成为经营管理的核心要素，而物流在为顾客提供服务上起到了重要的作用。物流，特别是配送得到了快速的发展。1960 年，美国的 Raytheon 公司建立了最早的配送中心，结合航空运输系统为美国市场提供物流服务。

1961 年爱德华 • W. 斯马凯伊（Edward W. Smykay）、唐纳德 • J. 鲍尔索克斯（Donald J. Bowersox）和弗兰克 • H. 莫斯曼（Frank H. Mossman）撰写了《物流管理》一书，这是世界上第一本介绍物流管理的教科书，在该书中他们详细论述了物流系统以及整体成本的概念，为物流管理成为一门学科奠定了基础。20 世纪 60 年代初期，密西根州立大学以及俄亥俄州立大学分别在大学部和研究生院开设了物流课程，成为世界上最早把物流管理教育纳入大学学科体系中的学校。

1962年美国著名经营学家德鲁克在《财富》杂志上发表了题为《经济的黑暗大陆》一文，提出了物流是降低成本的最后领域，强调应当高度重视物流管理，从而对实业界和理论界又产生了一次重大的推动作用，使他们逐渐认识到物流是“第三利润源泉”。

1963年成立了美国物流管理协会（Council of Physical Distribution Management），该协会集中了物流实业界及教育界的专家，通过对话和讨论，促进了对物流过程的研究和理解及物流管理理论的发展，以及物流界与其他组织的联系与合作。

1969年唐纳德·J. 鲍尔索克斯在《市场营销》杂志上刊登了《物流的发展——现状与可能》，对综合物流概念的过去、现状以及未来发展做出了全面分析。

1976年，道格拉斯·M. 兰伯特（Douglas M.Lambert）对在库评价的会计方法进行了卓有成效的研究，并撰写了《在库会计方法论的开发：在库维持费用研究》一文，指出在整个物流活动所发生的费用中，在库费用是最大的一个部分，并对费用测定进行了研究，对物流管理学的发展做出了重大贡献。

在这一时期，很多有关物流的论文、著作、杂志开始大量涌现，有关物流管理研讨的会议也开始频繁召开，这些都推动了物流管理学的形成以及物流管理实践的广泛推广。

（2）Physical Distribution 概念从美国走向世界，成为世界公认的物流概念，在世界范围内形成了物流管理学的理论体系。

20世纪50年代中期，日本派了一个12人的“流通技术专业考察团”从1956年10月下旬到11月末，在美国各地进行了实地考察，首次接触到了物流这个新事物。日本考察团在详细了解了物流这一新鲜事物后，于1958年提及Physical Distribution。这个概念马上被产业界接受，并加以研究和不断创新，在日本掀起了流通领域的一场革命，配送中心、物流中心相继产生，企业中的物流部形成，一些零散的、规模较小的运输和仓储企业联合起来，组成了许多大型的物流企业，如至今在世界上著名的日本通运公司、佐川急便等。随着分销物流业逐渐扩大，逐渐形成了物流产业和物流管理学，20世纪70年代达到了高潮，大有后来居上之势，出现了一批如阿保荣司、宇野正雄等物流学家。

同样，这样的物流概念逐渐流行到西欧、北美和其他许多国家。20世纪70年代末也传到了中国。这样，基本上全世界各个国家都接受了这样的物流概念和物流管理学。

分销物流主要把物流看成是运输、储存、包装、装卸、加工（包括生产加工和流通加工）、物流信息等各种物流活动的总和。在分销物流学中，主要研究这些物流活动在分销领域的优化问题。在各个物流专业理论和应用发展上取得了很大的进展，例如系统理论、运输理论、配送理论、仓储理论、库存理论、包装理论、网点布局理论、信息化理论以及它们的应用技术等。

（3）在分销领域各专业物流理论竞相发展的同时，企业内部物流理论异军突起。

当人们正在专注地研究分销领域中的物流问题、发展各种专业物流理论和技术的时候，企业内部生产物流也悄悄地发展起来。1965年美国J. A. 奥列基博士（Dr. Joseph A. Orlicky）

提出独立需求和相关需求的概念，并指出订货点法的物资资源配置技术只适用于独立需求物资。而企业内部的生产过程相互之间的需求则是一种相关需求。相关需求应当用相关需求的物资资源配置技术。20 世纪 60 年代随着计算机应用的普及和推广，人们逐渐把计算机应用到制订生产计划上来，美国生产管理和计算机应用专家 Oliver W. Wight 和 George W. Plosh 首先提出了物料需求计划（Material Requirement Planning，MRP）的概念，而 IBM 公司则首先在计算机上实现了 MRP 处理，从此产生了 MRP 技术，并且在企业中得到了应用和发展，到了 20 世纪 80 年代，发展到了 MRP II。

在 MRP 发展的基础上，受 MRP 思想原理的启发，20 世纪 80 年代又产生了应用于分销领域的物资资源配置技术（Distribution Requirement Planning，DRP），并且相应又发展出 DRP II。在 MRP 和 DRP 发展的基础上，为了把二者结合起来运用，20 世纪 90 年代又出现了 LRP（Logistics Resources Planning）技术和 ERP（Enterprise Resources Planning）。

这一时期日本丰田汽车公司创造的准时化生产技术（Just In Time，JIT）以及相应的看板技术是生产领域物流技术的另一朵奇葩。它不光在生产领域创造了一种革命性的哲学和技术，而且为整个物流管理学提供一种理想的物流思想理论和技术，现在已经应用到物流的各个领域。

企业内部另一个重要的物流领域是设施规划与工厂设计，包括工厂选址、厂区布局、生产线布置、物流搬运系统设计等，也都成为物流学应用和发展的领域，形成了物流管理学一个非常重要的分支学科。

所有这些企业内部物流理论和技术的强劲发展，逐渐引起了人们的关注。分销物流的概念显然不能包含它们，使原来只关注分销物流的人们自然想到，仅使用分销物流的概念已经不太合适了。特别是到 20 世纪 80 年代中期，随着物流活动进一步集成化、一体化、信息化的发展，改换物流概念的想法就更加强烈了，于是就进入了物流概念发展的第三个阶段。

（三）第三阶段：现代物流概念阶段

从 20 世纪 80 年代中期开始一直到现在，为现代物流（Logistics）概念阶段。这个阶段的特点是：随着物流业的发展，物流已经不仅仅限于分销领域，而已经涉及包括企业物资供应、企业生产、企业分销以及企业废弃物再生等全范围和全领域。人们已经意识到，原来的分销物流（Physical Distribution）概念已经不适应这种形势，显得太狭窄了，应该扩大概念的内涵，因此决定采用 Logistics 作为物流的概念。值得指出的是，这个时候的 Logistics 概念和第一阶段的军事后勤学上的 Logistics 概念，虽然字面相同，但是意义已经不完全相同了：第一阶段军事后勤学上的 Logistics 概念主要是指军队物资供应调度上的物流问题，而新时期的 Logistics 概念则是在各个专业物流全面高度发展的基础上基于企业供、产、销等全范围、全方位物流问题，无论是广度、深度以及涵盖的领域、档次都有不可比拟的差别，因此这个阶段的 Logistics 应当译为现代物流学，它是一种适应新时期所有组织

（包括企业、军队、学校、事业单位）的集成化、信息化、一体化的物流学。

这个阶段的主要事实如下。

20世纪80年代中期以后，在理论上，人们越来越清楚地认识到物流与经营、生产紧密相连，它已成为支撑企业竞争力的三大支柱之一。1985年，威廉姆·哈里斯（Harris William D.）和斯托克·吉姆斯（James R. Stock）在密西根州立大学发表了题为《市场营销与物流的再结合——历史与未来的展望》的演讲，他们指出，从历史上看，物流近代化的标志之一是商物的分离，但是随着1965年以西蒙（Simon Leonard S.）为代表的顾客服务研究的兴起，在近20年的顾客服务研究中，人们逐渐从理论和实证上认识到现代物流活动对于创造需求具有相当大的作用，因此，在这一认识条件下，如果再像原来那样在制定营销组合，特别是产品、价格、促销等战略过程中，仍然将物流排除在外，显然不适应时代的发展。因此，非常有必要强调营销与物流的再结合。这一理论对现代物流的本质给予了高度总结，也推动了物流顾客服务战略以及供应链管理的研究。

从物流实践来看，20世纪80年代后期电子计算机技术和物流软件的发展日益加快，进而更加推动了现代物流实践的发展，这其中的代表是EDI的运用与专家系统的利用。EDI技术的应用为物流纵深化发展带来了契机，而专家系统的推广为物流管理提高了整体效果。现代物流为了保障效率和效果，一方面通过POS系统、条形码、EDI等收集、传递信息，另一方面利用专家系统使物流战略决策实现最优化，从而共同实现商品附加价值。

物流外包和第三方物流的产生，进一步导致物流专业化、技术化和集成化，实现了生产和物流的分工合作，提高了各自的核心竞争力。

20世纪90年代供应链管理理论的诞生，供应链管理系统的形成进一步导致物流管理的联合化、共同化、集约化和协调化。20世纪90年代以来，随着新经济和现代信息技术的迅速发展，现代物流的内容仍在不断地丰富和发展，信息技术的进步使人们更加认识到物流体系的重要，现代物流的发展被提到重要日程上来。同时，信息技术特别是网络技术的发展，也为物流发展提供了强有力的支撑，使物流向信息化、网络化、智能化方向发展。这不仅使物流企业和工商企业建立了更为密切的关系，同时物流企业也为各客户提供了更高质量的物流服务，特别是对电子商务的发展，将像杠杆一样撬起传统产业和新兴产业，成为企业决胜未来市场的重要工具。而在这一过程中，现代物流将成为这个杠杆的支点。

最具有历史意义的是1985年美国物流管理协会正式将名称从National Council of Physical Distribution Management改为National Council of Logistics Management，从而标志着现代物流观念的确立，以及对物流战略管理的统一化。

三、物流的发展

物流经过了近50年的发展，各国物流发展的水平和阶段不尽一致。

（一）美国物流的发展

美国物流发展较早，据理论界人士研究，物流在美国的发展大致经历了以下四个阶段。

（1）1945—1960 年，以仓储业为主的物流阶段。在当时的卖方市场中，企业生产的产品有很好的销路，大量生产的产品放在仓库中，仓储管理水平不断提高和缩短仓储时间是当时物流的主要特征。

（2）1960—1980 年，转为流通型为主的物流阶段。这个时期市场由推动型（即卖方市场）转为拉动型（即买方市场）。产品竞争异常激烈，物流在降低成本中的作用呈现出来。高架仓库的兴建，各种物流大通道的形成降低了物流成本，提高了流通效率。

（3）1980—1990 年，综合物流阶段。这个时期，美国的信息水平提高很快，物流开始利用高新技术。IT 技术的发展和互联网技术的成熟使美国的物流建立在现代化物流信息平台上，形成了现代物流，并且把商流、物流、信息流结合起来，形成了三流合一，又进一步提高流通效率，促进了物流的发展。

（4）1990 年至今，物流一体化阶段。供应链管理理论的产生和应用使美国的物流企业与产品供应链上的各个企业联合起来，协调产品供应链上各企业之间的关系，使产品在供应链中达到成本最低、效益最优，在提高产品竞争力中使供应链上的各企业达到共赢。现今美国的物流企业向集约化、协同化、全球化方向发展。

（二）日本物流的发展

日本的物流发展紧随美国之后，进展速度快而且有许多新的举措，如 JIT 等。学者们将其分为以下四个阶段。

（1）前物流时期（1953—1963 年）。第二次世界大战后日本经济迅速恢复，从美国引入物流理论并付诸实施，在日本物流需求者的推动下孕育了许多物流企业，此阶段的物流企业主要为日本的制造企业服务。

（2）物流系统时期（1963—1973 年）。此时期日本经济的飞速发展推动了日本物流的大发展，对物流的基础设施和设备提出更高的要求，日本政府投资于国内的物流基础设施，如码头、桥梁、高速公路等的建设，物流公司又致力于各种物流设备研制，如铲车、堆垛机、高层货架、自动传送带等。他们从建立物流系统的观点出发，使物流公司和生产企业密切结合，共同发展。

（3）物流管理时期（1973—1983 年）。由于社会物流的需要，日本加强了商业流通领域的物流建设，如配送中心、物流中心等，并且优化管理，建立以信息技术为支撑的物流网络体系，使日本的物流迈向现代物流行列。

（4）物流社会系统时期（1983 年至今）。物流与信息流结合以后进入了物流一体化阶段，即物流和商流的结合。许多日本物流企业买断产品，把产品销售和物流结合起来，既担负起商流的职责，又充分发挥物流的作用，从而大幅度降低成本、提高服务水平，日本物流在向物流全球化迈进。

（三）欧洲物流的发展

欧洲是引进“物流”概念较早的地区之一，而且是较早地将现代技术用于物流管理的先锋。欧洲物流的发展有着鲜明的阶段特点。

（1）20 世纪初—50 年代，初级的单个工厂物流阶段。早在 20 世纪中期，欧洲各国为了降低产品成本，便开始重视企业范围内物流过程的信息传递，对传统的物料搬运进行变革，对企业内的物流进行必要的规划，以寻求物流合理化的途径。当时制造业（工厂）还处于加工车间模式，工厂内的物资由厂内设置的仓库提供。企业为了实现客户当月供货的服务要求，在内部实行严密的流程管理。这一时期的管理技术还相对落后：信息交换通过邮件，产品跟踪采用贴标签的方式，信息处理的软硬件平台是纸带穿孔式的计算机及相应的软件。这一阶段储存与运输是分离的，各自独立经营，可以说是欧洲物流的初级阶段。

（2）20 世纪 60—70 年代，多个工厂或集团的综合物流阶段。这是欧洲经济快速发展时期。随着商品生产和销售的进一步扩大，多个工厂联合的企业集团和大公司的出现，成组技术被广泛采用，物流需求增多，客户期望同一周内供货或服务，工厂内部的物流已不能满足企业集团对物流的要求，因而形成了基于工厂集成的物流。仓库不再是静止封闭的储存式设施，而是动态的物流配送中心。需求信息不只是凭订单，而主要是从配送中心的装运情况获取。这个时期信息交换采用电话方式，通过产品本身的标记（Product Tags）实现产品跟踪，信息处理的硬件平台是小型计算机，企业（工厂）一般使用自己开发的软件。

（3）20 世纪 80—90 年代，供应链物流阶段。随着经济和流通的发展，欧洲各国许多不同类型的企业（厂商、批发业者、零售业者）也在进行物流革新，建立相应的物流系统，目的是通过供应链实现物流服务的差别化，发挥各自的优势与特色。由于流通渠道中各经济主体拥有不同的物流系统，必然会在经济主体的接点处产生矛盾。为了解决这个问题，20 世纪 80 年代欧洲开始探索一种新的联盟型或合作式的物流体系，即综合物流的供应链管理，目的是实现最终消费者和最初供应商之间的物流与信息流的综合，即在商品流通过程中加强企业间的合作，改变原来各企业分散的物流管理方式，通过合作形式来实现原来不可能达到的物流效率，创造的成果由参与的企业共同分享。这一时期，制造业已采用准时制生产模式（JIT），客户的物流服务需求发展到同一天供货或服务，综合物流的供应链管理进一步得到加强，如组织好港站库的交叉与衔接、零售商管理控制总库存量、产品物流总量的分配、实现供应的合理化等。这一时期，物流需求的信息直接从仓库出货获取，通过传真方式进行信息交换；产品跟踪采用条形码扫描，信息处理的软硬件平台是客户/服务器模式和购买商品化的软件包。这一时期欧洲第三方物流开始兴起。

（4）20 世纪 90 年代以后至今，全球物流和电子物流的阶段。这是欧洲全球物流阶段。20 世纪 90 年代以来，全球经济一体化的发展趋势十分强劲，欧洲企业纷纷在国外建立生产零部件的基地，甚至根据市场预测和区位的优势分析在国外建立总装厂，这一趋势大大增加了国与国之间的商品流通量，又由于国际贸易的快速增长，全球物流应运而生。此时欧洲的供应链着眼于整体提供产品和物流服务的能力，因此物流中心的建设迅速发展，在供应链管理上采用供应链集成的模式，供应方与运输方通过交易寻求合作伙伴。20 世纪 90 年代欧洲提出设立首席物流主管作为供应链管理的主导者，这一时期物流企业的需求信息直接从顾客消费地获取；采用在运输链上实现组装的方式，使库存量实现极小化，信息交换采用 EDI 系统，产品跟踪应用射频标识技术，信息处理广泛应用互联网和物流服务方提供的软件。目前，基于互联网和电子商务的电子物流正在欧洲兴起。

欧洲重视发展社会化、专业化的物流，始终强调综合的观念，提倡第三方物流服务的理念。欧洲的供应链理论和技术应用相当出色，许多企业通过直接控制供应链降低物流成本，提高物流效益，供应链管理很盛行。欧洲物流发展的重点是提高采购、生产、销售各个环节之间的效率，物流一体化程度很高。

@链接资料

德国是当今世界现代物流经济最为发达的国家之一，拥有现代化的物流基础设施和装备，物流布局也较合理，德国物流企业在许多领域居世界领先地位。近年来，德国现代物流业发展较快，在国民经济中的地位和作用显著提升，主要有以下几个特点。

1. 现代物流业已成为德国经济新的增长点

德国现代物流业从服务于制造业和国际贸易起步，依托高度发达的交通、通信网络设施和先进的信息技术，逐步发展壮大，形成了独立的复合型服务产业。目前物流业规模仅次于贸易和汽车工业，居第三位，企业数量达到 6 万家，吸纳就业人数占总就业人数的 1/7，并形成了 DHL、德莎等一批具有国际竞争力的物流企业。产业构成也由传统的运输、仓储管理，发展到涵盖物流信息处理及软件开发、物流流程设计和物流咨询服务的众多领域，成为德国经济新的增长点。

2. 以物流园区为核心推动物流产业集约化、规模化发展

德国高度重视物流产业集群的发展，通过发展物流园区，促进物流企业集聚，提高产业集约化和规模化水平。德国的物流园区与周边交通干线连接，由统一的园区管理中心提供服务，吸引大量的物流企业和相关的贸易、制造业企业以及报关、维修、餐饮等配套服务企业进驻，为物流企业创造了良好的运营环境。如德国最早兴建的不来梅物流园区，集中建设了现代化的公路、铁路、水路（以下简称公、铁、水）联运和集装箱中转等设施，并为物流企业提供通信、加油、维修、代理危险品检验等综合后勤服务，促进了一大批从事多式联运、统一配送和中转运输的物流企业迅速成长，形成了欧洲重要的物流中转基地。

3. 多种运输方式实现无缝衔接

德国高度重视多种运输方式的无缝衔接，在物流园区普遍建设两种以上运输方式连接

和转运设施，形成将传统的分散、独立的公、铁、水等运输资源有效整合的系统，实现铁路与港口、码头及公路场站的无缝对接，方便了货物的转运，降低了不同运输方式转换的成本和运营风险，为提高企业供应链管理的灵活性创造了条件。如德国南部最大的公、铁、水联运综合物流园区纽伦堡物流园区，建有5 300米水运岸线，与具有2 000吨级船舶通航能力的莱茵河和多瑙河相连，拥有35千米铁路专用线，每天开行6趟专列直达汉堡港，具备公、铁、水转运的条件。每年由公路到铁路的集装箱转运量15.5万箱，铁路到水运的集装箱转运量3.5万箱，园区年吞吐货物1 000万吨左右。园区开辟专门的转运作业区域，采用龙门吊、铁路搬道器等设施，实行货物分类定点高效管理，使货物搬转运平均只需10分钟左右，大大提高了物流中转效率。

4. 物流产业定位与分工更趋明确

德国物流业伴随着社会分工的发展，经历了从分散到集中，再到专业化的发展过程，逐步从流通和制造业中分离外包，通过现代信息技术整合传统的交通、仓储资源，形成独立产业类型，专业物流以及物流咨询与增值服务等多个物流行业已经初具规模。

在为制造业服务的专业物流领域，德国第三大物流公司德莎物流集团公司在全球设立了265个分公司或办事处，通过一体化的供应链解决方案，为全球性生产商的产品和原料供应提供第三方服务。德莎公司拥有仓储面积100万平方米，车辆7 300辆，员工人数15 000人。只要客户提出需求信息，德莎公司即可完成从车间、发货港口、航运、终点港口、中转仓库、分拣、仓储、分箱陆运、用户的全程一条龙服务。

在为商贸业服务的专业物流领域，德国著名的销售连锁商TCHIBO公司将物流业务外包，由BLG公司通过在全国5个物流园区设立的配送分拨中心，承担TCHIBO公司在全德的商品配送和产品回收业务。BLG公司利用先进的信息网络技术，采用多种物流数控设备，为TCHIBO公司的分销网点和订货用户提供门对门的货物配送服务。一个分拨中心可以满足半径为200千米范围内地区的配送需要，一般24小时就可将客户所订购的货物送达。

5. 先进的物流管理方法得到广泛应用

德国将物流业定位为高技术产业，高度重视物流技术创新和物流基础研究，鼓励将JIT（Just In Time）、JIS（Just In Sequence）、SMI（Suppler Managed Inventory）、精益物流等先进方法运用于生产，在大型建筑等项目中创新和应用新的物流方法，支持物流流程设计和物流管理咨询服务等专业管理服务发展。如在德国柏林的波兹坦广场建设中，通过充分运用物流规划和策略管理，成功地解决了城市中心开展大型基建工程影响交通和环境的问题，同时加强了对建设物资的监控和管理，满足了复杂、多变的施工物流需要，大大提高了建设速度，原计划13年建成的项目仅用7年时间就完成了建设。

6. 物流标准化、信息化水平高

德国重视推广物流标准化、信息化。物品无论是进入工厂、商店、建筑工地或仓库、码头、配送中心，都是通过集装单元、托盘和各种装卸搬运、输送机械，以及专用车辆等实现。由于标准统一，这些工具和设施在欧洲大部分地区都可以通用，加上配备了先进的计算机信息管理系统，物流效率显著提高，物流费用大幅度降低。如德莎公司通过按照欧洲标准设置货架和托盘，统一纳入德莎总部的计算机管理，应用无限射频技术对托盘条形码扫描，在欧洲甚至全球任何地方都可以随时查询客户委托货物的准确位置和所处状态。

（四）我国物流的发展

1979 年，我国物资工作者代表团赴日考察，在考察报告中第一次引用“物流”这一术语。在计划经济年代，国家就组织过物流试点，如产供销一条龙、储运公司等形式。但由于经济体制的问题，没有显示出物流的特有优点，试点也是流于形式。改革开放后，1989 年在北京召开第八届国际物流会议，“物流”一词在我国推广，理论界开始对物流进行较深入的讨论。随着中国经济体制改革、企业产权关系明晰，企业界开始认识到物流在企业发展中的作用，我国对物流的研究也从理论范畴走向生产领域。20 世纪 90 年代中期以后，我国政府和企业逐渐认识到作为“第三利润源”的物流的价值和战略地位，广泛开展物流的理论研讨和实践。但我国物流与发达国家比较，在基础设施、经营管理、理论研究、物流技术方面都还比较落后。新中国成立以来，我国物流的发展可分为以下五个阶段。

（1）物流初期发展阶段（1949—1965 年）。1949—1952 年是我国经济的恢复时期。工业生产和交通运输逐步在恢复和建设。为了配合物流业务的需要，开始修建和购置一些基本的物流设施。在企业内部建立储运部、汽车队。在各大区或省、市建立了少数仓储公司或储运公司，但这些物流企业大多从属于各专业公司。1952 年，工业生产和交通运输基本上已全面恢复，进入正常生产阶段。当年，我国开始了第一个五年计划，工农业生产如火如荼，全国经济呈现一片欣欣向荣的景象。随着社会商品物资的增多，流通部门相继在一些大中城市建立了储运公司、仓储公司、外运公司等“商物分离型”的专业化大中型物流企业，以及附属于各专业公司、批发站的储运部、中转站、仓库等“商物合一型”的小型物流企业，形成了覆盖全国的物流网络，出现了最早的物流企业。

（2）物流停滞阶段（1966—1977 年）。1966 年，“文化大革命”全面爆发，经济出现停滞和倒退，物流业和其他行业一样，陷于停滞状态。

（3）物流较快发展阶段（1978—1992 年）。1978 年，我国开始实行改革开放政策，经济建设加快了步伐。随着国内商品流通和国际贸易的不断扩大，物流业取得长足的发展。专业物流公司数量不断增加；企业内部也开始重视物流问题，设置了物流研究室、物流技术部等，还发展了集体和个体物流企业；交通基础设施建设取得显著成果，新建了铁路、公路、港口、码头；物流技术得到了改进，开展了集装箱运输、散装运输和联合运输等业务。物流已逐步打破部门、地区的界限，向社会化、专业化、现代化方向发展。

（4）现代物流起步阶段（1993—2003 年）。1992 年，我国正式确立建设社会主义市场经济的目标。20 世纪 90 年代中期，在建设社会主义市场经济的大潮中，物流概念又一次被实业界和政府关注。1996 年，为满足宝洁公司物流配送的需要而成立的宝供物流公司，标志我国物流企业——第三方物流的诞生。20 世纪 90 年代末海尔物流也应运而生，标志我国第一方物流的诞生。此后，中远物流、中外运物流、中海物流、华润物流、招商局物流等中国的物流“巨人”纷纷亮相，海外的物流企业，如马士基物流、TNT 物流、UPS 物流、FEDEX 物流也竞相登陆，许多运输和仓储公司都挂上物流公司的牌子，此时理论界对物流的功能和作用达成了共识。进入 21 世纪，我国各级政府也全力推进物流，使中国物流的发展出现一片欣欣向荣的景象。

（5）现代物流快速发展阶段（2004 年至今）。21 世纪以来，中国物流业总体规模快速增长，物流服务水平显著提高，发展的环境和条件不断改善，突出表现为 2004 年我国社会物流总额达到 38.4 万亿元，同比增长 29.9%，比 2001 年增长了一倍，是从 1993 年以来增长最快的一年。这标志着我国现代物流由起步阶段开始迈向理性、务实、快速发展的新阶段，现代物流业已成为我国第三产业中的骨干产业和国民经济新的增长点。经过几年发展，各类物流企业快速成长，物流经营管理和服务创新出现新的局面，如出现了供应链金融、区港联动、精益物流等新的经营服务模式。生产制造和商贸流通企业引进现代物流理念，优化企业物流管理，促进了资源整合和增长方式转变。到 2004 年，我国物流基础设施和物流技术装备取得长足发展，物流技术条件得到较大改善。信息技术的普及应用加快了物流信息化及物流发展的步伐，推动了我国物流的现代化进程。近年来，物流基础性工作也取得了较大的进展，如物流标准化工作全面启动、物流统计核算制度的建立、物流教育和培训工作的加强。电子商务的发展，加速了全球经济一体化的进程，使企业的发展趋向全球化，物流网络的规模越来越大，运营越来越复杂，促进了现代物流的快速发展。

第二节　物流的概念、构成及价值

随着社会经济水平的提高，物流的概念及其内涵也在不断地发展更新中，并随着物流业的演变与发展而不断丰满，从美国物流管理协会对物流定义的演变就可窥见，如表 1-1 所示。

表 1-1　美国物流管理协会物流定义的演变

年　份	行 业 团 体	物流的定义
1963	美国物流管理协会（Council of Physical Distribution Management）	所谓物流，就是把完成品从生产线的终点有效地移动到消费者手里的广范围的活动，有时也包括从原材料的供给源到生产线的始点的移动
1976	美国物流管理协会	物流，是以对原材料、半成品及成品从产地到消费地的有效移动进行计划、实施和统管为目的而将两种或三种以上活动的集成。这些活动包括但不局限于顾客服务、需求预测、流通信息、库存管理、装卸、接受订货、零件供应并提供服务、工厂及仓库选址、采购、包装、废弃物回收处理、退货业务、搬运和运输、仓库保管等

续表

年　份	行 业 团 体	物流的定义
1985	美国物流管理协会（Council of Logistics Management）	所谓物流（Logistics），就是为了满足顾客需要而对原材料、半成品、成品及其相关信息从产地到消费地有效率或有效益的移动和保管进行计划、实施、统管的过程。这些活动包括但不局限于顾客服务、搬运及运输、仓库保管、工厂和仓库选址、库存管理、接受订货、流通信息、采购、装卸、零件供应并提供服务、废弃物回收处理、包装、退货业务、需求预测等
1988	美国物流管理协会	物流是以满足客户需求为目的，为提高原料、在制品、制成品以及相关信息，从供应到消费的流动和存储的效率和效益，并对其进行的计划、执行（实现）和控制的过程
1992	美国物流管理协会	物流是对货物、服务及相关信息从起源地到消费地的有效率、有效益的流动和储存，进行计划、执行和控制，以满足客户要求的过程
1998	美国物流管理协会	Logistics 是供应链过程的一部分，专注于物品、服务及相关信息从起源点到消费点的有效流动和储存的计划、执行与控制过程，以达成顾客的要求
2002	美国物流管理协会	物流是供应链运作的一部分，是以满足客户要求为目的，对货物、服务和相关信息在产出地和消费地之间实现高效且经济的正向和逆向的流动和储存所进行的计划、执行和控制的过程
2003	美国物流管理协会	物流是供应链管理的一部分，是以满足客户需求为目的，对货物、服务和相关信息在起始地到消费地的有效率、有效益的正向和逆向的流动和储存进行的计划、执行和控制

一、物流的概念

目前，物流尚无统一的定义，因为在现代高速发展的经济社会中，人们对物流的认识是一个不断深化的过程，由于现代信息技术的发展不断完善物流在经济活动中的作用，所以物流的概念也是在发展中形成的。由于不同的国家或地区其经济结构和过程的差异性，对物流的定义也存在着不同程度的异同，但其根本立足点是一致的。目前普遍认同的由美国物流管理协会［2005 年更名为美国供应链管理专业协会（Council of Supply Chain Management Professional，CSCMP）］在 2003 年将物流定义为：“物流是供应链管理的一部分，是以满足客户需求为目的，对货物、服务和相关信息在起始地到消费地的有效率、有效益的正向和逆向的流动和储存进行的计划、执行和控制。”我国较为权威的定义出自《中华人民共和国国家标准物流术语》（GB/T 18354—2006），它认为“物流是物品从供应地向接收地的实体流动过程。根据实际需要，将运输、储存、装卸、搬运、包装、流通加工、配送、信息处理等基本功能实施有机结合”。除此之外，欧洲、日本、中国台湾等国家或地区的机构、学者也有着各自对物流概念的不同理解。

比较我国的权威定义与国际上普遍认同的美国物流管理协会的定义，可以看出，国内的标准定义不仅没有诠释出 Logistics 的基本概念和思想精髓，而且从这个定义自身要阐述的意义而言，给人感觉也比较不清晰。第一，国内标准定义淡化了物流管理职能，而管理职能恰恰是 Logistics 的思想精髓。第二，供应链是现代市场经济中物流的实现方式和突出特征，企业是供应链的主体。但我国物流的定义着重了“实体流动”，淡化了供应链的概念，从而也淡化了企业作为物流主体的概念。第三，国内标准定义中没有体现反向物流的流动。第四，国内的标准定义强调综合、淡化个性化服务，这有悖现代经济的演进逻辑。美国物流管理协会有关物流的定义揭示了物流概念的内涵，而《中华人民共和国国家标准物流术语》有关物流的定义仅只反映了物流概念的外延。所谓物流概念的外延是指那些反映物流本质属性的对象，包括订货处理和顾客服务、包装、物资搬运、运输、库存管理、配送等构成物流系统的基本要素。对事物的定义是要通过揭示事物内涵而凸显事物本质属性，所以与国内标准的物流定义相比，美国物流管理协会的定义揭示了现代物流的本质意义。

二、现代物流的基本特征

现代物流与传统物流有着本质上的区别，现代物流以满足消费者和市场的需求为目标，以第三方物流为基础联合供应商和销售商，把战略、市场、研发、采购、生产、销售、运输、配送和服务各环节活动整合在一起，作为现代经济领域的新兴产业支撑国家和世界的发展。而传统物流则把它简单地视为一种“后勤保障系统”。

物流是社会经济发展的产物，随着社会经济发展，现代物流在运作上表现出以下特点。

（一）物流过程一体化

现代物流具有系统综合和总成本控制的思想，它将经济活动中所有供应、生产、销售、运输、库存及相关的信息流动等活动视为一个动态的系统总体，关心的是整个系统的运行效能与费用。

物流一体化的一个重要表现是供应链概念的出现。供应链把物流系统从采购开始经过生产过程和货物配送到达用户的整个过程，看作是一条环环相扣的“链”，物流管理以整个供应链为基本单位，而不再是单个的功能部门。在采用供应链管理时，世界级的公司力图通过增加整个供应链提供给消费者的价值、减少整个供应链的成本的方法来增强整个供应链的竞争力，其竞争不再仅仅是单个公司之间的竞争，而是上升为供应链与供应链的竞争。

（二）物流技术专业化

物流技术专业化表现为现代技术在物流活动中得到的广泛应用，如条形码技术、EDI 技术、自动化技术、网络技术、智能化和柔性化技术等。运输、装卸、仓储等也普遍采用专业化、标准化、智能化的物流设施设备。这些现代技术和设施设备的应用大大提高了物流活动的效率，扩大了物流活动的领域。

（三）物流管理信息化

物流信息化是整个社会信息化的必然需求。现代物流高度依赖于对大量数据、信息的采集、分析、处理和即时更新。在信息技术、网络技术高度发达的现代社会，从客户资料取得和订单处理的数据库化、代码化，物流信息处理的电子化和计算机化，到信息传递的实时化和标准化，信息化渗透至物流的每一个领域。为数众多的无车船和固定物流设备的第三方物流者正是依赖其信息优势展开全球经营的。从某种意义上来说，现代物流竞争已成为物流信息的竞争。

（四）物流活动社会化

物流活动社会化突出表现为第三方物流与物流中心的迅猛发展。随着社会分工的深化和市场需求的日益复杂，生产经营对物流技术和物流管理的要求也越来越高。众多工商企业逐渐认识到依靠企业自身的力量不可能在每一个领域都获得竞争优势。它们更倾向于采用资源外取的方式，将本企业不擅长的物流环节交由专业物流公司，或者在企业内部设立相对独立的物流专业部门，而将有限的资源集中于自己真正的优势领域。专业的物流部门由于具有人才优势、技术优势和信息优势，可以采用更为先进的物流技术和管理方式，取得规模经济效益，从而达到物流合理化——产品从供方到需方全过程中，达到环节最少、时间最短、路程最短、费用最省。

（五）物流活动国际化

在产业全球化的浪潮中，跨国公司普遍采取全球战略，在全世界范围内选择原材料、零部件，销售产品和服务。因此，其物流的选择和配置也超出国界，着眼于全球大市场。大型跨国公司普遍的做法是选择一个适应全球分配的物流中心以及关键供应物的集散仓库；在获得原材料以及分配新产品时使用当地现存的物流网络，并且把这种先进的物流技术推广到新的地区市场。例如耐克公司，通过全球招标采购原材料，然后在中国台湾或东南亚生产，再将产品分别运送到欧洲、亚洲的几个中心仓库，就近销售。

三、物流的基本构成

物流的基本构成包括运输、储存、装卸、搬运、包装、流通加工、物流信息处理。如果从物流活动的实际工作环节来考察，物流就是由上述七项具体工作构成，即物流具有上述七项功能，其中运输和仓储是主要功能，其他功能是伴随运输和仓储过程发生的辅助性功能。

根据中华人民共和国国家质量监督检验检疫总局、中国国家标准化管理委员会于2006年12月4日联合发布，并于2007年5月1日实施的新版《中华人民共和国国家标准物流术语》（GB/T 18354—2006）的定义：

（1）运输（Transportation），是指用专用运输设备将物品从一地点向另一地点运送。其中包括集货、分配、搬运、中转、装入、卸下、分散等一系列操作。

（2）储存（Storing），是指保护、管理、储藏物品。

（3）装卸（Loading and Unloading），是指物品在指定地点以人力或机械载入或卸出运输工具的作业过程。

（4）搬运（Handing/Carrying），是指在同一场所内，对物品进行空间移动的作业过程。

（5）包装（Package/Packaging），是指为在流通过程中保护产品、方便储运、促进销售，按一定技术方法而采用的容器、材料及辅助物等的总体名称。也指为了达到上述目的而采用容器、材料及辅助物的过程中施加一定技术方法等的操作活动。

（6）流通加工（Distribution Processing），是指根据顾客的需要，在流通过程中对产品实施的简单加工作业活动（如包装、分割、计量、分拣、刷标志、拴标签、组装等）的总称。

（7）物流信息处理（Logistics Information Management），是指对于反映物流各种活动内容的知识、资料、图像、数据、文件等进行收集、整理、储存、加工、传输和服务的活动。

四、物流的分类

根据物流的需求、物流在社会再生产过程中的地位与作用等不同，可以将物流划分为不同类型。在物流研究与实践过程中，针对不同类型的物流，需要采取不同的运作方式、管理方法等；针对相同类型的物流活动，可以进行类比分析、规模整合等。

（一）从物流活动地域范围的角度分类

可以分为国际物流（不同国家之间的物流）和国内物流。国内物流又可以分为区域物流和城乡物流，前者又可以细分为行政区域物流和经济区域物流；后者又可以细分为城镇物流和乡村物流。

（二）从物流作业执行者的角度分类

可以分为企业自营物流和第三方物流（也有人分为第一方物流、第二方物流和第三方物流）。随着社会经济的发展和社会分工的不断深化，第三方物流得到了巨大发展，日益成了重要的物流模式。

（三）从物流活动在企业中的地位角度分类

可以分为供应物流、生产物流、销售物流、回收物流和废弃物物流。

供应物流是指提供原材料、零部件或其他物料时所发生的物流活动。

生产物流是企业生产过程发生的涉及原材料、在制品、半成品、产成品等所进行的物流活动。

销售物流是指企业在出售商品过程中所发生的物流活动。

回收物流是指不合格物品的返修、退货以及周转使用的包装容器从需方返回到供方所形成的物品实体流动。

废弃物物流是将经济活动或人民生活中失去原有使用价值的物品，根据实际需要进行收集、分类、加工、包装、搬运、储存等，并分送到专门处理场所的物流活动。

五、物流价值

物流的作用不只在于使物品发生物理位置的转移，更重要的是产生时间和空间价值的增长。它可以通过运输、储存、保管、装卸、搬运、包装、流通加工活动创造时间效用、空间效用、形质效用。

（一）物流创造时间效用

时间价值是指“物”从供给者到需要者之间本来就存在有一段时间差，由于改变这一时间差创造的价值，称作“时间价值”。时间价值通过物流获得的形式有以下几种。

（1）缩短时间。缩短物流时间，可获得多方面的好处，如减少物流损失、降低物流消耗、加速物的周转、节约资金等。从全社会物流的总体来看，加快物流速度，缩短物流时间，是物流必须遵循的一条经济规律。

（2）弥补时间差。供给与需求之间存在时间差，是一种普通的客观存在，正是有了这个时间差，商品才能取得自身最高价值，才能获得十分理想的效益。物流便是以科学、系统的方法弥补，有时是改变这种时间差，以实现其“时间价值”。

（3）延长时间差。在某些具体物流中存在人为地、能动地延长物流时间来创造价值的情况。例如，秋季集中产出的玉米、棉花等农作物，通过物流的储存、储备活动，有意识延长物流的时间，以均衡人们的需求。

（二）物流创造空间效用

“物”的供给者和需要者往往处于不同的场所，由于改变这一场所的差别而创造的效用，称作“场所效用”，也称为“空间效用”。物流创造场所价值是由现代社会产业结构、社会分工所决定的，主要原因是供给和需求之间的空间差，商品在不同地理位置有不同的价值，通过物流将商品由低价值区转到高价值区，便可获得价值差，即“场所价值”。物流创造空间效用的形式有以下几种。

（1）从集中生产场所流入分散需求场所创造价值。现代化大生产通过集中的、大规模的生产以提高生产效率，降低成本。在一个小范围集中生产的产品可以覆盖大面积的需求地区，有时甚至可覆盖一个国家乃至若干国家。通过物流将产品从集中生产的低价位区转移到分散于各处的高价值区有时可以获得很高的利益。

（2）从分散生产场所流入集中需求场所创造价值。同上面一种情况相反的情况在现代社会中并不少见，例如粮食是在一亩地一亩地上分散生产出来的，而一个大城市的需求却相对集中，这就形成了分散生产和集中需求。

（3）在低价值地生产流入高价值地需求场所创造价值。现代社会中供应与需求的空间差十分普遍，现代人每日消费的物品几乎都是在相距一定距离的地方生产的。这样复杂交错的供给与需求的空间差都是靠物流来弥合的，物流也从中取得了利益。

在经济全球化的浪潮中，国际分工和全球供应链的构筑，一个基本选择是在成本最低的地区进行生产，通过有效的物流系统和全球供应链，在价值最高的地区销售。

（三）物流创造形质效用（加工附加价值）

加工是生产领域常用的手段，并不是物流的本来职能。但是，现代物流的一个重要特点就是根据自己的优势从事一定的补充性的加工活动，这种加工活动不是创造商品主要实体，形成商品主要功能和使用价值，而是带有完善、补充、增加性质的加工活动，这种活动必然会形成劳动对象的形质效用（加工附加价值）。

第三节 物 流 理 论

物流理论是随着社会经济的发展不断地进步，不断地深化的。它的内涵极为丰富，外延极为广阔。物流科学是以社会科学和自然科学发展为基础，伴随科学技术和社会生产力高度发展而发展和完善的。物流学涉及流通领域、生产领域、消费领域及军事国防领域中有关的各个科学领域，是一门内容相当广泛的学科。同时，物流学与其他学科一样，又具有自己的学科性质和特点，具有自己的理论体系和研究领域。目前，世界各国都把物流学作为一门重要的学科加以研究和应用。

一、物流学的学科性质

所谓物流学，就是关于物流的科学，即研究物资物质实体流动的概念、理论、规律、技术和方法的科学。它现在已经包括了很丰富的内容，从物流管理到物流技术、从物流理论到物流应用、从综合研究到类别研究，形成了一个庞大的物流学体系。

物流学属于经济学、管理学、工学和理学等互相交叉的新兴学科。此外，物流学科还与其他许多学科有关联，如哲学、法学等。但就物流学科整体而言，它是具有以上四种学科属性的新型交叉型学科，而且不能轻率地说物流学科主要具有哪一种属性。

（一）经济学属性

物流学科研究大量的物流资源配置优化、物流市场的供给与需求、政府对物流的管理、物流的发展与增长等问题，而解决这些问题靠的是经济学理论在物流中的具体应用。物流涉及许多经济学类专业，如经济学、国际经济与贸易等。

（二）管理学属性

物流活动是由物流组织来完成的，而“管理是一切组织的根本”，企业的物流系统规划与设计、物流业务的具体运作、物流过程的控制、物流效益的考核与评估等都属于管理学的范畴，需要管理学理论的指导。物流与许多管理学类专业有关，如工程管理、工业工程、信息管理、工商管理、市场营销、会计学、财务管理等。

（三）工学属性

现代物流是一个技术含量很高的产业。国外大型配送中心一般都是高度自动化的物流设施，建设前需要大量的工程技术人员进行分析和设计，建成后需要工程技术人员进行维护和管理。物流系统分析、设计和管理都涉及大量的工程和技术，因此物流学涉及工学类的许多专业，如机械、建筑、电子、信息、材料、交通运输等。

（四）理学属性

物流的流体是商品，各种商品的物理、化学、生物特征不完全相同。服务好顾客就要照顾好将要配送给顾客的商品，商品的检验、养护、鉴定、流通加工等作业环节都需要诸如数学、物理、化学等学科的指导。

二、物流学的研究目的

物流学的研究要达到以下目的。

（一）促进物流学科的发展

物流学科从提出到基本建立学科体系，再到学科的完善，要经过很长的历程。目前物流学的研究才刚刚起步，大量的问题还没有研究清楚，物流学科需要大力发展。

（二）促进物流学科的人才培养，提高物流从业人员的综合素质

研究成果传播的最佳办法就是培养人才，物流学科的发展必然要有人才培养作为手段，中国的高级物流管理人才在21世纪的上半叶将会十分稀缺。因此，建立物流学科，大力培养物流专业人才，使物流研究与物流人才培养互相促进，是中国经济发展的客观需要。

（三）促进物流产业的发展和竞争力的提高

具体而言，物流学科研究对物流产业可以起到以下作用：提高物流系统的服务水平；

降低物流系统的服务成本；充分利用物流系统的资源；实现企业、社会的长远发展目标；促进物流产业宏观管理水平的提高，进而促进物流产业的竞争力的提高，为中国国民经济的快速发展提供良好的物流支持。

三、关于物流的理论认识——物流学说

国外物流理论研究起始于20世纪30年代。研究的内容主要是物流概念研究，还没有深入地涉及其他理论问题。到了20世纪50年代，世界经济开始复苏，商品流通规模不断扩大，物流的影响和作用日趋明显，其在经济发展中的地位不断提高，人们对物流的认识和关切程度也逐渐深化，有关物流理论研究逐渐深入，研究的视角不断扩大，从而物流理论研究逐步形成了独立运动，并产生出了许多新的理论和新学说。归纳起来有以下几大理论和学说。

（一）成本中心学说

成本中心是指物流在整个企业战略中，只对企业营销活动的成本产生影响，物流是企业成本的重要产生点。因而，解决物流问题，重点并不在于物流的合理化和现代化，而应该主要通过物流管理的方式来控制和降低成本。所以，成本中心学说意味着物流既是主要的成本产生点，又是降低成本的关注点，“物流是降低成本的宝库”等说法正是这种认识的形象表达。

日本早稻田大学的西泽修教授提出了“物流成本的冰山说”，其含义是说人们对物流费用的了解实际上是一片空白，甚至有很大的虚假性，物流费用就像冰山一样，人们所提到的物流费用仅仅是露出海水面的冰山一角，而潜藏在海水里的整个冰山却看不见，海水中的冰山才是物流费用的主体部分。也就是说，现行财务会计制度和会计核算方法都不能掌握物流费用的实际情况，财务报表只是把支付给外部运输、仓库企业的费用列入成本，而这只能反映物流成本的一部分犹如冰山的一角，因为物流基础设施建设费用和企业利用自己的车辆运输、利用自己的库房保管货物、由自己的工人进行包装和装卸等费用都没有列入物流费用科目内，而这一部分企业内部发生的物流费用才是真正的物流费用大头。

物流的成本中心学说指出“物流是降低成本的宝库”或“冰山的水下部分”，正是尚待开发的领域，是物流的潜力所在。这无疑激起了人们对物流成本的关注，推动了企业物流的发展。但是，成本中心学说过分地强调了物流的成本机能，认为改进物流的目标是降低成本，致使物流在企业发展战略中的主体地位没法得到认可，从而限制了物流本身的进一步发展。

（二）“黑暗大陆”学说

1962年4月，美国管理学家彼得·德鲁克在《财富》杂志上发表了题为“经济领域的

黑暗大陆”的文章。文章认为“我们对物流的认识就像拿破仑当年对非洲大陆的认识。我们知道它确实存在，而且很大，但除此之外，我们便一无所知”，这篇文章被公认为首次明确提出物流领域的潜力，具有划时代的意义，从此标志着企业物流管理领域的正式启动。

“黑暗大陆”原意是指未被认识和尚未了解的事物，属于未来学研究的范围。德鲁克用“黑暗大陆”来说明或形容物流，主要是指人们尚未认识和了解物流，其中包含着两层意思：其一，这个领域未知的东西很多，其理论和实践还不太成熟；其二，在该领域内有很多可供开发的东西。由于当时物流的“模糊性尤其突出”，实践中可探索的东西更多，如果理论研究和实践探索照亮了这片“黑暗大陆”，那么摆在人们面前的可能是一片不毛之地，也可能是一片宝藏。因此，我国有的学者认为，德鲁克提出的“黑暗大陆”说法实际上是对物流运动做出的理论评价。“黑暗大陆”学说对物流的评价至今仍不失其正确性，因为在物流领域中未知的东西确实存在而且还很多，理论和实践都不够成熟。

（三）“第三利润源”学说

在商品经济开始走上成熟阶段以后，一些生产者为了获得更多的利润，曾先后采取过两种措施：一是依靠技术进步降低原材料消耗；二是依靠技术革新提高劳动生产率，进而降低人力消耗。前一种利润潜力被一些人称之为“第一利润源”，后一种利润潜力则被人称之为“第二利润源”。进入 20 世纪中期以后，由于受客观条件的限制，上述依靠使用廉价原材料、燃料和动力等获取高额利润的传统方式开始面临挑战，在这种情况下，人们的注意力逐步转向了流通领域，随之提出了实现物流合理化和节约流通费用的主张。这一时期的物流合理化主要是改变以往将物流作为商品蓄水池或集散地的观念，进而又提出在物流领域内采取各种措施降低物流成本是增加利润的新源泉，从而在经营管理层次上强调要发挥物流的作用，这集中反映在“物流利润学说”，即“物流到目前为止并没有进入管理范畴，从而成为流通过程的‘黑暗大陆’，阻碍因素很多，因此，只有驱除这些阻碍因素，才能实现成本降低，为利益增加做出贡献”。在此期间，美国著名的营销学家帕尔曾预言：“物流是节约费用的广阔领域。”显然“物流利润学说”揭示了现代物流的本质，使物流能在战略和管理上统筹企业生产、经营的全过程，推动物流现代化发展。按时间顺序排列，物流的这一作用被表述为“第三利润源”。

“第三利润源”学说最初是由日本早稻田大学教授西泽修提出来的。1970 年，西泽修教授把其著作《流通费用》的副标题写作“不为人知的第三利润源泉”，认为物流可以为企业提供大量直接或间接的利润，是形成企业经营利润的主要活动。非但如此，对国民经济而言，物流也是国民经济中创利的主要领域。同样的解释还反映在日本另一位物流学者谷本谷一先生编著的《现代日本物流问题》一书和日本物流管理协会编著的《物流管理手册》中。后来“第三利润源”才逐步在其他国家流传开。与“黑暗大陆”说法略有不同，“第三利润源”学说是对物流价值（或物流职能）的理论评价，它从一个侧面反映出当时人们重视物流管理和深化理论研究的实际情况。

在经历了1973年的石油危机之后，物流“第三利润源”的作用已经得到证实，物流在企业管理中的地位得到巩固。

（四）服务中心学说

服务中心学说代表了美国和欧洲一些学者对物流的认识，他们认为，物流活动的最大作用并不在于为企业节约了成本或增加了利润，而是在于提高了企业对用户的服务水平，进而提高了企业的竞争力。因此，他们在使用描述物流的词汇上选择了“后勤”（Logistics）一词，特别强调了物流的服务保障功能，借助于物流的服务保障作用，企业可以通过整体能力的加强来压缩成本、增加利润。

物流的服务中心学说起源于第二次世界大战时期形成的“后勤工程说”。当时，为了保障军需品供应，美国对军火等物质的运输、补给等活动进行了全面管理，并随之把军事装备、军火等物资的供给、运输称之为“后勤”，继而提出了“后勤工程”的概念。第二次世界大战以后，经济形势发生了很大变化，企业管理日趋强化，后勤工程理论与管理方法的适用范围随即伸延到了生产领域和商业领域，随后又形成了诸如“后勤管理”“商业后勤”等许多新概念。美国后勤工程学会在解释企业后勤概念时，说企业后勤是“企业为了满足客户的要求，在使用原材料、半成品、成品和相关信息在原产地和消费地之间实现高效且经济的运输和储存过程中必须从事的计划、实施和控制等全部活动”。这可以看出，“后勤工程”说与前期的“实物分销”或实物流通的说法相比较，两者的本质是基本一致的，但两者的范围（或外延）却不尽相同。从某种意义上说，“后勤”说是建立在更广阔的领域基础上的一种理性认识，其外延不仅包含了企业产后的实物分销的营销领域，而且还包括了企业产前的供应领域。

鲍尔索克斯在其著作《物流管理——供应链过程的一体化》中指出“物流活动存在的唯一目的是要向内外顾客提供及时而又精确的产品递送。因此，顾客服务是发展物流战略的关键要素”，“当物流活动发展到顾客合作的程度时，就能以增值服务的形式开发更高水准的服务”。此外，还有其他学者持同样的观点，认为“物流活动的目的在于向顾客提供及时而又准确的产品递送服务，是一个广泛满足顾客的时间效用和空间效用需求的过程”。“物流管理工作必须树立以顾客为核心的战略服务观念”。目前，在国内外有关物流的服务性功能的研究也是一个比较热的话题，有的从顾客满意度的角度探讨物流服务的功能和作用以及衡量指标体系；也有的从客户关系角度研究客户关系管理在物流企业中的应用价值和方法。

（五）“效益悖反”学说

“效益悖反”学说表明在物流系统中的功能要素之间存在着损益的矛盾，也即物流系统中的某一个功能要素的优化和利益发生的同时，必然会存在系统中的另一个或另几个功能要素的利益损失，这是一种此涨彼消、此盈彼亏的现象，往往导致整个物流系统效率的低下，最终会损害物流系统的功能要素的利益。例如运输成本与库存成本，增大运输批量，可以降低运输成本，但会使库存水平增加，从而导致库存成本增加；包装成本与运输成本、库存成本之间，如果提高包装材料的强度，会导致包装成本增加，但能够降低运输和装卸过程中商品的破损率，从而降低运输和库存成本。

在认识到物流系统存在着“效益悖反”的规律之后，物流科学也就迈出了认识物流功能要素，寻求解决和克服物流各功能要素效益悖反现象这一步。系统科学的广泛应用为此提供了新的视野，人们不仅可以将物流系统细分成运输、储存、包装、装卸搬运、流通加工、物流信息处理等功能要素来认识，而且还可以将这些功能要素的有机联系寻找出来，作为一个整体来认识，进而有效地解决“效益背反”，追求总体的效果。这种思想在不同的国家、不同的学者中有着不同的表述，如美国学者用“物流森林”的概念来表述物流的整体观点，指出对物流的认识不能只见树木不见森林，物流的总体效果是森林的效果，即使是和森林一样多的树木，如果各个孤立存在，那也不是物流的总体效果，这可以用一句话表述：“物流是一片森林而非一棵棵孤立的树木。”

（六）物流战略学说

战略说是当前非常盛行的说法，学术界和产业界已越来越多地认识到，物流更具有战略性。对企业而言，物流不仅是一项具体的操作性任务，还应该是发展战略的一部分。这一学说把物流提升到了相当高的位置，认为物流会影响到企业总体的生存与发展，而不是在哪一个或哪几个环节搞得合理一些，节省了多少费用的问题，应该站在战略的高度看待物流对企业长期发展所带来的深远影响。将物流与企业的生存和发展直接联系起来的观点，对促进物流的发展具有重要意义。

根据这一理论，企业不再刻意追求物流一时一事的效益，而是着眼于总体、着眼于长远。于是物流本身的战略性发展也被提上了议事日程。物流的战略整合是当前物流研究中的一个热点问题。鲍尔索克斯在《物流管理——供应链过程的一体化》中指出“物流的战略整合是一个企业成功的基础”，“为了实现领先优势，管理重点应从预估为基础转移到以反应为基础的运作理念上来。领先优势的地位成就通常意味着一个公司能够同时使用各种物流战略去满足特定的主要客户的要求”。马士华教授则从供应链管理的角度，提出物流管理战略全局化的观念，指出：在供应链管理环境下物流管理战略全局化一般包括有全局性战略（用户服务）、结构性战略（渠道设计、网络分析）、功能性战略（物料管理、运输、仓库管理）和基础性战略（组织、信息系统、政策与策略、设施），其中尤其以全局性战略为重。也有人从供应链的角度提出了“即时物流战略”“一体化物流战略”“网络化物流战略”和“物流战略联盟”等。美国物流管理协会在1998年、2002年、2003年的物流管理定义中把“物流”定义为“供应链过程的一部分（1998年）”、“供应链运作的一部分（2002年）”或“供应链管理的一部分（2003年）”。

物流规划是物流发展（战略）理论的重要组成部分。从近期研究成果的情况来看，目前有关物流规划的方面研究主要集中在技术领域：一是引进和开发了部分物流规划的专项技术，如物流网点布局的模拟方法、物流中心的规划方法等；二是从发展物流产业的愿望出发，研究物流各功能要素的“整合”模型；三是以“供应链”思想为指导，研究“从物流小系统的局部优化转为物流大系统优化”的方法和模式；四是研究计算机技术在物流规划中的应用问题。此外，战略投资、战略技术开发也是近几年企业发展现代物流的重要内容。

第四节 物流管理的概念与内容

物流管理科学是近几十年以来在国外兴起的一门新学科，它是管理科学的新的重要分支。物流管理科学的诞生使得原来在经济活动中处于潜隐状态的物流系统显现出来，它揭示了物流活动的各个环节的内在联系，它的发展和日臻完善是现代企业在市场竞争中制胜的法宝。

一、物流管理的概念及发展

物流管理是指为达到既定的目标，对物流的全过程进行计划、组织、协调与控制。——摘自《中华人民共和国国家标准物流术语》（GB/T 18354—2006）

现代物流管理的目标就是要在尽可能低的总成本条件下实现既定的客户服务水平，即寻求服务优势和成本优势的一种平衡，并由此创造企业在竞争中的战略优势。根据这个目标，物流管理要解决的基本问题，简单地说，就是把合适的产品以合适的数量和合适的价格在合适的时间和合适的地点提供给客户。

从发达国家物流管理发展的历史来观察，物流管理经历了以下五个阶段。

（一）物流功能个别管理阶段

在这个阶段，真正意义上的物流管理意识还没有出现，降低成本不是以降低物流总成本为目标，而是分别停留在降低运输成本和保管成本等个别环节上。降低运输成本也是局限于要求降低运价或者寻找价格低的运输业者上。物流在企业中的位置，企业内对于物流的意识程度还很低。

（二）物流功能系统化管理阶段

物流功能系统化管理阶段的主要特征表现为：通过物流管理部门的设立，其管理对象已不仅是现场的作业活动，而是站在企业整体的立场上整合，各种物流合理化对策开始出现并付诸实施。

（三）物流管理领域扩大阶段

进入物流管理领域扩大阶段，物流管理部门可以出于物流合理化的目的向生产和销售部门提出自己的建议。但是，物流管理部门对于生产和销售部门提出的建议在具体实现上有一定限度，特别是在销售竞争非常激烈的情况下，物流服务一旦被当作竞争手段的时候，仅仅以物流合理化的观点来要求销售部门提供协助往往不被对方接受。因为，这时考虑问题的先后次序首先是销售，然后才是物流。

（四）企业内物流一体化管理阶段

企业内物流一体化管理是根据商品的市场销售动向决定商品的生产和采购，从而保证生产、采购和销售的一致性。企业内物流一体化管理受到关注的背景来自于市场的不透明化。

（五）供应链管理阶段

供应链管理是一个将交易关联的企业整合进来的系统，即将供应商、制造商、批发商、零售商和顾客等所有供应链上的关联企业和消费者作为一个整体看待的系统结构。基于供应链的顺利运行的物流管理使物流业为产品的实物空间位移提供时间和服务质量的保证，从而使物流管理进入了更为高级的阶段。

二、物流管理的内容

物流管理的对象包括：对物流活动诸要素的管理，如对运输、储运等环节的管理；对物流系统诸要素的管理，即对其中的人、财、物、设备、方法和信息六大要素的管理；对物流活动中具体职能的管理，主要包括对物流的计划、质量、技术、经济等职能管理。

（一）物流活动诸要素的管理内容

从物流活动诸要素的角度出发，物流管理包括：运输管理、储存管理、装卸搬运管理、包装管理、流通加工管理、配送管理、物流信息管理和客户服务管理。物流活动诸要素的管理内容如表 1-2 所示。

表 1-2　物流活动诸要素的管理内容

职　　能	内　　容
运输管理	运输方式及服务方式的选择；运输路线的选择；车辆调度与组织
储存管理	原料、半成品和成品的储存策略；储存统计、库存控制、养护等
装卸搬运管理	装卸搬运系统的设计、设备规划与配置和作业组织等
包装管理	包装容器和包装材料的选择与设计；包装技术和方法的改进；包装系列化、标准化、自动化等

续表

职　能	内　容
流通加工管理	加工场所的选定；加工机械的配置；加工技术与方法的研究和改进；加工作业流程的制定与优化
配送管理	配送中心选址及优化布局；配送机械的合理配置与调度；配送作业流程的制定与优化
物流信息管理	对反映物流活动内容的信息，物流要求的信息，物流作用的信息和物流特点的信息所进行的搜集、加工、处理、存储和传输等
客户服务管理	对于物流活动相关服务的组织和监督，如调查和分析顾客对物流活动的反映，决定顾客所需要的服务水平、服务项目等

（二）物流系统诸要素的管理内容

根据物流系统诸要素的组成，物流管理包括：人的管理、物的管理、财的管理、设备管理、方法管理和信息管理。详细内容如表1-3所示。

表1-3　物流系统诸要素的管理内容

各种管理	含　义	主要内容
人的管理		物流从业人员的选拔和录用；物流专业人才的培训与提高；物流教育和物流人才培养规划与措施的制定
物的管理	“物”指的是物流活动的客体，即物质资料实体	涉及物流活动诸要素，即物的运输、储存、包装、流通加工等
财的管理	主要指物流管理中有关降低物流成本，提高经济效益等方面的内容	物流成本的计算与控制；物流经济效益指标体系的建立；资金的筹措与运用；提高经济效益的方法
设备管理	对物流设备进行管理	各种物流设备的选型与优化配置；各种设备的合理使用和更新改造；各种设备的研制、开发与引进等
方法管理		各种物流技术的研究、推广普及；物流科学研究工作的组织与开展；新技术的推广普及；现代管理方法的应用
信息管理		物流业务信息分析；物流信息采集和录入；物流信息的存储及处理；物流信息的传输与输出

（三）物流活动中具体职能的管理内容

从物流活动职能上划分，物流管理包括：物流计划管理、物流质量管理、物流技术管理和物流经济管理。

物流计划管理是指对物质生产、分配、交换、流通整个过程的计划管理。它是物流管理工作的首要职能。

物流质量管理包括物流服务质量、工作质量、工程质量等的管理。它是物流管理工作的中心问题。

物流技术管理包括物流硬技术和软技术的管理。硬技术即是对物流基础设施和物流设备的管理。软技术主要是物流各种专业技术的开发、推广和引进等。

物流经济管理包括物流费用的计算和控制，物流劳务价格的确定和管理，物流活动的经济核算、分析等。

三、物流管理的原则——物流合理化

近年来，很多先进的信息技术的出现，极大地推动了物流行业的巨变。我们不能再以传统的观念来认识信息时代的物流，物流也不再是物流功能的简单组合运作，它现在已是一个网的概念。加强连通物流节点的效率，加强系统的管理效率已成为整个物流产业面临的关键问题。

物流管理的具体原则很多，但最根本的指导原则是保证物流合理化的实现。所谓物流合理化，就是对物流设备配置和物流活动组织进行调整改进，实现物流系统整体优化的过程。它具体表现在兼顾成本与服务上，即以尽可能低的物流成本获得可以接受的物流服务，或以可以接受的物流成本达到尽可能高的服务水平。

物流活动各种成本之间经常存在着此消彼长的关系，物流合理化的一个基本的思想就是“均衡”的思想，从物流总成本的角度权衡得失。不求极限，但求均衡，均衡造就合理。

四、物流管理的目标

良好的物流管理可以提高企业竞争力，可以挖掘企业潜力，降低总的经营成本；同时可以提高客户满意程度，扩大销售，提高市场占有率，最终都将给企业带来利润的增加，成为企业重要的竞争优势。物流管理最基本的目标就是以最低的成本向用户提供满意的物流服务。物流管理的具体目标包括快速反应、最小变异、最低库存、整合运输、产品质量以及生命周期支持等。

（一）快速反应

快速反应关系企业能否及时满足客户的服务需求的能力。信息技术的提高为企业创造了在最短的时间内完成物流作业并尽快交付的条件。快速反应的能力把物流作业的重点从预测转移到以装运和装运方式对客户的需求迅速做出反应上来。

（二）最小变异

最小变异就是尽可能控制任何会破坏物流系统表现的、意想不到的事件。这些事件包括客户收到订货的时间被延迟、制造中发生意想不到的损坏、货物交付到不正确的地点等。

传统解决变异的方法是建立安全储备库存或使用高成本的溢价运输。在充分发挥信息作用的前提下，采取积极的物流控制手段可以把这些风险减少到最低限度，作为经济上的结果可以提高物流的生产率。

（三）最低库存

保持最低库存的目标是把库存减少到与顾客服务目标相一致的最低水平，以实现最低的物流总成本。“零库存”是企业物流的理想目标，物流设计必须把资金占用和库存周转速度作为重点来控制和管理。

（四）整合运输

最重要的物流成本之一是运输。一般来说，运输规模越大及需要运输的距离越长，每单位的运输成本就越低。这就需要有创新的规划，把小批量的装运聚集成集中的、具有较大批量的整合运输。

（五）产品质量

由于物流作业必须在任何时间、跨越广阔的地域来进行，对产品质量的要求被强化，因为绝大多数物流作业是在监督者的视野之外进行的。由于不正确的装运或运输中的损坏导致重做客户订货所花的费用，远比第一次就正确地履行所花费的费用多。因此，物流是发展和维持全面质量管理不断改善的主要组成部分。

（六）生命周期支持

某些对产品生命周期有严格需求的行业，回收已流向客户的超值存货将构成物流作业成本的重要部分。如果不仔细审视逆向的物流需求，就无法制定良好的物流策略。因而，产品生命周期支持也是设计的重要目标之一。

五、物流管理的三个阶段

物流管理按管理进行的顺序可以划分为三个阶段，即计划阶段、实施阶段和评价阶段。

（一）物流计划阶段的管理

计划是作为行动基础的某些事先的考虑。物流计划是为了实现物流预想达到的目标所做的准备性工作。物流计划首先要确定物流所要达到的目标，以及为实现这个目标所进行的各项工作的先后次序；其次，要分析研究在物流目标实现的过程中可能发生的任何外界影响，尤其是不利因素，并确定对这些不利因素的对策；最后，做出贯彻和指导实现物流目标的人力、物力、财力的具体措施。

（二）物流的实施阶段管理

物流的实施阶段管理就是对正在进行的各项物流活动进行管理。它在物流各阶段的管理中具有最突出的地位。这是因为在这个阶段中各项计划将通过具体的执行而受到检验。同时，它也把物流管理与物流各项具体活动进行紧密的结合。

1. 对物流活动的组织和指挥

物流的组织是指在物流活动中把各个相互关联的环节合理地结合起来，形成一个有机的整体，以便充分发挥物流中的每个部门、每个物流工作者的作用。物流的指挥是指在物流过程中对各个物流环节、部门、机构进行的统一调度。

2. 对物流活动的监督和检查

通过监督和检查可以了解物流的实施情况，揭露物流活动中的矛盾，找出存在的问题，分析问题发生的原因，提出克服的方法。

3. 对物流活动的调节

在执行物流计划的过程中，物流的各部门、各环节总会出现不平衡的情况。遇到上述问题，就需要根据物流的影响因素对物流各部门、各环节的能力做出新的综合平衡，重新布置实现物流目标的力量。这就是对物流活动的调节。

（三）物流评价阶段的管理

在一定时期内，人们对物流实施后的结果与原计划的物流目标进行对照、分析，这便是物流的评价。通过对物流活动的全面剖析，人们可以确定物流计划的科学性、合理性程度，确认物流实施阶段的成果与不足，从而为今后制订新的计划、组织新的物流提供宝贵的经验和资料。

经营中的尴尬局面

在一家街头的零售店里，某饮料企业的一位理货员来给店里送货，以下是他和零售店老板之间的对话。

企业理货员：“张老板，我来给您送货。”零售店店主：“你们公司送货怎么这么慢呢？我订的货应该昨天就送到，可现在你才来！你看，我的客户都跑掉了！”企业理货员：“对不起，我们公司那边有点问题。”零售店店主：“怎么你们送来的货与我的订单内容不一样啊？”企业理货员：“是吗？”零售店店主：“这个产品不对，我要的是150毫升的饮料，你送的是500毫升的；这个产品也不对，我要30瓶，你们只拿了20瓶！真是乱七八糟的！像你们这样送货，客户全都得跑光了。产品不对、时间也不对！我要退货，真是受不了你们了，我不会再和你们打交道了！”

问题：

饮料企业经营中存在什么问题？

案例分析：

该饮料企业物流管理存在问题，即没有将合适的产品以合适的数量在合适的时间提供给客户。这样漏洞百出的物流工作和粗糙的物流服务无疑会给其企业信誉带来严重损害，进而造成营业额的大幅度下跌。在市场竞争日趋激烈的今天，频繁出现以上问题的企业是很难生存的，更不用说具有竞争能力了。

问题讨论：

1. 你认为应该怎样解决以上问题？
2. 结合该案例，分析物流管理要解决的基本问题。

复习思考题

1. 从社会发展、经济发展、物流发展及物流学科发展的特点进行比较分析，物流的发展可分为几个阶段？
2. 简述美、日、中国物流的发展。
3. 阐述对各国、不同发展阶段物流定义的理解。
4. 试述为什么说物流是经济领域的“黑暗大陆”和“第三利润源泉”。
5. 试举例说明物流活动创造的时间价值、空间价值和加工附加价值。
6. 从物流活动在企业中的地位角度分，物流可以分为哪几类？
7. 论述物流学的主要观点。
8. 为什么说物流学是一门交叉、边缘学科？
9. 举例说明物流活动中存在的效益悖反现象，效益悖反现象对于物流管理工作有哪些具体的指导意义？

第二章　供应链管理

本章重点

- 供应链的概念、结构模型及特征
- 供应链管理的概念、特征及作用
- 供应链管理的内容及运营机制
- 供应链管理的关键业务流程
- 供应链管理与物流管理的区别
- 供应链物流管理的概念、目标及特点
- 供应链物流管理的方法

当今市场的竞争激烈程度是前所未有的。全球化、技术变革以及苛刻的顾客需求使得表现平庸的企业岌岌可危。为了在这个令人激动又充满挑战的世界里获得成功，管理者们开始寻找那些可以让他们遵循彼得·德鲁克的忠告的商业模式；为了了解、开发和探索自己的能力，管理者们不得不重新审视自己企业的优势，将越来越多的精力放在自己做得最好的方面，并致力于与那些具有互补能力的供应链成员们结成巩固的合作关系。他们之所以这么做，是因为竞争的本质正在发生变化。尽管企业和企业之间依旧充满竞争，但这些企业都逐渐开始借助供应商和顾客的力量来取得竞争优势。当企业都开始寻找自己的合作伙伴以结成强有力的联盟团队时，一个新的时代就此来临，那就是供应链和供应链竞争的时代。作为一个联盟团体，他们在全球范围内展开竞争，如沃尔玛及其供应商和家乐福及其供应商、丰田及其供应商和福特及其供应商为争夺全球竞争优势而“大动干戈”。从电子业到制药业、从服装业到快餐业，这样的竞争形势如雨后春笋般出现。换言之，企业会选择各自认可的合作伙伴形成具有凝聚力的供应链团队，以求在全球范围内提高生产率和市场占有率。成功与否的关键在于企业之间如何合作管理那些重要的流程，从而更好地满足顾客的需求。

第一节 供应链概述

自从人类社会诞生之日起，就有了供应者与需求者之间的供需关系，也就是存在着供应链。只是在早期的人类社会没有社会分工和丰富的产品或商品交换，因此，供应者与需求者之间的供需关系相对简单。

20 世纪以来，随着社会分工的细化，产品或商品交换的渠道、方式日趋复杂多样，供应商、制造商、顾客等的外部环境变得越来越不可预测。如何管理与控制供应者与需求者之间的物流、信息流、资金流，降低物料的库存，加速物流及相关资金流的周转，提高企业生产及商品流通的效率，成为迫切需要解决的问题。于是，人们开始对供应链问题进行研究。

供应链的概念在 20 世纪 80 年代末由美国管理学者提出。20 世纪 90 年代以来，随着全球制造（Global Manufacturing）的出现，国际竞争日益加剧，顾客需求多样化，技术更新迅速，供应链在制造业管理中得到了普遍应用，成为一种新的管理模式。

一、供应链的概念

供应链概念在企业发展的不同时期有不同的内涵，不同的学者对此也有不同的定义。

早期的观点认为供应链是制造企业中的一个内部过程，它是指将采购的原材料和收到的零部件，通过生产的转换和销售等过程传递到制造企业的用户的一个过程。有些学者把供应链的概念与采购和供应管理相关联，用来表示与供应商两方之间的关系，这种关系得到了研究合作关系、JIT 关系、供应商行为评估和用户满意度等问题的学者的重视。后期的供应链概念注意了与其他企业的联系，注意了供应链的外部环境，偏向于定义它为一个通过链中不同企业的制造、组装、分销、零售等过程将原材料转换成产品到最终用户转换过程，它是更大范围、更为系统的概念。

到目前为止，关于供应链还尚未形成统一的定义，国内外许多学者从不同的角度出发给出了许多不同的定义，比较常见的有以下几种。

（1）供应链包括所有与从原材料到最终顾客的物料流动和转化相关的活动，以及相关的信息流（Handfield and Nichols，1999）。

（2）供应链是一个网络，主要分为三个不同的阶。第一阶供应链网络是由 M 个向制造商提供产品和服务的供应商所组成；第二阶是由 N 个制造产品和服务的制造商所组成；第三阶和最后一阶是由 K 个分销商所组成的分销网络，这阶产生对产品和服务的需求（Erenguc et al，1999）。

（3）供应链被定义为是一个集成化的流程，许多不同的企业实体，如供应商、制造商、分销商和零售商，在获取原材料、把原材料转化为最终产品、把最终产品交付给零售商方面共同努力（Beamon，1998）。

（4）所谓供应链，就是原材料供应商、零部件供应商、生产商、分销商、零售商、运输商等一系列企业组成的价值增值链。原材料、零部件依次通过“链”中的每个企业，逐步变换成产品，交到最终顾客手中，这一系列的活动就构成了一个完整供应链（从供应商的供应商到顾客的顾客的链环）的全部活动（蓝伯雄等，2000）。

（5）通过增值过程和分销渠道控制从供应商的供应商到用户的用户的流就是供应链，它开始于供应的源点，结束于消费的终点（Graham，1992）。

综上所述，这些定义都注意了供应链的完整性，考虑了供应链中所有成员操作的一致性。进入 21 世纪，供应链的概念开始更加注重围绕核心企业的网链关系，如核心企业与供应商、供应商的供应商乃至与一切前向的关系，与顾客、顾客的顾客及一切后向的关系。此时的供应链的概念形成一个网链的概念。

因此，马士华教授（2000）认为，供应链是围绕核心企业，通过对信息流、物流、资金流的控制，从采购原材料开始，制成中间产品以及最终产品，最后由销售网络把产品送到消费者手中的将供应商、制造商、分销商、零售商直到最终顾客连成一个整体的功能网链结构。它是一个范围更广的企业结构模式，包含了所有加盟的节点企业，从原材料的供应开始，经过链中不同企业的制造加工、组装、分销等过程直到最终用户。

我国 2006 年发布并于 2007 年 5 月 1 日起实施的《中华人民共和国国家标准物流术语》（GB/T 18354—2006）对供应链的定义为：供应链是生产及流通过程中，涉及将产品或服务提供给最终用户活动的上游与下游组织所形成的网链结构。

艾伦·哈里森、雷姆科·范赫克（2010）则认为供应链是由一群合作伙伴构成的网状系统，它们共同把基本商品（上游）转化为最终客户需要的最终产品（下游），并且对各阶段的利润进行管理。

二、供应链的结构模型

根据以上供应链的定义，其结构可以简单地归纳为如图 2-1 所示的模型。

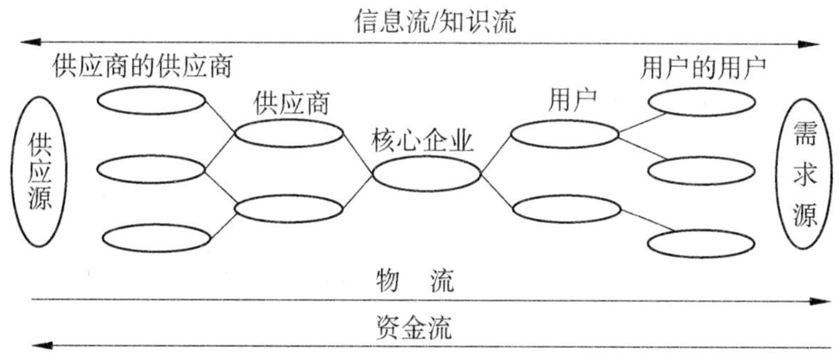

图 2-1　供应链的网链结构模型

从图 2-1 中可以看出，供应链由所有加盟的节点企业组成，其中一般有一个核心企业（可以是产品制造企业，也可以是大型零售企业，如美国的沃尔玛公司），节点企业在需求信息的驱动下，通过供应链的职能分工与合作（生产、分销、零售等），以资金流、物流或/和服务流为媒介实现整个供应链的不断增值。

三、供应链的特征

从供应链的结构模型可以看出，供应链是一个网链结构，由围绕核心企业的供应商、供应商的供应商和用户、用户的用户组成。一个企业是一个节点，节点企业和节点企业之间是一种需求与供应关系。供应链主要具有以下几个特征。

（1）复杂性。因为供应链节点企业组成的跨度（层次）不同，供应链往往由多个、多类型甚至多国企业构成，所以供应链结构模式比一般单个企业的结构模式更为复杂。

（2）增值性。将产品开发、供应、生产、营销、市场一直到服务都联系在一起的供应链看成是一个整体，使企业从系统的观点出发思考增值过程：一方面要根据客户的需求，不断增加产品的技术含量和附加值；另一方面要不断地消除客户所不愿意支付的一切无效劳动与浪费，使投入市场的产品同竞争对手的相比，能为客户带来真正的效益和满意的价值，同时使客户认可的价值大大超过总成本，从而为企业带来应有的利润。所以，现代扩展供应链是一条名副其实的增值链，只有这样才能使每一个节点企业都获得利润。

（3）动态性。供应链管理因企业战略和适应市场需求变化的需要，其中节点企业需要动态地更新，这就使得供应链具有明显的动态性。

（4）快速响应性。快速响应市场是现代扩展供应链产生的一个基本要求，为此以动态联盟为形式的虚拟企业脱颖而出，动态联盟供应链成为现代扩展供应链的主要形式之一。

（5）面向用户需求。供应链的形成、存在、重构，都是基于一定的市场需求而发生的，并且在供应链的运作过程中，用户的需求拉动是供应链中信息流、产品/服务流、资金流运作的驱动源。

（6）交叉性。节点企业可以是这个供应链的成员，同时又是另一个供应链的成员，众多的供应链形成交叉结构，增加了协调管理的难度。

四、21 世纪的竞争模式：供应链

@链接资料

沃尔玛和凯玛特成立于同一年（1962 年），但到 2001 年时，凯玛特已濒临破产，而沃尔玛成为美国最大的零售商，年销售额名列财富 500 强首位。沃尔玛大量商品“天天低价”的秘密就在于结合了信息技术和独特的物流流程的库存补充系统。

在2001年，戴尔成为世界上最大和最有盈利能力的个人电脑制造商。戴尔在2000—2001年经济萧条期的开端进行了一场激烈的价格战。通过直销渠道以及它和制造商的合约关系，戴尔将自己的成本控制得很低从而获得盈利，而它的竞争对手却在个人电脑市场连连亏损。戴尔的优势地位迫使惠普和康柏合并，它们希望通过这种合并来增强在个人电脑市场上的竞争力。

本田虽然不是世界上最大的汽车制造商，但它创立了具有自身优势的品牌。本田连续多年都成为世界上最具盈利能力的汽车制造商之一，同时它也是世界上汽车质量最好的制造商之一。本田成功的因素有很多，包括优良的引擎设计和成功的供应商管理——本田总成本的85%都花在了这些供应商身上。

人们普遍认识到，21世纪的市场竞争将不是企业和企业之间的竞争，而是供应链和供应链之间的竞争，任何一个企业只有与其他企业结成供应链才有可能取得竞争的主动权。这已不是一个竞争的范围问题，而是一个竞争的层次问题。一个新产品研制出来很容易被模仿，但谁听说过供应链被仿制？智慧加独特，就是一种竞争优势。

传统上，大多数企业认为自己是和其他企业独立存在的，并且为了生存而与他们竞争。达尔文的“适者生存”观几乎更多地左右着企业战略。供应商与上下游之间经常是对抗多于合作，许多企业仍谋求把成本降低或利润增加建立在损害供应链其他成员的利益上。许多企业没有认识到，将自己的成本简单地转移到上游或下游并不能增强他们的竞争力（也许短期有效），因为最终所有成本都通过市场转嫁给了最终消费者。领先的企业认识到这种传统观念的错误，力图通过增加整个供应链提供给消费者的价值以及减少整个供应链的成本，来增强整个供应链的竞争力。他们知道，真正的竞争不在企业与企业之间，而是供应链与供应链之间的竞争。

过去，福特因自恃为大公司，许多行为也多以自我为中心，由于对自己品牌与价值的认定相当高，只要是福特想做的，常倾向全部自己来。如今，福特意识到，没有一家企业可以完全主宰客户的需求，也就是说，为了有效满足顾客的需求，福特必须与其他供应商一起合作。这意味着，未来的竞争模式将不再是福特与通用或福特与丰田的竞争，而是福特及其背后所连动的那一串供应体系与通用或丰田那一串供应体系的竞争。

对于中国国内的大型制造企业，尤其是私营企业，在十几年快速发展过程中，特别是在近几年中，都在供应链管理上有所推进。但是，绝大多数企业并未对整体供应链的管理进行全面系统的规划和整合，具体体现在：更多侧重于营销系统和内部制造计划体系的建设；不够重视供应链前端，即供应管理体系的建设；不够重视从供应链全局角度和业务合作伙伴的联盟建设；较少借助先进的信息系统来整合供应链信息流；内部供应链的管理和价值流（财务、资金及成本管理）松弛结合，导致无法从企业整体运作指标对供应链进行准确监控和改进决策。

对于中国大多数中小企业，供应链管理仅仅局限于基本的产、供、销管理，未能形成有效的管理体系。由于相关的业务合作伙伴（供应商、代理分销商）较少，业务较为单纯，很少考虑进一步改进供应链管理，使自身更具竞争力。通过提高自身管理水平以达到和主要客户建立更加密切业务合作，从而进一步扩大生产、销售规模的意识普遍较弱。

中国加入 WTO 使国内大型制造企业面临国外大企业竞争的严峻局面。这种竞争中一个最重要的体现是全球供应链的竞争。中国的企业在没有大规模建立海外供应网络的时期，必须最大限度地联合国内的相关业务合作伙伴，形成有效的扩展供应链体系，通过群体竞争优势和跨国企业竞争。对于广大的中小企业，需要尽快提高企业自身管理水平，加入到相关的扩展供应链体系中，提高竞争力，更快地成长，避免由于强大的市场压力而遭淘汰。

基于扩展供应链的协同商务运作将是未来企业供应链管理的重要模式。借助于协同商务模式，我们的企业才能在参与全球供应链的竞争中处于有利地位。许多行业都有过去几十年竞争演变的记载。20 世纪 70 年代是公司关注质量为特征的十年，在此期间，公司对全面质量管理和零缺陷之类的技术明显地有着浓厚兴趣。在 20 世纪在 80 年代，质量不再是竞争力的一个来源，它成为一种基本要求，没有质量，公司就无法生存。然后，竞争的重点转到了生产效率，如精益生产、零库存生产开始形成。在 20 世纪 90 年代，多数公司能够应用这些制造技术从他们的作业中“挤出多余的脂肪”。

继续发展下去，最大的机会是在制造工厂的围墙外面。你的物料从何而来？你在哪里加工或转化它们？你利用什么分销渠道？你怎样和你的供应商、顾客建立牢固的关系？你如何从你的最终消费者那里获得直接的信息？你应该利用什么物流体系？你怎样全球性地协调你的信息流和系统？你怎么为供应链中你的所有伙伴建立激励机制，来优化整体绩效？竞争领域现在已转变为全球供应链的管理。宝洁、惠普公司、戴尔计算机和沃尔玛等企业的成功证明了：一个协调一致、紧密一体化的供应链是企业竞争力的关键。

做到供应链的一体化并非易事，但回报是可观的。那些实现一体化的公司从较高的利润率、顾客服务绩效提高以及更快的反应时间中获益。他们彻底地减少了库存投资，注销了库存，同时得到了资产上的双倍回报。也许更重要的是，他们的股东价值增加了。

那些忽视供应链一体化力量的企业将只会看到他们与领先者之间加大的差距。裹足不前的风险是巨大的。

世界上没有永久的竞争优势，因为社会不断变化，竞争对手也在迎头赶上。所以，一个高级的一体化供应链能给你永久的竞争优势吗？不能。然而如果你能有一个比你的竞争对手更好的供应链，你就可以在短期内占据更有利的竞争地位，你将会有结构上的更低的成本、更快的周转时间、更少的库存。但是，任何这样的企业都不能躺在这顶桂冠下面睡大觉，就如同以前质量卓越是一件新式武器，可现在它已经变成常备武器了。所以，昨天还是竞争的优势，今天就已是竞争所必需。对供应链一体化来说也是这样，你必须把它看成是下一步的起点，而不是终点。

第二节　供应链管理概述

以上介绍的是供应链的概念，对供应链这一复杂系统，要想取得良好的绩效，必须找到有效的协调管理方法，供应链管理思想就是在这种环境下提出的。

一、供应链管理的概念

计算机网络的发展进一步推动了制造业的全球化、网络化过程。虚拟制造、动态联盟等制造模式的出现，更加迫切需要新的管理模式与之相适应。传统的企业组织中的采购（物资供应）、加工制造（生产）、销售等看似整体，但却缺乏系统性和综合性的企业运作模式，已经无法适应新的制造模式发展的需要，而那种"大而全，小而全"的企业自我封闭的管理体制，更无法适应网络化竞争的社会发展需要。因此，"供应链"的概念和传统的销售链是不同的，它已跨越了企业界限，从建立合作制造或战略伙伴关系的新思维出发，从产品生命线的"源"头开始，到产品消费市场的"汇"，从全局和整体的角度考虑产品的竞争力，使供应链从一种运作性的竞争工具上升为一种管理性的方法体系，这就是供应链管理提出的实际背景。

伊文斯（Evens）认为：供应链管理是通过前馈的信息流和反馈的物料流及信息流，将供应商、制造商、分销商、零售商，直到最终用户连成一个整体的管理模式。菲利浦（Phillip）认为供应链管理是一种新的管理策略，它把不同企业集成起来以增加整个供应链的效率，注重企业之间的合作。福西特（Fawcett）等则认为供应链管理是设计和管理组织之间无缝增值的流程，以满足最终顾客的真实需求。比奇特尔和杰亚拉姆两位学者认为：供应链管理是从提供产品、服务和信息的供应商到最终用户的商业过程一体化，它能为消费者增加价值。俄亥俄州立大学的兰伯特（Lambert）教授认为：供应链管理是对从最终用户直到原始供应商的关键业务流程的集成，它为客户和其他有关者提供价值增值的产品、服务和信息。在全球供应链论坛中，他对这个概念作了更详细的阐释：供应链是为从最终用户到最初供应商的所有客户及其他投资人提供价值增值的业务流程，包括了两个相向的流程结合：一是从最终用户到初始供应商的市场需求信息的逆流而上的传导过程；二是从初始供应商向最终用户的顺流而下不断增值的产品和服务的传递过程。供应链管理就是对这两个核心业务流程实施一体化运作，包括统筹安排、协同运行和统一的协调。对这些不同的定义，美国学者乔尔・D. 威斯纳（Joel D. wisner）对其进行了归纳综合，他认为供应链管理"贯穿始终的思想就是在供应链参与者之间协作或整合与产品相关的行为，来提高运营效率、质量与客户服务，为所有协作的公司获得持续的竞争优势"。可见，供应链管理的目的在于把产品从最初供应商经过供应链网络有效地交付给最终顾客。供应链管理把供应链上的各个企业作为一个不可分割的整体，使供应链上各企业分担的采购、生产、分销和销售的职能成为一个协调发展的有机体。

可从以下三个层次来理解供应链管理的基本内涵。

第一个层次：企业内部供应链管理。这是将企业内部所有的经营业务单元（如订单、采购、销售、计划、生产、库存、运输、服务等）、资源（如人、财、物、无形资产等）和相应的财务活动、人事管理、制度体系等纳入一条业务链内进行管理。这种供应链管理关注企业内部资源的调配、业务流程的调整、组织结构的改造、绩效考核的建立；去除企业内部业务流程中无效的工作环节、消除影响业务流程运行的因素、减少安全库存量；将企业决策的切入点建立在业务流程执行的每个地方，由此实现企业内部各种业务和信息的高度集成、共享、控制、管理和协调运营。

第二个层次：产业供应链或动态联盟供应链管理。这种供应链管理将企业内部供应链管理延伸发展为面向全行业的产业供应链管理，由此将管理的资源从企业内部扩展到企业外部的行业合作竞争者身上，对业务流程的管理改造也集中在行业供应链的各种流程上。这时在整个行业中建立了一个环环相扣的供应链，使行业的多个企业能够在一个统一的供应链管理体系下实现协作经营和协调运作，共同实现对外部市场的竞争，以各自的优势共同满足客户的需求。因此，这些企业可以在市场、加工、制造与流通各个环节之间建立一个业务相关的动态企业联盟或虚拟企业。

第三个层次：全球网络供应链管理。这是基于互联网的开放式的全球网络供应链。在全球网络供应链中，企业的形态和边界将产生根本的改变，全球资源随着市场的需求可以动态组合，以应对不断变化的客户需求和服务；企业合作的形式和方位多种多样，企业联合优势的层次更宽更广，并从全方位的角度考虑资源整合。企业可以不再是有形的看得见的实体，品牌和信誉也可以代表一个没有任何有形资产的企业。供应链网络信息交流层次的沟通与协调将采取交互的、透明的、无对象的方式，生产的组织和实现超越时空的概念和限制。以网络信息为依托，企业能够在更广阔的范围内选择合作伙伴，采用灵活有效的管理组合模式，从而更加方便有效地实现多种企业的资源、优势互补。

二、供应链管理的基本特征

供应链上各个环节的企业通过信息技术实现了信息和其他资源的共享和互相渗透，实现了优势互补，完成了单个企业不能承担的市场功能，从而更有效地向市场提供商品和服务，这样就使得企业与企业之间传统的界限变得模糊。从宏观的角度来看，这些相互联系的企业组成了一个更大的虚拟企业，由此，供应链管理产生了企业或虚拟企业的虚拟运作。供应链管理具有以下几种基本特征。

（一）实现了核心功能和一般功能的分离

供应链管理突破了传统企业的管理模式，在资源有限的情况下，企业为了获取竞争优势，往往只管理控制核心功能，如企业拥有的专利、品牌、商标、专有技术、特殊工艺和配方等主要资产，把知识性、技术性、增值性高的部分资产掌握在自己的手中，而其他低值部分、自己不擅长的工作则交给合适的合作伙伴完成，借助外部力量和外部资源共同满足客户需求，实现企业的虚拟运作和一般功能的分离。

（二）实现了纵向管理模式向横向管理模式的转变

近几十年企业的经营模式经历了从“大而全”到“小而全”的转变。传统上，企业出于管理和控制上的需要，对与产品制造有关的活动和资源一直采取“纵向化集成”（Vertical Integration）的管理模式。“纵向化集成”的管理模式在市场环境相对稳定的情况下有一定的合理性，而在产品生命周期不断缩短、企业之间竞争加剧、全球市场变化莫测的情况下，则显露出了种种缺陷。其结果：一是分散了整个企业的资源和精力；二是无法经营好核心业务，降低了企业的核心竞争能力。因此，20 世纪 80 年代以后，国际上越来越多的企业放弃了“纵向化集成”的经营模式，出现了利用企业外部资源快速响应市场需求的思想，从而赢得了企业在低成本、高质量等诸方面的竞争优势，这就是“横向化集成”（Horizontal Integration）的管理思想，并形成了一条以企业为节点从供应商到制造商再到分销商的贯穿所有企业的“网链”。显然，这些企业必须达到同步、协调的运行，才有可能使供应链上的所有企业都受益，因此供应链管理（Supply Chain Management）理念产生的同时也改变了企业对其可用资源的管理模式，实现了企业资源管理模式的转变。

（三）实现了以信息技术为依托的全球资源整合

Internet、Intranet、Extranet 技术的发展以及企业管理信息系统和电子商务平台的出现，正改变着人们从事商业活动的方式，为供应链管理提出了新的要求。企业利用网络技术实现了企业内和企业间的信息集成及其业务协作，及时获取并使用企业内外的实时信息，为企业适应市场上的各种变化，快速、准确地做出决策提供了前提条件；基于 Internet/Intranet 的信息技术和管理应用系统不仅能够沟通供求信息，降低交易成本，提高用户满意度，而且加速了全球经济一体化的进程，从根本上改变了企业生产经营的方式。因此，如果一个企业不能适应这种新的经营方式和手段的变化，不能以最快的速度推出高品质的产品和服务，那么，这个企业就会在未来的市场竞争中失去立足之地。所以，21 世纪的企业需要把不同优势和资源的企业整合起来结成单一的经营实体，共同面对市场的挑战。而供应链管理则依托信息技术帮助现代企业实现了全球资源的有效整合。

三、供应链管理涉及的内容

供应链管理主要涉及五个领域：需求、计划、物流、供应、回流，如图 2-2 所示。这五个领域中，需求又是关键的要素。恰当的供应链设计将取决于顾客的需求和满足这些需求所涉及环节的作用。任何一个供应链存在的主要目的都是满足顾客需求，并在这一过程中进行盈利。

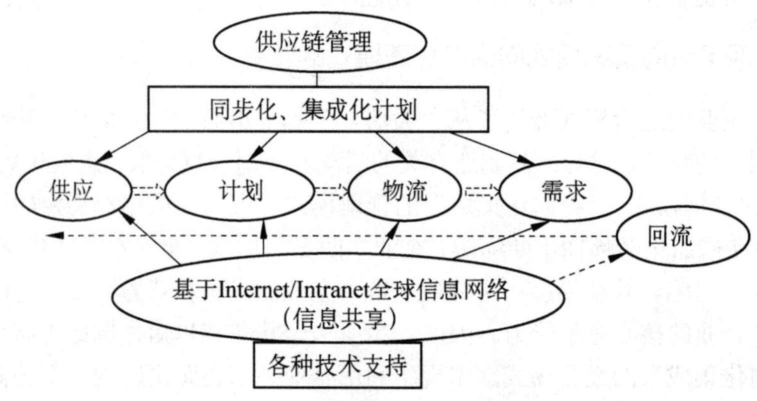

图 2-2　供应链管理涉及的领域

由图 2-2 可以看出，供应链管理是以同步化、集成化计划为指导，以各种技术为支持，尤其以 Internet/Intranet 为依托，围绕供应、计划、物流、满足顾客需求来实施。供应链管理主要包括计划、合作、控制从供应商到顾客的物料（零部件和成品）和信息。供应链管理的目标在于提高顾客服务水平和降低总的交易成本，并且寻求两个目标之间的平衡。

在以上五个领域的基础上，我们可以将供应链管理细分为职能领域和辅助领域。职能领域主要包括产品工程、产品技术保证、采购、生产控制、库存控制、仓储管理、分销管理；而辅助领域主要包括客户服务、制造、设计工程、会计核算、人力资源、市场营销。

由此可见，供应链管理关心的并不仅仅是物料实体在供应链中的流动，除了企业内部与企业之间的运输问题和实物分销以外，供应链管理还包括以下主要内容。

（1）战略性供应商和用户合作伙伴关系管理。

（2）供应链产品需求预测和计划。

（3）供应链的设计（全球节点企业、资源、设备等的评价、选择和定位）。

（4）企业内部与企业之间物料供应与需求管理。

（5）基于供应链管理的产品设计与制造管理、生产集成化计划、跟踪和控制。

（6）基于供应链的用户服务和物流（运输、库存、包装等）管理。

（7）企业间资金流管理（汇率、成本等问题）。

（8）基于 Internet/Intranet 的供应链交互信息管理。

（9）反向物流管理。

供应链管理注重总的物流成本（从原材料到最终产品的费用）与客户服务水平之间的关系，为此要把供应链各个职能部门有机地结合在一起，从而最大限度地发挥出供应链整体的力量，达到供应链企业群体获益的目的。

四、供应链管理与物流管理的关系

供应链管理与物流管理之间既有联系，又有区别。一方面，供应链管理是在物流管理由内部一体化向外部一体化发展过程中产生的一种管理思想，与物流管理之间存在不可割裂的联系，物流管理是供应链管理的重要内容；另一方面，供应链管理虽源于物流管理，却高于物流管理，与传统的企业内部的一体化的物流管理是有着根本区别的。

（一）供应链管理与物流管理之间的联系

克里斯托弗（Christopher）认为，21 世纪的竞争将不再是个别企业和产品的竞争，而是供应链之间的竞争。人们最初提出“供应链管理”一词，是用来强调物流管理过程中，在减少企业内部库存的同时也应考虑减少企业之间的库存。随着供应链管理思想越来越受到欢迎和重视，其视角早已拓宽，不仅仅着眼于降低库存，其管理触角伸展到企业内外的各个环节、各个角落。从某些场合下人们对供应链管理的描述来看，它类似于穿越不同组织界限的、一体化的物流管理。

实质上，供应链管理战略的成功实施必然以成功的企业内部物流管理为基础。能够真正认识并率先提出供应链管理概念的也是一些具有丰富物流管理经验和先进物流管理水平的世界级顶尖企业，这些企业在研究企业发展战略的过程中发现，面临日益激烈的市场竞争，仅靠一个企业和一种产品的力量已不足于占据优势，企业必须与它的原材料供应商、产品分销商、第三方物流服务者等结成持久、紧密的联盟，共同建设高效率、低成本的供应链，才可以从容应对市场竞争，取得较大的市场份额。

（二）供应链管理与物流管理之间的区别

在 2003 年，美国物流管理协会（Council of Logistics Management，CLM）修订了物流的定义：“物流是供应链管理的一部分，是以满足客户要求为目的，对货物、服务和相关信息在产出地和消费地之间实现高效且经济的正向和反向的流动和储存所进行的计划、执行和控制的过程。”从这个最新的物流定义可以看出，物流是供应链管理的一个子集，两者非同义词。CLM 的定义清楚表明，物流在恰当的实施下，总是以点到点为目的，而供应链管理是将许多物流以外的功能穿越企业间的界限整合起来，它的功能超越了企业物流的范围。因此，物流管理仅仅是供应链管理的一个组成部分。

供应链管理与传统物流管理模式有着明显的区别。主要体现在：一是供应链管理把供应链中所有节点企业看作一个整体，供应链管理涵盖整个物流过程，包括从供应商到最终用户的采购、制造、分销、零售等职能领域；二是供应链管理强调和依赖战略管理，它影响和决定了整个供应链的成本和市场占有份额；三是供应链管理关键的是需要采用集成的思想和方法，而不仅是节点企业资源的简单连接；四是供应链管理具有更高的目标，通过协调合作关系达到高水平的服务。

五、供应链管理的关键业务流程

成功的供应链管理需要我们改变以前只对单个过程管理的模式，需要对一系列整合的过程进行管理。因此，供应链管理一体化的关键就在于：要完成一个转变，即从管理单个职能到把不同的活动整合成供应链关键业务过程的转变。供应链管理有以下八大关键业务流程。

（一）客户关系管理

顾客是供应链管理的核心和基本出发点。客户关系管理（Customer Relationship Management，CRM）就是使以客户为中心的包括销售、市场营销和客户服务的业务流程自动化并得以重组。这里的客户关系管理不仅要使这些业务流程自动化，而且要确保前台应用系统能够改进客户满意度、增加客户忠诚度，以达到使企业获利的最终目的。供应链管理的第一步就是识别对企业的经营使命至关重要的那几个关键顾客，并与它们建立战略性供应商和客户合作伙伴关系。

（二）客户服务管理

客户服务管理表示公司对客户的态度。这是在客户关系管理步骤中由客户小组开发产品服务包的关键步骤。一方面服务是获取客户信息的唯一来源；另一方面服务为顾客提供实时、在线的产品和价格信息，以支持客户对交货期和货物状态的查询。客户服务中通过与职能部门，如制造和物流部门联系，为客户提供他们想了解的关于运输日期和产品实用性等方面的实时信息。

（三）需求管理

它主要涉及企业内部与企业之间物料供应与需求管理，通过对产品与服务的流程进行预测，正确地预测客户需求，改善客户服务，降低不正确预测需求所产生的成本。一个好的需求管理系统利用 POS 系统和关键客户数据来提高供应链效率和减少不确定性，并平衡客户需求和企业供应能力。

（四）订单履行

供应链的这个过程不仅仅指下达订单指令，它还包括定义客户需求，设计网络，在最小化配送成本的基础上满足客户需求等一系列活动。它的目的是建立一个从供应商到企业，再从企业到不同客户的无缝衔接的系统。

（五）生产流程管理

生产流程管理包括与以下生产活动有关的行为：原材料的取得、生产、管理供应链的生产环节和将产品运出工厂。这个过程的目的就是在既定的时间内以尽可能低的成本生产出尽可能多的产品。为了达到预期的生产要求，计划和执行就需要寻求供应链参与者的合作。

（六）采购管理

与供应商发展长期合作关系，以支持企业生产和新产品开发工作。

（七）产品开发和产品商业化

一定要让顾客和供应商参与到新产品开发过程中，以便在更短的时间内以更低的成本开发出客户需要的成功产品。负责产品的设计和商业化过程的团队应该和 CRM 过程中的团队合作以确认客户和需求，应该和 SRM（Supplier Relationship Management，供应商关系管理）过程中的团队合作来选择材料和供应商，和生产流程管理过程中的团队合作，根据市场的需求来发展新产品技术。

（八）回收管理

回收管理过程包括与管理回收、逆向物流、闸口控制有关的活动，包括管理供应链过程尽量避免回收。适当地执行回收管理不仅能有效管理产品流中的次品，而且还能减少不期望出现的回收产品数量，并能重复利用诸如包装盒之类的可循环利用的产品部分。有效的回收管理是供应链管理的重要步骤，它能使公司获得持续的竞争力。

供应链管理的八个关键业务流程的每一个都有它的战略意义和可操作性。换句话说，战略意义是指企业建立并战略性地管理这些业务流程，可操作性是指企业执行这些业务流程。我们将市场、销售、财务、生产、采购、物流和研究开发的代表组成一个合作团队，并由这个团队来实现它们的战略意义。这个团队主要在战略层面来设计供应链的这些过程，并监督它们是否执行完成。这个战略性团队也要注意分辨哪些合作伙伴是能整合到企业供应链中的。每个过程的可操作性就是每个功能中经理人员所采取的具体行动。

因此，供应链管理是一个相互作用的、复杂的系统方法，要求同时考虑许多权衡，如图 2-3 所示，供应链管理与集成跨越了组织的界线，因为它要在组织内部和组织之间考虑有关应在何处设置库存以及应在何处采取行动的种种权衡问题。

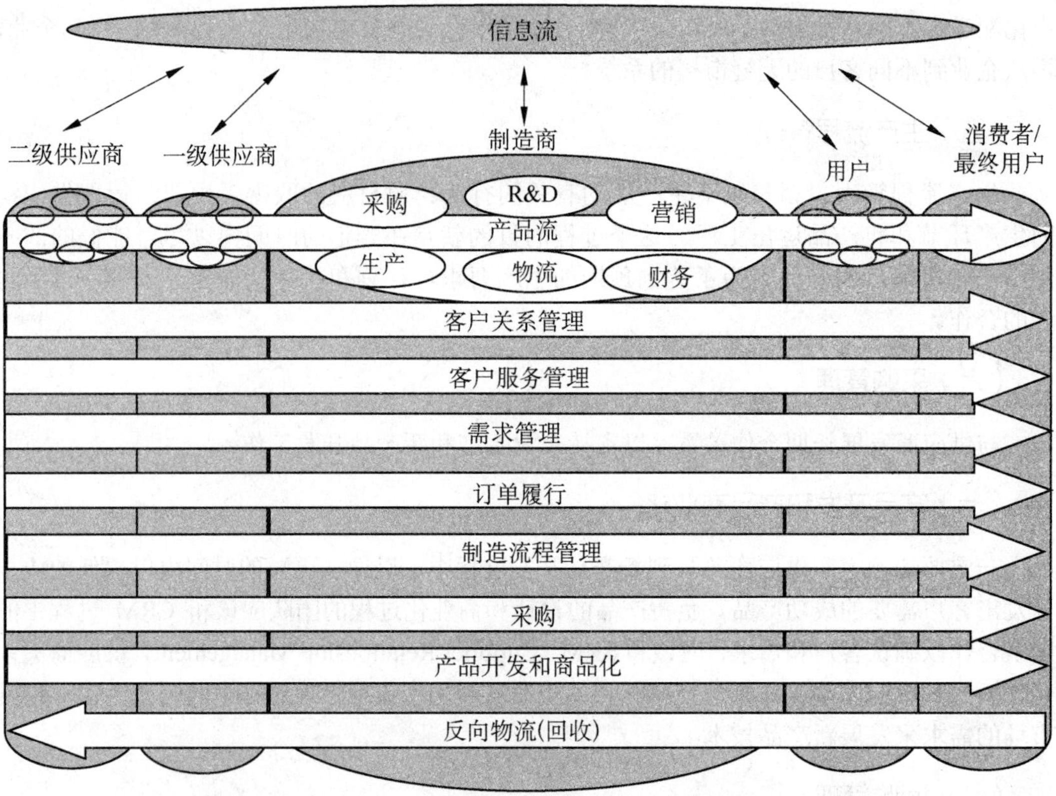

信息流
二级供应商
一级供应商
制造商
用户
消费者/最终用户
采购
R&D
营销
产品流
生产
物流
财务
客户关系管理
客户服务管理
需求管理
订单履行
制造流程管理
采购
产品开发和商品化
反向物流(回收)

图 2-3　集成和管理跨越整个供应链的业务

第三节　供应链物流管理

@链接资料

在 1979 年，凯玛特是零售商的巨头之一，拥有 1 891 家连锁店，平均每家连锁店的收入为 725 万美元。当时的沃尔玛只是美国南方的一个小零售商，只有 229 家连锁店，每家连锁店的收入也只是凯玛特的一半。在 10 余年时间里，沃尔玛改变了自己。1992 年，沃尔玛的每平方英尺的销售额最高，并且在所有零售商中其库存周转次数和运营利润都是最高的。如今，沃尔玛是世界上最大、利润最高的零售商。沃尔玛是如何成功的呢？其起点在于坚持不懈地致力于满足顾客的需求。它的目标是保证顾客无论何时何地都能买到所需的商品，以及优化成本结构，提供具有竞争力的定价。实现这个目标的关键在于实施供应链物流管理，并将库存的连续补充成为其核心战略。

作为节省开支的重要手段，供应链管理在沃尔玛受到了高度重视。沃尔玛通过利用最先进的技术和设备与供应商建立紧密的合作关系，对信息流、物流、资金流进行有效的调控，提高了效率，节约了成本。有人将沃尔玛的供应链管理形象地描述为“四个一”：天上一颗星（利用卫星传输信息）、地上一张网（计算机管理信息系统）、送货一条龙（通过与供应商联网，实现供应商的自动补货）、管理一棵树（利用计算机网络将门店、供货商、顾客像一棵大树一样有机地联系在一起）。

（1）高效率的配送中心。沃尔玛的供应商根据各分店的订单将货品送至沃尔玛的配送中心，配送中心则负责完成对商品的筛选、包装和分拣工作。沃尔玛的配送中心具有高度现代化的机械设施，送至此处的商品 85%都采用机械处理，大大减少了人工处理商品的费用。同时，由于购进商品数量庞大，使自动化机械设备得以充分利用，规模优势充分显示。

（2）迅速的运输系统。沃尔玛在全球建立了 110 家配送中心。在美国，配送中心的数量达到 62 个，一般以 320 千米为一个商圈建立一个配送中心，且设立在 100 多家零售店的中央位置；拥有 5 500 多辆大型货运卡车、近 3 万个大型集装箱挂车，保证进货从仓库到任何一家商店的时间不超过 48 小时。沃尔玛的机动运输车队是其供货系统畅通的优势保证，快速的送货，使沃尔玛各分店即使只维持极少存货也能保持正常销售，大大节省了存储空间和费用。由于这套快捷运输系统的有效运作，沃尔玛 85%的商品通过自己的配送中心运输，而凯玛特只有 5%，沃尔玛的销售成本也因此比同行业平均销售成本低 2%～3%。

（3）先进的计算机与卫星系统。沃尔玛先后花费 7 亿多美元建起了目前的计算机与卫星系统，实现了全球联网，在全球的 7 000 多家商店通过全球网络可在 1 小时之内对每种商品的库存、上架、销售量全部盘点一遍，并通知货车司机最新的路况信息，调整车辆送货的最佳线路。管理人员可以通过计算机系统与任何一个门店和配送中心联系，在 1～2 分钟之内就可以得到一天的商品销售、库存、订货、配送、财务和员工等方面的准确情况。信息网络系统的应用使其供货系统更趋完美，配送中心、供应商及每一分店的每一销售点都能形成连线作业，提高了整个企业对市场变化的应变能力。

（4）自动订货系统。20 世纪 80 年代末，沃尔玛开始利用电子交换系统 EDI 与供应商建立了自动订货系统，通过网络系统向供应商提供商业文件、发出采购指令、获取收据和装运清单等，同时也让供应商及时准确地把握其产品的销售情况。沃尔玛还利用更先进的快速反应系统代替采购指令，真正实现了自动订货。该系统利用条码扫描和卫星通信，与供应商每日交换商品销售、运输和订货信息。凭借先进的电子信息手段，沃尔玛做到了商店的销售与配送保持同步，配送中心与供应商运转一致，提高了工作效率，降低了成本，使得沃尔玛超市所售货物在价格上占有绝对优势，成为消费者的重要选择对象。

一、供应链物流管理的概念

供应链物流管理是以物流为控制对象的供应链管理。它致力于将企业生产经营中的所有物流活动组成一个完整的供应链，实行一体化管理。供应链物流管理的目标是：根据物流在整个供应链体系中的重要性，降低整个物流成本和物流费用水平，降低库存，通过供应链中各种资源运作效率的提高，赋予经营者更大的能力来适应市场变化并做出及时反应，从而做到物尽共用，货畅其流。

完整的供应链管理包括整个供应链的商流、资金流和信息流等的管理，物流管理只是供应链管理的一个方面。就目前而言，供应链管理应用最多也是最为成功的领域是物流，即供应链物流管理。从物流系统的角度看，供应链物流管理是将供应链中的上下游企业作为一个整体，通过相互合作、信息共享，实现库存的合理配置，提高物流的快速反应能力，降低物流成本的一种物流管理方式。供应链物流管理与物流管理的定义都强调对商品从产地至消费地的实体移动过程进行管理。供应链物流管理是物流概念在企业外部的延伸。物流管理强调的是单个企业物流系统的优化，对运输、仓储、包装、装卸搬运、流通加工、配送和物流信息实施一体化管理，而供应链物流管理则认为仅对单个企业的物流活动进行控制是不够的，必须对整个供应链的所有成员或关系较近的成员的物流活动实施一体化管理，也就是说，由链中的企业共同对供应链的物流活动进行管理。在供应链物流管理当中，由于涉及的企业和环节较多，所以它比单个企业的物流管理复杂，操作起来难度大。但是，它能带来的效益却不是各企业单独管理所能比拟的。正因为供应链物流管理具有相当的复杂性，所以在实践中要求供应链成员积极参与，密切配合，如此方能发挥出供应链物流管理应有的效益。

二、供应链物流管理的原理

供应链物流管理的原理，就是要结合供应链的特点，综合采用各种物流手段，实现物资实体的有效移动，既保障供应链正常运行所需的物资需要，又保障整个供应链的总物流费用最省、整体效益最高。

供应链物流管理，也是一种物流管理，它和通常的物流管理没有本质的区别。它同样包括运输、储存、包装、装卸、加工和信息处理等活动的策划设计和组织等工作，同样要运用系统的观点和系统工程的方法。供应链物流管理的特点，就是在组织物流活动时，要充分考虑供应链的特点。供应链最大的特点就是协调配合，例如在库存点设置、运输批量、运输环节、供需关系等，都要统筹考虑集约化、协同化，既保障供应链企业的运行的需要，又降低供应链企业之间的总物流费用，以提高供应链整体的运行效益。

注意，这里提到的效益是着眼于供应链整体的效益，费用是供应链的总费用。这就是说不排除有的效益会降低、有的费用会增长的情况。因为既然供应链是一个系统，在以系统的观点处理问题时，这样的结果是正常合理的。

这里所谓供应链整体的效益，其最主要的代表就是核心企业的效益。应该说整个供应链的使命，就是要为核心企业提高效益服务的。所以供应链物流管理实际上是要站在核心企业的立场上，沟通整个供应链的物流渠道，将它们合理策划、设计和优化，提高运行效率、降低运行成本，为核心企业的高效率运作提供有力的支持。

站在核心企业的立场来组织物流，并不意味着完全不顾非核心企业的利益。相反，要取得非核心企业的合作，就必须兼顾着它们的利益。一方面，核心企业的利益最大化，本身就会给非核心企业的利益最大化。例如汽车装配厂生产的汽车所占的市场份额扩大，就意味着部件厂的部件需要量更多，分销企业的销售收入也就更多。这样给上游企业和下游企业带来的利益自然也最大化。另一方面，在组织供应链物流方案时，碰到具体问题，在站在核心企业的立场的同时，在不影响大局的情况下，尽可能满足非核心企业的利益，这样做出的方案才是可行的。

结合供应链的特点来组织物流，既是供应链物流管理的优点，又是供应链物流管理的约束条件。是优点，因为它可以使物流在更大的范围内实行优化处理、在更大的范围内优化资源配置，因此可以实现更大的节约、更大地提高效益；是约束条件，因为它在进行物流活动组织时，需要综合考虑更多因素，需要更多的信息支持和优化运算。因此，物流设计策划的工作量更大、难度也更大。

由于供应链主要由核心企业来组织管理，所以，供应链物流管理也应由核心企业来组织管理。因为只有核心企业才真正知道它的供应链物流管理应当怎样做，才能够真正代表它的利益，才最有效益。但是由核心企业组织管理，并不一定要核心企业亲自来组织管理。而相反，由于物流管理比较烦琐，而供应链物流管理就更加复杂，任何一个生产企业，在把主要精力管好生产的同时还要把物流管理起来，都是很困难的。所以，一般按现在通行的做法，供应链物流管理可以由核心企业委托或外包给第三方物流公司来承担。自己作为合同的甲方，只提出管理目标和任务，只监督第三方物流公司的执行效果。而第三方物流公司作为合同的乙方，根据甲方的目标任务，提出物流方案，具体组织实施。由于第三方物流公司具有专业化的物流管理经验和能力，由他们根据核心企业的要求来组织管理供应链物流，可能收到比核心企业亲自组织管理更好的效果。

三、供应链物流管理的目标

供应链物流管理的目标是通过调和总成本最小化、客户服务最优化、总库存最小化、总周期时间最短化以及物流质量最优化等目标之间的冲突，实现供应链绩效最大化。

（一）总成本最小化

众所周知，采购成本、运输成本、库存成本、制造成本以及供应链物流的其他成本费用都是相互联系的。因此，为了实现有效的供应链物流管理，必须将供应链各成员企业作为一个有机整体来考虑，并使实体供应物流、制造装配物流与实体分销物流之间达到高度均衡。从这一意义出发，总成本最小化目标并不是指运输费用或库存成本，或其他任何供应链物流运作与管理活动的成本最小，而是整个供应链物流运作与管理的所有成本的总和最低化。

（二）客户服务最优化

物流的本质就是服务，供应链物流的本质也是为整个供应链的有效运作提供高水平的服务。而由于物流服务水平与成本费用之间的二律悖反关系，要建立一个效率高、效果好的供应链物流网络结构系统，就必须考虑总成本费用与客户服务水平的均衡。供应链物流管理以最终客户为中心，客户的成功是供应链赖以生存与发展的关键前提。因此，供应链物流管理的主要目标就是要以最低化的总成本费用实现整个供应链客户服务的最优化。

（三）总库存最小化

传统的管理思想认为，库存是维系生产与销售的必要措施，因而企业与其上下游企业之间在不同的市场环境下只是实现了库存的转移，整个社会库存总量并未减少。按照 JIT 管理思想，库存是不确定性的产物，任何库存都是浪费。因此，在实现供应链物流管理目标的同时，要使整个供应链的库存控制在最低的程度，“零库存”反映的即是这一目标的理想状态。所以，总库存最小化目标的达成，有赖于实现对整个供应链的库存水平与库存变化的最优控制，而不只是单个成员企业库存水平的最低。

（四）总周期时间最短化

在当今的市场竞争中，时间已成为竞争成功最重要的要素之一。当今的市场竞争不再是单个企业之间的竞争，而是供应链与供应链之间的竞争。从某种意义上说，供应链之间的竞争实质上是时间竞争，必须实现有效客户反应（ECR），最大限度地缩短从客户发出订单到获取满意交货的整个供应链物流的总周期时间。

（五）物流质量最优化

在市场经济条件下，企业产品或服务质量的好坏直接关系企业的成败。同样，供应链物流服务质量的好坏直接关系到供应链的存亡。如果在所有业务过程完成以后，发现提供给最终客户的产品或服务存在质量缺陷，就意味着所有成本的付出将不会得到任何价值补偿，供应链物流的所有业务活动都会变为非增值活动，从而导致整个供应链的价值无法实现。因此，达到与保持物流服务质量的高水平，也是供应链物流管理的重要目标。而这一目标的实现，必须从原材料、零部件供应的零缺陷开始，直至供应链物流管理全过程、全人员、全方位质量的最优化。

应该说明的是，从传统的管理思想出发，上述目标相互之间呈现出互斥性：客户服务水平的提高、总周期时间的缩短、交货品质的改善必然以库存、成本的增加为前提，因而无法同时达到最优。而运用集成化管理思想，从系统的观点出发，改进服务、缩短时间、提高品质与减少库存、降低成本是可以兼得的。因为只要供应链物流的基本工作流程得到改进，就能够提高工作效率，消除重复与浪费，缩减工作人员，减少客户抱怨，提高客户忠诚度，降低库存总水平，减少总成本支出。

四、供应链物流管理的特点

由于供应链构成的复杂性，要有效地实现供应链物流管理，必须抛弃传统的管理思想，将供应链各成员企业的订货处理、采购、制造、装配、库存控制、分销等看作一个整体流程，实现对供应商的供应商、供应商、制造商、分销商、零售商、客户以及客户的客户整个供应链物流的集成化管理，才能创造新的整体竞争优势。

供应链物流管理具有以下特点。

（一）客户物流——供应链物流的起点

由于整个供应链都是由客户需求拉动的，因而客户的采购物流是供应链物流的起点，整个供应链物流管理要以满足客户物流需求为核心，主动积极地为客户提供增值物流服务。

（二）核心企业——供应链物流的协调与管理中心

供应链是基于核心企业的利益共同体，虽然各成员企业都具有独立法人资格，相互之间没有行政上的隶属关系，但整个供应链体系是靠核心企业驱动的。同样，对供应链物流管理而言，核心企业发挥调度与管理中心作用，负责对从供应商到核心企业的供应物流，核心企业的内部物流，再到分销商与最终客户的分销物流的总体协调与控制，确保供应链物流总成本最小化。

（三）企业接口物流——供应链物流管理的利润源

众所周知，在实行供应链管理之前，供应商与制造商、制造商与分销商、分销商与客户等关联企业之间的接口往往出现管理“真空”，存在大量的物流延迟、重复作业和冗余库存等。而通过供应链物流管理，成员企业之间实现了全流程的无缝作业，就能大大提高接口工作效率，有效减少物流重复、浪费与失误。

（四）现代信息与网络技术——供应链物流管理实现的基础前提

Internet、Intranet 的出现与普及运用，为供应链物流的信息共享与信息交互提供了基础平台；电子数据交换（EDI）、企业资源计划（ERP）、客户关系管理（CRM）的不断完善与广泛应用，为供应链物流管理提供了技术保障。

（五）现代管理思想与方法——供应链物流管理实现的理论保证

通过业务流程重构（BPR），能够消除各职能部门以及供应链成员企业的自我保护主义，实现供应链物流组织的集成与优化；通过准时制管理（JIT）、快速反应（QR）、有效客户反应（ECR）、全面质量管理（TQM）等管理思想与技术方法的综合运用，实现供应链物流管理方法的集成；通过资源整体优化配置，有效运用价值链激励机制，寻求非增值活动及相应结构的最小化，实现供应链物流管理效益的优化与集成。

五、供应链物流管理的方法

20 世纪 90 年代国外出现了一系列先进的供应链物流管理技术，如供应商管理用户库存（Vendor Managed Inventory，VMI）、联合库存管理（Jointly Managed Inventory，JMI）、快速反应（Quick Response，QR）、有效客户反应（Efficient Consumer Response，ECR）以及协同计划、预测与补货（Collaborative Planning，Forecasting and Replenishment，CPFR）等。

（一）供应商管理用户库存

长期以来，流通中的库存是各自为政的。流通环节中的每一个部门都是各自管理自己的库存，零售商、批发商、供应商都有各自的库存，各个供应链环节都有自己的库存控制策略。由于各自的库存控制策略不同，因此不可避免地产生需求的扭曲现象，即所谓的需求放大现象。20 世纪 80 年代末，出现了一种新的供应链库存管理方法——供应商管理用户库存，这种库存管理策略打破了传统的各自为政的库存管理模式，有效地抑制了需求放大的现象，在降低成本的同时提高了客户的服务水平。这种库存管理策略充分体现了供应链的集成化管理思想，适应了市场变化的要求，是一种新的、有代表性的供应链管理环境下的库存管理思想。

VMI 是一种在用户和供应商之间的合作性策略，以对双方来说都是最低的成本优化产品的可获性，在一个相互同意的目标框架下由供应商管理库存，这样的目标框架被经常性监督和修正，以产生一种连续改进的环境。

VMI 的建立需要在合作伙伴关系、互惠、目标一致、相互信任、信息共享、持续改进等原则上，建立互信、公平的管理体系。

供应商管理库存的策略可以分如下几个步骤实施。

（1）建立客户情报信息系统。供应商要有效地管理销售库存，供应商必须能够获得客户的有关信息。通过建立顾客的信息库来掌握需求变化的有关情况，把零售商/制造商的需求预测和分析功能集成到供应商的系统中来。

（2）建立销售网络系统。供应商要很好地管理库存，就必须建立起完善的销售网络管理体系，保证自己的产品需求信息和物流畅通。为此，必须：① 保证自己产品条码的可读性和唯一性；② 解决产品分类、编码的标准化问题；③ 解决商品存储运输过程中的识别问题。

（3）建立供应商和零售商的合作框架协议。供应商和零售商一起通过协商，确定订单处理的业务流程以及库存控制的有关参数（如再订货点、最低库存水平等）、库存信息的传递方式（如 EDI 或 Internet）等。

（4）组织机构的变革。VMI 策略改变了供应商的组织模式。过去一般由会计经理处理与用户有关的事情，引入 VMI 策略后，在订货部门产生了一个新的职能负责用户库存的控制、库存补给和服务水平。

一般来说，在以下的情况下适合实施 VMI 策略：零售商或批发商没有 IT 系统或基础设施来有效管理他们的库存；制造商实力雄厚并且比零售商市场信息量大；有较高的直接存储交货水平，因而制造商能够有效规划运输。

（二）联合库存管理

联合库存管理（Jointly Managed Inventory，JMI），是一种在 VMI 的基础上发展起来的上游企业和下游企业权利责任平衡和风险共担的库存管理模式。联合库存管理强调供应链中各个节点同时参与，共同制订库存计划，使供应链中的每个库存管理者都从相互之间的协调性考虑，对需求的预期保持一致，从而消除需求变异放大现象。任何相邻节点需求的确定都是供需双方协调的结果，库存管理不再是各自为政的独立运作过程，而是供需连接的纽带和协调中心。联合库存管理的实施策略有以下几个方面。

1. 建立供需协调管理机制

为了发挥联合库存管理的作用，供需双方应从合作的精神出发，建立供需协调管理的机制，明确各自的目标和责任，建立合作沟通的渠道，为供应链的联合库存管理提供有效的机制。没有一个协调的管理机制，就不可能进行有效的联合库存管理。建立供需协调管理机制，要从以下几个方面着手。

（1）建立共同合作目标。要建立联合库存管理模式，首先供需双方必须本着互惠互利的原则，建立共同的合作目标。为此，要理解供需双方在市场目标中的共同之处和冲突点，通过协商形成共同的目标，如用户满意度、利润的共同增长和风险的减少等。

（2）建立联合库存的协调控制方法。联合库存管理中心担负着协调供需双方利益的角色，起协调控制器的作用。因此需要对库存优化的方法进行明确确定。这些内容包括库存如何在多个需求商之间调节与分配，库存的最大量和最低库存水平、安全库存的确定，需求的预测等。

（3）建立一种信息沟通的渠道或系统。信息共享是供应链管理的特色之一。为了提高整个供应链的需求信息的一致性和稳定性，减少由于多重预测导致的需求信息扭曲，应增加供应链各方对需求信息获得的及时性和透明性。为此应建立一种信息沟通的渠道或系统，以保证需求信息在供应链中的畅通和准确性。要将条形码技术、扫描技术、POS 系统和 EDI 集成起来，并且要充分利用互联网的优势，在供需双方之间建立一个畅通的信息沟通桥梁和联系纽带。

（4）建立利益的分配、激励机制。要有效运行基于协调中心的库存管理，必须建立一种公平的利益分配制度，并对参与协调库存管理中心的各个企业（供应商、制造商、分销商或批发商、零售商）进行有效的激励，防止机会主义行为，增加协作性和协调性。

2. 发挥两种资源计划系统的作用

为了发挥联合库存管理的作用，在供应链库存管理中应充分利用目前比较成熟的两种资源管理系统：MRPII 和 DRP。原材料库存协调管理中心应采用制造资源计划系统（MRPII），而在产品联合库存协调管理中心则应采用物资资源配送计划（DRP）。这样在供应链系统中把两种资源计划系统很好地结合起来。

3. 建立快速响应系统

快速响应系统在美国等西方国家的供应链管理中被认为是一种有效的管理策略，经历了三个发展阶段。第一阶段为商品条码化，通过对商品的标准化识别处理加快订单的传输速度；第二阶段是内部业务处理的自动化，采用自动补库与 EDI 数据交换系统提高业务自动化水平；第三阶段是采用更有效的企业间的合作，消除供应链组织之间的障碍，提高供应链的整体效率，如通过供需双方合作，确定库存水平和销售策略等。目前在欧美等西方国家，快速响应系统应用已到达第三阶段，通过联合系统协同计划、预测与补货等策略进行有效的用户需求反应。

4. 发挥第三方物流企业的作用

实现联合库存可借助第三方物流（Third Party Logistics，TPL）具体实施。把库存管理的功能外包给第三方物流企业管理，可以使企业更加集中精力于自己的核心业务，第三方物流企业起到了供应商和用户之间联系的桥梁作用，为企业提供诸多好处。面向协调中心的第三方物流企业使供应链各方都取消了各自独立的库存，增加了供应链的敏捷性和协调性，并且能够大大改善供应链的用户服务水平和运作效率。

（三）快速反应

快速反应是 20 世纪 80 年代美国零售商、服装制造商以及纺织品供应商开发的整体业务概念，目的是减少原材料到销售点的时间和整个供应链上的库存，最大限度地提高供应链管理的运作效率，此方法现已应用到商业的各个领域。

快速反应是指通过供应链成员企业之间建立战略合作伙伴关系，利用 EDI 等信息技术进行销售时点以及订货补充等经营信息的交换，用多频度、小数量配送方式连续补充商品，以实现缩短交货周期，减少库存，提高顾客服务水平和企业竞争力为目的的一种供应链物流管理方法。QR 的实施步骤如下。

1. 采用条形码和 EDI

零售商首先必须安装条形码（UPC 码）、POS 扫描和 EDI 等技术设备，以加快 POS 机收款速度、获得更准确的销售数据并使信息沟通更加流畅。许多零售商和厂商都了解 EDI 的重要性，所以已经实施了一些基本的交易（如采购订单、发票等）的 EDI 业务。而且很多大型零售商也强制其厂商实施 EDI 来保证快速反应。

2. 自动补货

自动补货是指基本商品销售预测的自动化。QR 的自动补货要求供应商更快、更频繁地运输重新订购的商品，以保证店铺不缺货，从而提高销售额。自动补货使用基于过去和目前销售数据及其可能变化的趋势进行定期预测，以确定订货量，并由供应商主动向零售商频繁交货。自动补货系统中供应商通过与零售商缔结战略合作伙伴关系，共享信息，从而自动跟踪补充各个销售点的货源，使供应商提高了供货的灵活性和预见性。

3. 先进的补货联盟

成立先进的补货联盟是为了保证补货业务的流畅。零售商和消费品制造商联合起来检查销售数据，制订关于未来需求的计划和预测，在保证有货和减少缺货的情况下降低库存水平。还可以进一步由消费品制造商管理零售商的存货和补货，以加快库存周转速度，提高投资毛利率。

4. 零售空间管理

零售空间管理是指根据每个店铺的需求模式来规定其经营商品的花色品种和补货业务。一般来说，对于花色品种、数量、店内陈列及培训或激励售货员等决策，消费品制造商也可以参与甚至制定决策。

5. 联合产品开发

这一步的重点不再是一般商品和季节商品，而是像服装等生命周期很短的商品。厂商和零售商联合开发新产品，其关系的密切超过了购买与销售的业务关系，缩短从新产品概念到新产品上市的时间，而且经常在店内对新产品进行试销。

6. 快速反应的集成

通过重新设计业务流程，将前五步的工作和公司的整体业务集成起来，以支持公司的整体战略。这一步要求零售商和消费品制造商重新设计其整个组织、业绩评估系统、业务流程和信息系统，设计的中心围绕着消费者而不是传统的公司职能，它们要求集成的信息技术。原来属于各企业内部事务的计划工作（如生产计划、库存计划、配送计划、销售规划等）也由供应链各企业共同参与。

（四）有效客户反应

20 世纪 90 年代初，新的零售方式进入传统的食品杂货行业，使同业竞争加剧，在此背景下，美国食品市场营销协会（Food Marketing Institute，FMI）联合 COCA-COLA、P&G、KSA 等 6 家公司对供应链进行调查、总结、分析，于 1993 年 1 月提出改进供应链管理的详细报告，提出了 ECR 的概念体系，被零售商和制造商所采用，并广泛用于实践。

有效客户反应是供应链上各个企业以业务伙伴方式紧密合作，了解消费者需求，建立一个以消费者需求为基础和具有快速反应能力的系统。有效客户反应以提高消费者价值、提高整个供应链的运作效率、降低整个系统的成本为目标，从而提高企业竞争能力。其最终目标是零售商和供应商组成联盟一起为消费者最大的满意度以及最低成本而努力，建立一个敏捷的消费者驱动的系统，实现精确的信息流和高效的实物流在整个供应链内的有序流动。因此，ECR 的实施重点包括需求面的品类管理改善、供给面的物流配送方式改进等。

目前 ECR 的主要基础架构分为四大领域，包括供应面管理、需求面管理和使 QR/ECR 付诸实践的标准工具及整合力的应用。此外，ECR 可鼓励供应链相关业者能在下列四个范畴（14 个项目）中不断地做改善。

1. 需求面管理

涉及有关商品与服务需求方面的认知与管理，并直接影响到消费者的满足、销售额（量）以及市场占有率等。其内容包括以下几方面。

（1）需求策略与能力。分析企业组织内执行需求面管理的能力，包含人员、系统、策略方面的配合与准备，以达更有效率的销售与及时响应消费者需求。

（2）商品组合最佳化。确保供货商与零售商充分地协同合作，评估符合市场上需求的商品组合策略，并确实执行。意在最佳时间将最适当的商品数量展示在消费者面前，并以合理的价格吸引消费者的购买和改善库存问题。

（3）促销最佳化。拟定符合市场目标的商品促销策略，并规划促销策略执行面与评估成本效益，并随时审视促销的模式以及频率是否刺激到消费者的购买欲望以及购买的数量。

（4）新商品导入最佳化。由于商品开发之前不易评估商品成功率，在交易伙伴间存在旧有的障碍与缺乏信任感，商品仿冒的问题等，使得新商品导入最佳化是 ECR 概念中最难执行的部分，因此 ECR 概念的目标则是希望通过供应链伙伴间的策略合作，有效地了解消费者的需求与欲望，改善新商品的研发失败率与缩短新商品上市时间。

（5）合作创造消费者的价值。合作创造消费者的价值是来自于供应链上交易伙伴的协同过程，以锁定目标消费群和建立提升消费者价值差异化的解决方案为目标。

2. 供应面管理

ECR 所提及的供应端，其焦点主要集中在以下四个改善供应链上商品流动的概念，从不同方向来说明满足整个供应链快速及有效商品补货模式的需求。

（1）供应策略与能力。主要检视商品流在整条供应链中从原料、组成、生产、包装到配销以及仓储等流程的效率，企业需有明确的策略，改良现有组织架构，配合信息科技，并针对整个供应链服务作绩效衡量。

（2）有效供应。供应端补货管理是改善配销方法来简化商品从生产端配送至零售点货架上的补货作业，并响应实际客户需求与平衡管理成本及存货水平。而其关键要素则包含有自动订货、持续补货等技术；进阶要素则有合理运输规划与有效仓储。

（3）整合需求导向的供应。规划与控制方法是依照供应链上原料、包装、成分与商品供应频率与数量的实际状况做出调整。其主要包含两个概念：同步化生产、供应商的整合。

（4）操作最佳化。采用管理的方法增加营运的信赖度，如缺货管理、瑕疵货品与延迟交货处理以及行政上失误。

3. 驱动力

为使需求面管理和供应面管理能真正落实，商品识别与数据管理能力的支持是主要的驱动力，例如交易伙伴间的商品交易流程，都需要有标准格式或信息才能保证正确和实时的信息响应。驱动力包含三个领域：共同识别标准、交换信息标准和全球数据同步。

4. 整合力

需求与供应管理的策略能力结合新科技的应用和发展，改变原有的商业模式，形成协同式电子商务并持续增加与交易伙伴的互动和价值提升。整合力包含两个领域：协同计划与预测及成本/利润与价值计量。ECR 预期效益：

（1）减少存货成本。通过 ECR 实施方案技巧的运用，如计算机自动订货系统、自动补货程序、供应商管理库存、接驳式运转等。

（2）较低的商品售价。整个供应链的作业成本因效率的提升而降低。

（3）降低缺货率。因为供货商以及零售商能够通过系统间的整合快速提供商品于架上满足消费者的需求。

（4）销售额（量）提升。因为卖场内服务质量的改善以及合理的商品售价，提升消费者对卖场的忠诚度。

（五）协同计划、预测与补货

CPFR 的形成始于沃尔玛所推动的 CFAR。CFAR（Collaborative Forecast And Replenishment）是利用 Internet 通过零售企业与生产企业的合作，共同做出商品预测，并在此基础上实行连续补货的系统。在沃尔玛的不断推动下，基于信息共享的 CFAR 系统向 CPFR 发展。CPFR 是在 CFAR 共同预测和补货的基础上，进一步推动共同计划的制订，即不仅合作企业实行共同预测和补货，同时将原来属于各企业内部事务的计划工作（如生产计划、库存计划、配送计划、销售规划等）也由供应链各企业共同参与。

CPFR 的本质特点表现为以下几方面。

（1）协同。从 CPFR 的基本思想看，供应链上下游企业只有确立起共同的目标，才能使双方的绩效都得到提升，取得综合性的效益。CPFR 这种新型的合作关系要求双方长期承诺公开沟通、信息分享，从而确立其协同性的经营战略，尽管这种战略的实施必须建立在信任和承诺的基础上，但是这是买卖双方取得长远发展和良好绩效的唯一途径。正是因为如此，所以协同的第一步就是保密协议的签署、纠纷机制的建立、供应链计分卡的确立以及共同激励目标的形成（例如不仅包括销量，也确立双方的盈利率）。应当注意的是，在确立这种协同性目标时，不仅要建立起双方的效益目标，更要确立协同的盈利驱动性目标，只有这样，才能使协同性能体现在流程控制和价值创造的基础之上。

（2）规划。1995 年沃尔玛、华纳-兰伯特、基准合伙公司以及两家软件公司合作开发的 CFAR 为消费品行业推动双赢的供应链管理奠定了基础，1998 年自发的行业间业务标准委员会（Voluntary Inter-industry Commerce Standards Committee，VICS）促进了 CFAR 跨越式的发展，其在定义项目公共标准时，认为需要在已有的结构上增加“P”，即合作规划（品类、品牌、分类、关键品种等）以及合作财务（销量、订单满足率、定价、库存、安全库存、毛利等）。此外，为了实现共同的目标，还需要双方协同制订促销计划、库存政策变化计划、产品导入和中止计划以及仓储分类计划。

（3）预测。任何一个企业或双方都能做出预测，但是CPFR强调买卖双方必须做出最终的协同预测，像季节因素和趋势管理信息等无论是对服装或相关品类的供应方还是销售方都是十分重要的，基于这类信息的共同预测能大大减少整个价值链体系的低效率、死库存，促进更好的产品销售、节约使用整个供应链的资源。与此同时，最终实现协同促销计划是实现预测精度提高的关键。CPFR所推动的协同预测还有一个特点是它不仅关注供应链双方共同做出最终预测，也强调双方都应参与预测反馈信息的处理和预测模型的制定和修正，特别是如何处理预测数据的波动等问题，只有把数据集成、预测和处理的所有方面都考虑清楚，才有可能真正实现共同的目标，使协同预测落在实处。

（4）补货。销售预测必须利用时间序列预测和需求规划系统转化为订单预测，并且供应方约束条件如订单处理周期、前置时间、订单最小量、商品单元以及零售方长期形成的购买习惯等都需要供应链双方加以协商解决。根据VICS的CPFR指导原则，协同运输计划也被认为是补货的主要因素，此外，例外状况的出现也需要转化为存货的百分比、预测精度、安全库存水准、订单实现的比例、前置时间以及订单批准的比例，所有这些都需要在双方公认的计分卡基础上定期协同审核。潜在的分歧，如基本供应量、过度承诺等内容双方事先应加以解决。

美的的新物流运动

美的作为一家领先的消费家电及暖通空调系统全球性企业，近十年来在供应链这条维系着企业的生死线上频频出招。其中最主要的就是启动“供应商管理库存（VMI）”和“管理经销商库存”。至此，美的的“业务链条前移”策略浮出水面一角。

这是美的继2000年成立了完全市场化的第三方物流公司之后，在内部开展的一次新的物流运动。

（一）美的的零库存实践

家电企业美的流传着一句话：宁可少卖，不多做库存。这句话体现了美的控制库存的决心。由于没有资金和仓库占用，零库存是库存管理的理想状态。美的也一直在追求最大限度的零库存。

库存一般有分公司库存、在途库存、经销商库存等几种，如何提高库存管理的准确率，是美的一直努力解决的问题。自2002销售年度开始，美的开始导入供应商管理库存（VMI）。美的作为供应链里面的“链主”，如何在自身与供应商之间处理好库存管理显得非常重要。

目前，美的各种型号产品的零配件加起来一共有 3 万多种，居于美的供应链上游且较为稳定的供应商共有 300 多家。由于美的是家强势企业，吸引了众多的供应链上游企业，60%的供货商在美的制造基地周围，还有部分供应商是车程 3 天以内的地方，基本上没有跨出省界。因此，只有 15%的供应商距离美的较远。在这个现有的供应链之上，美的实现 VMI 具有明显的优势。

聚集在美的制造基地周围的供应商，在库存管理的问题上比较简单，关键剩下的 15%的远程供应商。美的在生产基地附近建立了很多仓库，然后把仓库分成很多片。运输距离超过 3 天以上车程的外地供应商，一般都会在美的的仓库里租赁一个片区，并把零配件放到片区里面储备。在美的需要用到这些零配件时，就会通知供应商，然后进行资金划拨、取货等工作。这时，零配件的产权才由供应商转移到美的手上——在此之前，所有的库存成本都由供应商承担。也就是说，在零配件的交易之前，美的一直把库存转嫁给供应商。

安得物流股份有限公司（美的集团的第三方物流公司）副总经理陈军介绍说，美的导入供应商管理库存之后，零库存这一目标已有实现的态势。他认为，实现零库存就是最大限度地逼近零库存。而且，对于零库存的理解也有必要澄清：有去向的货叫订单而不叫库存。目前，美的在进口的原材料中有一些库存——部分长线材料、10%的进口材料（主要是集成电路等），因为整个国际运货周期和订货周期都比较长，还需要美的自己备货。而国内采购的原材料和零部件，全部由供应商管理库存。实施“供应商管理库存”之后，美的的零部件库存也由原来平均的 5～7 天存货水平，大幅降低为 3 天左右，而且这 3 天的库存也是由供应商管理并承担相应成本。

陈军先生还认为，由于受到不确定供应、不确定需求和生产连续性等诸多因素的制约，企业的库存不可能为零，基于成本和效益最优化的安全库存是企业库存的下限。但是，通过有效的运作和管理，企业可以最大限度地逼近零库存。作为供应链，链主（核心企业）的角色要强势一些，这样才能有凝聚力，带动上下游相关产业的发展。在整个供应链上，零库存应尽量减少，适度的库存是不可缺少的。

（二）延伸供应链，消除链库存

虽然美的目前的销售仍然沿着一级经销商、二级经销商到零售商的渠道，但它的第三方物流公司一般把产品直接运送到指定的二级经销商或零售商处，从而缩短了与市场的距离。也就是逐步将渠道扁平化。物流公司所掌握的市场流量信息的有效性相对提高，为库存预测提供了帮助。

美的空调处于领先的市场地位，竞争对手既有跨国巨人，又有本土企业，虽然营运规模庞大，但竞争中仍必须保持高度的灵活性。陈先生介绍，目前美的的物流管理主要采取了以下措施。

（1）优化仓储网络，对全国的仓储网络进行重新定位。目前美的在芜湖、顺德、武汉等地共有七个国内制造基地，辐射国内家电市场。由于市场规模不断扩大，需要对仓储网络重新进行定位。目前，美的有 160 个仓储作业点。

（2）仓储网点过于分散到相对集中。由于需求源太多，层层上报往往导致数据的失真。集中仓储网点之后，相对集中的需求源就可以共用一个仓库。

（3）商流和物流分离以后，传统仓储中配送中心的职能也开始转化。

（4）配送中心职能的转化带来管理重心的转移，物流管理重心逐步下移。

（5）重点产品如空调，不论市场分析如何详细，始终会有偏差。只要备的是订单而不是存货，那么就不能把货放在制造基地上，不能把货放在较远的地方。尤其在多批次少批量特点的家电行业，货要出去还要靠仓储和运输资源。

（6）开发智能化的管理系统。美的自主研发的供应链管理信息系统是根据客户的流程需求量身定制的，涵盖16个主功能模块，实现对整个物流配送过程可视化管理，有效监管，并且支持手机终端登录和客户查询。

陈军先生认为，只对业务链前端的供应体系进行优化是远远不够的，美的还必须加紧对后端销售体系的管理渗透。目前，美的正在推动供应链整合，美的销售成品物流部分已经基本由安得物流有限公司接管，将会逐步把销售公司的仓库进行整合，对经销商的库存整合也已经在计划当中。在空调、风扇这样季节性强的行业，断货或者压货也是经常的事。各事业部的上千个型号的产品分散在全国各地的100多个仓库里，有时一个仓库甚至就是只存两三种商品的"窗口"，光是调来调去就是一笔巨大的开支。而因为信息传导渠道不畅，传导链条过长，市场信息又常常误导工厂的生产，造成生产过量或紧缺。因此，在经销商环节上，美的近年来公开了与经销商的部分电子化往来，由以前半年一次的手工性的繁杂对账，改为业务往来的实时对账和审核。

这样，美的不仅强化了内部管理，而且建立了一条由空调销售公司、经销商、零售商、网点、服务商组成的通畅、协调的市场营销信息链。使信息技术由以ERP为标志的内部管理应用提升到了以营销链、供应链为主体的外部客户、供应商的业务协同。

目前美的空调成品的年库存周转率大约是接近10次，而美的的短期目标是将成品空调的库存周转率再提高1.5～2次。目前美的空调成品的年库存周转率不仅远低于戴尔等电脑厂商，也低于年周转率大于10次的韩国厂商。

在美的一系列"润物细无声"的动作中，创造出令人侧目的一个又一个亮点。预料，美的的这些"新物流运动"，将造就一个新的利润增长点。

问题：

美的在供应链物流管理中采用了哪些方法？

案例分析：

美的在供应链物流管理中采用了以下两种方法。

（1）采用供应商管理库存方法。美的是家强势企业，吸引了众多的供应链上游企业，60%的供货商在美的制造基地周围，还有部分供应商是车程3天以内的地方，基本上没有跨出省界。这为美的实现供应商管理库存创造了条件，美的正是通过该方法把库存交给供应商管理，达到美的的库存为零的目标。

（2）美的展开“供应链整合”的管理创新活动，即延伸供应链。美的公司的供应链整合，包括本部和外部的全面整合，合理设计全国的供应链网络。同时，通过信息系统美的的内部管理与以营销链、供应链为主体的外部客户、供应商的业务协同，达到消除链中库存。

问题讨论：

1. 为什么说“实现零库存就是最大限度地逼近零库存”？
2. 美的是如何对其供应链前端的供应体系进行优化，对其后端的销售体系进行管理渗透的？

复习思考题

1. 简述供应链的概念及其特征，并分析一家你所熟悉的企业供应链的基本结构。
2. 什么是供应链管理？它具有哪些特点？
3. 供应链管理主要涉及哪些领域？形成了哪些主要的研究方向？
4. 传统的管理模式和供应链管理模式有哪些不同？
5. 简述物流管理和供应链管理的异同点。
6. 识别供应链管理八大流程，并解释它们为什么是跨职能的？
7. 为什么说“21 世纪的市场竞争将不是企业和企业之间的竞争，而是供应链和供应链之间的竞争”？
8. 简要论述连锁零售企业如何通过供应链的管理，降低整个系统物流活动的总成本和提高物流服务的效率。
9. 物流在供应链运作中扮演了什么样的角色？请具体说明。
10. 简述供应链物流管理的原理、目标及特点。
11. VMI 具体实施步骤是怎样的？
12. 简述 JMI 的实施策略。
13. QR 具体实施步骤是怎样的？
14. ECR 可鼓励供应链相关业者在哪些项目中进行不断的改进？
15. 简述 CPFR 的本质特点。

第三章　运输与包装

本章重点

- 运输的功能及原理
- 运输与其他物流活动之间的关系
- 五种基本运输方式的服务特性
- 托盘运输的特点
- 集装箱运输的优点
- 多式联运的概念和特点
- 运输方式的选择
- 运输的合理化
- 包装的分类
- 主要包装技术
- 包装合理化的实现
- 包装标准化的含义

由于生长的季节性特征，在许多市场上，新鲜水果、蔬菜等产品只在每年一定时期出现。然而，这些产品多数在全年各个时期都会在世界上的多个地方上市。快速的运输使这些易腐烂产品出现在原本不可能出现的市场上：在 1 月的纽约，有来自南美洲的香蕉；在 6 月的北京，有来自广州的荔枝……所有这一切的实现都有赖于高效、合理的运输与包装。

运输与包装是物流与供应链系统中的基本组成部分，如果物流组织的目标是在为客户降低成本，使客户获得满意的同时，自己也能受益，就必须对运输与包装进行有效的管理。有效的运输与包装管理，对托运人及运输承运人都十分重要。

第一节　运输概述

运输（Transportation）是指用运输设备将物品从一地点向另一地点运送。其中包括集货、分配、搬运、中转、装入、卸下、分散等一系列操作。（见 GB/T 18354—2006《物流术语》）运输具有扩大市场、稳定价格、促进社会分工、扩大流通范围等社会经济功能，对发展经济、提高国民生活水平有着十分巨大的影响。

一、运输的功能

在物流管理过程中，运输主要有两大功能：产品转移和产品暂时储存。

（一）产品转移

运输实现了产品在空间上的位移。不论物品的形式如何，要实现其使用价值，都离不开运输。运输的主要职能就是将产品从原来所处的地点转移到规定的地点，其主要目的就是要以最少的费用和合理的时间，保质保量地完成产品转移的任务。

（二）产品暂时储存

运输还可以实现临时储存产品的职能。如果运输中的产品需要储运，而在短时间内又将再次运输，并且卸货和装货的费用可能会超过储存在运输工具（如汽车）中的费用时，就可考虑将运输工具作为产品暂时的储存地点。另外，当仓库空间有限时，也可考虑选择利用运输工具作为产品暂时的储存地点。总之，尽管用运输工具储存产品的成本较高，但如果考虑了装卸成本或储存能力的限制，那么从总成本或完成任务的角度来看，可以合理地利用运输工具来完成产品短期储存的任务。

二、运输与其他功能的交互作用

作为物流的一个环节，运输功能必定与物流系统内、外各部门发生交互作用，这些部门有财会、工程（包装、运输设备）、法律（仓库与托运合同）、生产（准时交付）、采购、营销/销售、物流（库存管理、验收以及存储）等。

（一）运输与包装的关系

货物包装的材料、规格、方法等都不同程度地影响着运输。首先，作为包装的外廓尺寸应该充分与运输车辆的内廓尺寸相吻合，这对于提高货物的装载率有着重要意义，将给物流服务水平提高带来巨大影响。其次，包装尺寸的大小还会影响到运输成本，特别是轻泡型货物，包装越紧凑，单位运输成本越低。同时，包装的强度会影响到货物运输的安全性。

（二）运输与装卸的关系

运输活动必然伴随着装卸作业。一般来说，运输发生一次，往往伴有两次装卸活动，即运输前后的装卸作业。货物在运输前的装车、装船等行动是完成运输的先决条件，此时，装卸质量的好坏将对运输产生巨大影响。装卸工作组织得力，装卸活动开展顺利，都可以使运输工作顺利进行。当货物通过运输到达目的地后，装卸作为最终运输任务的补充劳动，使合理运输的目的最终完成。除此之外，装卸又是各种运输方式的衔接环节，当一种运输方式与另一种运输方式实行必要的变更时，如铁路运输变为公路运输、水路运输变为铁路运输等，都必须靠装卸作为必要的衔接手段。

（三）运输与储存的关系

储存保管是货物暂时停滞的状态，是货物投入消费前的准备。货物的储存量虽直接决定于需要量，但货物的运输对储存也会带来重大影响。当仓库中储存一定数量的货物而消费领域又对其急需时，运输就成为关键。如果运输活动组织不善或运输工具不得力，那么就会延长货物在仓库中的储存时间，这必然增大货物储存量，增加货物储存成本。

（四）运输与配送的关系

在企业的物流活动中，将货物大批量、长距离地从生产企业直接送达客户或配送中心称为运输；货物再从配送中心就近发送到地区内各客户手中称为配送。关于两者之间的区别，有许多不同的观点（见表 3-1），可以这样说，所有物品的移动都是运输，而配送则专指短距离、小批量的运输。

表 3-1 运输与配送的区别

编号	运　输	配　送
1	长距离、大量货物的移动	短距离少量货物的移动
2	节点间的移动	企业送交客户
3	地区间货物的移动	地区内部货物的移动
4	一地向一地单独运送	一地向多处运送，每处只获得少量货物

三、运输的原理

运输有两条基本原理，即规模经济（Economy of Scale）和距离经济（Economy of Distance）。

（一）规模经济

运输规模经济的特点是随着运输规模的增长，单位货物的运输成本下降，如整车运输的每单位成本低于零担运输。所谓整车运输（Truck-load Transportation）是指按整车办理承托手续、组织运送和计费的货物运输，而零担运输（Less-than-truck-load Transportation）是指按零散货物办理承托手续、组织运送和计费的货物运输。铁路或水路之类运输能力较大的运输工具，其每单位重量的费用要低于诸如汽车、飞机之类运输能力较小的工具。运输规模经济之所以存在，是因为有关的固定费用（包括运输订单的行政管理费用、运输工具投资以及装卸费用、管理以及设备费用等）可以按整批货物量分摊，使单位货物分摊的固定成本相对非规模运输较小。另外，对于托运人来说，通过规模运输还可以获得运价折扣，也使单位货物的变动成本下降。总之，规模经济使得货物的批量运输显得合理。

（二）距离经济

运输的距离经济亦称递远递减原理，其特点是每单位距离的运输成本随运输距离的增加而减少。距离经济的合理性类似于规模经济，尤其体现在运输装卸费用的分摊上。距离越长，可使费用分摊后的值越小，能使每单位距离支付的总费用降至最低。

在评估各种运输战略方案或营运业务时，这些原理是重点考虑因素。其目的是使装运的规模和距离最大化（即单位运输成本最低化），同时满足客户的服务期望。

第二节　现代运输方式

运输成本在物流总成本中占据着很大比例，是物流成本中最大的单项成本，不同运输方式下会产生不同的物流成本，因此，选择合适的运输方式非常重要。

一、五种基本运输方式

常见的有公路、铁路、水路、航空和管道五种基本运输方式。

（一）公路运输

公路运输是主要使用汽车，也使用其他车辆（如人、畜力车）在公路上进行货物运输的一种方式。公路运输主要承担近距离、小批量的货运以及水路、铁路运输难以到达地区的长途、大批量货运及铁路、水运优势难以发挥的短途运输。由于公路运输有很强的灵活性，近年来，在有铁路、水路的地区，较长途的大批量运输也开始使用公路运输。公路运输的主要优点是灵活性强，公路建设期短，投资较低，易于因地制宜，对收到站设施要求不高，可以采取“门到门”运输形式，即从发货者门口直到收货者门口，而不需转运或反复装卸搬运。公路运输也可作为其他运输方式的衔接手段。公路运输的经济半径一般在200千米以内。

（二）铁路运输

铁路运输是指使用铁路列车运送货物的一种运输方式。铁路运输主要承担长距离、大数量的货运，在没有水运条件地区，几乎所有大批量货物都是依靠铁路，是在干线运输中起主力运输作用的运输形式。

铁路运输的优点是速度快，受自然条件限制小，载运量大，运输成本较低。主要缺点是灵活性差，只能在固定线路上实现运输，需要其他运输手段配合和衔接。铁路运输经济里程一般在200千米以上。

（三）水路运输

水路运输是指使用船舶运送货物的一种运输方式。水运主要承担大数量、长距离的运输，是在干线运输中起主力作用的运输形式。在内河及沿海，水运也常作为小型运输工具使用，承担补充及衔接大批量干线运输的任务。

水运的主要优点是成本低，能进行低成本、大批量、远距离的运输。但是水运也有显而易见的缺点，主要是运输速度慢，受港口、水位、季节、气候影响较大，因而一年中中断运输的时间较长。水运有以下四种形式。

（1）沿海运输：是使用船舶通过大陆附近沿海航道运送货物的一种方式，一般使用中、小型船舶。

（2）近海运输：是使用船舶通过大陆邻近国家海上航道运送货物的一种运输形式，视航程可使用中型船舶，也可使用小型船舶。

（3）远洋运输：是使用船舶跨大洋的长途运输形式，主要依靠运量大的大型船舶。

（4）内河运输：是使用船舶在陆地内的江、河、湖、川等水道进行运输的一种方式，主要使用中、小型船舶。

（四）航空运输

航空运输是指使用飞机或其他航空器进行运输的一种形式。航空运输的单位成本高，因此，主要适合运载的货物有三类：一是价值高、运费承担能力很强的货物。如贵重设备的零部件、高档产品等；二是紧急需要的物资，如救灾抢险物资等；三是鲜活易腐、季节性的商品。航空运输的主要优点是速度快，不受地形的限制。在火车、汽车不能到达的地区也可依靠航空运输，因而有其重要意义，近年来，采用航空运输的方式日趋普遍。

在实际物流业务运作中，主要采取的方式有以下三种。

（1）班机运输：班机是指在固定时间、固定路线、固定始发站和目的站运输的飞机。通常班机使用客货混合飞机，一些大的航空公司也有开辟定期全货机航班的。班机运输因有定时、定航线、定站等特点，因此适用于运输急需物品、鲜活货物以及时令性货物。

（2）包机运输：是指包租整架飞机或由几个发货人联合包租一架飞机来运送货物。因此，包机又分为整机包机和部分包机两种形式，前者适用于运送数目较大的货物，后者适用于有多个发货人、货物到达站是同一地点的货物运输。

（3）集中托运：是指航空货运代理公司将若干批单独发到同一方向的货物组成一整批，

向航空公司办理托运发到同一目的港，采用一份航空总运单，由集中托运人在目的地指定的代理人收货、报关，再根据集中托运人签发的航空分运单分拨给各实际收货人的一种运输组织方式。集中托运是航空货物运输中开展最为普遍的一种运输方式，是航空货运代理的主要业务之一。

（五）管道运输

管道运输是利用管道输送气体、液体和固体料浆的一种运输方式。其运输形式是靠物体在管道内顺着压力方向循序移动实现的，和其他运输方式的重要区别在于，管道设备是静止不动的。

管道运输的主要优点是由于采用密封设备，在运输过程中可避免散失、丢失等损失，也不存在其他运输设备本身在运输过程中消耗动力所形成的无效运输问题。另外，运输量大，适合于大且连续不断运送的物资。

以上五种运输方式都有其自身的特点（见表 3-2），并且分别适合于运输不同距离、不同形式、不同运费负担能力和不同时间需求的物品。

表 3-2　各种运输方式优缺点比较

运输方式	优　　点	缺　　点
公路运输	1. 可以进行门到门的连续运输； 2. 适合于近距离运输，较经济； 3. 使用上灵活，可满足多种需求	1. 运输单位小，不适合大量运输； 2. 长距离运输运费较高
铁路运输	1. 可以满足大量货物一次性高效率运输； 2. 运输运费负担较小的货物的时候，单位运费低，比较经济； 3. 由于采用轨道运输，事故较少，安全性高； 4. 铁路运输网完善，可以将货物运往各地； 5. 运输上受天气影响小	1. 近距离运输费用较高； 2. 不适合紧急运输的要求； 3. 长距离运输的情况下，由于需要进行货车配车，中途停留时间较长
水路运输	1. 适合于运费负担能力较小的大量货物的运输； 2. 适合于体积、重量大的货物运输	1. 运输速度较慢； 2. 港口的装卸费用较高； 3. 航行受天气影响较大； 4. 运输正确性和安全性较差
航空运输	1. 运输速度快； 2. 适合于运费负担能力大的少量货物的长距离运输	1. 运费高，运量小，不适合低价值货物和大量货物的运输； 2. 货物的重量、体积受限制； 3. 机场所在地以外的城市在利用上受限制
管道运输	1. 运输效率高； 2. 适合于气体、液体货物的运输； 3. 占用土地少； 4. 运输效率高，适合于自动化管理	运输对象受限制

二、各种运输方式的服务特性

客户服务是物流管理中至关重要的要素，物流管理中的任何一个活动都能影响到该公司为其客户提供的服务质量，其中，运输对客户服务的影响程度是非常明显的。

对客户服务影响最大的运输特性是可靠性（服务一致性）、运输时间、市场覆盖（提供门到门服务的能力）、灵活性（可以运输不同的货物种类及满足托运人特定需求的服务）、货物损失与破损情况以及承运人可以提供的运输以外的服务。

（一）公路运输的服务特性

相比其他运输方式，公路运输具有较大的灵活性和通用性。得益于交通部在全国范围内实施的“村村通公路”工程，确保了公路运输足够的灵活性，使得公路运输可以实现任何起始点—终点的点到点服务。公路运输的通用性是指可以满足任何距离不同规模与重量的运输需求，也可以运载任何产品，包括那些需要不同工具运载的货物。同时存在灵活性与通用性，使得公路运输在各个国家成为一种主要的运输方式。

公路运输为客户提供快速、可靠的服务，并且货物损耗低。通常，其运输速度快于铁路运输，在短距离运输方面，也快于航空运输。许多公路运输公司，特别是那些涉足于准时生产项目的运输公司，运输作业遵照既定时间表进行，运输周期短且可靠。公路运输公司的货损货差率远低于大多数铁路运输，略高于航空运输，没有其他运输方式可以提供公路运输所能提供的市场覆盖能力。

（二）铁路运输的服务特性

由于铁路轨道的局限性，铁路运输缺乏公路运输所具有的通用性和灵活性。所以，与航空运输、水路运输及管道运输一样，对大多数托运人而言，铁路运输提供“站到站”的运输服务，而不是提供“点到点”服务（除非有一条铁路直达该托运人的生产地，则另当别论）。

通常，铁路运输的成本比航空运输和公路运输低，在货损货差率方面，与其他运输方式相比，大多数的铁路运输都不占优势。特别与公路运输相比，铁路运输在这些服务领域仍旧较差。铁路运输根据既定时间表进行，发车频率比公路运输低，如果托运人对货物抵达和发送有着严格的要求，则相对公路运输而言，铁路运输通常不具有竞争优势。

（三）航空运输的服务特性

现在尽管采用航空运输进行日常运输的托运人数目逐渐增加，但由于航空运输的成本高昂，直接面临着铁路运输及公路运输的挑战。而国际货运的竞争，则在航空运输与水路运输之间展开。航空运输主要承担的是高价值货物，如果运输低价值货物，通常不合算，因为其高昂的成本在货物产品中占据的比例太大了。例如，一个电子元件和一本教科书，在相同重量下，销售价格差异很大，假如利用航空运输的方式把它们同时从A点运至B点，对于课本而言，运输成本占总成本的比例很高，而对电子元件而言，这一比例就很小。这种情况下，也许客户服务在选择运输方式时有一定的作用，但只有在快捷服务比成本重要时，才会选择航空运输。

航空运输提供了迅捷的服务，但是，中转与交付的延迟和拥挤可能会降低一部分优势。从点到点的运输要求出发，公路运输所花费的总时间可以与航空运输相当甚至更有优势。

（四）水路运输的服务特性

在运输大体积、低价值产品时，水路运费可能是最为廉价的方式。尽管国际贸易的发展使得海运业的地位越来越重要，但是，由于水路运输的内在缺陷，它不太可能在国内运输中占有较高的地位。随着巨型油船或者超大型油轮的发展，石油生产国和石油消费国之间的石油运输主要由海运业来承担。对于工业国家而言，能源非常重要，因此，在能源运输中，水运必将继续维持其非常重要的地位。此外，世界各国都在采用集装箱船运输各种产品。如某国的托运人在自己的生产地点或发货地把货物装到自有或租赁的集装箱中，通过铁路或公路运输，把集装箱运至某一港口，再装载到集装箱船，运至目的港卸载，再通过铁路或公路，运送到客户或收货人手中。货物从托运人手中发出，到抵达收货人手中，途中对集装箱内的货物所作的处理控制在最小的范围内。使用集装箱，使得物流联运系统可以减少所需人员、降低在途货损货差、因在港周转时间的缩期而缩短了在途时间，并且使得托运人可以利用大批量货物运输的费率优惠。

（五）管道运输的服务特性

管道运输的可靠性非常好，运作成本极低，由于如下原因，管道运输可以按时运送货物。

（1）管通内的货物流动由计算机监视与控制。

（2）管道渗漏或破裂造成的货损货差非常低。

（3）管道内货物移动基本不受气候条件影响。

（4）管道运输不是劳动密集型的，基本不受罢工或员工缺席的影响。

相对其他运输方式而言，管道运输具有可靠性与成本优势，这吸引了许多托运人采用管道运输运送货物。当然，只有当货物是或者可以是以液体、气体或浆状状态存在时，才可以采用管道运输。

三、运输方式的发展

随着运输技术的发展，在五种基本运输方式的基础下，又出现了一些先进的运输方式或运输组织形式，极大地提高了运输效率，降低了运输成本。

（一）托盘运输（Pallet Transport）

托盘是用于集装、堆放、搬运和运输，放置作为单元负荷物品的水平平台装置。在该平台上集装一定数量的单件货物，并按要求捆扎加固，组成一个运输单位，达到便于运输过程中使用机械进行装卸、搬运和堆存的目的。

托盘运输是将货物以一定数量组合码放在托盘上，连盘带货一起装入运输工具运送物品的运输方式。

托盘通常以木、塑料制成，但也有的用玻璃纤维或金属制成。托盘上也可以另加上层装置，按结构不同，常见的有下列三种。

（1）平板托盘。由双层板或单层面板另加底脚支撑构成平板托盘。

（2）箱式托盘。以平板托盘为底，上面有箱形装置。四壁围有网眼板或普通板，顶部可以有盖或无盖。

（3）柱式托盘。以平板托盘为底，四脚有支柱，横边有可以移动的边轨，托盘装货便于按照需要调整长度或高度。

托盘运输的特点，可以归纳为以下几个方面。

（1）搬运和出入库场都可以用机械操作，有利于提高运输效益，缩短货运时间，降低劳动强度。

（2）以托盘为运输单位，货物件数变少，体积重量变大，而且每个托盘所装数量相等。既便于点数、理货交接，又可以减少货损货差事故。

（3）投资比较小，收效比较快。

托盘运输的局限性有以下几个方面。

（1）托盘承运的货物范围有限，最适合托盘运输的货物是箱装罐装食品、硬纸盒装的消费品等比较小的包装商品。大的、形状不一的商品以及散装冷冻物品等，不适于采用托盘进行运输。

（2）托盘运输虽然设备费用减少，但要增加托盘费用。同时，由于增加了托盘的重量和体积，相应也减少了运输工具的装载量。

（3）托盘运输向成组运输前进了一步，但它的效果还不足以根本改变传统的运输方式，特别是不能满足国际多式联运的要求。例如，它不能像集装箱那样，可以密封（Seal）越过国境和迅速转换各种运输方式。

（二）集装箱运输（Container Transport）

集装箱是一种运输设备，是进行散、杂货及特殊单元组合运输的大型集装器具。应满足下列要求（GB/T 18354—2006）。

（1）具有足够的强度，可长期反复使用。

（2）适于一种或多种运输方式运送，途中转运时，箱内货物不需换装。

（3）具有快速装卸和搬运的装置，特别便于从一种运输方式转移到另一种运输方式。

（4）便于货物装满和卸空。

（5）具有 1 立方米及以上的容积。

集装箱运输是以集装箱作为运输单位进行货物运输的一种现代化的运输方式。在集装箱运输过程中，采用集装箱装载货物，通过一种或几种交通运输工具的联合，将货物直接运达收货地。集装箱运输适用于水路运输、铁路运输及多式联运等。在我国，集装箱运输，尤其是集装箱海运已经成为普遍采用的一种运输方式。

集装箱运输的出现是运输业的一场革命，因为它有许多突出的优点，主要可归结为以下几个方面。

（1）有利于提高运输质量，减少货损货差。集装箱结构坚实，不怕挤压，不怕风吹日晒，可以防止人为和自然因素造成的破损事故，有效地保护箱内货物。

（2）节省各项费用，降低货运成本。

（3）提高了装卸效率，加速了运输工具的周转。集装箱使用机械化作业，提高了装卸作业效率。在铁路运输中，用人力装一节车皮，平均需 2 个小时左右；采取集装箱运输，只需约 20 分钟就可以完成装车任务，使工效提高 6 倍。同时，集装箱运输使货物在不同运输工具之间的周转时间缩短。

（4）简化了货运手续，便利了货物的运输。采用集装箱运输实行按箱点货，交接责任时凭铅封移交。这种方式方便明确，简化了手续，缩短了货物在途时间，加速了资金周转，对于企业改善自己的物流工作十分有利。

当然，集装箱运输也有缺点，这些缺点主要是由集装箱的缺点带来的，具体如下。

（1）集装箱自重大，因而无效运输、无效装卸的比重大。物流过程中，许多劳动消耗于箱体本身，增加了货物对运费的负担。

（2）集装箱造价高，在每次物流中分摊成本较高。

（3）集装箱返空，会增大单位物品的运输成本，降低集装箱的利用率。

（三）多式联运（Multimodal Transport）

多式联运是指联运经营者受托运人、收货人或旅客的委托，为委托人实现两种或两种以上运输方式的全程运输，以及提供相关运输物流辅助服务的活动（GB/T 18354—2006）。多式联运通常由两个或两个以上的运输企业，根据同一运输计划，遵守共同的联运规章或签订的协议，使用共同的运输票据或通过代办业务，组织两种或两种以上运输方式以及产供运销的运输协作，联合实现货物从起运点到目的地的全程运输。

多式联运通过各联运企业合理组织各种运输方式的衔接和配合，将本应由货主自理的交接、装卸、中转等运输手续，改为由联运企业集中、全面代办或实行代理业务，大大地方便了货主，节约了人力财力。同时，它既能为货主服务，实行一票到底、接取送达、全程负责；又能为运输企业服务，实行代办托运、分别起票、分段计费、互为代办、相互结算等业务服务，可谓“一手托两家”，在货物连续运送、多次中转的全过程中和“结合部”上发挥着纽带、贯通和衔接作用。因此，组织好产供销企业同运输企业之间、各种运输方式之间，以及运输过程中各个运输环节之间的衔接、协调工作，实现“一次托运、一次收费、一票到底”的联合运输，对形成综合运输网络，发挥综合运输的优势，促进工农业生产，加快商品流通，提高社会经济效益起着重要的作用。

多式联运的种类主要有以下几种。

（1）按参与联运全程中的各种运输方式相互组合状况，可分为铁水联运、公水联运、公铁联运、铁公水联运、铁公航联运等。

（2）按区域概念分，可分为国内联运和国际联运。

（3）按联运线路在整个运输线路网内地位的不同，可分为干线联运，干、支联运，支线联运等。

多式联运在组织生产活动中的特点表现为以下几方面。

（1）代理性。多式联运主要是以提供服务的方式为承、托双方提供代办中转和代理承托运业务的，具有“一手托两家”的代办代理的双重身份，即对运输企业而言，它代表货主；对货主而言，又代理运输业务，所以从事多式联运的企业一般都具有代理性。

（2）协同性。多式联运不仅要求运输过程涉及的各部门和各环节在运输组织上协作配合，建立统一计划、统一技术作业标准、统一考核标准等规章制度；在技术装备上，也必须使港、站、库、场等系统同步建设，相互配套，实现运输设施的协同性。

（3）通用性。多式联运涉及两种或两种以上运输方式的衔接配合，以及产、供、运、销各企业间的运输协作，所使用的商务单证及货运规章、协议、合同规定必须具有两种运输方式共同遵循的通用性。

（4）全程性。在联运过程中，货物从受理、承运到交付，直到运后服务、财务结算等环节，无论经过几程运输、几个中转环节，均可一票贯通全程，具有组织完成运输任务的全程性。

（5）简便性。多式联运实行“一次托运、一次起票、一次结算、一票到底、全程负责”的运输代理，与一般运输相比，手续非常简便，大大节省了货主企业的人力和时间，从而提高了运输效率和社会综合经济效益。

多式联运出现后，由于其具有上述诸多优点，因而得到了广泛发展，也出现了多种形式的联运，目前在我国，联运形式主要有干线联运、海江河联运、地方干支线联运、产供运销一条龙运输、公路铁路联运、公路水路联运、集装箱联运、铁路专用线联运以及国际联运等。

第三节 运输决策

一般来说，运输成本比其他任何物流活动在物流成本中所占比例都要高，因此，运输决策是物流决策中的关键环节之一。运输决策的形式多种多样，但从内容上来说，主要包括运输方式的选择、运输路线的规划、车辆的调度等方面。

一、运输方式的选择

运输方式的选择取决于各种运输方式的服务特性，从速度到对解决问题是否有帮助等。事实表明，运输的众多服务特性并不都是同等重要的，在不同企业的不同决策者看来，只有某些特性是非常重要的。

企业在物流管理过程中，应根据各种运输方式的特点合理选择运输方式，实现运输合理化。由于经济和资源方面的约束，要求组织尽可能地选择最有效、产出最高的运输方式和承运人。因为运输可以影响客户服务、运输时间、服务的一致性、库存、包装、仓库和环境，运输决策者必须做出最优化选择。必须发展和评估定量和定性的因素。在选择过程中，可以考虑表 3-3 列出的因素。

表 3-3　在运输方式/承运人选择中经常考虑的成本和服务因素

项　　目	相 关 因 素
成本	1. 运费成本； 2. 在途库存的库存持有成本； 3. 接收地点的周期库存的库存持有成本； 4. 接收地点的安全库存的库存持有成本； 5. 在途库存的投资成本
服务	1. 感知的客户服务质量（如速度、可靠性、准时装载和交付、索赔处理、运输跟踪）； 2. 运输跟踪能力； 3. 单据和发票的准确性； 4. 信息交换能力； 5. 发展长期互惠合作关系的潜力； 6. 货运量限制； 7. 提供运输中不损坏商品的服务能力； 8. 国际货运海关的清关能力； 9. 托运人的谈判地位/对其他运输活动的杠杆影响

在所有这些因素中，运费成本、速度、可靠性最为重要。运输服务的成本、平均运输时间（速度）和运输时间的波动性（可靠性）是选择运输模型的基础。

（一）基本的成本权衡

如果不将运输服务作为竞争手段，那么能够使该运输服务的成本与该运输服务水平导致的相关间接库存成本之间达到平衡的运输服务就是最佳运输方案。也就是说，运输的速度和可靠性会影响卖方和买方的库存水平以及他们之间的在途库存水平。如果选择速度慢、可靠性差的运输服务，物流渠道中就需要保有更多的库存，使库存成本上升。这样，就需要考虑库存持有成本可能升高，进而抵消运输服务成本降低的情况。因此，现有方案中最合理的方案应该是既能满足顾客需求，又使总成本最低的服务。

@链接资料

卡利奥箱包公司（Carry-All Luggage Company）是生产系列箱包产品的公司。公司的分拨计划是将生产的产品存放在工厂，然后由公共承运人运往公司自有的基层仓库。目前，公司使用铁路运输将东海岸的成品运往西海岸的仓库。铁路运输的平均时间为 T=21 天，每个存储点平均储存 Q=100 000 件行李箱包，箱包的平均价值 C=30 美元，库存持有成本 I=30%/（年・元）。

公司希望选择使总成本最小的运输方式。据估计，运输时间从目前的 21 天每减少一天，平均库存水平可以减少 1%。每年西海岸仓库卖出 D=700 000 件箱包。公司可以利用如表 3-4 所示的运输服务。

表 3-4　卡利奥箱包公司运输服务

运输方式	运输费率（美元/单位）	“门到门”运送时间（天）	每年运输批次
铁路运输	0.10	21	10
驮背运输	0.15	14	20
卡车运输	0.20	5	20
航空运输	1.40	2	40

其中，采购成本和运输时间的变化忽略不计。表 3-5 所示卡利奥箱包公司对运输方式的评估。

表 3-5　卡利奥箱包公司对运输方式的评估　　单位：美元

		可选运输方式			
成本类型	计算方法①	铁路运输	驮背运输	卡车运输	航空运输
运输成本	RD	0.10×700 000 =70 000	0.15×700 000 =105 000	0.20×700 000 =140 000	1.40×700 000 =980 000
在途库存	$ICDT/365$	0.30×30×700 000 ×21/365=362 466	0.30×30×700 000 ×14/365=241 644	0.30×30×700 000× 5/365=86 301	0.30×30×700 000× 2/365=34 521
工厂库存	ICQ	0.30×30×100 000 =900 000	0.30×30×(100 000/ 2)×0.93=418 500	0.30×30×(100 000/ 2)×0.84=378 000	0.30×30×(100 000/ 4)×0.81=182 250
基层库存	$IC'Q$	0.30×(30+0.10)× 100 000=903 000	0.30×(30+0.15)× (100 000/2)×0.93= 420 593	0.30×(30+0.20)× (100 000/2)×0.84= 380 520	0.30×(30+1.4)× (100 000/4)×0.81= 190 755
	总计	2 235 466	1 185 737	984 821	1 387 526

① R=运输费率；D=年需求量；I=库存持有成本；C=产品在工厂的价值；C'=产品在仓库的价值=$C+R$；T=运送时间；Q=仓库平均库存。

选择不同运输方式将影响货物的在途时间。在途货物可以用年需求（*D*）的一定比例（即 *T*/365）表示，其中 *T* 表示平均运送时间，因此，在途库存的持有成本为 *ICDT*/365。

分拨渠道两端的平均库存大约是 *Q*/2。每单位货物的库存成本为 $I \times C$，但产品价值在分拨渠道的不同地点是不同的。例如在工厂，*C* 是产品的出厂价值；而在仓库，*C* 是产品的出厂价值加上运输费率。

用运输费率（*R*）乘上年需求量，就得到每年的总运输成本 $R \times D$。针对每种运输方式计算四种相关成本，计算结果在表 3-5 列出。由表可见，虽然采用铁路运输时的运输费率最低，采用航空运输时的库存成本最低，但卡车运输的总成本最低。如果使用卡车运输，运输时间减少到 5 天，两个端点的库存水平将减少 50%。

（二）考虑竞争因素

选择合适的运输方式有助于创造有竞争力的服务优势。如果供应渠道中的买方从多个供应商那里购买商品，那么物流服务就会和价格一样影响买方对供应商的选择。相反，如果供应商针对各自的销售渠道选择不同的运输方式，就可以控制其物流服务的各项要素，进而影响买方的购买。

对买方而言，更好的运输服务（如运送时间更短、波动更小等）意味着可以保有较少的库存和/或完成运作计划的把握更大。为鼓励供应商选择最理想的运输服务，进而降低成本，买方经常会采取的行动就是：惠顾。

买方通常的做法是将采购订单转给能提供更优质运输服务的供应商。业务的扩大将带来利润的增加，弥补由于选择快速运输服务带来的成本，因而鼓励供应商寻求吸引买方的运输服务形式，而不是单纯降低运输服务的价格。

如果分拨渠道中有多个供应点可供选择，运输服务的选择就会成为供应商和买方的联合决策。供应商通过选择运输方式来争取买方的订单，理智的买方则会通过更多地购买来回应供应商的选择。买方增加购买的数量取决于互相竞争的供应商提供运输服务的差异。在动态的竞争环境下，只提供单一运输服务的供应商是很难生存的，因为其他供应商会通过提供更多的服务来反击竞争对手，且运输服务的选择与买方潜在的购买兴趣之间的关系是很难估量的。

@链接资料

位于匹兹堡的一家设备制造商需要从两个供应商那里购买 3 000 箱塑料配件，每箱配件的价格是 100 美元。目前，从两个供应商采购的数量是一样的。两个供应商都采用铁路运输，平均运送时间也相同。但如果其中一个供应商能将平均交付时间缩短，那么每缩短一天，制造商会将采购订单的 5%（即 150 箱）转给这个供应商。如果不考虑运输成本，供应商每卖出一箱配件可以获得 20%的利润。

供应商 A 正在考虑如果将铁路运输改为航空或卡车运输，是否可以获得更多的收益。各种运输方式下每箱配件的运输费率和平均运送时间如表 3-6 所示。

表 3-6 不同运输方式下的费率和时间

运输方式	运输费率（美元/箱）	运送时间（天）
铁路运输	2.50	7
卡车运输	6.00	4
航空运输	10.35	2

供应商 A 仅根据可能得到的潜在利润进行选择。表 3-7 从供应商 A 的角度列出了不同运输方式下可获得的利润。

表 3-7 不同运输方式下供应商 A 的利润对比

运输方式	销售量（箱）	毛利（美元）	运输成本（美元）	纯利（美元）
铁路运输	1 500	30 000.00	3 750.00	26 250.00
卡车运输	1 950	39 000.00	11 700.00	27 300.00
航空运输	2 250	45 000.00	23 287.50	21 712.5

如果该设备制造商能够恪守承诺，供应商 A 应该转而采用卡车运输。当然，供应商 A 应该注意供应商 B 可能采取的任何反击手段，一旦对手采取相应措施可能会导致优势消失。

（三）其他应该考虑的因素

通过前文关于运输服务选择问题的讨论，我们已经认识到，在考虑运输服务的直接成本的同时，有必要考虑运输方式对库存成本和运输绩效对物流渠道成员购买选择的影响。然而，除此之外，还有其他一些因素需要考虑，其中有些是决策者不能控制的。

第一，如果供应商和买方对彼此的成本有一定了解将会促进双方的有效合作。但如果供应商和买方是相互独立的法律实体，二者之间也没有某种形式的信息交流，双方就很难获得完全的成本信息。在任何情况下，合作都应该朝着更密切关注对方对运输服务选择的反应或对方购买量的变化的方向发展。

第二，如果分拨渠道中有相互竞争的供应商，买方和供应商都应该采取合理的行动来平衡运输成本和运输服务，以获得最佳收益。当然，无法保证各方都会理智行事。

第三，这里没有考虑对价格的影响。假如供应商提供的运输服务优于竞争对手，他很可能会通过提高产品的价格来补偿（至少是部分补偿）增加的成本。因此，买方在决定是否购买时应同时考虑产品价格和运输绩效。

第四，运输费率、产品种类、库存成本的变化和竞争对手可能采取的反击措施都增加了问题的动态因素。

第五，应考虑运输方式的选择对供应商存货的间接作用。供应商也会和买方一样由于运输方式变化改变运输批量，进而导致库存水平的变化。供应商可以通过调整价格来反映这一变化，反过来又影响运输服务的选择。

二、选择运输路线

由于在整个物流成本中运输成本占 1/3～2/3，因而最大化地利用运输设备和人员，提高运作效率是我们关注的首要问题。

运输路线，简单地说，就是运输工具行走的线路，包括起点、途经站点以及终点。其中，最常见的决策问题就是，找到运输工具在公路网、铁路线、水运航道和航空线运行的最佳路线以尽可能地缩短运输时间或运输距离，从而使运输成本降低的同时客户服务也得到改善。运输路线的选择要受到商品产销关系的影响。选择正确的运输路线，其实质是消除商品迂滞、重复装运等现象，使各种运输工具安全、迅速运行，最大限度地减少商品运输里程，缩短商品在途时间，降低运输费用，尽快地实现商品的使用价值和价值，满足市场需要。

三、运输的合理化

准时采购、零库存管理等先进物流管理模式的出现，使运输在物流中的地位日益突出；经济的全球化拉长了企业的运输线，使高效、低成本的运输成为企业努力的目标。运输的合理化是实现此目标的关键环节之一。

（一）不合理运输的表现

所谓不合理运输是指在组织货物运输过程中，违反货物流通规律，不按经济区域和货物自然流向组织货物调运，忽视运输工具的充分利用和合理分工，装载量低，流转环节多，从而浪费运力，使运输费用增加的现象。不合理运输是在现有条件下可以达到的运输水平而未能达到，从而造成了运力浪费、运输时间增加、运费超支等问题的运输形式。目前我国存在主要不合理运输形式有以下几种。

1. 返程或起程空驶

空车无货载行驶，可以说是不合理运输的最严重形式。在实际运输组织中，有时候必须调运空车，从管理上不能将其看成不合理运输。但是，因调运不当、货源计划不周、没有采用运输社会化而形成的空驶，是不合理运输的表现。造成空驶的原因主要有以下几种。

（1）能利用社会化的运输体系而不利用，却依靠自备车送货提货，这往往出现单程重车、单程空驶的不合理运输。

（2）由于工作失误或计划不周，造成货源不实，车辆空去空回，形成双程空驶。

（3）由于车辆过分专用，无法搭运回程货，只能单程重车、单程回空周转。

2. 对流运输

对流运输亦称“相向运输”“交错运输”，是指同一种货物，或彼此间可以互相代用而又不影响管理、技术及效益的货物，在同一线路上或平行线路上作相对方向的运送，而与对方运程的全部或一部分发生重叠交错的运输。已经制定了合理流向图的产品，一般必须按合理流向的方向运输，如果与合理流向图指定的方向相反，也属对流运输。

在判断对流运输时需注意的是，有的对流运输是不很明显的隐蔽对流，如不同时间的相向运输，从发生运输的那个时间看，并无出现对流，可能做出错误的判断，所以要注意隐蔽的对流运输。

3. 迂回运输

迂回运输是舍近求远的一种运输。可以选取短距离进行运输而不办，却选择路程较长路线进行运输的一种不合理形式。迂回运输有一定复杂性，不能简单处置，只有当计划不周、地理不熟、组织不当而发生的迂回，才属于不合理运输，如果最短距离有交通阻塞、道路情况不好或对噪声、排气等有特殊限制而不能使用时发生的迂回不能称不合理运输。

4. 重复运输

重复运输的一种情形是：本来可以直接将货物运到目的地，但是在未达目的地时，或在目的地之外的其他场所将货物卸下，再重复装运送达目的地。另一种情形是：同品种货物在同一地点一面运进，同时又向外运出。重复运输的最大弊端是增加了不必要的中间环节，这就延缓了流通速度，增加了费用，增大了货损。

5. 倒流运输

倒流运输是指货物从销地或中转地向产地或起运地回流的一种运输现象。其不合理程度要甚于对流运输，其原因在于往返两程的运输都是不必要的，形成了双程的浪费。倒流运输也可以看成是隐蔽对流运输的一种特殊形式。

6. 过远运输

过远运输是指调运物资舍近求远，近处有资源不调而从远处调，这就造成可采取近程运输而未采取，拉长了货物运距的浪费现象。过远运输占用运力时间长、运输工具周转慢、物资占压资金时间长，又易出现货损，增加了费用支出。

7. 运力选择不当

未选择各种运输工具优势而不正确地利用运输工具造成的不合理现象，常见的有以下形式。

（1）弃水走陆。在同时可以利用水运及陆运时，不利用成本较低的水运或水陆联运，而选择成本较高的铁路运输或汽车运输，使水运优势不能发挥。

（2）铁路、大型船舶的过近运输。不是铁路及大型船舶的经济运行里程却利用这些运力进行运输的不合理做法。主要不合理之处在于火车及大型船舶起运及到达目的地的准备、装卸时间长，且机动灵活性不足，在过近距离中利用，发挥不了运速快的优势。相反，由于装卸时间长，反而会延长运输时间，另外，和小型运输设备比较，火车及大型船舶装卸难度大、费用也较高。

（3）运输工具承载能力选择不当。不根据承运货物数量及重量选择，而盲目决定运输工具，造成过分超载、损坏车辆及货物不满载、浪费运力的现象，尤其是“大马拉小车”现象发生较多。由于装货量小，单位货物运输成本必然增加。

8. 托运方式选择不当

对于货主而言，本可以选择最好托运方式而未选择，造成运力浪费及费用支出加大的一种不合理运输。例如，应选择整车托运而未选择，反而采取零担托运，应当直达而选择了中转运输，应当中转运输而选择了直达运输等都属于这一类型的不合理运输。

上述各种不合理运输形式都是在特定条件下表现出来的，在进行判断时必须注意其不合理的前提条件，否则就容易出现判断的失误。例如，如果同一种产品，商标不同，价格不同，所发生的对流，不能绝对看成不合理，因为其中存在着市场机制引导的竞争。如果强调因为表面的对流而不允许运输，就会起到保护落后、阻碍竞争甚至助长地区封锁的作用。类似的例子，在各种不合理运输形式中都可以举出一些。

以上对不合理运输的描述，就形式本身而言，主要是从微观方面得出的结论。在实践中，必须将其放在物流系统中做综合判断，在不做系统分析和综合判断时，很可能出现“效益悖反”现象。单从一种情况来看，避免了不合理，做到了合理，但它的合理却使其他部分出现不合理。只有从系统角度进行综合判断才能有效避免“效益悖反”现象，从而优化全系统。

（二）运输合理化的一般途径

运输合理化是指按照货物流通的规律，用最少的劳动消耗达到最大的经济效益，来组织货物调运。通过合理化使运输既有利于生产，有利于市场供应，又有利于节约流通费用和节约运力、劳动力。

1. 运输合理化的决定因素

由于运输是物流中最重要的功能要素之一，物流合理化在很大程度上依赖于运输合理化，其中起决定性作用的有五方面的因素，称作合理运输“五要素”。

（1）运输距离。在运输时，运输时间、运输货损、运费、车辆或船舶周转等运输的若干技术经济指标都与运距有一定比例关系，运距长短是运输是否合理的一个最基本因素。

（2）运输环节。每增加一次运输，不但会增加起运的运费和总运费，而且必须要增加运输的附属活动，如装卸、包装等，各项技术经济指标也会因此下降。所以，减少运输环节，尤其是同类运输工具的环节，对合理运输有促进作用。

（3）运输工具。各种运输工具都有其使用的优势领域，对运输工具进行优化选择，按运输工具特点进行装卸运输作业，最大限度地发挥所用运输工具的作用，是运输合理化的重要一环。

（4）运输时间。运输是物流过程中需要花费较多时间的环节，尤其是远程运输，在全部物流时间中，运输时间占绝大部分，所以，运输时间的缩短对整个货物流通时间的缩短有决定性的作用。此外，运输时间短，有利于运输工具的加速周转，充分发挥运力，有利于货主资金的周转，有利于运输线路通过能力的提高，对运输合理化有很大贡献。

（5）运输费用。运输费用在全部物流费用中占很大比例，运费高低很大程度上决定整个物流系统的竞争能力。实际上，运输费用的降低，无论对货主企业来讲还是对物流企业来讲，都是运输合理化的一个重要目标。运费的判断，也是各种合理化实施是否行之有效的最终判断依据之一。

2. 实现运输合理化的一般途径

由于运输成本在物流成本中所占的比重较大，因此，运输的合理化有非常重要的意义。可以从以下几方面来考虑运输合理化的途径。

（1）运输网络的合理配置。企业在规划运输网络时，要根据经营战略、销售政策等因素决定。为了确保销售和市场占有率，需要利用多少个仓库、配送中心；是全部外包，还是自己承担一部分；配送中心、仓库如何布置，密度多大，相距多远等都应该整体规划，统一考虑。这样才可能既满足销售的需要，又能减少交叉、迂回、空载等不合理运输，降低物流成本，提高运输效率。

（2）选择最佳的运输方式。铁路、公路、水路、航空、管道五种运输方式，各有特点。要根据货物的特点及客户的要求等因素选择合适的运输方式。同时，充分利用各种运输方式的优点，克服其缺点，采用多式联运的方式进行运输。

在确定运输方式之后，还要考虑运输工具的问题，如公路运输还要选择汽车的车型（大型、轻小型、专用），是用自有车还是委托外包等。

（3）提高运行效率。努力提高车辆的运行率、装载率，减少车辆空载等不合理运输，缩短等待时间或装载时间，提高有效工作时间，降低燃料消耗。

防止车辆空载的方法有：充分利用专业运输队伍；周密制订运输计划；有效运用相关信息，如货源信息、道路交通信息、天气预报、同行业运输信息等。

（4）推进共同运输。提倡集团之间、行业之间和企业之间进行合作，协调运输计划、共同利用运力；批发业、零售业和产业集群，企业之间在组织运输方面加强配合，提高运输工作效率，降低运输成本。

（5）采用各种现代运输方法。为了提高物流系统效率，应推广一些新的运输模式，如托盘运输、集装箱运输、智能化运输、门到门运输等。

当然，运输的合理化必须考虑包装、装卸等有关环节的配合及其制约因素。还必须依赖于物流信息系统，才能够实现其改善的目标。

第四节 包装的类型与功能

包装是生产的最后一道工序，同时也是物流的起点。包装把运输、储存、装卸搬运等活动有机地联系起来，对保护商品、方便流通、降低物流成本起着重要的作用。

一、包装的概念

对包装（Packaging）的定义，各个国家或组织有不同的表述和理解，但基本含义是一致的，都以包装功能和作用为其核心内容。美国包装协会对包装的定义：包装是为产品的运出和销售的准备行为。英国标准协会对包装的定义：包装是为货物的运输和销售所做的艺术、科学和技术上的准备工作。我国国家标准 GB/T 18354—2006 对包装的定义：包装是为在流通过程中保护产品、方便储运、促进销售，按一定技术方法而采用的容器、材料及辅助物等的总体名称；也指为了达到上述目的而采用容器、材料和辅助物的过程中施加一定技术方法等的操作活动。从这些定义的表述中，我们不难理解包装的目的和意义：一是保护产品；二是便于储运；三是促进销售。在维护产品的存在价值和实现产品的使用价值方面发挥作用。

二、包装在物流管理中的地位和功能

可以说，任何商品在物流开始前都要进行包装，因此，包装是物流必不可少的一个环节，在物流中占据着重要的地位，起着重要的作用。

（一）包装在物流管理中的地位

由于包装的主要目的是保护物品，实现包装标准化，方便（运输、配送、仓储等）作业，减少物流消耗和节约包装费用，所以包装通常是物流管理的起始环节。在社会再生产过程中，包装处于生产过程的末尾和物流过程的开头地位。

包装是生产过程的末尾。绝大多数产品经过包装后才能顺利通过其他物流环节进入流通领域，到达消费者手中。

包装是物流的始点。只有经过包装的产品，在搬运、装卸、运输、储存、销售等物流各环节中才能保证物品原有价值的完整，并顺利实现产品的价值和使用价值。从物流的范畴来看，产品涉及包装、装卸、保管、库存管理、流通加工、运输、配送等诸种活动。如果一个产品包装的设计没有考虑到有效的物流处理，那么所有的物流系统都将受到影响。

（二）包装的功能

由于包装具有三大特征：保护性、单位集中性和便利性，所以一个产品进行了包装，就会有以下功能：降低保管成本，方便产品的运输和保管；降低运输的费用；简化仓库管理工作；打破商品的季节性；促进商品的销售；保护商品的使用价值和合法权益。为此，包装的主要功能有：

（1）保护功能。保护功能是指在搬运、储存和运输期间保护内容物，使其不受外来冲击，免受损伤或变质；防止商品发生化学变化，防止有害生物对商品的影响；防止被包装物在物流过程中受到质量和数量上的损失，并能防止危害性内装物对其接触的人、生物和环境造成危害。因而，有效的产品包装可以起到防潮、防热、防冷、防挥发、防污染、保鲜、防易碎、防变形等系列保护产品的作用。

（2）定量功能。定量即单位定量或单元化，形成基本单件或与目的相适应的单件。包装有将商品几种单位集中的功能，以达到方便物流与商品交易等目的。从物流方面来考虑，包装单位的大小要和装卸、保管、运输条件的能力相适应，应当尽量能便于集中输送以获得最佳的经济效果，同时又要求能分割及重新组合以适应多种装运条件及分货要求。从商品交易来考虑，包装单位的大小应适于进行交易的批量，零售商品应适于消费者的一次购买。

（3）便利功能。便利功能是指方便流通和消费的功能。在物流过程中，商品要经过多个环节，合理的包装会提供巨大的便利，从而提高物流作业的效率和效果。另外，包装还应方便顾客使用。具体体现在：便于装卸搬运、便于保管、便于运输配送、便于消费者使用、便于废弃物的处理。

（4）促销功能。良好的包装能被消费者瞩目，从而激发其购买欲望，成为商品推销的得力工具。美国杜邦公司的一项调查表明：63%的消费者是根据商品的包装来选购商品的。包装的商品还便于消费者携带，方便运输，从而扩大销售。包装物在被消费者使用完毕后若能再被使用，可增加包装的用途，刺激消费者购买，使包装物在再使用过程中起到延伸宣传的作用。

现代包装的几大基本功能是彼此联系、相辅相成的，是通过包装容器融为一体而共同发挥作用的。所有包装都应该具备这些功能，但对几者不能均等看待，对不同用途的包装要具体分析，对不同特点的包装，在功能设计上要有所侧重。

三、包装的类型

我国常用包装分类方法主要有以下几种。

（一）按包装所起的作用划分

按照包装的作用通常可以分为销售包装和运输包装。

1. 销售包装

销售包装（Sales Package）又称内包装，是直接接触商品并随商品进入零售网点和消费者或用户直接见面的包装。它也叫商业包装（Commercial Package）、零售包装（Retail Package）或消费者包装（Consumer Package）。销售包装主要有三种形式：（1）装饰包装，即有一定的艺术外形、色调、装潢图案、文字说明等；（2）预制包装，即生产中制作的较小单位的包装；（3）直接包装，既是销售包装又是运输包装。商业包装以促进销售为主要目的，或便于商品在柜台上零售或为了提高作业效率。这种包装的特点是外形美观，有必要的装潢，包装单位适合于客户的购买量以及商店陈设的要求。

2. 运输包装

运输包装（Transport Package）是以满足运输储存要求为主要目的的包装。它具有保障产品的运输安全，方便装卸、加速交接、点验等作用。它也叫工业包装，是一种外部包装（包含内部包装）。运输包装的重要特征是在满足物流要求基础上，使包装的费用越低越好。

运输包装往往需要内包装和外包装的共同作用，而且其外部结构尺寸要与储存、装卸、运输等作业所用设备具有很好的配合性，具有较强的抵御外界因素常见的侵蚀、侵害、碰撞、损坏等的能力。

运输包装一般包括将货物装入箱、袋、桶、筐等容器内，必要时采用缓冲、防水、防潮、加固等措施，最后加以施封、捆扎、作标记等。运输包装必须有按规定标准印刷的标志，指导包装物件的装卸搬运，运输包装还要注明商品名称、货号、规格、重量、数量、颜色、生产厂家、生产日期以及发货单位与收货单位等标志。

此外，运输包装还可进一步分为单件运输包装和集合运输包装。单件运输包装，是指采用箱、桶、袋、包、坛、篓、筐等容器对商品进行的包装。按其使用的包装材料，可以分为纸、木、金属、塑料、化学纤维、棉席织物制成的容器或绳索。集合运输包装，是指为适应现代化运输、装卸、搬运等作业方式要求，按集合包装货物装卸搬运等作业要求，将若干单件包装组合成一件集合包装。常用的集合运输包装有集装包（集装袋）以及适应托盘系列和集装箱系列的集合（运输）包装。

在有些情况下，工业包装同时又是商业包装，如装橘子的纸箱子（如 15 千克装）应属工业包装，连同箱子出售时，也可以认为是商业包装。为使工业包装更加合理，在有些情况下，也可以采用商业包装的办法来做工业包装，如家电用品就是兼有商业包装性质的工业包装。

（二）按照包装层次划分

按包装层次通常可以划分为单件包装、内包装和外包装三种。

1. 单件包装

单件包装又称小包装、个体包装，是指直接用来包装物品的包装，通常与商品形成一体，在销售中直接到达客户手中。单件包装属于销售包装。

2. 内包装

内包装，是指包装物品的内部包装，即考虑到水分、潮湿、光射、热源、碰撞、震动等因素对物品的影响，选择相应的材料或包装容器。

3. 外包装

外包装，通常是指包装货物的外层包装。外包装一般属于运输包装。

（三）按照包装容器划分

常用的包装容器主要有包装箱，包装盒，包装袋，包装桶、瓶、罐等。

1. 包装箱

包装箱是一种具有一定容量，一般呈长方体形状的刚性或半刚性容器。包装箱通常用瓦楞纸板、木材、金属、复合材料等制成。常用的包装箱多为瓦楞纸箱、木箱等。

（1）瓦楞纸箱。瓦楞纸箱是用瓦楞纸板制成的箱型容器，是物流领域中最常见、使用量很大的一种包装容器。

（2）木箱。木箱主要有木板箱、胶合板箱、框架箱三种。①木板箱是能装载多种性质不同货物的包装容器，其优点是具有较大的耐压强度，能承受较大负荷，制作较为方便，但其本身没有防水性能，体积比较大。②胶合板箱通常是用条木与胶合板组合成箱框板，再经钉装形成的包装容器。③框架箱是由一定截面的条木构成箱的骨架，也可根据需要在骨架外面加木板覆盖。框架箱有坚固的木质骨架结构，一般具有较强的抗震、抗扭、耐压能力，装载重量也很大。

2. 包装盒

包装盒是指一种容量较小，呈规则几何形状（多为长方体）的刚性或半刚性容器，通常有关闭装置。包装盒一般常用纸板、硬塑料、金属、玻璃、陶瓷以及复合材料制成。包装盒依其是否可折叠变形分为固定式包装盒和折叠式包装盒。

3. 包装袋

包装袋是用如纸、塑料薄膜等制成的包装容器。包装袋的种类很多，常用的主要有以下几种。

（1）集装袋。它是一种大容积的运输包装袋，一般在顶部装有金属吊架或吊环，便于吊装搬运，底部有卸货孔，便于卸货作业。集装袋一般多用聚丙烯、聚乙烯等聚酯纤维编织而成，具有装卸搬运货物方便、作业效率高的特点，是近年来发展较快的一种包装袋。

（2）一般包装袋。它一般是指盛装重量在50～100kg货物的运输包装袋。这类包装袋大部分是由植物纤维编织而成的多层材料包装袋。

（3）小型包装袋。它是一种盛装重量较少的包装袋，通常用单层或多层材料制成，也有用多层材料复合制成。对于用量很大的一次性小型包装袋，还要考虑废弃包装物对环境污染的问题，尽量采用可降解、易分解的材料制造包装物。

4. 包装桶、瓶、罐

包装桶是用木质、金属、塑料等材料制成的桶状包装容器。制药厂中常见的装药制品的木桶、装液体货物的油桶、酒桶等都属于这一类。

包装瓶通常是用玻璃、塑料等材料制成的包装容器。通常用于装填包装物品，具有便于装卸与运输、便于装进或取出瓶中物品等特点。

包装罐是由金属或非金属材料制成的一种小型包装容器，通常带有可密封的罐盖。常见的有包装食品类、化学品或石油类、涂料类及油脂类的包装罐。

包装货物除了常用包装容器外，还需一些内包装材料和包装用辅助材料。内包装材料主要有防潮、防锈、防虫等作用。

（四）按照包装材料划分

包装材料主要有纸及纸制品：牛皮纸、玻璃纸、植物羊皮纸、沥青纸、板纸、瓦楞纸板；塑料及塑料制品：聚乙烯、聚丙烯、聚苯乙烯、聚氯乙烯、钙塑材料；木材及木制品；金属：镀锡薄板、涂料铁、铝合金；玻璃、陶瓷；复合材料等。

（五）其他包装分类方法

按商品销售地点分为内销包装和外销包装。外销包装的特点是要适应进口国的国情、气候、风俗、习惯等要求。此外，由于搬运装卸次数多，因此在构造、包装技法、图案等方面应与上述要求相一致。

按包装的保护技术可分为防潮包装、防锈包装、防虫包装、防腐包装、防震包装、危险品包装等。

按包装使用次数，包装又可分为一次性使用包装和重复使用包装。重复使用包装又分为两种情况：一种情况是收回复制再用（纸、金属等），还有一种情况是回收后可直接复用（如酒瓶回收）。

第五节　主要包装技术

包装技术是指包装活动中所采用的硬技术与软技术的总称，主要有防震保护技术、防破损保护技术、防锈包装技术、防霉腐包装技术、防虫包装技术、危险品包装技术和特种包装技术等。

一、防震保护技术

防震包装又称缓冲包装，在各种包装方法中占有重要的地位。防震包装就是为减缓内装物受到冲击和震动，保护其免受损坏所采取的一定防护措施的包装。

防震包装主要有以下三种方法。

（1）全面防震包装方法，即内装物和外包装之间全部用防震材料填满进行防震的包装方法。

（2）部分防震包装方法，即对于整体性好的产品和有内装容器的产品，仅在产品或内包装的拐角或局部地方使用防震材料进行衬垫的包装方法。

（3）悬浮式防震包装方法，即对于某些贵重易损的物品，为了有效地保证在流通过程中不被损坏，外包装容器比较坚固，然后用绳、带、弹簧等将被装物悬吊在包装容器内，而不与包装容器发生碰撞，从而减少损坏。

二、防破损保护技术

缓冲包装有较强的防破损能力，因而是防破损包装技术中有效的一类。此外还可以采取以下几种防破损保护技术。

（1）捆扎及裹紧技术，即使杂货、散货形成一个牢固整体，以增加整体性，便于处理及防止散堆来减少破损。

（2）集装技术，即利用集装，减少与货体的接触，从而防止破损。

（3）选择高强保护材料，即通过外包装材料的高强度来防止内装物品受外力作用破损。

三、防锈包装技术

防锈包装技术主要有以下两类。

（1）防锈油防锈蚀包装技术。防锈油防锈蚀包装技术就是将金属涂封防止锈蚀的技术。用防锈油封装金属制品，要求油层要有一定厚度，油层的连续性好，涂层完整，而且不同类型的防锈油要采用不同的方法进行涂覆。

（2）气相防锈包装技术。气相防锈包装技术即在密封包装容器中，使用气相缓蚀剂（挥发性缓蚀剂）对金属制品进行防锈处理的技术。在密封包装容器中，气相缓蚀剂在很短的时间内挥发或升华出的缓蚀气体就能充满整个容器的每个角落和缝隙，同时吸附在金属制品的表面上，从而起到抑制大气对金属锈蚀的作用。

四、防霉腐包装技术

在装运食品和其他有机碳水化合物物品时，物品表面可能生长霉菌，在流通过程中如遇潮湿，霉菌生长繁殖极快，甚至延伸至物品内部，使其发霉、腐烂、变质，因此要采取特别防护措施。防霉烂变质的措施，通常是采用冷冻包装、真空包装或高温灭菌方法。冷冻包装的原理是减慢细菌活动和化学变化的过程，以延长储存期，但不能完全消除食品的变质。高温杀菌法可消灭引起食品腐烂的微生物，因而在包装过程中可使用高温处理防霉。真空包装法可阻挡外界的水汽进入包装容器内，也可防止在密闭的防潮包装内部存有潮湿空气，在气温下降时结露。应该注意的是，采用真空包装法，要避免过高的真空度，以防损伤包装材料。为防止运输包装内货物发霉，还可使用防霉剂。防霉剂的种类甚多，用于食品时必须选用无毒防霉剂。装有机电产品的大型封闭箱，可酌情开设通风孔或通风窗等。

五、防虫包装技术

防虫包装技术是指包装时，可在包装中放入有一定毒性和气味的驱虫药物，利用药物在包装中挥发出的气体杀灭或驱除各种害虫。常用驱虫剂有苯、二氯化苯、樟脑精等。也可采用真空包装、充气包装、脱氧包装等技术，使害虫无生存环境，从而防止虫害。

六、危险品包装技术

危险品有多种，按其危险性质，交通运输及公安消防部门规定分为十大类，即爆炸性物品、氧化剂、压缩气体和液化气体、自燃物品、遇水燃烧物品、易燃液体、易燃固体、毒害品、腐蚀性物品、放射性物品等，有些物品同时具有两种以上危险性能。对于有毒商品的包装要明显地标明有毒标志。对有腐蚀性的商品，要注意商品和包装容器的材质不会发生化学变化。金属类的包装容器，要在容器壁涂上涂料，防止腐蚀性商品对容器的腐蚀。对易自燃商品的包装，宜采取特殊包装方式。

七、特种包装技术

除了上面介绍的几种包装技术外，还有一些为了满足特殊需要的包装技术，主要包括以下几种。

（1）充气包装。即采用二氧化碳或氮气等不活泼气体置换包装容器中空气的一种包装技术，也称为气体置换包装。

（2）真空包装。即将物品装入气密性容器后，在容器封口之前抽成真空，使密封后的容器内基本没有空气的一种包装方法。

（3）收缩包装。即用收缩薄膜裹包物品（或内包装件），然后对薄膜进行适当加热处理，使薄膜收缩而紧贴于物品（或内包装件）的包装技术。

（4）拉伸包装。即由收缩包装发展而来的，依靠机械装置在常温下将弹性薄膜围绕被包装件拉伸、紧裹，并在其末端进行封合的一种包装方法。

（5）脱氧包装。即在密封的包装容器中，使用能与氧气起化学作用的脱氧剂与之反应，从而除去包装容器中的氧气，以达到保护内装物的目的。

第六节　包装合理化与标准化

一、包装合理化

虽然包装本身在物流总成本中所占比例并不高，但包装的好坏不仅影响到物流成本，而且会影响产品在物流过程中的质量，因此是物流中非常重要的一个环节。包装的合理化就是要实现既降低包装成本，又能较好地保护商品的目的。

（一）包装合理化的主要表现

包装合理化主要表现在以下几个方面。

（1）包装的轻薄化。由于包装只是起保护作用，对产品使用价值没有任何意义，因此在强度、寿命、成本相同的条件下，更轻、更薄、更短、更小的包装，可以提高装卸搬运的效率。而且轻薄短小的包装一般价格比较便宜，如果是一次性包装也可以减少废弃包装材料的数量。

（2）包装的单纯化。为了提高包装作业的效率，包装材料及规格应力求单纯化，包装规格还应标准化，包装形状和种类也应单纯化。

（3）符合集装单元化和标准化的要求。包装的规格和托盘、集装箱关系密切，也应考虑到和运输车辆、搬运机械的匹配，从系统的观点制定包装的尺寸标准。

（4）包装的机械化。为了提高作业效率和包装现代化水平，各种包装机械的开发和应用是很重要的。

（二）包装合理化的设计要求

合理包装是一个系统工程，因此设计合理包装不仅要考虑包装设计本身，更要着眼于商品流通的全局，兼顾物流系统的相互关系，按照合理包装的以下几个方面进行设计。

（1）掌握流通实况，发挥最经济的保护功能。包装的保护功能应使商品能承受流通过程中各种环境的考验。因此，包装设计前应通过有关测试和调查或查问有关流通环境资料等手段来掌握环境实况，对不同的环境条件，采取不同的包装设计。如为避免外力作用下内装物破损，可设计缓冲包装；为避免温湿度的影响，可设计防潮、防水包装。

（2）实行包装标准化。标准化是提高企业经济效率和效益而采取的一种必不可少的科学管理方法。采用标准化设计，能减少设计时间，稳定包装质量，降低包装和流通成本，取得明显的经济效益。

（3）协调与生产的关系。包装是物流过程的第一步，也是产品生产的最后一道工序。

因此，它同产品的生产过程紧密相关，二者应协调一致，做到包装与生产同步，防止产品积压，为此包装设计应和产品大批量的生产工艺一起考虑，其中包括包装材料的选择和加工方法的选定。

（4）注意装卸及开启的方便性。货物流通过程中都必须装卸，因此包装必须便于装卸，以取得在物流中减少破损的直接经济效益。

二、包装标准化

随着经济一体化的发展，货物将更加频繁地在全球范围内流通，对物流的要求也将越来越高，对货物实行通用化、标准化的包装是降低物流成本、使货物更便捷流通的一个重要环节。

（一）包装标准化的内涵

为在一定的范围内获得最佳秩序，对实际的或潜在的问题制定共同的和重复使用的规则包装活动，称为标准化。包装标准化工作就是制定、贯彻实施包装标准的全过程活动。为保障物品在储藏、运输和销售中的安全和科学管理的需要，以包装的有关事项为对象所制定的标准称为包装标准。包装标准包括在生产技术活动中，对所有制作的运输包装和销售包装的品种、规格、尺寸、参数、工艺、成分、性能等所做的统一规定，称为产品包装标准。产品包装标准是包装设计、生产、制造和检验包装产品质量的技术依据。实行包装标准化，对保持被包装物资的数量和质量完整性，提高物流效率和简化交接手续，简化包装设计与提高包装器材的生产效率，节约包装材料，降低包装及流通费用，充分利用车船和仓库空间，推行包装物回收使用等，具有重要的技术经济意义。

（二）包装标准的内容

目前，我国的产品包装标准主要包括建材、机械、电工、轻工、医疗器械、仪器仪表、中西药、食品、农畜水产、邮电、军工等 14 大类 500 多项。包装标准是以包装为对象制定的标准。包装标准包括以下几类。

（1）包装基础标准。主要包括包装术语、包装尺寸、包装标志、包装基本试验、包装管理标准等。

（2）包装材料标准。包括各类包装材料，如纸、纸板、塑料薄膜、木材、各类包装辅助材料等的标准和包装材料试验方法。

（3）包装容器标准。包括各类容器，如瓶、桶、袋、纸箱、木箱等的标准和容器试验方法。

（4）包装技术标准。包括包装专用技术、包装专用机械、防毒包装技术方法、防锈包装等标准。

（5）产品包装标准。产品包装标准是按行业进行划分的，如机电、电工、仪器仪表、邮电、纺织、轻工、食品、农产品、医药等行业均有相应的包装标准。一般内容包括包装技术条件、检查验收、专用检查方法、储运要求与标志等。

（6）相关标准，主要指与包装关系密切的标准，例如，集装箱技术条件、尺寸；托盘技术条件、尺寸；叉车规格等。

（三）我国包装标准消费者的要求

国家标准《包装 消费者的需求》（GB/T 17306—2008）明确规定了消费品包装为满足消费者的各项需求应遵循的基本原则和要求，以指导与消费品包装有关的各类标准的起草及消费品包装的设计与制作。该标准规定：

（1）包装材料不应产生可能危害人或其他生命的物质。

（2）在有害内装物的包装上，应标明有关的安全警示和使用说明。

（3）有害内装物的包装应同食品或饮料的包装明确区分开来，必要时，采用不同颜色、不同形状或其他方法进行区分，避免使人产生误解。

（4）包装开启方法应合理、方便，并且特别要考虑弱势消费者（如儿童、残疾人）的不同要求。

（5）对有害内装物包装应设有安全闭锁装置，该装置既应使儿童难以开启，同时又便于残疾人打开。

（6）包装尺寸与形状应与内装物含量相符，不应使消费者产生误会。

（7）应尽可能少地使用包装材料，优先采用可重复使用、回收利用和/或能生物降解的包装材料。

（8）包装应尽可能从节约资源的角度出发进行设计。

案例分析

开往欧洲的列车——中欧货运班列

2014年11月18日从义乌启程，装载着82个标准货柜的货运班列，经新疆阿拉山口进入哈萨克斯坦，再经俄罗斯、白俄罗斯、波兰、德国、法国，最后抵达西班牙首都马德里，历时21天。这82个标准货柜的货物，为中欧之间增加了200万美元的贸易额。

首趟“义新欧”班列于2015年1月30日返程，经过24天的长途跋涉，在2015年2月22日上午10点抵达义乌。这是“义新欧”国际铁路联运大通道运行以来的首趟回程班列，也是西班牙乃至欧洲商品第一次通过铁路直接运抵义乌。

西班牙是义乌小商品进军欧洲市场的中转站，目前西班牙市场上销售的小商品3/4来自中国义乌。从欧洲最大的小商品集散地到全球最大的小商品集散地，回程班列将32个车皮、64个集装箱的欧洲原产地的红酒、橄榄油、乳制品和火腿等商品首次通过铁路带回中国。

1. 集装箱换装

义乌—新疆—欧洲，这是“义新欧”货运班列名称的由来。这条横跨欧亚大陆的货运班列是目前开行的中欧班列中最长的一条，也是全球最长的铁路货运班列。班列行程 1.3 万余千米，几乎横贯欧洲，途中更穿越 7 个国家，贯穿新丝绸之路经济带。

据中铁总公司工作人员介绍，要顺利实现在义乌与马德里之间的往返开行，“义新欧”除在哈萨克斯坦、波兰两次换轨，还需在法国与西班牙交界的伊伦进行第三次换轨。

说是换轨，其实就是换车。例如，从波兰进入俄罗斯时，由于两国之间铁轨宽度相差 85 毫米，必须要把欧洲标准的窄轨列车换成俄罗斯标准的宽轨列车。“这样一来，就需要工作人员把窄轨列车上的货柜集装箱全部吊装到宽轨列车。64 个集装箱，大概耗时一个半小时”。进入哈萨克斯坦之前也一样。在新疆阿拉山口口岸，除了办理货物通关手续，铁路部门还要对列车安全状况进行检测，并进行第一次换轨。在中哈两国的边境火车站，都建有换装库。换装库里有中哈两国技术标准的两条轨道，中方铁轨宽度 1 435 毫米，哈萨克斯坦铁轨宽 1 520 毫米。中欧班列一般是在哈方口岸进行换装，工作人员先把电气化机车换成内燃机车，经由内燃机车牵引行驶 19 千米到哈萨克斯坦边境后，将中方的货物吊装到哈方车辆上，中方车辆再开回来。

2. 延迟的返程

“义新欧”原计划 1 月中旬返程，后来一度延误，主要原因是列车途经俄罗斯时会遭遇极度严寒天气。据西班牙《国家报》2015 年 1 月 13 日报道，所有回程货物已储集完毕，但西班牙企业家担心，列车在途经俄罗斯时全程遭遇零下二三十度的严寒，车上装载的葡萄酒和橄榄油可能会受损。

据“义新欧”运营方义乌市天盟实业投资有限公司董事长冯旭斌介绍，从义乌发往西班牙的小商品多不怕冻，但回程的橄榄油、红酒均是玻璃瓶灌装，这些商品在低温情况下会凝固，可能发生爆裂。“回程的班列专门改制了两个保温大柜，共 4 个标准集装箱，从而确保红酒、橄榄油等产品顺利通过严寒地带”。

3. 班列成本

相对海运，火车运输成本要高，但对于一些易变质或附加值较高的商品，这是极具吸引力的替代选择。有一位常年在义乌做货运代理的林姓商人，每年大概有 1 500 多个标箱的货物发往西班牙。首趟“义新欧”班列，就搭载了他们的 18 个货柜。货柜里装的都是从义乌小商品市场采购的箱包、日用品和饰品。

他选择“义新欧”的原因，主要就是考虑运输成本。从义乌到西班牙，如果走空运，一个货柜运费高达 40 万元人民币，海运大概 4 000 美元，但需要至少 35 天，资金回笼压力巨大。18 个货柜，按一个柜子 40 万元货值算，加起来 720 万元，每天银行利息就要不少钱。这还不算台风、触礁等意外风险，以及经常波动的海运运价。

因为有政府补贴，现在直达马德里的这趟货运班列，运费只比海运高 20%。他表示，如果“义新欧”能够常态化运行的话，公司约有四成货柜会改走铁路。

目前政府对货运班列给予了 3～5 年的培育期，之后会取消，让价格回归市场。“义新欧”班列的运费成本约为海运的 3 倍，制约中欧班列成本降低的一大原因是返程空驶。

中国铁路总公司旗下的中铁集装箱运输股份公司，是目前各中欧班列国内段承运商。该公司副总经理钟诚介绍，中欧班列在运行线路、货源组织方面存在优化空间，中国铁路总公司已在研究制订方案，帮助班列降低成本，提高速度。他表示，现在中欧班列正处于培育期，成本比较高，不依靠补贴很难做起来，“随着运营经验的增多，规模效应的产生，以及延伸服务的展开，未来成本会逐渐降下来”。

4. 中欧班列

中欧班列是由中国铁路总公司组织，按照固定车次、线路、班期和全程运行时刻开行，运行于中国与欧洲以及“一带一路”沿线国家间的集装箱等铁路国际联运列车。

目前，依托西伯利亚大陆桥和新亚欧大陆桥，已初步形成西、中、东三条中欧班列运输通道。自 2011 年首次开行以来，中欧班列发展势头迅猛，辐射范围快速扩大，货物品类逐步拓展，开行质量大幅提高。截至 2017 年 5 月，中欧班列累计开行 3 700 列，国内始发城市 28 个，覆盖 21 个省区市，境外到达城市 29 个，运行线达到 51 条，实现进出口贸易总额约 200 多亿美元。中欧班列全程服务平台组建运行，服务范围逐步拓展，全程服务能力稳步提升。

随着“一带一路”建设不断推进，我国与欧洲及沿线国家的经贸往来发展迅速，物流需求旺盛，贸易通道和贸易方式不断丰富和完善，为中欧班列带来了难得的发展机遇，也对中欧班列建设提出了新的更高的要求。由于中欧班列仍处于发展初期，还存在综合运输成本偏高、无序竞争时有发生、供需对接不充分、通关便利化有待提升，以及沿线交通基础设施和配套服务支撑能力不足等问题，需要加以发展和完善。

问题：

“义新欧”班列集装箱运输有哪些优缺点？

案例分析：

“义新欧”班列集装箱运输有许多突出的优点：（1）是我国与欧洲及沿线国家经贸往来的重要载体，是“一带一路”建设的重要平台；（2）提高了运输质量，减少了货损货差；（3）缩短了运输时间，提高了装卸效率；（4）简化了货运手续，便利了货物的运输。

“义新欧”班列集装箱运输的缺点主要在于：（1）由于沿线国家铁轨宽度不同，在整个运程中需进行三次换轨，影响了运行速度，增加了运行成本；（2）集装箱自重大，因而无效运输、无效装卸的比重大；（3）集装箱返空现象，使货运成本高，并会影响集装箱的利用率。

问题讨论：

1. 义乌企业发往欧洲的货物在运输方式决策时，需要考虑哪些因素？

2. 什么是多式联运？《中欧班列建设发展规划（2016—2020 年）》阐述的“中欧班列

通道不仅连通欧洲及沿线国家，也连通东亚、东南亚及其他地区；不仅是铁路通道，也是多式联运走廊”你如何理解？

复习思考题

1. 如何理解运输的“产品临时储存”功能？
2. 运输与其他物流活动之间有何关系？试举例说明。
3. 某手机生产厂家研发了一款新手机，为尽快抢占市场，请为其选择合适的运输方式。
4. 某企业欲从美国购买 50 000 吨大豆，试问应选择何种运输方式为宜？
5. 与单一运输方式相比，多式联运有何优点？
6. 影响企业对运输服务的选择最重要的因素有哪些？
7. 在我国，典型的不合理运输表现形式有哪些？造成这种不合理运输的原因有哪些？应如何避免？
8. 什么是包装？包装有哪些功能？
9. 试分析销售包装和运输包装的区别。
10. 如何理解“包装是生产的最后一道工序，同时也是物流的起点”这句话？
11. 在选择包装技术的时候应考虑哪些因素？
12. 请简要说明如何使物流系统中的包装合理化。
13. 试分析包装标准化的意义。

第四章 仓储与库存管理

本章重点

- 仓储的概念、内涵及其功能
- 仓储的任务
- 仓储决策的基本内容
- 仓储作业流程管理
- 自动化立体仓库的分类、优越性及系统构成
- 装卸搬运作业的特点
- 装卸搬运作业的合理化内容
- 库存的概念、类型
- 库存控制管理方法

由于物流的概念与实践的不断发展，现代仓储的功能与传统仓储的功能相比已发生了很大变化。仓储在过去一般起着长期储存原材料及产成品的战略角色，生产商生产出来的产品都成为存货，然后再将储存在仓库中的存货销售出去。这样，仓库里不得不将存货水平维持在能满足相当一段时间需求的状态。因此，多数企业都有很高的库存水平。

近 20 年以来，零库存、第三方物流及供应链管理理论的出现，仓库所扮演的战略角色目标转变为以较短周转时间、较低存货率、较低的成本和较好的顾客服务为内容的物流目标。如今的仓库不再是长期储存货物的设施，仓库的运作大大加快了，人们把注意力放到了产品在企业内流动的速度上。有些企业，产品在仓库中只储存几天甚至几个小时。

为了满足顾客对商品快捷、廉价的需求，企业物流管理人员注重对仓储过程中的劳动生产率及成本进行考察。他们重新设计仓库，以达到加快订单处理及降低成本的目标。他们还对仓库重新选址以达到为供应链中的顾客提供更好服务的目标。

第一节 仓储管理概述

仓储和运输长期以来被看作为物流活动的两大支柱。通过仓储，可使商品在最有效的

时间段发挥作用，创造商品的“时间价值”和“使用价值”。利用仓储这种“蓄水池”和“调节阀”的作用，还能调节生产和消费的失衡，消除过剩生产和消费不足的矛盾。出于政治、军事的需要，或为了防止地震、水灾、旱灾、虫灾、风灾、瘟疫等人类不可抗拒的自然灾害所进行的战略性物资储备，在任何时候和任何情况下都是必要的。

一、仓储的概念及功能

仓储是物流系统的一个子系统，在物流系统中起着缓冲、调节和平衡作用。

（一）仓储的概念

“仓”也称为仓库（Warehouse），是为存放、保管、储存物品的建筑物或场所的总称，它可以是房屋建筑屋，也可以是大型容器、洞穴或者特定的场所等，其功能是存放和保护物品；“储”表示将储存对象储存起来以备使用，具有收存、保护、管理、以备交付使用的意思，也称为储存（Storing）物品的行为。现代物流系统中的仓储，它表示一项活动或一个过程，在英文中对应的词是“Warehousing”，是以满足供应链上下游的需求为目的，在特定的有形或无形的场所、运用现代技术对物品的进出、库存、分拣、包装、配送及其信息等进行有效的计划、执行和控制的物流活动。从这个概念可以看出，仓储有以下五个基本内涵。

1. 仓储的本质属性

仓储首先是一项物流活动，或者说物流活动是仓储的本质属性。仓储不是生产，不是交易，而是为生产与交易服务的物流活动中的一项。这表明仓储只是物流活动之一，物流还有其他活动，仓储应该融于整个物流系统之中，应该与其他物流活动相联系、相配合。这一点与过去的“仓库管理”是有重大区别的。

2. 仓储的基本功能

仓储活动，或者说仓储的基本功能，包括了物品的进出、库存、分拣、包装、配送及其信息处理六个方面，其中，物品的出入库与在库管理可以说是仓储的最基本的活动，也是传统仓储的基本功能，只不过管理手段与管理水平得到了提升；物品的分拣与包装，过去也是有的，只不过现在更普遍、更深入、更精细，甚至已经与物品的出入库及在库管理相结合，共同构成现代仓储的基本功能；之所以将“配送”作为仓储活动，作为仓储的基本功能之一，是因为配送不是一般意义上的运输，而是仓储的自然延伸，是仓库发展为物流中心、配送中心的内在要求，如果没有配送，仓储也就仍然是孤立的仓库；至于信息处理，已经是现代经济活动的普遍现象，当然也应是仓储活动的内容之一，离开了信息处理，也就不称其为现代仓储了。

3. 仓储的目的

仓储的目的是满足供应链上下游的需求。这与过去仅仅满足“客户”的需求在深度与广度方面都有重大区别。谁委托、谁提出需求，谁就是客户；客户可能是上游的生产者，可能是下游的零售业者，也可能是企业内部，但仓储不能仅仅满足直接“客户”的需求，也应满足“间接”客户，即客户的客户需求；仓储应该融入供应链上下游之中，根据供应链的整体需求确立仓储的角色定位与服务功能。

4. 仓储的条件

仓储的条件是特定的有形或无形的场所与现代技术。说“特定”，是因为各个企业的供应链是特定的，仓储的场所当然也是特定的；有形的场所当然是指仓库、物流中心、配送中心、货场或储罐等。现代经济背景下，仓储也可以在虚拟的空间进行，也需要许多现代技术的支撑，离开了现代仓储设施设备及信息化技术，也就没有现代仓储。

5. 仓储的方法与水平

仓储的方法与水平体现在有效的计划、执行和控制等方面。计划、执行和控制是现代管理的基本内涵，科学、合理、精细的仓储当然离不开有效的计划、执行和控制。

（二）仓储的功能

从整个物流过程看，仓储是保证这个过程正常运转的基础环节之一。仓储的价值主要体现在其具有的基本功能、增值功能以及社会功能三个方面。

1. 基本功能

基本功能是指满足市场的基本储存需求，仓储设施所具有的基本的操作或行为，包括储存、保管、拼装、分配、分类、分拣等基础作业。其中，储存和保管是仓储最基础的功能。通过基础作业，货物得到了有效的、符合市场和客户需求的仓储处理。例如，拼装可以为进入物流过程中的下一个物流环节做好准备。

2. 增值功能

通过基本功能的实现，而获得的利益体现了仓储的基本价值。增值功能则是指通过仓储高质量的作业和服务，使经营方或供需方获取除这一部分以外的利益，这个过程称为附加增值。这是物流中心与传统仓库的重要区别之一。增值功能的典型表现方式包括：一是提高客户的满意度。当客户下达订单时，物流中心能够迅速按客户的要求组织货物，并及时送达，提高了客户对服务的满意度，从而增加了潜在的销售量。二是信息的传递。在仓储管理的各项事务中，经营方和需求方都需要及时而准确的仓储信息。例如，仓储设施利用水平、进出货频率、仓储设施的地理位置、仓储设施的运输情况、客户需求状况、仓储设施人员的配置等信息，这些信息为用户或经营方进行正确的商业决策提供了可靠的依据，提高了用户对市场的响应速度，提高了经营效率，降低了经营成本，从而带来了额外的经济利益。

3. 社会功能

仓储的基础作业和增值作业会给整个社会物流过程的运转带来不同的影响，良好的仓储作业与管理会带来下面的影响。例如，保证了生产、生活的连续性，反之会带来负面效应。这些功能称为社会功能，主要从三个方面理解：第一，时间调整功能。一般情况下，生产与消费之间会产生时间差，通过储存可以克服货物产销在时间上的隔离（如季节生产，但需全年消费的大米）。第二，价格调整功能。生产和消费之间也会产生价格差，供过于求、供不应求都会对价格产生影响，因此通过仓储可以克服货物在产销量上的不平衡，达到调控价格的效果。第三，衔接商品流通的功能。商品仓储是商品流通的必要条件，为保证商品流通过程连续进行，就必须有仓储活动。通过仓储，可以防范突发事件，保证商品顺利流通。例如，运输被延误，卖主缺货。对供货仓储设施而言，这项功能是非常重要的，因为原材料供应的延迟将导致产品的生产流程的延迟。

值得一提的是，电子商务的发展、无库存生产方式的广泛应用、供应链物流管理方法的不断推行等对现代仓储管理已产生了巨大的影响。尽管有些专家推测这些变化将减小仓储在物流系统中的重要性，但物流服务业通过扩大提供增值活动来满足日益高要求的顾客需求，对这些变化也做出了应对，如提供装配、定制贴标签、轻加工、产品测试、重新包装以及逆向物流等活动。可见，现代仓储与传统仓储相比一个最为显著的特征，就是现代仓储提供的增值活动等级更高，服务内容更广泛。

二、仓储的种类

虽然仓储的本质为物品的储藏和保管，但由于经营主体的不同、仓储对象的不同、仓储功能的不同、仓储物的处理方式的不同，从而使得不同的仓储活动具有不同的特性。

（一）按仓储经营主体划分

按仓储经营主体的不同，仓储分为企业自营仓储、营业仓储、公共仓储和战略储备仓储。

1. 企业自营仓储

企业自营仓储包括生产企业和流通企业的自营仓储。生产企业自营仓储是指生产企业使用自有的仓储设施，对生产使用的原材料、半成品和最终产品实施储存保管的行为。生产企业自营仓储的对象一般来说品种较少，基本上是以满足生产需要为原则。流通企业自营仓储则是流通企业自身以其拥有的仓储设施对其经营的商品进行仓储保管的行为。流通企业自营仓储中的对象种类较多，其目的为支持销售。企业自营的仓储行为具有从属性和服务性特征，即从属于企业，服务于企业，所以，相对来说规模较小、数量众多、专用性强、仓储专业化程度低、一般很少对外开展商业性仓储经营。

2. 营业仓储

营业仓储是仓储场所的所有者以其拥有的仓储设施，向社会提供商业性仓储服务的仓储行为。仓储经营者与存货人通过订立仓储合同的方式建立仓储关系，并且依据合同约定提供服务和收取仓储费。营业仓储的目的是在仓储活动中获得经济回报，追求目标是经营利润最大化。其经营内容包括提供货物仓储服务、提供场地服务、提供仓储信息服务、提供增值服务等。

3. 公共仓储

公共仓储是公用事业的配套服务设施，为车站、码头提供仓储配套服务。其主要目的是对车站、码头的货物作业和运输流畅起支撑和保证作用，具有内部服务的性质，处于从属地位。但对于存货人而言，公共仓储也适用营业仓储的关系，只是不独立订立仓储合同，而是将仓储关系列在作业合同、运输合同之中。

4. 战略储备仓储

战略储备仓储是国家根据国防安全、社会稳定的需要，对战略物资实行战略储备而形成的仓储。战略储备由国家政府进行控制，通过立法、行政命令的方式进行，由执行战略物资储备的政府部门或机构进行运作。战略储备特别重视储备品的安全性，且储备时间较长。战略储备物资主要有粮食、油料、能源、有色金属、淡水等。

（二）按仓储对象划分

按仓储对象的不同，仓储可分为普通物品仓储和特殊物品仓储。

1. 普通物品仓储

普通物品仓储是指不需要特殊保管条件的物品仓储。例如一般的生产物资、普通生活用品、普通工具等物品，它们不需要针对货物设置特殊的保管条件，就可以视为普通物品，从而采取无特殊装备的通用仓储设施或货场来存放。

2. 特殊物品仓储

特殊物品仓储是指在保管中有特殊要求和需要满足特殊条件的物品仓储。例如危险物品仓储、冷库仓储、粮食仓储等。特殊物品仓储应该采用适合特殊物品仓储的专用设施，按照物品的物理、化学、生物特性，以及有关法规规定进行专门的仓储管理。

（三）按仓储功能划分

按仓储功能的不同，仓储可分为储存仓储、物流中心仓储、配送仓储、运输转换仓储和保税仓储。

1. 储存仓储

储存仓储是指物资较长时期存放的仓储。储存仓储一般设在较为偏远但具备较好交通运输条件的地区。储存仓储的物资品种少，但存量大。由于物资储存期长，储存仓储特别注重两个方面：一是仓储费用的尽可能降低；二是对物资的质量保管和养护。

2. 物流中心仓储

物流中心仓储是指以物流管理为目的的仓储活动，是为了有效实现物流的空间与时间价值，对物流的过程、数量、方向进行调节和控制的重要环节。一般设置在位于一定经济地区中心、交通便利、储存成本较低的口岸。物流中心仓储品种并不一定很多，但每个品种基本上都是较大批量进库、一定批量分批出库，整体吞吐能力强，故要求机械化、信息化、自动化水平要高。

3. 配送仓储

配送仓储也称为配送中心仓储，是指商品在配送交付消费者之前所进行的短期仓储，是商品在销售或者供生产使用前的最后储存，并在该环节进行销售或使用前的简单加工与包装等前期处理。配送仓储一般通过选点，设置在商品的消费经济区间内，要求能迅速地送达销售和消费。配送仓储物品品类繁多，但每个品种进库批量并不大，需要进货、验货、制单、分批少量拣货出库等操作，往往需要进行拆包、分拣、组配等作业，主要目的是支持销售和消费。配送仓储特别注重两个方面：一是配送作业的时效性与经济合理性；二是对物品存量的有效控制。基于此，配送中心仓储十分强调物流管理信息系统的建设与完善。

4. 运输转换仓储

运输转换仓储是指衔接铁路、公路、水路等不同运输方式的仓储，一般设置在不同运输方式的相接处，如港口、车站库场所进行的仓储。它的目的是保证不同运输方式的高效衔接，减少运输工具的装卸和停留时间。运输转换仓储具有大进大出以及货物存期短的特性，十分注重货物的作业效率和货物周转率。基于此，运输转换仓储活动需要高度机械化作业为支撑。

近年来，一些企业为降低库存成本、提高配送效率，采用了一种新的配送技术——越库。越库（Cross Docking），也称直接转运，是指在配送系统中，不对仓库或配送中心收到的商品进行暂放，而是直接运往零售店。越库要求所有进库和出库货物的移动密切同步。

5. 保税仓储

保税仓储是指使用海关核准的保税设施点（如保税仓库、保税区等）对保税货物开展存储、加工、包装、配送等仓储活动。保税仓储一般设置在进出境口岸附近。保税仓储受海关的直接监控，虽然说货物也是由存货人委托保管，但保管人要对海关负责，入库或者出库单据均需要由海关签署。

（四）按仓储物的处理方式划分

按仓储物处理方式的不同，仓储可分为保管式仓储、加工式仓储和消费式仓储。

1. 保管式仓储

保管式仓储是指存货人将特定的物品交由仓储保管人代为保管，物品保管到期，保管人将代管物品交还存货人的方式所进行的仓储。保管式仓储也称为纯仓储。仓储要求保管物除了发生的自然损耗和自然减量外，数量、质量、件数不应发生变化。保管式仓储又可分为物品独立保管仓储和物品混合在一起保管的混藏式仓储。

2. 加工式仓储

加工式仓储是指仓储保管人在物品仓储期间根据存货人的合同要求，对保管物进行合同规定的外观、形状、成分构成、尺度等方面的加工或包装，使仓储物品满足委托人所要求达到的变化的仓储方式。

3. 消费式仓储

消费式仓储是指仓储保管人在接受保管物时，同时接受保管物的所有权，仓储保管人在仓储期间有权对仓储物行使所有权，待仓储期满，保管人将相同种类、品种和数量的替代物交还委托人所进行的仓储。消费式仓储特别适合于保管期较短的商品储存，如储存期较短的肉禽蛋类、蔬菜瓜果类农产品的储存。消费式仓储也适合一定时期内价格波动较大的商品的投机性存储，是仓储经营人利用仓储物品开展投机经营的增值活动，具有一定的商品保值和增值功能，但同时也有仓储风险，尽管如此，消费式仓储是仓储经营的一个重要发展方向。

@链接资料

截至2015年9月30日，京东在全国范围内拥有7大物流中心，在46座城市运营了196个大型仓库，拥有4 760个配送站和自提点，覆盖全国范围内的2 266个区县。业内人士表示，京东仓储物流通过更合理的仓库布局打造出一张有形的物流网络，又通过持续优化的作业流程和自动化、智能化手段打造出一张无形的网络。两网层叠，京东仓储体系在“京东品质”和“京东效率”中发挥了举足轻重的支撑作用。

2015年12月10日，京东与广州市人民政府正式签署战略合作协议，在广州南沙建设京东全国首个自营保税仓，对广州市企业开放“全球购”和“全球售”平台，为企业提供一站式跨境电商平台服务和国际物流服务。

三、仓储管理的任务

仓储管理就是对仓库及仓库内储存的物资所进行的管理，是仓储机构为了充分利用所具有的仓储资源（包括仓库、机械、人、资金、技术），提供高效的仓储服务所进行的计划、组织、控制和协调的过程。仓储管理的任务包括以下几个方面。

（一）利用市场经济的手段获得最大的仓储资源的配置

仓储管理需要营造仓储组织自身的局部效益空间，最大限度地吸引资源投入。其具体任务包括：根据市场供求关系确定仓储的建设规模，依据竞争优势选择仓储地址，以差别产品决定仓储专业化分工和确定仓储功能，以所确定的功能决定仓储布局，根据设备利用率决定设备设施配置，根据规模、设备配置与效率确定仓库定员。

（二）以高效率为原则组织管理组织机构

仓储管理组织机构是开展有效仓储管理的前提条件，是仓储管理活动的保证和依托。生产要素，尤其是人的要素只有通过良好的组织才能发挥作用，实现整体的力量。仓储组织机构的确定必须紧密围绕仓储经营目标，依据管理幅度、因事设岗、责权对等的原则，建立结构合理、分工明确、互相合作的管理机构和管理队伍。

（三）以不断满足社会需要为原则开展商务活动

作为社会主义的仓储管理，必须遵循社会主义市场经济的不断满足社会生产和人民生活需要的原则，按市场需要提供仓储产品，满足市场品种规格上的需要、数量上的需要和质量上的需要，仓储管理者还要不断把握市场的变化发展，不断创新，提供适合经济发展的仓储服务。

（四）以高效率、低成本为原则组织仓储生产

仓储生产管理任务的核心在于充分利用先进的生产技术和手段，建立科学的仓储生产作业制度和操作规程，实行严格的管理，并采取有效的员工激励机制。特别是非独立经营的部门仓储管理，其中心工作就是开展高效率、低成本的仓储生产管理，充分配合企业的生产和经营。

（五）以“优质服务、诚信原则”树立企业形象

作为为厂商服务的仓储业，面向的对象主要是生产、流通经营者，仓储企业形象的建立主要是通过服务质量、产品质量、诚信和友好合作等方式，并通过一定的宣传手段在潜在客户中加强。在现代物流管理中，对服务质量的高度要求、对合作伙伴的充分信任使仓储企业形象的树立显得极为必要。只有具有良好形象的仓储企业才能在物流体系中占有竞争优势，适应现代物流的发展。

（六）推行制度化、科学化的先进机制，实行制度化管理，不断提高管理水平

任何企业的管理都不可能一成不变，需要随着形势的发展而动态发展，仓储管理也要根据仓储企业经营目的的改变、社会需求的变化而改变。管理也不可能一步到位，不可能一开始就设计出一整套完善的管理制度实施于企业，一整套完善的管理制度也不可能一开始就执行得很好。因而仓储管理的变革需要制度性的变革管理，需要建立标杆机制和管理质量 PDCA 循环机制，通过将适合企业的先进的管理经验与制度树为标杆，在工作中贯彻执行，执行成功的上升作为企业管理正式制度加以巩固，执行不成功的放入下一个管理质量 PDCA 循环中去解决。

（七）从技术层次到精神层次提高员工素质

没有高素质的员工就没有优秀的企业。企业的一切行为都是人的行为，是每一个员工履行职责的行为表现。员工的精神面貌表现了企业形象和企业文化。仓储管理的一项重要任务，就是根据企业形象建设的需要和企业发展的需要，不断地提高员工的素质和加强对员工的约束和激励。

第二节 仓储决策与作业流程管理

仓储一般是指从接受储存物品开始，经过储存保管作业，直到把物品完好地发放出去的全部活动过程，其中包括存货管理和各项作业活动。

一、仓储决策

在企业的仓储管理中，仓库、配送中心、物流中心是进行仓储活动的主体设施。仓储设施的产权、数量、规模、选址、布局以及存货内容等方面是最基本也是最重要的决策，它直接影响仓储设施资源的配置能力。

（一）仓储设施产权决策

企业仓储决策的第一项内容就是仓储设施的产权，即是采用自有仓储设施（企业建造或购买仓储设施），还是公共仓储设施或营业仓储设施。一个企业是自建仓储设施还是租赁公共仓储设施、营业仓储设施，需要考虑以下因素。

1. 周转总量

由于自有仓储设施的固定成本相对较高，而且与使用程度无关。因此，必须有大量存货来分摊这些成本，使自有仓储的平均成本低于公共仓储的平均成本。因此，如果存货周转量较高，自有仓储更经济。相反，当周转量相对较低时，选择公共仓储、营业仓储更为经济。

2. 需求的稳定性

需求稳定性是自建仓储设施的一个关键性因素。许多厂商具有多种产品线，使仓储设施具有周转量，因此自有仓储设施的运作更为经济。

3. 市场密度

市场密度较大或供应商相对集中，有利于修建自有仓储设施。这是因为零担运输费率相对较高，经自有仓储设施拼箱后，整车装运的运费率会大大降低。相反，市场密度较低，则在不同地方使用几个公共仓储设施、营业仓储设施要比一个自有仓储设施服务一个很大地区要经济。

（二）仓储设施数量决策

仓储决策的另一项重要内容是企业在提供仓储设施方面，是集中仓储还是分散仓储，这一决策实质上是决定企业物流系统应该使用多少个仓库、多少个物流中心、多少个配送中心。在某些情况下，由于企业规模的原因，这一决策相对简单些。即通常只有单一市场的中小规模的企业只需一个仓库，而产品市场遍布各地的大规模企业，需要经综合权衡各类影响因素方面方能正确选择合理的仓储设施数量。

1. 总成本

公司在决定其仓储设施数量时必须考虑到其总成本的大小。一般而言，随着物流系统仓储设施数量的增加，运输成本和丧失销售的成本会减少，而存货成本和仓储成本将增加，在某一点总成本达到最低点。当存货量和仓储成本的增长抵消了运输成本和丧失销售的成本的降低时，总成本开始增长。总成本曲线和仓储设施数量的变化范围因企业经营目标不同而异，如图 4-1 所示。

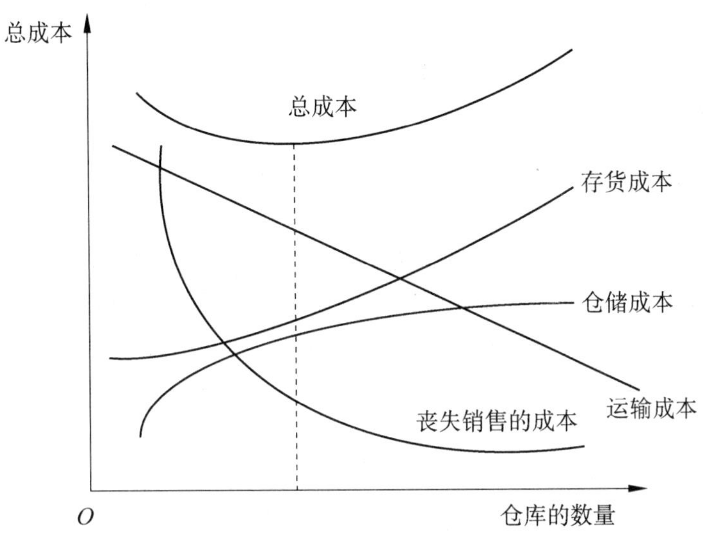

图 4-1　物流成本与仓储设施数量的关系

2. 顾客服务

在当地市场上为顾客提供快捷服务的需要通常与产品的可替代程度密切相关。如果竞争对手在市场上提供了更加快捷的服务，那么顾客服务水平较低的企业销售收入就会降低；如果顾客不能在需要的时候买到企业的产品，企业就会浪费它在销售上做出的努力。所以，当顾客服务标准要求很高时，需要更多的仓储设施来及时满足顾客需求。

3. 运输能力

运输能力是影响仓储设施数量的另一因素。如果企业需要为顾客提供快捷的服务，那么快捷服务是可以选择的。如果企业得不到合适的运输服务，就要增加仓储设施的数量。在运输水平下降的情况下，企业通常决定增加仓储设施的投资以作为加强运输服务的代替手段。

4. 小批量顾客

公司采用分散仓储的另一个原因是小批量顾客的存在。将集中仓储在中心仓库的零担货物送到顾客手中，比起先将整车货物运到分散于各地的配送中心，再以零担运输形式送到当地顾客手中的费用要高得多。

5. 计算机的应用

随着计算机的普及和成本的降低，许多企业已将计算机应用于仓储管理和决策中，如销售和成本分析、订单处理、存货控制、运输管理和仓储设施布局等。特别是应用软件及配套软件广泛应用于现代化仓储设施中，大大提高了仓储设施资源的利用率和运作率，使企业对仓储设施的控制不再受仓储设施数量的限制。

6. 单体仓储设施的规模

单体仓储设施的规模越大，其单位投资就越低，而且可以采用处理大规模货物的设备，因此单位仓储成本也会降低。因此，仓储设施规模大，则数量可少；规模小，则数量应增加。

（三）仓储设施规模决策

与仓储设施数量决策和产权决策密切相关的另外两个仓储决策就是仓储设施规模及选址的决策。仓储设施规模是指仓储设施能够容纳的货物的最大数量或总体积。直接影响仓储设施规模的因素是商品储存量。商品储存量越大，则仓储设施的规模也应越大。另外，商品储存的时间或商品周转的速度也影响仓储设施的规模，在存储量不变的情况下，周转速度越慢，所需的仓储设施规模越大。

仓储设施面积、长度、宽度、高度和仓储设施层数是反映仓储设施规模和仓储能力的重要参数。

1. 仓储设施面积的确定

仓储设施面积包括三个部分：（1）建筑面积，是指仓储设施建筑所占的平面面积，包括使用面积、辅助面积和结构面积；（2）使用面积，是指仓储设施建筑物内可供使用的净面积，一般是建筑面积扣除外墙、设施内立柱、间隔墙等所剩的面积；（3）有效面积，是指仓储设施内实际存放物品所占的面积，包括货架、货垛等所占面积的综合。

确定仓储设施面积要考虑六个因素：（1）物资储备量，它决定了所需仓储设施的规模；（2）平均库存量，它主要决定了所需仓储设施的面积；（3）仓储设施吞吐量，它反映了仓储设施实物作业量；（4）货物品种数，在货物总量一定的情况下，货物品种越多，所占货位越多，收发区域越大，所需仓储设施面积也越多；（5）仓储设施作业方式，机械化作业必须有相应的作业空间；（6）仓储设施经营方式，实行配送制需要配货区，进行流通加工需要有作业区。

2. 仓储设施长度和宽度的确定

在仓储设施面积一定的条件下，只要确定长度或宽度一个变量，另一个变量随即确定。仓储设施设施点的宽度一般用跨度表示，通常可根据储存货物堆码形式、设施点内道路、装卸和理货方法，以及是否需要中间柱等方面决定设施点跨度。以仓库为例，库房的长宽比可在参考表 4-1 的基础上，按照《建筑统一模数制》进行调整。《建筑统一模数制》是协调各种建筑尺寸的基本标准，以 M 表示 100mm。

表 4-1 仓库建筑长宽

设施点面积（m²）	宽度：长度
＜500	1:2～1:3
500～1 000	1:3～1:5
1 000～2 000	1:5～1:6

当库房跨度≤18m 时，其跨度应采用 3m 的整数倍；当跨度＞18m 时，应采用 6m 的整数倍。因此，库房的跨度一般为 6m、9m、12m、15m、18m、24m 和 30m。库房的长度应为柱距的整数倍，库房的柱距应采用 6m 或其整数倍。

3. 仓储设施层数的确定

在土地十分充裕的条件下，从建筑费用、装卸效率、地面利用率等方面衡量，以建筑平房仓储设施为最好；若土地不十分充裕时，则可采用二层或多层。

4. 仓储设施高度（层高、梁下高度）的确定

取决于仓储设施的类型、储存货物的品种和作业方式等因素。决定层高或梁下高度应根据托盘堆码高度、托盘货架高度、叉车及运输设备等来研究决定。平房仓储设施高度一般应采用 3m 的倍数；当设施点内安装桥式起重机时，其地面至走行轨道顶面的高度应为 6m 的倍数。

（四）仓储设施的选址决策

仓储设施选址，是指运用科学的方法决定仓储场所的地理位置。仓储设施选址包括两个层次的内容：一是选位，即选择什么地区（区域）设置设施；二是定址，即在已选定的地区内选定一片土地作为设施的具体位置。

仓储设施的选址对商品流转速度和流通费用产生直接的影响，并关系到企业对顾客的服务水平和服务质量，最终影响企业的销售量及利润。在仓储设施的实际选址中，一般综合考虑如下因素。

1. 客户条件

首先要考虑客户的地理分布，如果客户集中于某个地方或分布于其周围地区，在那里设立仓储设施就能够达到理想的效果；其次要考虑客户需要及未来是否发生变化的情况。

2. 自然地理条件

该地区是否可能设置物流中心、配送中心，有无特殊的阻碍其建设的天文、地质、气候等条件。

3. 运输条件

现有的交通设施如何，交通工具是否便利，对各种运输方式是否许可。

4. 用地条件

地价或地租是否昂贵，理想地区内是否有可以利用的旧厂。

5. 法规制度条件

如是否符合当地法律规定，以及当地的税收制度如何。

显然，只有客户密集分布、交通与装运条件方便、地价低廉等主要条件得到满足的地方，才是合适的仓储设施选址。仓储设施的选址可分为以下三种：以市场定位的仓储设施、以制造定位的仓储设施和中间定位仓储设施。

（五）仓储设施布局决策

仓储设施布局决策是对仓储设施内部过道大小、货架位置、配备设备及设施等实物布局进行决策。其目的是充分利用存储空间，提高存货的安全性，有效利用搬运设备，提高仓储设施运作效率和服务水平。

1. 仓储内部合理布局的要求

（1）仓储布局要根据仓储作业的程序，方便仓储作业，有利于提高作业效率。

（2）要尽可能减少储存物资及仓储人员的运动距离，以提高仓储劳动效率，节约仓储费用。

（3）仓储内部的合理布局，要有利于仓储作业时间的有效利用，要避免各种工作无效重复，避免各种时间上的延误，各个作业环节要有机衔接，尽量减少人员、设备的窝工，防止物资堵塞。

（4）仓储内部的合理布局要有利于充分利用仓储面积和建筑物的空间，要杜绝仓储面积和建筑物空间上的浪费，以提高仓储的利用率和仓储的经济效益。

（5）仓储的合理布局要有利于仓储的各种设施、储运机具效用的充分发挥，提高设备效率，提高劳动效率。

（6）仓储的合理布局还要有利于包括仓储物资、仓储人员和仓储设施、仓储机具在内的整个仓储的安全。

2. 仓储内部布局的影响因素

（1）仓储的主要功能。仓储内部的布局受其所执行的主要功能影响。以保管功能为主的仓库，库存的周转率较低，内部布局要求最大限度地利用仓库的存储空间；以配送功能为主的仓储设施，其内部布局则要求配送中心的吞吐量为最大。

（2）货位是否固定。固定货位，就是每种库存项目分配给一个固定货位，这样就形成一种逻辑布局，便于收发保管和盘点。

（3）平面或立体布局。平面布局是指建设平面仓储设施，进行货物的收发和保管，具有地面单位面积承载能力大、货物进出库作业方便的优点，缺点是占用土地面积大。立体布局是指建设立体仓库，充分利用仓库高度，在单位面积上储存更多的物资，节省用地。

（4）通道与货架占用空间。通道面积增大，则放置货架的面积减少，相应地使储存空间随之减少。

（5）储存的对象。如储存货物的性质、类型、数量、外形尺寸等。

（6）分拣作业要求。在库存管理中，为了充分利用仓储设施储存能力，并便于货物分拣，一般将库存货物分为两部分：一部分为“流动库存”，以便分拣人员按照顾客订单进行日常配货，以满足顾客需要。另一部分库存为“保留库存”，用以补充“流动库存”。“保留库存”一般存放在货架上层，当“流动库存”不足时，即由“保留库存”给予补充。

3. 物品存储布局

仓储设施处理过程操作不善，内部布局不合理或者仓储设施过道过窄都会加重仓储设施物资搬运的困难。因而，物品在仓储设施内的存储和搬运，应当在保证仓储管理目标的前提下，尽量获得最大的便利和效率。其具体包括：（1）物品可以按照它们的兼容性、区别性和使用频率来进行分组。兼容性是指各种物品能否安全地存放在一起，不会发生混淆变质或化学反应；区别性是指如何将各类物品按照一定的标准进行分组，然后放置在一起，不至于发生混淆；使用频率是指不同物品的存货周转率和需求情况。（2）应该在仓储设施中留出一部分的空间，用于物品的包装、分拣和配货。仓储内的物资在运输前一般需要经过重新包装或简单加工，或者是接受来自厂商或顾客的退货，或者是需要进行特别处理。（3）仓储设施处理设备应当能够满足大多数库存物资的操作要求，这样能够提高物资运输的效率，否则这些设备应该被重新设计或重新配置。根据仓储设施的功能、存储对象、环境要求等确定主要设备的配置，如表 4-2 所示。（4）仓储内物资的存储区域应当按照存储物资的周转速度和产品大小尺寸来进行设计，而不是单纯地、片面地设计所有的存储货架和仓储工具，这样可以最大限度地使用仓储设施内部空间。

表 4-2　仓储功能与设备类型

功 能 要 求	设 备 类 型
存货、取货	货架、叉车、堆垛机械、起重运输机械等
分拣、配货	分拣机、托盘、搬运车、传输机械等
验货、养护	检验仪表、工具、养护设施
防火、防盗	温度监视器、防火报警器、监视器、防火报警设施等
流通加工	所需的作业机械、工具等
控制、管理	计算机及辅助设备等
配套设施	站台（货台）、轨道、道路、场地等

（六）存货内容决策

仓储领域的决策还包括各个不同仓储设施的存货内容和存货数量。如果企业有多个仓储设施，就要做出如下决策：是否所有仓储设施都储存全部产品；是否每个仓储设施具有某种程度的专用性；是否将专门存储与通用存储相结合。这些决策对于提高仓储设施运作效率十分必要。

二、仓储作业管理

仓储作业管理包括商品从入库到出库之间的装卸、搬运、仓储设施布局、储存养护和流通加工等一切与商品实务操作、设备、人力资源相关的作业。其中入库作业要考虑入库商品的数据输入、入库厂商、车次调度、入库商品装卸计划、入库商品检验、商品搬移上架所使用的搬运工具及人力规划、货位批示与管理等。商品在储存状态中的作业内容包括货位调整、搬运、库存数量清点、库存跟踪和货物维护等功能。出库包括核对出库凭证、备料、复核和点交货物。确定出库排定日期后，商品必须提领出存储区，并按照顾客要求加以分类、包装和进行流通加工。

（一）货物入库管理

货物入库的整个过程包括货物接运、验收和办理入库手续。货物接运的主要任务是：及时准确地从运输车辆卸载入库货物。为了给仓储设施验收工作创造有利条件，提取货物应做到手续清楚，责任明确，避免把一些运输过程中或运输前就已经发生损坏差错的货物带入仓储设施。接运方式大体有车站码头提货、铁路专用线接车、仓储设施自行提货和库内接货。货物验收的主要工作包括验收准备、核对证件、进行购买订单核对、实物检验、处理验收发生的问题、货物入库登记。

在收货过程，进货的承运人按期在特定时间运送货物以提高仓储设施的劳动生产率和卸货效率。产品从运输工具上移至收货装卸平台，一到装卸平台就应进行产品损坏检查，任何损坏都要记录在承运人发货的收据上，然后签收收据。在产品入库之前，确认所接受的产品同订购是否一致。

入库是将产品从收货装卸平台移动到仓储设施的存储区。这个过程包括确认产品和产品的储存位置，并将产品移到合适的位置。最后更新仓储的储存记录，使之反映产品的接受及其在仓储中的位置。

（二）货物的保管

仓储作业的第二个步骤就是存货保管。物品进入仓储设施进行保管，需要安全地、经济地保持好物品原有的质量水平和使用价值，防止由于不合理保管所引起的物品磨损和变质或者流失等现象。其具体步骤如下。

1. 分区、分类和编号

分区是指存放性质相类似货物的一组仓储建筑物和设备。分区分类的方法有：（1）按货物种类和性质分区；（2）按不同货主分区分类；（3）按货物流向分区分类；（4）按货物危险性质分区分类。货位编号可根据仓储的库房、货场、货棚和货架等存货场所划分若干货位，按其地点和位置的顺序排列，采用统一规定的顺序编号。

2. 堆码和苫垫

货物堆码是指货物入库存放的操作方法，它关系到货物保管的安全、清点数量的便利，以及仓储容量利用率的提高。货物堆码的方式：（1）散堆方式；（2）堆垛方式；（3）货架方式；（4）成组堆码方式。货物苫垫的方式：（1）屋脊式；（2）鱼鳞式；（3）隔离式。

3. 盘点

货物的盘点对账是定期或不定期核对库存物资的实际数量与货物保管账上的数量是否相符，检查有无残缺和质量问题。盘点可分为定期盘点和不定期盘点。定期盘点属于全面盘点；不定期盘点是在仓储设施发生货损货差时盘点。盘点的具体做法包括：盘点数量、盘点重量、货账核对、账账核对，并进行问题分析、找出原因、做好记录、及时反映等。盘点的时间因盘点方法的不同而不同。定期盘点，一年 1～2 次；不定期盘点，一年 1～6 次；每日每时盘点，一日 1～3 次。盘点的方法有以下几种：（1）一齐盘点法；（2）分区盘点法；（3）循环盘点法；（4）日常循环盘点法。

4. 养护

货物养护管理工作应防患于未然，建立必要的制度，并认真执行。因此，在货物保养的各个环节中必须抓好五个方面的工作：

（1）安排适宜的保管场所；

（2）认真控制库房温湿度；

（3）做好货物在库质量检查工作；

（4）保持仓储的清洁卫生；

（5）健全仓储货物养护组织。

良好的储存策略可以减少出入库移动距离，缩短作业时间，提高空间利用率，降低运行费用。常见的储存方法有：

（1）定位储存。有特殊要求的货物存放在固定的储位。

（2）随机储存。每种货物的储位是随机的，这样能有效地利用货架空间。

（3）分类存储。按产品的相关性、流动性、尺寸和重量及产品特性进行分类储存。

（4）分类随机储存。每一类货物有固定的存储区，但每种货物的储位是随机的。

（5）共同储存。若确切知道各种货物的进出库时间，则相同出库时间的不同货物可共用相同的储位。

仓储的保管原则是：

（1）面向通道进行保管。为使物品出入库方便，容易在仓储设施内移动，基本条件是将物品面向通道保管。

（2）尽可能地向高处码放，提高保管效率。有效利用库内容积应尽量向高处码放，为防止破损，保证安全，应当尽可能使用棚架等保管设备。

（3）根据出库频率选定位置。出货和进货频率高的物品应放在靠近出入口，易于作业的地方；流动性差的物品放在距离出入口稍远的地方；季节性物品则依其季节特性来选定放置的场所。

（4）同一品种在同一地方保管。为提高作业效率和保管效率，同一物品或类似物品应放在同一地方保管，员工对库内物品放置位置的熟悉程度直接影响出入库的时间，将类似的物品放在邻近的地方也是提高效率的重要方法。

（5）根据物品重量安排保管的位置。安排放置场所时，当然要把重的物品放在下边，把轻的物品放在货架的上边。需要人工搬运的大型物品则以腰部的高度为基准，这对于提高效率、保证安全是一项重要的原则。

（6）依据形状安排保管方法。依据物品形状来保管也是很重要的，如标准化的商品应放在托盘或货架上来保管。

（7）依据先进先出的原则。保管的重要一条是对于易变质、易破损、易腐败的物品，对于机能易退化、老化的物品，应尽可能按先入先出的原则，加快周转。

（三）货物的出库

仓储作业的最后一个步骤就是发货出库。仓储管理人员根据业务部门开出的商品出库凭证进行物品的搬运和简易包装，然后发货。

当订单到达备运区时，产品放到一个外包装（用于运输）中或放在托盘上。使用托盘时，产品会用吊带或塑料包装固定到托盘上，之后在产品包装贴上一个表明送达人/公司地址的标签，这样整个顾客订单就准备完成。

1. 商品出库方式

商品出库的基本方式有两种：一种是送货，仓储设施凭存货单位的出库凭证备料后，委托运输公司送货或直接送货；另一种是自提，是用料单位凭存货单位的出库凭证到仓储设施提货。此外，还有取样、移仓、过户等。

2. 商品出库作业

商品出库作业主要包括两项内容：发货前准备和发放商品出库。发货前准备一般包括：原件商品的包装整理；零星商品的组配、备货和包装；待运商品机具、组装的场地准备、劳动力的组织安排等。商品出库作业流程的一般程序是：核账—记账—配货—复核—发货。

3. 发货检查

对发货工作的实际情况进行检查，控制仓储设施出口处的差错。发货的检查工作主要有：

（1）确定按传票规定量发货，既不多发，也不少发。对于相冲突的库存发货，一定要认真权衡发货量。

（2）确认应发货的对象。

（3）确认发货的品种，即对发货的商品进行核对。

（4）检查所发商品及商品的质量。

（5）确定发货时间和发货顺序。

（6）核对运货车与发放商品。

第三节 自动化立体仓库

仓库是保管、存储物品的建筑物和场所的总称。从现代物流系统的角度来看，仓库也是从事包装、分拣、流通加工等物流作业活动的物流节点设施。仓库按不同的标准可进行不同的分类。按仓库的用途分类，可分为自用仓库、公共仓库、营业仓库、保税仓库；按仓库保管条件分类，可分为普通仓库、冷藏仓库、保温仓库、恒温恒湿仓库、危险品仓库；按保管物品种类多少分类，可分为综合仓库、专业仓库；按库房建筑结构分类，可分为平房仓库、楼房仓库、高层货架仓库、罐式仓库、散装仓库；按仓库所处的位置分类，可分为港口仓库、车站仓库、汽车终端仓库、工厂仓库。

现代仓库更多地考虑经营上的收益而不仅为了储存，这是同旧式仓库的区别所在。因此，现代仓库从运输周转、储存方式和建筑设施上都重视通道的合理布置，货物的分布方式和堆积的最大高度，并配置经济有效的机械化、自动化存取设施，以提高储存能力和工作效率。自动化立体仓库由于具有很高的空间利用率、很强的入出库能力、采用计算机进行控制管理而利于企业实施现代化管理等特点，已成为企业物流和生产管理不可缺少的仓储技术，越来越受到企业的重视。

一、自动化立体仓库的概念

自动化立体仓库（Automatic Storage and Retrieval System）又称自动化高架仓库和自动存储系统。它是一种基于高层货架、采用电子计算机进行控制管理、采用自动化存取输送设备自动进行存取作业的仓储系统。自动化立体库是实现高效率物流和大容量储藏的关键系统，在现代化生产和商品流通中具有举足轻重的作用。自动化立体仓库是一个有机的仓储系统，由各种各样的仓储设备组成，一般来说，它由以下主要设备组成：高层货架、托盘（货箱）、巷道堆垛机、输送机系统、AGV（Automatic Guided Vehicle）系统、自动控制系统、库存信息管理系统。对于立体仓库构成而言，还应包括土建、消防、通风、照明等多方面的内容。共同构成完整的系统。

立体仓库的产生和发展是第二次世界大战之后生产和技术发展的结果。20 世纪 50 年代初，美国出现了采用桥式堆垛起重机的立体仓库；20 世纪 50 年代末 60 年代初出现了司机操作的巷道式堆垛起重机立体仓库；1963 年美国率先在高架仓库中采用计算机控制技术，建立了第一座计算机控制的立体仓库。此后，自动化立体仓库在美国和欧洲得到迅速发展，并形成了专门的学科。20 世纪 60 年代中期，日本开始兴建立体仓库，并且发展速度越来越快，成为当今世界上拥有自动化立体仓库最多的国家之一。我国对立体仓库及其物料搬运设备的研制开始并不晚，1963 年研制成第一台桥式堆垛起重机，1973 年开始研制我国第一座由计算机控制的自动化立体仓库（高 15 米），该库 1980 年投入运行。截至 2014 年，我国自动化立体仓库数量已超过 2 500 座。

二、自动化立体仓库的分类

自动化立体仓库是一个复杂的综合自动化系统，作为一种特定的仓库形式一般有以下几种分类方式。

（一）按建筑形式可以分为整体式和分离式

整体式是指货架除了储存货物以外，还可以作为建筑物的支撑结构，就像是建筑物的一个部分，即库房与货架形成一体化结构；分离式是指储存货物的货架独立存在，建在建筑物内部。在现有的建筑物内可改造为自动化仓库，也可以将货架拆除，使建筑物用于其他目的。

（二）按货物存取形式可以分为单元货架式、移动货架式和拣选货架式

单元货架式是一种最常见的结构，货物先放在托盘或集装箱内，再装入仓库货架的货位中。

移动货架式是由电动货架组成。货架可以在轨道上行走，由控制装置控制货架的合拢和分离。作业时货架分开，在巷道中可进行作业；不作业时可将货架合拢，只留一条作业巷道，从而节省仓库面积，提高空间的利用率。

拣选货架式仓库的分拣机构是这种仓库的核心组成部分。它有巷道内分拣和巷道外分拣两种方式。每种分拣方式又分为人工分拣和自动分拣。

（三）按货架构造形式可分为单元货位式、贯通式、水平循环式和垂直旋转式

单元货位式仓库是使用最广、适用性较强的一种仓库形式。其特点是货架沿仓库的宽度方向分成若干排，每两排货架为一组，其间有一条巷道供堆垛起重机或其他起重机作业。每排货架沿仓库纵长方向分为数列，沿垂直方向又分若干层，从而形成大量货位，用以储存货物。在大多数情况下，每个货位存放一个货物单元（一个托盘或一个货箱）。在某些情况下，例如货物单元比较小，或者采用钢筋混凝土的货架，则一个货位内往往存放两三个货物单元，以便充分利用货位空间，减少货架投资。在单元货位式仓库中，巷道占去了三分之一左右的面积。为了提高仓库利用率，在某些情况下可以取消位于各排货架之间的巷道，将个体货架合并在一起，使同一层、同一列的货物互相贯通，形成能依次存放多货物单元的通道。在通道一端，由一台入库起重机将货物单元装入通道，而在另一端由出库起重机取货。

（四）按自动化仓库与生产连接的紧密程度可分为独立型仓库、半紧密型仓库、紧密型仓库

独立型仓库是指从操作流程及经济性等方面来说都相对独立的自动化仓库。这种仓库一般规模都比较大，存储量较大，仓库系统具有自己的计算机管理、监控、调度和控制系统。独立型仓库又可分为存储型和中转型仓库。企业的配送中心也属于这一类仓库。

独立型仓库也称为“离续”仓库，它是指从操作流程及经济性等方面来说都相对独立的自动化仓库。这种仓库一般规模都比较大，存储量较大，仓库系统具有自己的计算机管理、监控、调度和控制系统。独立型仓库又可分为存储型和中转型仓库。配送中心也属于这一类仓库。

半紧密型仓库是指它的操作流程、仓库的管理、货物的出入和经济性与其他厂（或部门，或上级单位）有一定关系，但又未与其他生产系统直接相联。济南第一机床有限公司中央立体库和东风汽车公司配套立体库是比较典型的例子。

紧密型仓库也称为“在线”仓库，它是那些与工厂内其他部门或生产系统直接相连的立体仓库，两者间的关系比较紧密。仪征化纤股份有限公司涤纶长丝立体仓库、天水长城开关厂有限公司板材立体库（在柔性生产线计算机的统一指挥下直接送板材、半成品物料及其信息）是其中的例子。

三、自动化立体仓库的优越性

自动化立体仓库的优越性是多方面的，对于企业来说，可从以下几个方面得到体现。

（一）提高空间利用率

早期立体仓库的构想，其基本出发点就是提高空间利用率，充分节约有限且宝贵的土地。在西方有些发达国家，提高空间利用率的观点已有更广泛深刻的含义，节约土地，已与节约能源、环境保护等更多方面联系起来。有些甚至把空间的利用率作为系统合理性和先进性考核的重要指标来对待。

（二）便于形成先进的物流系统，提高企业生产管理水平

传统仓库只是货物储存的场所，保存货物是其唯一的功能，是一种“静态储存”。自动化立体仓库采用先进的自动化物料搬运设备，不仅能使货物在仓库内按需要自动存取，而且可以与仓库以外的生产环节进行有机的连接，并通过计算机管理系统和自动化物料搬运设备使仓库成为企业生产物流中的一个重要环节。企业外购件和自制生产件进入自动化仓库储存是整个生产的一个环节，短时储存是为了在指定的时间自动输出到下一道工序进行生产，从而形成一个自动化的物流系统，这是一种“动态储存”，也是当今自动化仓库发展的一个明显的技术趋势。

以上所述的物流系统又是整个企业生产管理大系统（从订货、必要的设计和规划、计划编制和生产安排、制造、装配、试验、发运等）的一个子系统，建立物流系统与企业大系统间的实时连接，是目前自动化高架仓库发展的另一个明显的技术趋势。

（三）加快货物的存取节奏，减轻劳动强度，提高生产效率

建立以自动化立体仓库为中心的物流系统，其优越性还表现在自动化高架库具有的快速的入出库能力，能快速妥善地将货物存入高架库中（入库），也能快速及时并自动地将生产所需零部件和原材料送达生产线。这一特点是普通仓库所不能达到的。

同时，自动化立体仓库的实现是减轻工人劳动强度的最典型的例子。这种劳动强度的减轻是综合的，具体包括：（1）存取货作业机械化；（2）管理信息化；（3）出入库操作简化；（4）人员及工作精简化。

（四）减少库存资金积压

经过对一些大型企业的调查了解，由于历史原因造成管理手段落后，物资管理零散，使生产管理和生产环节的紧密联系难以到位，为了达到预期的生产能力和满足生产要求，就必须准备充足的原材料和零部件。这样库存积压就成为一个较大的问题。如何降低库存积压和充分满足生产需要，已成为大型企业不得不面对的一个大问题。自动化立体仓库系统是解决这一问题的最有效的手段之一。

四、自动化仓库的系统构成

自动化立体仓库是机械和电气、强电控制和弱电控制相结合的产品。它主要由货物储存系统、货物存取和传送系统、控制和管理等三大系统组成，还有与之配套的供电系统、空调系统、消防报警系统、称重计量系统、信息通信系统等。

（一）货物储存系统

本系统由立体货架的货位（托盘或货箱）组成。立体货架机械结构可分为分离式、整体式和柜式三种，其高度分为高层货架（12m以上）、中层货架（5～12m）、低层货架（5m以下）。按货架形式分为单元货架、重力货架、活动货架和拣选货架等。货架按照排、列、层组合而成立体仓库储存系统。

（二）货物存取和传送系统

本系统承担货物存取、出入仓库的功能，它由有轨或无轨堆垛机、出入库输送机、装卸机械等组成。堆垛机又称搬运机，其结构形式多种多样，通常可分为单柱、双柱结构；有轨、无轨结构；有人操作、无人操作；人控、机控、遥控等方式；行走动力有电力、电瓶、内燃动力等；其运行方式有直线运动和回转运动，合起来可以有四个自由度，有的多

达六个自由度。出入库输送机可根据货物的特点采用传送带输送机、机动辊道、链传动输送机等，主要将货物输送到堆垛机上下料位置和货物出入库位置。装卸机械承担货物出入库、装车或卸车的工作，一般由行车、起重机、叉车等装卸机械组成。

（三）控制和管理系统

本系统一般采用计算机控制和管理，视自动化立体仓库的不同情况，采取不同的控制方式。有的仓库只采取对存取堆垛机、出入库输送机进行单台控制，机与机无联系；有的仓库对各单台机械进行联网控制。更高级的自动化立体仓库的控制系统采用集中控制、分离式控制和分布式控制，即由管理计算机、中央控制计算机和堆垛机、出入库输送机等直接控制的可编程序控制机械组成控制系统。管理计算机是自动化立体仓库的管理中心，承担入库管理、出库管理、盘库管理、查询、打印及显示、仓库经济技术指标计算分析管理功能，它包括在线管理和离线管理。中央控制计算机是自动化立体仓库的控制中心，它沟通并协调管理计算机、堆垛机、出入库输送机等的联系；控制和监视整个自动化立体仓库的运行，并根据管理计算机或自动键盘的命令组织流程，以及监视现场设备运行情况和现场设备状态、监视货物流向及收发货显示，与管理计算机、堆垛机和现场设备通信联系，还具有对设备进行故障检测及查询显示等功能。直接控制是操作的单机自动控制器，它直接应用于堆垛机和出入库输送的控制系统，实现堆垛机从入库取货送到指定的货位，或从指定的货位取出货物放置到出库取货台的功能。

第四节　仓储装卸搬运系统

装卸搬运是衔接运输、保管、包装、流通加工、配送等各个物流环节所必不可少的活动，从原材料供应到商品送至消费者手里，乃至废弃物回收、再生利用等整个循环过程中，装卸搬运出现的频度最多、作业技巧最复杂、科技含量最高、时间和空间移动最短，但费用比例最大。装卸搬运作业因货物破损、散失、混杂、损耗所造成的损失，比运输、保管、包装等其他物流作业环节要大得多。所以，装卸搬运在整个物流领域中占有十分重要的地位。解决好装卸搬运环节的技术和管理问题，可以大幅度降低物流成本，提高物流效率，加快商品流通速度，其作用不可低估。

一、概述

（一）仓储装卸搬运的概念

装卸（Loading and Unloading）是指物品在指定地点以人力或机械载入或卸出运输工具、

货架等的作业过程，其结果是物品的垂直位移。搬运（Carrying/Handling）则是指在同一场所内，对物品进行空间移动的作业过程，其结果是物品的水平位移。在物流实践中，装卸和搬运往往是密不可分的，因此，通常合称“装卸搬运”，即在同一地域范围内进行的，以改变物品存放状态和空间位置为主要目的的作业活动。

仓储装卸搬运作业贯穿于仓储作业的整个过程，从物资入库验收、保管保养、流通加工、备料、配送直至发运都伴随着装卸搬运作业的发生。其出现的频率大于任何一个作业环节，支出的费用和耗费的工时比其他环节高出许多。装卸搬运作业的质量直接影响库存物资的数量和质量，与仓储安全生产关系密切。有效组织装卸搬运作业是仓储快进快出的关键，与仓储的经济效益密切相关。因此，仓储装卸搬运系统在仓储管理中占有举足轻重的地位。

装卸搬运是人与物的结合，而完全的人工装卸搬运在物流发展到今天，几乎已经不复存在。现代装卸搬运表现为必须具备劳动者、装卸搬运设备设施、货物以及信息、管理等多项因素组成的作业系统。只有按照装卸作业本身的要求，在进行装卸作业的区域合理配备各种机械设备和合理安排劳动力，才能使装卸搬运各个环节互相协调，紧密配合。

（二）装卸搬运作业的特点

1. 装卸搬运作业量大

据典型调查，我国机械工厂生产 1 吨产品，需要进行 252 吨次的装卸搬运。2014 年全国工业总产值达 22 万多亿元，农业总产值达 5.8 万多亿元，这些生产结果的背后和生产过程当中，装卸搬运的作业量是根本无法算清的。在同一地区生产和消费的产品，物资的运输量会因此而减少，然而物资的装卸搬运量却不一定减少。在远距离的供应与需求过程中，装卸搬运作业量会随运输方法的变更、仓储的中转、货物的集疏、物流的调整等而使装卸搬运作业量大幅度提高。

2. 装卸搬运对象复杂

在物流过程中，货物是多种多样的，它们在性质上（物理、化学性质）、形态上、重量上、体积上以及包装方法上都有很大区别。即使是同一种货物在装卸搬运前的不同处理方法，可能会产生完全不同的装卸搬运作业。单件装卸搬运和集装化装卸搬运、水泥的袋装装卸搬运和散装的装卸搬运都存在着很大差别。从装卸搬运的结果来考察，有些货物经装卸搬运要进入储存，有些物资装卸搬运后将进行运输。不同的储存方法、不同的运输方式在装卸搬运设备运用、装卸搬运方式的选择上都提出了不同的要求。

3. 装卸搬运作业不均衡

在生产领域，由于生产活动要有连续性和比例性、力求均衡，故企业内装卸搬运相对也比较均衡。然而，物资一旦进入流通领域，由于受到物资产需衔接、市场机制的制约，物流量便会出现较大的波动性。商流是物流的前提，某种货物的畅销和滞销、远销和近销，销售批量的大与小，围绕货物实物流量便会发生巨大变化。从物流领域内部观察，运输路线上的“限制口”“跑在中间，窝在两头”的现象广泛存在，装卸搬运量也会出现忽高忽低的现象。从另一方面看，各种运输方式由于运量上的差别，运速的不同，使得港口、码头、车站等不同物流节点也会出现集中到货或停滞等待的不均衡装卸搬运。

4. 装卸搬运对安全性要求高

装卸搬运作业需要人与机械、货物、其他劳动工具相结合，工作量大，情况变化多，很多作业环境复杂，这些都导致了装卸搬运作业中存在着不安全的因素和隐患。创造装卸搬运作业适宜的作业环境，改善和加强劳动保护，对任何可能导致不安全的现象都应设法根除，防患于未然。装卸搬运的安全性，一方面直接涉及人身，另一方面涉及物资。在装卸搬运中，发生机毁人亡的事故已屡见不鲜，造成货物损失的数量也要以亿元来计。装卸搬运同其他物流环节相比安全系数较低，因此，也就要更加重视装卸搬运的安全生产问题。

二、装卸搬运工具

装卸搬运工具是完成装卸搬运作业的物质基础。常用的装卸搬运工具有以下几类。

（一）起重机

起重机（Crane），也称吊车，是起重机械的总称，是一种利用动力或人力将包装物吊起，并可上下、左右、前后进行搬运的装运机械。较为简单的起重机械大多数为手动装置，如绞车、葫芦等。常用的较为复杂的装卸用起重机有六种：（1）汽车起重机；（2）履带起重机；（3）门式起重机；（4）桥式起重机；（5）岸边集装箱起重机；（6）船吊（浮吊）。

（二）叉车

叉车（Forklift truck）是具有各种叉具，能对货物进行升降、移动、装卸作业的车辆。使用叉车可以完成出库、搬运、装卸、入栈等复合作业，常用于港口、码头、机场、车站和工厂，对成件货物进行装卸搬运。通用性较强的叉车与各种附属装置相配合可以变为专用型叉车，用于特定作业。常用叉车主要有七种：（1）手动叉车；（2）平衡重叉车；（3）伸臂直达式叉车；（4）拣选叉车；（5）侧面叉车；（6）转叉式叉车；（7）多方向堆垛叉车。

（三）小型搬运车辆

小型搬运车辆是以手动或以蓄电池为动力的各种类型的搬运车辆。常用的小型搬运车辆主要有以下几种：（1）人力作业车辆，人力作业车辆主要有手推车和物流笼车；（2）电动搬运车，具体又分为载人（即具有载人装置）和不载人（无载人装置，搬运作业时操作人员随行）两种；（3）无人搬运车，最常用的无人搬运车是自动引导车 AGV（Automated Guided Vehicle）。

（四）输送机

输送机（Conveyor）是一种可以对货物进行连续运送的搬运机械。输送机的连续作业可以提高作业效率。并且，由于其运送路线固定，所以易于规划统筹，使作业具有稳定性。常用的输送机有七种：（1）皮带输送机，主要有固定式、移动和往复式三种类型；（2）辊式输送机；（3）滚轮式输送机；（4）振动式输送机；（5）斗式提升机；（6）气力输送机；（7）悬挂式输送机，有固定式和推动式两种。

（五）机械手

机械手是一种能够自动定位控制、可以重复编程、多功能、多自由度的操作设备。机械手可以按预先编定的程序完成拣货、分货、装取托盘和包装箱及装配等作业。在物流活动中，机械手常用于固定不变的作业，尤其是反复进行的单调作业，使用机械替代人工操作，可以提高作业速度，保证作业的准确性。此外，一些在特殊环境条件下（如有污染、高温、低温等）的作业，也可以采用机械手。

三、装卸搬运作业的合理化

装卸搬运只能改变劳动对象的空间位置，而不能改变劳动对象的性质和形态，既不能提高也不能增加劳动对象的使用价值。但装卸搬运必然要有劳动消耗，包括活劳动消耗和物化劳动消耗。这种劳动消耗量要以价值形态追加到装卸搬运对象的价值中去，从而增加了产品和物流成本。因此，应科学地、合理地组织装卸搬运过程，尽量减少用于装卸搬运的劳动消耗。为此，科学组织装卸搬运作业，实现装卸搬运合理化对物流整体的合理化至关重要。

在组织装卸搬运作业时，要使作业过程的各环节、各要素实现合理化，以提高物流活动的效率。装卸搬运作业合理化的要点如下。

（一）防止和消除无效作业

所谓无效作业是指在装卸作业获得中超出必要的装卸、搬运量的作业。为了有效地防止和消除无效作业应注意以下几方面。

（1）尽量减少装卸搬运次数。物品在整个物流过程中往往要经过多次的装卸搬运作业。要使装卸次数降低到最少，尤其要避免没有物流效果的装卸搬运作业，减少人力、物力的浪费和货物损坏的可能性。

（2）避免对无效物质的装卸搬运。在流通过程中，某些货物可能混杂着没有使用价值的物资。因此，要注意保持货物纯度，以避免对其中无效掺杂物进行反复地装卸搬运，浪费劳力和动力。

（3）避免过度的包装。包装是物流中不可缺少的辅助作业手段。包装的轻型化、简单化、实用化会不同程度地减少作用于包装的无效劳动，因此要避免过度包装，减少无效负荷。

（4）尽量缩短搬运距离。在条件允许的情况下，要选择搬运距离最短的搬运路线。

（二）提高作业对象的“活性”

由于货物存放的状态不同，货物的装卸搬运难易程度也不一样。所谓活性，是指作业对象从静止状态转变为装卸搬运运动状态的难易程度，也即对其进行装卸搬运作业的难易程度。货物的装卸搬运活性级别如表 4-3 所示。

表 4-3 货物的装卸搬运活性级

装卸搬运活性级别	货 物 状 态
0 级	货物杂乱地堆放于地面
1 级	货物已被捆扎或装箱
2 级	捆扎过的货物或箱子下面放有枕木
3 级	被置于台车或起重机械上，可以即刻移动
4 级	货物已被移动，正在被装卸、搬运

从理论上讲，货物的活性级别越高越好，但同时要考虑到实施的可能性。所以，应在条件允许的情况下，尽量使货物处于活性级别较高的状态。

（三）充分利用重力和消除重力影响

在装卸搬运时考虑重力因素，可以利用货物本身的重力进行一定落差的装卸搬运，以减少或根本不消耗装卸搬运的动力，这是合理化装卸搬运的重要方式。例如，可将设有动力的小型输送带斜放在货车、卡车上依靠货物本身重量进行装卸搬运，使货物在倾斜的输送带上移动，这样就能减轻劳动强度和能量消耗。

在装卸搬运时，尽量消除或减弱重力的影响，也会获得减轻体力劳动及其他劳动消耗的可能性。使货物平移，从甲工具转移到乙工具上，这就能有效消除重力的影响，实现合理化。

（四）利用机械化作业，实现“规模装卸搬运”

规模效益早为大家所接受。在装卸搬运时也存在规模效益问题，主要表现在一次装卸搬运量或连续装卸搬运量要达到充分发挥机械最优效率的水准。为了更多降低单位装卸搬运工作量的成本，对装卸搬运机械来说，也有“规模”问题，装卸搬运机械的能力达到一定规模，才会有最优效果。追求规模效益的方法，主要是通过各种集装实现间断装卸搬运时一次操作的最合理装卸搬运量，从而使单位装卸搬运成本降低，也通过散装实现连续装卸搬运的规模效益。

（五）推进集装单元化

将货物集中一定数量，使之形成一个单元，从而利用机械进行装卸进而形成输送、保管的集装单元化，是提高装卸搬运效率的有效方式。

（六）合理选择装卸搬运方式

在装卸搬运过程中，必须根据货物的种类、性质、形状、重量来合理确定装卸搬运方式，合理分解装卸搬运活动，并采用现代化管理方法和手段，改善作业方法，实现装卸搬运的高效化和合理化。

（七）创建“复合终端”

“复合终端”是指在不同运输方式的终端装卸场所集中建设不同的装卸设施，以实现合理配置装卸搬运机械、有效联结各种运输方式的目的。“复合终端”对于装卸搬运合理化，乃至物流系统合理化的意义在于：一方面，消除了各种运输工具间的中转搬运，减少了装卸搬运次数，加快了物流速度；另一方面，“复合终端”集中了各种装卸搬运设备，可以实现设备的共同利用，并可以利用规模优势进行技术改造，提高作业效率。

第五节　库 存 管 理

库存管理是企业管理的一个基本内容。库存管理是负责从原材料阶段开始到消费者的整个供应链过程中的库存的计划和控制。因为库存是由生产和供应而产生的，因此不能将生产和供应割裂开来，必须协调它们进行管理。各种原材料或零部件是否需要库存，需要多少，与它们的供应条件有关。如果与供应商有良好的合作关系，零部件供应充沛，渠道畅通，订货手续简单，供货准时，质量可靠，企业可以考虑尽可能减少库存，以降低库存费用和生产成本，增加企业的利润。反之，如果上述条件不具备，企业为了不使生产中断，就只得增加库存，以保证生产活动的顺利进行。

保持库存将增加企业的库存成本，这促使企业必须注重供应链管理和质量管理的高效性。企业可以通过减小供应链各个环节的不确定性来显著减小库存水平。

一、库存的概念

库存是为了满足未来需要而暂时闲置的资源，所以资源的闲置就是库存，与这种资源是否存放在仓储设施中没有关系，与资源是否处于运动状态也没有关系。虽然汽车运输的货物处于运动状态，但这些货物是为了未来需要而暂时闲置的，也是库存，是一种在途库存。这里所说的资源，不仅包括工厂里的各种原材料、毛坯、工具、半成品和成品，而且包括银行里的现金，医院里的药品、病床，运输部门的车辆等。一般地说，人、财、物、信息各方面的资源都有库存问题。专门人才的储备就是人力资源的库存，计算机硬盘储存的大量信息是信息的库存。从物流系统观点看，从狭义上说，流速为零的物料就是库存。

二、库存的类型

库存的分类方法很多，从不同的角度可以对库存进行多种不同的分类。

（一）按生产加工和配送过程分类

按其在生产加工和配送过程中所处的状态，库存可分为以下几种。

1. 原材料库存

它是指等待进入生产作业的原料与组件，如钢铁、面粉、木料、布料或其他物料，以及准备投入产品总装的零件或子装配件等。企业从供应商处购进原材料，首先要通过质量检查，然后入库，等候生产需要时，发货出库进入生产流程。这类库存为原材料库存。原材料库存可以放在两个存储点：供应商或生产商之处。

2. 在制品库存

当原材料出库后，依次通过生产流程中的不同的工序，每经过一道工序，附加价值都有所增加，在未完成最后一道工序之前，都属于在制品库存，它们在两道工序之间的暂存也是在制品库存。

3. 产成品库存

在制品在完成最后一道工序后，成为产成品。产成品经质量检查后也会入库暂存，等候出售，这种库存是产成品库存。产成品也可以放在多个储存点，即生产企业内、配送中心、零售店，直至转移到最终消费者手中。

这三种库存可以存放在一条供应链上的不同位置，如图 4-2 所示。其物流系统只是一个示意，现实中的系统可能比其更简单或更复杂。例如，对于一个产品工序复杂的大型制造企业来说，由于生产工序较多，各种在制品就会大量存在，使库存包括多种不同程度的中间产品，甚至企业还有可能拥有自己的配送中心，产成品的库存会大量存在，这样整个物流和库存系统就会相当复杂。对于一个零售企业来说，其库存只有产成品一种形态，相对要简单一些。

除了上述三种库存之外，为了满足生产的需要，还包括包装物和低值易耗品，以及维护、维修、作业用的配件、零件、材料等。

（二）按作业和功能分类

按作业和功能区分，库存可分为以下几种。

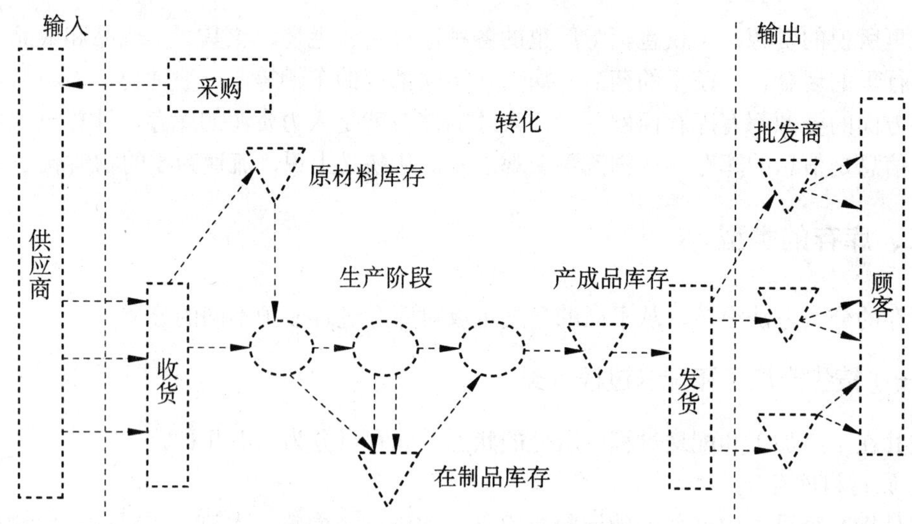

图 4-2　制造企业物料流中的各种库存

1. 安全库存

安全库存是为了应付需求、生产周期或供应周期等可能发生的不可测变化、销售与生产的数量和时机不能被准确地预测而设置的一定数量的库存。设置安全库存有两种方法：一种方法是比正常的订货时间提前一段时间订货，或比交货期限提前一段时间开始生产；另一种方法是每次的订货量大于到下次订货为止的需要量，多余部分就是安全库存。安全库存的数量除了受需求和供应的不确定性影响外，还与企业希望达到的顾客服务水平有关。

2. 预期库存

预期库存又称调节库存。它是为等待一个高峰销售季节、一次市场营销推销计划或一次工厂关闭期而预先建立起来的库存。它是用来调节需求或供应不均衡、生产速度与供应速度不均衡、各个生产阶段的产出不均衡等情况。它主要是为未来的需要，有时也是为限制生产速率的变化而建立起来的库存。

3. 批量库存

批量库存又称周转库存。在实际生产过程中，不可能完全按照产品的销售计划和生产计划来采购物料的数量，而在每次采购时还要考虑物料的采购单位和批量，往往订货数量要大于计划数量。采购批量或生产批量越大，单位采购成本就越低（节省了订货费用或作业费用，可得到数量折扣），因此需要批量购入，而由此造成的库存就是批量库存。从采购成本角度来考虑，总希望批量库存越大越好，这样可以减少订货费用；但从存货资金占用角度来考虑，则希望它越少越好。因此，如何在订货成本和库存成本之间进行权衡选择，要根据企业实际情况加以考虑。

4. 在途库存

在途库存又称运输库存。它是由于物料必须从一处移动到另一处而存在的库存。在途库存具体是指正处于运输以及停放在相邻两个工作地之间或相邻两个组织之间的库存，这种库存是一种客观存在，而不是有意设置的。例如，处在卡车上被运往一个仓库去的物料在途中可能要经历一周时间，在此时间段内，库存不能用于生产或服务，它存在的原因只是由于运输需要时间。在途库存的大小取决于运输时间以及该期间内的平均需求。

5. 投机性库存

投机性库存又称屏障库存。投机性库存是指某些企业需要经常性地使用大量的、价格易于波动的物料。例如煤、石油、水泥或羊毛、谷类等原材料，企业可以在价低时大量购进这些物料而实现可观的节约，或对预计以后将要涨价的物料进行额外数量的采购，在这些情况下所持有的库存叫投机性库存。这类库存采购的重要因素是价格变动趋势本身带有投机的色彩，能够起到降低成本的作用。

（三）按顾客对物品需求的重复次数分类

根据顾客对物品需求的重复次数可将物品分为单周期需求库存与多周期需求库存。

1. 单周期需求库存

单周期需求是指仅仅发生在比较短的一段时间内或库存时间不可能太长的需求，如圣诞树问题和报童问题都属于单周期需求库存问题。单周期需求出现在两种情况：（1）偶尔发生的某种物品的需求，如由奥运会组委会发行的奥运会纪念章或新年贺卡；（2）经常发生的某种生命周期短的不定量的需求，如那些易腐物品（如鲜鱼）或其他生命周期短的易过时的商品（如日报和期刊）等。对单周期需求物品的库存控制问题就是单周期需求库存问题。

2. 多周期需求库存

多周期需求是指在足够长的时间里对某种物品的重复的、连续的需求，其库存需要不断地补充。与单周期需求相比，多周期需求问题普遍得多。对多周期需求物品的库存控制问题就是多周期需求库存问题。

（四）按客户对库存的需求特性分类

按客户对库存的需求特性，库存可分为以下几种。

1. 独立需求库存

独立需求库存是指客户对某种库存物品的需求与其他种类的库存无关，表现出对这种库存需求的独立性。从库存管理的角度来说，独立需求库存是指那些随机的、企业自身不能控制而是由市场所决定的需求，这种需求与企业对其他库存产品所作的生产决策没有关系。例如客户对企业最终产成品、维修备件等的需求。独立需求库存无论在数量上还是时间上都有很大的不确定性，但可以通过预测方法粗略地估算。

2. 相关需求库存

相关需求是指与其他需求有内在相关性的需求，根据这种相关性，企业可以精确地计算出它的需求量和需求时间，它是一种确定型的需求。例如，客户对企业某项产品的需求

（订单）一旦确定，与该产品有关的零部件、原材料的需求就随之确定，对这些零部件、原材料的需求就是相关需求，由此而形成的库存，就是相关需求库存。相关需求实际上是对产成品生产的物料需求，它与产成品的需求之间有确定的对应关系，其中的数量关系可用物料清单来表示，时间关系可用生产周期、生产提前期、运输时间等通过计算得出，这实际上也就是生产计划所要控制的对象，由此，相关需求的库存控制实际上是生产计划与控制系统中的一部分内容。

上面是按不同角度区分的库存种类，这些不同种类库存的功能是有重叠的。其中，季节性的预期库存将像安全库存那样提供更好的客户服务，例如，它们同样能减少对总需求率中小量变化做出必要的反应。因此，为利用库存所能起的综合作用，常常需要考虑这些库存的综合功能，构建好它们中间功能共享的相互关系。

三、库存的作用与弊端

自从有了生产，就有了库存物品的存在。库存对市场的发展、企业的正常运作与发展起了非常重要的作用。

（一）库存的作用

库存既然是资源的闲置，就一定会造成浪费，增加企业的开支。那么，为什么还要维持一定量的库存呢？这是因为库存有其特定的作用。归纳起来，库存有以下几方面的作用。

1. 缩短订货提前期

当制造厂维持一定量的成品库存时，顾客就可以很快采购到他们所需的物品，这样就缩短了顾客的订货提前期，加快了社会生产的速度，也使供应厂商争取到了顾客。

2. 维持生产的稳定

企业按销售订单与销售预测安排生产计划，并制订采购计划，下达采购订单。由于采购的物品需要一定的提前期，这个提前期是根据统计数据或者是在供应商生产稳定的前提下制订的，但存在一定的风险，供应商有可能会拖后而延迟交货，最终影响企业的正常生产，造成生产的不稳定。为了降低这种风险，企业就会增加原材料的库存量。

3. 平衡企业物流

企业在采购原材料、生产用料、在制品及销售物品的物流环节中，库存起着重要的平衡作用。采购的原材料会根据库存能力（资金占用等），协调来料收货入库。同时对生产部门的领料应考虑库存能力、生产线物流情况（场地、人力等）平衡物料发放，并协调在制品的库存管理。另外，对销售产品的物品库存也要视情况进行协调（各个分支仓储设施的调度与出货速度等）。

4. 平衡流通资金的占用

库存的原材料、在制品及成品是企业流通资金的主要占用部分，因而库存量的控制实际上也是进行流通资金的平衡。例如，加大订货批量会降低企业的订货费用，保持一定量的在制品库存与原材料会节省生产交换次数，提高工作效率，但这两方面都要寻找最佳控制点。

（二）库存的弊端

库存的作用是相对的。客观地说，任何企业都想把库存压到最低，无论是原材料、在制品还是成品，企业都想方设法降低库存，这是因为库存会给企业带来许多不利因素，库存的弊端主要表现在以下几个方面。

（1）占用大量资金。通常情况下，库存占企业总资产的比重大约为 20%～60%，库存管理不当会形成大量资金的沉淀。

（2）增加了企业的产品成本与管理成本。原材料的库存成本增加直接增加了产品成本，而相关库存设备、管理人员的增加也加大了企业的管理成本。

（3）掩盖了企业众多管理问题。如计划不周、采购不力、生产不均衡、产品质量不稳定及市场销售不力。

四、库存成本的构成

在整个库存经营过程中，会发生各种各样的费用。主要有以下费用。

（一）订货费

订货费是指订货过程中发生的与订货有关的全部费用，包括差旅费、订货手续费、通信费、招待费以及订货人员有关费用。订货费的特点是，在一次订货中，订货费用与订货量的多少无关。而若干次订货的总订货费用与订货次数有关，订货次数越多，总订货费用越多。

（二）储存费

储存费是指物资在储存过程中所花费的全部费用，包括：入、出库时的装卸搬运堆码检验费用；保管用具用料费用；仓储设施、房租、水电费；保管人员有关费用；保管过程中的货损货差；保管物资资金的银行利息等。储存费的特点是：储存费与被储存保管物资的数量的多少和储存保管时间的长短有关；被储存保管的物资的数量越多，储存保管的时间越长，所承担的储存费也就越高。

（三）缺货费

所谓缺货，就是当客户来买货时，仓储设施因为没有现货供应而丧失了这次销售机会，这种现象就叫缺货。缺货会造成损失，也就是缺货费用。缺货费用对不同对象是不同的。

对企业来说，轻则丧失了销售机会，减少了盈利；重则造成违约，遭受罚款，并可能失去客户。对客户来说，轻则多花些差旅费到别处去买，重则停工待料。

（四）补货费

所谓补货，就是当客户购货时，仓储设施没有现货供应，为不丧失销售机会，企业抓紧时间进货后立刻补货给客户。这一情况在客户不是急需时是可能实现的，特别是像计划预订货以及一些老关系户的订货，更是普遍。为了实现补货，往往会发生补货费用。补货费用与补货量、补货次数和补货时间有关。

（五）进货费与购买费

进货费是指进货途中为进货所花费的全部费用，包括运费、包装费、装卸搬运费、租赁费、延时费和货损货差等。购买费是指购买物资的原价。它们的特点是当订货的数量、订货的地点确定以后，总的购买费和总的进货费就是确定不变的，不会随着进货批量变化而变化。也就是说，进货费与购买费都与订货批量无关，批量大小都不会影响其总进货费和总的购买费。我们把这种与订货批量无关的费用称为固定费用，而把那些与订货批量有关的费用称为可变费用。因此，进货费与购买费是固定费用，而订货费、储存费、缺货费、补货费是可变费用。

五、库存控制

库存控制的责任是要测量特定地点现有库存的单位数和跟踪基本库存数量的增减。这种测量和跟踪可以手工完成，也可以通过计算机技术完成。其主要的区别是速度、精确性和成本。为了实施期望的库存管理，必须经常检查库存水平，并与有关库存参数进行对照，确定何时订货以及订多少货。库存控制的特点可以是连续的，也可以是定期的。与此同时，我们还将介绍修正方法。

（一）连续检查

连续的库存控制用于检查日常的库存状态，以确定补给需要量。要利用控制系统，所有库存单位都必须对库存的精确性负责。一般需要借助计算机实施连续检查。

连续检查过程是通过再订货点和订货点批量实施的：

$$\mathrm{ROP}=D\times T+SS$$

式中：ROP——再订货点单位数；

D——用单位数表示的平均日需要量；

T——用天数表示的平均完成周期；

SS——用单位数表示的安全库存或缓冲库存。

连续检查要将现有库存与已订购库存的合计与产品的再订货点进行比较。现有库存是指实际储存在特定的仓储设施中的数量。已订购库存是指已向供应商订购的数量。如果现有库存加上已订购库存的数量低于已确定的再订货点，那么，库存控制过程将启动，再次补上订货。在数学上，这种状况可以被描述为：

$$如果\ I + Q_0 \leqslant \mathrm{ROP}，则订货批量为\ Q$$

式中：I——现有库存；

Q_0——向供应商订购的库存；

ROP——再订货点单位数；

Q——订货批量单位数。

连续检查系统的平均库存水平可用下式计算：

$$\overline{I} = \frac{Q}{2} + SS$$

式中：$\overline{I}$——用单位数表示的平均库存；

Q——订货批量单位数；

SS——安全库存单位数。

关于订货批量 Q 的确定问题，以库存总成本最低作为依据。与库存有关的费用分两种：一种随着库存量的增加而增加，如资金成本、仓储空间费用、物品变质和陈旧损失、税收和保险费；另一种随着库存量的增加而减少，如订货费、调整准备费、购买费和加工费、生产管理费和缺货损失费。正是这两种费用相互作用的结果，才有最佳订货批量。下面将讨论经济订货批量问题。

经济订货批量模型（Economic Order Quantity，EOQ）最早是由 F.W.Harrs 于 1915 年提出的。该模型有如下假设条件。

（1）外部对库存系统的需求率均匀且为常量。

（2）一次订货量无最大最小限制。

（3）采购、运输均无价格折扣。

（4）订货提前期已知，且为常量。

（5）订货费与订货批量无关。

（6）维持库存费是库存量的线性函数。

（7）不允许缺货。

（8）补充率为无限大，全部订货一次交付。

在以上假设条件下，库存总成本中缺货费、补货费为零，购买成本与订货批量大小无关，为常量，因此，

$$C_T = C_H + C_R + C_P = H(Q/2) + S(TD/Q) + pTD \tag{4-1}$$

式中：C_T——全年库存总成本；

C_H——全年储存费；

C_R——全年订货费；

C_P——全年购买费；

P——货物单价；

S——一次订货费或调整准备费；

H——年单位维持库存费；

TD——年需求量。

为了使库存总成本达到最小，求出经济订货批量，将式（4-1）对 Q 求导，并令一阶导数为零，可得：

$$Q^* = \text{EOQ} = \sqrt{\frac{2TDS}{H}} \tag{4-2}$$

经济订货批量模型中的参数都是固定的。但在实际的库存管理中，需求和提前期往往是随机变化的。对需求及供应的随机性，企业主要通过设立安全库存来解决需求和订货提前期的不确定性。假设顾客的需求和提前期是相互独立的，且需求和提前期的变化情况服从正态分布，安全库存 SS 可以用以下公式进行计算：

$$SS = z\sqrt{\overline{L}\sigma_D^2 + \overline{D}^2\sigma_L^2} \tag{4-3}$$

式中：Z——安全系数；

$\overline{L}$——提前期的平均值；

$\overline{D}$——需求量的平均值；

σ_L——提前期的标准差；

σ_D——需求量的标准差。

例：S公司以单价10元每年购入某种产品8 000件。每次订货费用为30元，资金年利息率为12%，单位维持库存费按所库存货物价值的18%计算。若每次订货的提前期为2周，试求经济订货批量、最低年总成本、年订购次数和订货点？

解：这是一个直接利用EOQ公式的问题。显然，p=10元/件，TD=8 000件/年，S=30元，L=2周。H则由两部分组成：一是资金利息；二是仓储费用。即 H=10×12%+10×18%=3元/（件·年）。

因此，

$$\text{EOQ} = \sqrt{\frac{2TDS}{H}} = \sqrt{\frac{2\times 8\,000\times 30}{3}} = 400 \text{（件）}$$

$$C_T = C_H + C_R + C_P = 3(400/2) + 30(8\,000/400) + 10\times 8\,000 = 81\,200(\text{元})$$

$$\text{年订货次数} = TD/Q = 8\,000/400 = 20(\text{次})$$

$$\text{订货点} = L\times D = 2\times 7\times(8\,000/365) \approx 307(\text{件})$$

再订货的形式产生于两种假设：一是当达到再订货点时，库存控制下的产品项目将发出购买订单；二是控制方法能对库存状态进行持续监控。如果这两种假设得不到满足，则确定连续检查的控制参数（ROP 和 Q）必须重新予以修正。

（二）定期检查

定期库存控制是按有规律的时间间隔，如每周或每月，对产品项目的库存状态进行检查。对于定期检查来说，必须将基本的再订货点调整到两次检查之间的间隔时间内。计算定期检查再订货点的公式如下：

$$\mathrm{ROP}=D\times\left(T+\frac{P}{2}\right)+SS$$

式中：ROP——再订货点；

D——平均日需求量；

T——用天数表示的平均完成周期；

P——用天数表示的检查周期；

SS——安全库存。

既然库存状态的计算要在特定的时间内完成，那么，在定期检查前，任何产品项目都有可能下降到期望的再订货点以下。因此，可以设想，在定期计算接近检查时间之前，库存有可能下降到理想的再订货状态以下。

对定期检查来说，平均库存公式如下：

$$\bar{I}=\frac{Q}{2}+\frac{P\times D}{2}+SS$$

式中：$\bar{I}$——用单位数表示的平均库存；

Q——订货批量单位；

P——用天数表示的检查周期；

D——平均日需求量；

SS——安全库存。

由于定期检查引入了时间间隔，定期控制系统一般需要比连续控制系统有更大的平均库存。

（三）控制系统修正

为了适应特定的形式，基本的定期控制系统和连续控制系统已发生了变化并进行了组合。最常见的是补给水平系统和可选补给系统。先对系统做简要讲解，以说明出于控制目的的系统范围。

补给系统（Replenishment System）的目标是建立一种固定订货间隔系统，它可以提供短期间隔的定期检查。由于库存的完整状态类似于连续概念，所以，该系统确定了再订货点的上限或补给水平。将检查周期加到前置时间上去，目标补给水平（TGT）就可以被确定为：

$$TGT = SS + D \times (T + P)$$

式中：TGT——补给水平；

SS——安全库存；

D——平均日需要量；

T——平均完成周期长度；

P——用天数表示的检查周期。

于是，一般的补给规则就变成：

$$Q = TGT - I - Q_0$$

式中：Q——订货批量；

TGT——补给水平；

I——检查期间的库存状态；

Q_0——已订购数量。

假定检查周期为 5 天，平均期望销售量为 20 个单位/天，零安全库存以及补给周期为 10 天，于是：

$$\begin{aligned} TGT &= SS + D \times (T + P) \\ &= 20 \times (10 + 5) + 0 \\ &= 300(\text{个单位}) \end{aligned}$$

既然补给周期长于检查周期，就必须考虑未交付的订货。假定在检查时有一批应交未交的订货为 100 个单位，并且目前的库存为 50 个单位。于是：

$$\begin{aligned} Q &= TGT - I - Q_0 \\ &= 300 - 50 - 100 \\ &= 150(\text{个单位}) \end{aligned}$$

在目标补给系统下，确定订货规模无须参考订货水平，强调的是将库存水平维持在最高限度以下，这是目标水平的上限水平。之所以将最高限度作为一种上限水平保护，是因为库存绝不会超过补给水平，并且只有在启动补给订货与随后的检查周期之间没有可销售的单位时，才能到达补给水平。在这些条件下，平均库存表示为：

$$\bar{I} = \frac{D \times P}{2} + SS$$

式中：$\bar{I}$——平均库存；

D——平均日需求量；

P——用天数表示的检查周期；

SS——安全库存。

目标补给系统的变化是可选补给系统（Optional Replenishment System），它有时被称为（s，S）系统或极大极小系统。可选补给系统类似于目标水平补给系统，它以订货批量的变量替代特定的订货批量。然而，可选补给系统引入调整机制，限制可变订货批量的下限，结果库存水平永久保持在上下限之间。上限的存在是为了确定最大限度的库存水平，而下限则可保证补给订货将至少等于最高水平（S）与最低水平（s）之间的差额。基本的订货规则表示为：

如果 $I+Q_0 \leqslant s$，则

$$Q=S-I-Q_0$$

式中：I——检查期间的库存状态；

Q_0——已订购数量；

S——最低限度的库存水平；

Q——订货批量；

S——最大限度的库存水平。

最低限度的水平，或（s）水平，类似于 ROP。当存在不确定因素时：

$$s=D\times T$$

式中：s——最低限度的库存水平；

D——平均日需求量；

T——平均完成周期。

当存在需求不确定因素和完成周期不确定因素时，最低库存水平（s）中必须增加库存的最低数。

极大极小系统可以以产品的绝对单位数、供给天数或两者的结合来运用。在绝对单位数的情况下，极大值和极小值都可以按照具体的单位数来确定。例如，假定极小值和极大值分别为 100 和 400 单位数，则产生的补给规则是：

如果 $I+Q_0 \leqslant 100$，则

$$Q=400-I-Q_0$$

式中的符号含义与上述说明相同。如果库存和目前已订购的数量分别为 75 和 0，产生订货数为 325（Q=400−75）。极大极小系统也可使用参数“供给天数”来实施。例如，极小值可以被明确为 10 天供给期等。对于每一种补给检查来说，供给天数与当前预测值相乘，成为具体的单位数。供给天数方法需依赖预测，所以会对需求变化做出反应。

长虹的流动仓库

电器行业的一个重要特点就是物品的贬值率特别高，物品存放在仓库一天要损失 5%的利润。这对已经趋于“微利”的家电企业来说，无疑是制约企业发展的重要因素。

以往长虹物流信息集成度不高，信息处理点分散，时效滞后，数据准确度不高，这些问题严重制约了公司的运营决策。长虹管理层认为，目前家电企业的竞争力不单纯体现在产品质量能否满足市场要求，更重要的是如何在市场需求的时候，生产和递交顾客满意的

产品及服务。这就要求企业不仅要保证高节奏的生产，而且要实现最低库存下的仓储。由此，长虹提出了“物流是流动的仓库”的观点，用时间消灭空间，摒弃了以往“存货越多越好”的落后观念，全面提升速度观念。

长虹在绵阳拥有 40 多个原材料库房、50 多个成品库房、200 多个销售库房。过去的仓库管理主要由手工完成，各种原材料信息通过手工录入。虽然应用了 ERP 系统，但有关原材料的各种信息仍记录在纸面上，存放地点完全依靠工人记忆。货品入库之后，所有数据都通过手工录入到电脑中。对于制造企业来说，仓库的每种原材料都有库存底线，库存过多影响成本，库存不够时需要及时订货，但是，纸笔方式具有一定的滞后性，因此，真正的库存与系统中的库存永远存在差距，无法达到实时。这导致总部无法做出及时和准确的决策。而且手工录入方式效率低，差错率高，在出库频率提高的情况下，问题更为严重。

为了解决上述问题，长虹决定应用条形码技术以及无线解决方案。经过慎重选型，长虹选择了美国讯宝科技公司及其合作伙伴——高立开元公司共同提供的企业移动解决方案。该解决方案采用讯宝科技的条形码技术，并以 Symbol MC3000 作为移动处理终端，配合无线网络部署，进行仓库数据的采集和管理。目前在长虹主要利用 Symbol MC3000 对其电视机生产需要的原材料仓库以及 2 000 多平方米的堆场进行管理，在入库、出库以及盘点环节的数据进行移动管理。

（一）入库操作

一个完整的入库操作包括收货、验收、上架等操作。长虹在全国有近 200 家供应商，根据供应商提供的条码对入库的原材料进行识别和分类。通过条形码进行标识，确保系统可以记录每个单体的信息，进行单体跟踪。仓库收货员接到供应商的送货单之后，利用 Symbol MC3000 扫描即将入库的各种原材料的条形码，并扫描送货单上的条形码号，通过无线局域网络传送到仓库数据中心，在系统中检索出订单，实时查询该入库产品的订单状态，确认是否可以收货，提交给长虹的 ERP 系统。

收货后，长虹的 ERP 系统会自动记录产品的验收状态，同时将订单信息发送到收货员的 Symbol MC3000 手持终端，并指导操作人员将该产品放置到系统指定的库位上。然后扫描库位条形码，系统自动记录该物品存放库位并修改系统库存，记录该配件的入库时间。通过这些步骤，长虹的仓库管理人员可以在系统中追踪到每一个产品的库存状态，实现实时监控。

（二）出库操作

一个完整的出库操作包括下架、封装、发货等。通过使用无线网络，长虹的仓库管理人员可以在下架时实时查询待出库产品的库存状态，实现先进先出操作，为操作人员指定需发货的产品库位，并通过系统下发动作指令实现路径优化。封装时系统自动记录包装内的货物清单并自动打印装箱单。发货时，系统自动记录发货的产品数量，并自动修改系统库存。

通过这些步骤，长虹可以在系统中追踪到每个订单产品的发货情况，实现及时发货，提高服务效率和客户响应时间。仓库操作人员收到仓库数据中心的发货提示时，会查阅无线终端上的任务列表，并扫描发货单号和客户编码，扫描无误后确认发送，中心收到后关闭发货任务。

（三）盘点操作

长虹会定期对库存商品进行盘点。在未使用条形码和无线技术之前，长虹的仓库操作人员清点完物品后，将盘点数量记录下来，将所有的盘点数据单提交给数据录入员输入电脑。由于数量清点和电脑录入工作都需要耗费大量的时间且又不能同时进行，因此往往会出现电脑录入员无事可做，然后忙到焦头烂额的情况；而仓库人员则是盘点时手忙脚乱，围在电脑录入员身边等待盘点结果。这样的场面，几乎每个月都要发生一次。

实施了讯宝科技的企业移动解决方案后，长虹杜绝了这种现象。仓库操作人员手持Symbol MC3000移动终端，直接在库位上扫描物品条形码和库位，系统自动与数据库中的记录进行比较，通过移动终端的显示屏幕将盘点结果返回给仓库人员。通过无线解决方案可以准确反映货物库存，实现精确管理。

条形码结合无线技术的企业移动解决方案使长虹的库存管理取得了非常明显的效果，为长虹降低了库存成本，大大提高了供应链效率，更为重要的是，准确及时的库存信息，让长虹的管理层可以对市场变化及时做出调整，大大提高了长虹在家电市场的竞争力，具体体现在以下四个方面。

1. 库存的准确性提高

无线手持移动终端或移动计算机与仓库数据中心实现了数据的实时双向传送后，保证了长虹原材料仓库和堆场中的货物从入库开始到产品出库结束的整个过程，各环节信息都处在数据中心的准确调度、使用、处理和监控之下，使得长虹库存信息的准确性达到100%，便于决策层做出准确的判断，提高长虹的市场竞争力。

2. 增加了有效库容，降低了企业成本

由于实现了实时数据交换，长虹仓库货物的流动速度提高，使得库位、货位的有效利用率随之提高。增加了长虹原材料仓库的有效库容，降低了产品的成本，提高了利润率。

3. 实现了无纸化操作，减少了人工误差

整个仓库都通过无线技术传递数据，从订单、入库单、调拨单、装箱清单、送货单等都实现了与仓库数据中心的双向交互、查询，大大减少了纸面单据，而采用Symbol MC3000手持移动终端进行条形码扫描识别，让长虹在提高数据记录速度的同时减少了人员操作错误。

4. 提高了快速反应能力

现在长虹可以在第一时间掌握仓库的库存情况，这让长虹可以对复杂多变的家电市场迅速做出反应和调整。在仓库管理中应用讯宝科技的移动解决方案，进行现场数据采集和分析，使成品信息、物料信息及配送信息全部集成到公司的ERP等信息系统上，长虹基本形成了一体化的物流信息系统，实现无线网络的仓储管理，极大提升了长虹物流的整体水平。

问题：

长虹和美国讯宝科技公司合作前后，仓库管理有何不同？

案例分析：

合作前，长虹仓储管理依赖纸张和手工记录，物流信息集成度不高，信息处理点分散，时效滞后，数据准确度不高，严重影响了企业的决策速度和市场竞争力。合作后，长虹应用条形码技术以及无线解决方案，对物料的入库、出库以及盘点环节的数据进行移动管理，在解决了操作人员流动性问题的同时，实现了数据的实时传输，使长虹能够准确及时地获得库存信息，让长虹的管理层可以对市场变化及时做出调整，大大降低了库存成本，提高了供应链效率，增强了长虹在家电市场的竞争力。

问题讨论：

1. 为什么长虹认为“物流是流动的仓库”？
2. 条形码结合无线技术为长虹带来了什么样的经济效益和社会效益？

复习思考题

1. 自营和公共仓储的区别是什么？每种类型的优缺点是什么？
2. 简述仓储的概念及其内涵。
3. 仓储的主要功能有哪些？
4. 识别和描述一些影响公司仓库大小的重要因素？
5. 什么是自动化立体仓库？请简述自动化立体仓库的系统构成。
6. 自动化立体仓库有哪些优越性？
7. 在仓库的出库作业中常见的问题有哪些？
8. 简述装卸搬运的目标与实现合理化的途径。
9. 请指出装卸搬运的特点。
10. 企业为什么会有库存发生？
11. 为什么库存对于公司的有效管理很重要？
12. 简述基本的库存控制方法及其原理。

第五章 配送与流通加工

本章重点

- 配送的概念、特点及种类
- 配送计划制订的步骤
- 配货作业方法及配送路线的优化
- 配送中心的概念和主要类型
- 配送中心的作业环节
- 自动分拣系统
- 流通加工的概念、作用及主要形式
- 流通加工合理化的途径

配送是一种现代物流方式和新型的流通体制。进入20世纪90年代以来，随着我国市场经济体制的逐步建立，物流配送得到了很大的发展。实践证明，配送是一种非常好的物流方式。流通加工通过改变或完善流通对象的形态来实现“桥梁和纽带”的作用，因此流通加工是流通中的一种特殊形式。随着经济增长，国民收入增多，消费者的需求出现多样化，促使在流通领域开展流通加工。目前，在世界许多国家和地区的物流中心或仓库经营中都大量存在流通加工业务，在美国、日本等物流发达国家则更为普遍。

第一节 配 送 概 述

配送是物流中一种特殊的、综合的活动形式，配送几乎包括了所有的物流功能要素。从某种程度上讲，它是物流的一个缩影或者是某个小范围中物流全部活动的体现。

一、配送的概念及特点

国家标准化管理委员会 2006 年颁布的《中华人民共和国国家标准物流术语》（GB/T 18354—2006）将配送定义为：在经济合理区域范围内，根据客户要求，对物品进行拣选、加工、包装、分割、组配等作业，并按时送达指定地点的物流活动。配送具有以下几方面的特点。

（一）配送是面向终端用户的服务

配送作为最终配置是指对客户完成最终交付的一种活动，是从最后一个物流节点到用户之间的物品的空间移动过程。物流过程中的最后一个物流节点设施一般是指配送中心或零售店铺。当然，最终用户是相对的，在整个流通过程中，流通渠道构成不同，供应商直接面对的最终用户也不一样。

（二）配送是末端运输

配送是相对于干线运输而言的概念，从狭义上讲，货物运输分为干线部分的运输和支线部分的配送。与长距离运输相比，配送承担的是支线的、末端的运输，是面对客户的一种短距离的送达服务。从工厂仓库到配送中心之间的批量货物的空间位移称为运输，从配送中心向最终用户之间的多品种小批量货物的空间位移称为配送。配送与运输的主要区别如表 5-1 所示。

表 5-1　配送与运输的区别

内　容	运　输	配　送
运输性质	干线运输	支线运输、区域内运输、末端运输
货物性质	少品种、大批量	多品种、小批量
运输工具	大型货车或铁路运输、水路运输	小型货车
管理重点	效率优先	服务优先
附属功能	装卸、捆包	装卸、保管、包装、分拣、流通加工、订单处理等

（三）配送强调时效性

配送不是简单的“配货”加“送货”。它有着特定含义，更加强调特定的时间、地点完成交付活动，充分体现时效性。

（四）配送强调满足用户需求

配送是从用户利益出发、按用户要求进行的一种活动，因此，在观念上必须明确“用户第一”“质量第一”，配送承运人的地位是服务地位而不是主导地位，因此必须从用户的利益出发，在满足用户利益的基础上取得本企业的利益。

（五）配送强调合理化

对于配送而言，应当在时间、速度、服务水平、成本、数量等多方面寻求最优。过分强调“按用户要求”是不妥的，受用户本身的局限，要求有时候存在不合理性，在这种情况下会损失单方或双方的利益。

（六）配送使企业实现“零库存”成为可能

企业为保证生产持续进行，依靠库存（经常库存和安全库存）向企业内部的各生产工位供应物品。如果社会供应系统既能承担生产企业的外部供应业务，又能实现上述的内部物资供应，那么企业的“零库存”就能成为可能。理想的配送恰恰具有这种功能，由配送企业进行集中库存，取代原来分散在各个企业的库存，就是配送的最高境界。这点在物流发达国家和我国一些地区的实践中已得到证明。

二、配送的种类

配送的分类方法很多，从不同的角度进行分类，就有不同的分类方法。

（一）按配送物品的种类和数量分类

1. 少品种或单品种、大批量配送

当生产企业所需的物资品种较少，或只需某个品种的物资，而需要量较大、较稳定时，可实行此种配送形式。这种配送形式由于数量大，不必与其他物资配装，可使用整车运输。这种形式多由生产企业直送用户，但为了降低用户的库存量，也可由配送中心进行配送。由于配送量大，品种单一或较少，涉及配送中心内部的组织工作也较简单，故而这种配送成本一般较低。

2. 少批量、多批次配送

在现代化生产发展过程中，消费者的需求在不断变化；市场的供求状况也随之变化，这就促使生产企业的生产向多样化方面发展，生产的变化引起了企业对产品需求方面的变化，在配送上也应按照用户的要求，随时改变配送物资的品种和数量，或增加配送次数。这样，一种多品种、少批量、多批次的配送形式也就应运而生。

3. 配套配送

为满足装配企业的生产需要，按其生产进度，将装配的各种零配件、部件、成套设备定时送达生产线进行组装的一种配送形式。

（二）按配送服务的对象分类

配送供给与需求的双方是由实行配送的企业和接受配送服务的用户（企业或消费者）所构成的。主要有以下几种情况。

1. 企业对企业的配送

企业对企业的配送发生在完全独立的企业与企业之间，或者发生在企业集团的企业与企业之间。基本上是属于供应链系统的企业之间的配送供给与配送需求。作为配送需求方，基本上有两种情况：一是企业作为最终的需求方，如供应链系统中上游企业对下游企业的原材料、零部件配送；二是企业在接受配送服务之后，还要对产品进行销售，这种配送一般称为“分销配送”。

2. 企业内部配送

企业内部配送大多发生在大型企业之中，这一般分为两种情况：第一种，连锁商业企业的内部配送。如果企业是属于连锁型企业，各连锁商店经营的物品、经营方式、服务水平、价格水平相同，配送的作用是支持连锁商店经营，这种配送称为“连锁配送”。连锁配送的主要优势是：在一个封闭系统中运行，随机因素的影响比较小，计划性比较强，因此容易实现低成本的、高效率的配送。第二种，生产企业的内部配送。生产企业成本控制的一个重要方法是，由高层主管统一进行采购，实行集中库存，按车间的或者分厂的生产计划组织配送，这种方式是现在许多企业采用的“供应配送”。

3. 企业对消费者的配送

这是在社会一个大的开放系统中所运行的配送，虽然企业可以通过会员制、贵宾制等方式锁定一部分消费者，从而可以采用比较容易实施的近似于连锁配送的方式，但是，多数情况下，消费者是一个经常变换的群体，需求的随机性非常强，服务水平的要求又很高，所以这是配送供给与配送需求之间最难以弥合的一种类型。最典型的是和B2C电子商务相配套的配送服务。

（三）按配送的时间和数量分类

1. 定时配送

按规定时间和时间间隔进行配送，这一类配送形式都称为定时配送。

定时配送的时间由配送的供给与需求双方通过协议确认。每次配送的品种及数量可预先在协议中确定，实行计划配送；也可以在配送之前以商定的联络方式（如电话、传真、计算机网络等）通知配送品种及数量。

定时配送这种服务方式，由于时间确定，对用户而言，易于根据自己的经营情况，按照最理想时间进货，也易于安排接货力量（如人员、设备等）。对于配送供给企业而言，这种服务方式易于安排工作计划，有利于对多个用户实行共同配送以减少成本的投入，易于计划使用车辆和规划路线。这种配送服务方式，如果配送物品种类、数量有比较大变化，配货及车辆配装的难度则较大，会使配送运力的安排出现困难。

2. 定量配送

按事先协议规定的数量进行配送。

这种方式数量固定，备货工作有较强的计划性，比较简单也比较容易管理。可以按托盘、集装箱及车辆的装载能力来有效地选择配送的数量，这样能够有效地利用托盘、集装箱等集装方式，也可做到整车配送，配送的效率较高。这种服务方式由于时间不严格规定，可以将不同用户所需物品凑整车后进行合理配装配送，运力利用也较好。

定量配送不仅有利于配送服务供给企业的科学管理，对用户来讲，每次接货都是同等数量的货物，这有利于人力、装卸机具、储存设施的配备。

定量配送适合在下述领域采用。

（1）用户对于库存的控制不十分严格，有一定的仓储能力，不施行“零库存”。

（2）从配送中心到用户的配送路线保证程度较低，难以实现准时的要求。

（3）难以对多个用户实行共同配送，只有达到一定配送批量，才能使配送成本降低到供、需双方都能接受的水平。

3. 定时定量配送

按照规定的配送时间和配送数量进行配送。

定时定量配送兼有定时、定量两种方式优点，是一种精密的配送服务方式。这种方式计划难度较大，由于适合采用的对象不多，很难实行共同配送等配送方式，因而成本较高，在用户有特殊要求时采用，不是一种普遍适用的方式。定时定量配送主要在大量而且稳定生产的汽车、家用电器、机电产品的供应物流里面取得了成功。这种方式的管理和运作，一是靠配送双方事先的一定时期的协议为依据来执行；二是采用“看板方式”来决定配送的时间和数量。

4. 定时定路线配送

在规定的运行路线上，制定配送车辆到达的时间表，按运行时间表进行配送。用户可以按照配送企业规定的路线及规定的时间选择这种配送服务，并到指定位置及指定时间接货。

这种方式特别适合对小商业集中区的商业企业的配送。商业集中区域交通较为拥挤，街道又比较狭窄，难以实现配送车辆“到门”的配送，如果在某一站点将相当多商家的货物送达，再用小型人力车辆将货物运送，在非营业时间内完成这项操作，就可以避免上述矛盾对配送造成的影响。

5. 即时、应急配送

完全按用户突然提出的配送要求随即进行配送。

这是对各种配送服务的补充和完善。这种配送方式主要应对用户由于事故、灾害、生产计划的突然变化等因素所产生的突发性需求；也应对一般消费者经常出现的突发性需求。这是有很高灵活性的一种应急方式，也是大型配送企业应当具备的应急能力。有了这种应急能力，就能够支持和保障配送企业的经营活动。需要提出的是，这种配送服务实际成本很高，难以用作经常性的服务。

（四）按配送组织者分类

1. 以制造商为主体的配送

这种配送的组织者是制造商，为降低流通费用、提高售后服务质量、保证下游企业或下道工序生产的顺利进行，制造商将预先配齐的成组元器件运送到规定的加工和装配工位。

因为从商品制造到生产出来产品印制条码和包装的配合等多方面都较易控制，所以按照现代化、自动化的配送中心设计比较容易，但不具备社会化的要求。

2. 以批发商为主体的配送

批发是商品从制造者到消费者手中之间的传统流通环节之一，一般是按部门或商品类别的不同，把每个制造厂的商品集中起来，然后以单一品种或搭配向消费地的零售商进行配送。这种配送的商品来自各个制造商，它所进行的一项重要的活动是对商品进行汇总和再销售，社会化程度高。

3. 以零售商为主体的配送

零售商发展到一定规模后，就可以考虑建立自己的配送中心，为专业商品零售店、超级市场、百货商店、建材商场、粮油食品商店、宾馆饭店等提供配送服务。

4. 以物流业者为主体的配送

这种配送的组织者是专职从事物流业务的物流业者，一般通过专业配送中心来提供配送服务。配送中心最强的是运输配送能力，一般地理位置优越，如位于港湾、铁路和公路枢纽附近，可迅速将到达的货物配送给用户。由于通过专业配送中心来提供服务，这种配送的现代化程度往往较高。

（五）其他类型的配送

1. 共同配送

共同配送是为提高物流效率，对许多企业一起进行配送的一种形式。共同配送的主要追求目标，是使配送合理化。这包含以下几方面的考虑：通过共同配送降低配送成本；通过共同配送使车辆满载，减少上路车辆，改善交通及环境；通过共同配送取得就近的优势，减少车辆行驶里程；通过共同配送减少配送网点及设施，节约社会财富。

共同配送有以下几种具体形式：

（1）由一个配送企业综合若干家用户的要求，对各个用户统筹安排，在配送时间、数量、次数、路线等诸方面做出系统的、最优的安排，在用户可以接受的前提下，全面规划、合理计划地进行配送。

（2）由若干家用户联合组织配送系统，对这些家用户进行配送。这种形式，将分散的配送需求集中起来，将分散的资源集中，就可以达到一定规模，从而提高配送效率并且降低成本。

（3）多家配送企业联合，共同划分配送区域，共同利用配送设施（如配送中心），进行一定程度的配送分工。

2. 加工配送

加工配送是指与流通加工结合，通过流通加工后再进行配送的一种方式。

流通加工和配送结合，使流通加工更有针对性，减少盲目性。配送企业不但可以依靠送货服务、销售经营取得收益，还可以通过流通加工增值取得收益。对于用户而言，按用户要求，通过流通加工进行配送，使配送更能贴近用户的实际需求，这种配送方式大大提高配送的服务水平，不但使用户获得了配送的好处，也获得了流通加工的好处。

第二节　配送计划的组织与实施

配送首先要做配送计划。因为配送往往涉及多个品种、多个用户、多车辆、各种车的载重量不同等多种因素，所以需要认真制订配送计划，实现科学组织，合理调配资源，达到既满足用户要求又总费用最省、车辆充分利用、效益最好的目的。

一、配送计划的制订

配送计划一般包括配送主计划、每日配送计划和特殊配送计划。

配送主计划，是指针对未来一定时期内，对已知客户需求进行前期的配送规划，便于对车辆、人员、支出等作统筹安排，以满足客户的需要。例如，为迎接家电行业 3～7 月空调销售旺季的到来，某公司于年初制订空调配送主计划，根据各个零售店往年销售情况加上相应系数预测配送需求量，提前安排车辆、人员等，制订配送主计划，全面保证销售任务完成。

每日配送计划，是针对上述配送主计划，逐日进行实际配送作业的调度计划。例如，订单增减、取消、配送任务细分、时间安排、车辆调度等。制订每日配送计划的目的是使配送作业有章可循，成为例行事务，做到忙中有序。当然这和责任到人也是有很大关系的。

特殊配送计划，是指针对突发事件或者不在主计划规划范围内的配送业务，或者不影响正常性每日配送业务所作的计划。它是配送主计划和每日配送计划的必要补充。例如，空调在特定商场进行促销活动，可能会导致配送需求量突然增加，或者配送时效性增高，这就需要制订特殊配送计划，以增强配送业务的柔性，提高服务水平。

（一）配送计划制订的步骤

一个高效的配送计划是在分析外部需求和内部条件的基础上按一定的步骤制订出来的。

第一步，确定配送计划的目的。

物流业务的经营运作是以满足客户需求为导向的，并且需要与企业自身拥有的资源、运作能力相匹配。但是，往往由于企业受到自身的能力和资源的限制，对满足客户需求的多变性、复杂性有一定难度。这就要求企业在制订配送计划时必须考虑制订配送计划的目的。例如，配送业务是为了满足短期实效性要求，还是长期稳定性要求；配送业务是服务于临时性特定顾客还是服务于长期固定客户。配送目的不同，具体的计划安排就不同。

第二步，搜集相关数据资料。

不了解客户的需求，就无法满足客户需求，因此搜集整理服务对象的相关数据资料是提高配送服务水平的关键。配送活动的主要标的是货物，如原材料、零部件、半成品、产成品等。就长期固定客户而言，对该货物近年来的需求量以及淡季和旺季的需求量变化等相关统计数据是制订配送计划时必不可少的第一手数据资料。另外，了解当年销售计划、生产计划、流通渠道的规模以及变化情况、配送中心的数量、规模、运输费用、仓储费用、管理费用等数据也是十分必要的。例如，如果不了解客户淡旺季需求差异的变化，对于突然增加的配送任务，是无法积极有效应对的，必然会出现车辆调配紧张、不能及时送达目的地，甚至发生由于不能及时配送而导致丧失市场机会等一系列严重问题。因此，对相关数据资料的收集并作相应的分析是制订配送计划的关键，是提高配送服务质量的关键。

第三步，整理配送的七要素。

配送七要素是指货物、客户、车辆、人员（指司机或者配送业务员）、路线、地点、时间这七项内容，也称作配送的功能要素。在制订配送计划时要对这些要素进行综合分析。

第四步，制订初步配送计划。

在完成上述三个步骤之后，结合自身能力以及客户需求，便可以初步确定配送计划。初步配送计划应该包括配送线路的确定原则、每日最大配送量、配送业务的起止时间（也可以24小时不间断作业）、使用车辆的种类等，并且可以有针对性地解决客户的现存问题，如果客户需要甚至可以精确到到达每一个配送地点的时间、具体路线的选择、货运量发生突然变化时的应急办法等方面。

第五步，与客户协调沟通。

制订配送计划的主要目的就是要让客户了解在充分利用有限资源的前提下，客户所能得到的服务水平。因此，在制订了初步的配送计划之后，一定要与客户进行沟通，请客户充分参与意见，共同完善配送计划，并且应该让客户了解其现有的各项作业环节在未来操作时可能出现的各种变化情况，以免客户的期望与具体操作产生重大落差。在具体业务的操作上，要取得良好的配送服务质量，是需要客户与配送公司密切配合的。

第六步，确定配送计划。

经过与客户几次协调沟通之后，初步配送计划经过反复修改最终确定。已经确定的配送计划应该成为配送合同中的重要组成部分，并且应该让执行此配送计划的双方或者多方人员全面了解，确保具体配送业务的顺利操作，确保配送服务质量。

（二）配送计划的内容

一个完整的配送计划主要包括以下内容。

1. 分配地点、数量与配送任务

在配送作业中，地点、数量与配送服务水平有密切关系。地点是指配送的起点和终点。

由于每一个地点配送量的不同，周边环境、自有资源的不同，应有针对性地综合考虑车辆数量、地点的特征、距离、线路，将配送任务合理分配，并且逐步摸索规律，使配送业务达到配送路线最短、所用车辆最少、总成本最低、服务水平最高。

2. 确定车辆数量

车辆数量很大程度上影响配送时效。拥有较多的配送车辆可以同时进行不同线路的配送，提高配送时效性；配送车辆数量不足，往往需不断往返装运，造成配送延迟。如何能在客户指定的时间内送达，与合理经济的车辆数量配置有十分密切的关系。如何能在有限的资源能力范围内最大限度地满足客户需求，是在配送计划中应该注意的问题。

3. 确定车队构成以及车辆组合

配送车队一般应根据配送量、货物特征、配送路线选择、配送成本分析进行自有车辆组合。同时，必要时也可考虑通过适当地选用外车组建配送车队，适合的自有车辆与外车的比例，可以适应客户需求变化，有效地调度自有车辆，降低运营成本。

4. 控制车辆最长行驶里程

在制订配送计划的人员配置计划时，应尽量避免由于司机疲劳驾驶而造成的交通隐患，全面保证人员以及货物安全。通常可以通过核定行驶里程和行驶时间评估工作量，有效避免超负荷作业。

5. 车辆容积、载重限制

选定配送车辆需要根据车辆本身的容积、载重限制结合货物自身的体积、重量考虑最大装载量，以便车辆的有限空间不被浪费，降低配送成本。

6. 路网结构的选择

通常情况下，配送中心辐射范围为 60 千米，也就是说，以配送中心所在地为圆点，半径 60 千米以内的配送地点均属于配送中心服务范围。这些配送地点之间可以形成很多区域网络，所有的配送方案都应该满足这些区域网络内的各个配送地点的要求。

7. 时间范围的确定

客户通常根据自身需要指定配送时间，这些特定的时间段往往在特定路段与上下班高峰期重合，因此在制订配送计划时应对交通流量等影响因素予以充分考虑，或者与客户协商，尽量选择夜间配送、凌晨配送、假日配送等方式。

8. 与客户作业层面的衔接

配送计划应该对客户作业层面有所考虑，例如，货物装卸搬运作业是否托盘标准化、一贯化，是否容器化，有无装卸搬运辅助设备，客户方面是否有作业配合，是否提供随到随装条件，是否需要搬运装卸等候，停车地点距货物存放地点远近等。

9. 达到最佳化目标

物流配送的最佳化目标是指按“四最”的标准，在客户指定的时间内，准确无误地按客户需求将货物送达指定地点。“四最”是指：配送路线最短、所用车辆最少、作业总成本最低、服务水平最高。

二、配货作业与车辆配装

配货作业是配送中心运作的核心内容，它由一个完整的作业流程组成，这将在后面部分介绍，下面将介绍配货作业方法与车辆配装。

（一）配货作业方法

配货是配送工作的第一步，根据各个用户的需求情况，首先确定需要配送货物的种类和数量，其次在配送中心将所需货物挑选出来，即所谓的分拣，分拣工作可采用自动化的分拣设备，也可采用手工方法。这主要取决于配送中心的规模及其现代化的程度。配货作业有两种基本形式：分货方式和拣选方式。配货时大多是按照入库日期的“先进先出”原则进行。

1. 摘取方式

摘取方式（又叫拣选方式），是在配送中心分别为每个用户拣选其所需货物，此方法的特点是配送中心的每种货物的位置是固定的，对于货物类型多、数量少的情况，这种配货方式便于管理和实现现代化。

进行拣选式配货时，以出货单为准，每位拣货员按照品类顺序或储位顺序，到每种品类的储位下层的拣货区拣取该出货单内、该品类的数量，码放在托盘上，再继续拣取下一个品类，一直到该出货单结束后，将拣好的货品与出货单置放于待运区指定的位置后，由出货验放人员接手。

摘取式的优点是：以出货单为单位，一人负责一单，出错的机会较少，而且易于追查。有些配送中心以摘取式进行配货，甚至省略了出货验放的工作，而由拣货员兼任出货验放的工作。

摘取式的缺点是：作业重复太多——尤其是热销商品，几乎每张出货单都要走一趟仓库，容易在这个地区造成进出交通拥堵，补货不及时等现象；人力负荷重——出货单的品类多，每单项数量少的时候，人力作业的负担很重，每人（拣货员）拣取单数随工作时间成反比。

便利店的配货作业，就是摘取式配货作业的典范。在国外，便利店将许多商品的物流工作外包出去，自身保留周转率比较高、处理技术层次低的商品品类的配货作业，其他难度较大，如保存期限短的冷藏食品——包子、饭团、三明治等，退货率高的报纸、杂志、书籍等，通通外包，其效果反而比自己处理还要好。

2. 播种方式

播种方式（又叫分货方式），是将需配送的同一种货物从配送中心集中搬运到发货场地，然后根据各用户对该种货物的需求量进行二次分配，就像播种一样。这种方式适用货物易于集中移动且对同一种货物需求量较大的情况。

播种式配货的原理和摘取式完全不同，除了单一的出货单以外，还需要有各个出库商品品类的总数量。拣货员的工作，先是按照“拣货总表”的品类总量，到指定储位下层的拣货区一次取一类货物。取完一个品类后，拖至待验区，按照出货单的代码（位置编号）将该品类应出货的数量放下。

此方法的不足是需要相当的空间为待验区，对于仓储空间有限的业者而言，有相当的困难。而且出货时间必须有一定的间隔（要等到这一批的出货单全部拣完、验完），不能像摘取式配货那样可以逐单、连续出货。

（二）车辆的配装

由于配送作业本身的特点，配送工作所需车辆一般为汽车。由于需配送的货物的特性、比重、体积以及包装形式各异，货物装车时既要考虑车辆的载重量、容积，又要考虑货物的特性，在充分保证货物质量和数量完好的前提下，尽可能提高车辆在容积和载货两方面的装载量，以提高车辆利用率，节省运力，降低配送费用。

具体车辆配装要根据需配送货物的具体情况以及车辆情况，主要是依靠经验或简单的计算来选择最优的装车方案。凭经验配装时，应遵循以下原则。

（1）为了减少或避免差错，尽量把外观相近、容易混淆的货物分开装载。

（2）重不压轻，大不压小，轻货应放在重货上面，包装强度差的应放在包装强度好的上面。

（3）尽量做到“后送先装”。由于配送车辆大多是后开门的厢式货车，故先卸车的货物应装在车厢后部，靠近车厢门，后卸车的货物装在前部。

（4）货与货之间、货与车辆之间应留有空隙并适当衬垫，防止货损。

（5）不要将互不相容的货物混装，如不将散发臭味的货物与具有吸臭性的食品混装、不将散发粉尘的货物与清洁货物混装、不将渗水货物与易受潮货物混装，如此等等。

（6）包装不同的货物应分开装载，如板条箱货物不要与纸箱、袋装货物堆放在一起。

（7）具有尖角或其他突出物的货物应和其他货物分开装载或用木板隔离，以免损伤其他货物。

（8）装载易滚动的卷状、桶状货物，要垂直摆放。

（9）装货完毕，应在门端处采取适当的稳固措施，以防开门卸货时，货物倾倒造成货损或人身伤亡。

解决车辆配装量问题，当数据量小时还能用手工计算，但数据量大时，依靠手工计算将变得非常困难，需用数学方法来求解。现在已开发出车辆配装的软件，将配送货物的相关数据输入计算机，即可由计算机自动输出配装方案。在进行配装时，我们可以充分利用此类软件进行自动安排。

三、配送路线的优化

配送路线是指各送货车辆向各个用户送货时所要经过的线路。配送路线合理与否对配送速度、车辆的合理利用和配送费用都有直接影响，因此配送路线的优化问题是配送工作的主要问题之一。采用科学的合理的方法来确定配送路线，是配送活动中非常重要的一项工作。

配送路线规划的目标可以有多种选择，如以效益最高为目标、以成本最低为目标、以路程最短为目标、以吨千米数最小为目标、以准确性最高为目标、以运力利用最合理为目标、以劳动消耗最低为目标。

（一）确定配送路线的约束条件

一般配送的约束条件有以下几项。

（1）满足所有收货人对货物品种、规格、数量的要求。

（2）满足收货人对货物送达时间范围的要求。

（3）在允许通行的时间段内进行配送。

（4）各配送路线的货物量不得超过车辆载重量的限制。

（5）在配送中心现有运力允许的范围内。

（二）配送路线优化的方法

随着配送的复杂化，配送路线的优化一般要结合数学方法及计算机求解的方法来制订合理的配送方案，目前有多种算法，如节约法、神经网络算法、遗传算法、最邻近法等，其中最常用的算法是节约法。

1. 节约法的基本规定

利用节约法确定配送路线的主要出发点是，根据配送中心的运输能力和配送中心到各个用户以及各个用户之间的距离来制订使总的车辆运输的吨千米数最小的配送方案。另还需要满足以下条件：（1）所有用户的要求；（2）不使任何一辆车超载；（3）每辆车每天的总运行时间或行驶里程不超过规定的上限；（4）用户到货时间要求。

2. 节约法的基本思想

节约法的基本思想是为达到高效率的配送，使配送的时间最小、距离最短、成本最低，而寻找的最佳配送路线。

3. 节约法的原理

节约法的原理如图5-1所示。如果从配送中心 P_0 到用户 P_1 和 P_2 的运输距离分别是 d_{01} 和 d_{02}，P_1 和 P_2 之间的运输距离是 d_{12}，如果不配送，则对每个用户需派一辆车来回送货，总运输距离为：$2(d_{01}+d_{02})$。而如果配送，则可以只派一辆车一次给两个用户顺序送货，总运输距离为：$d_{01}+d_{02}+d_{12}$。二者之间的节约量为：$2(d_{01}+d_{02})-(d_{01}+d_{02}+d_{12})=d_{01}+d_{02}-d_{12}$。

如果把多个用户连在一起，则节约量更大。

如果多个用户满足假定条件：

（1）$\sum_{j=1}^{n} b_j \leqslant Q_k$；

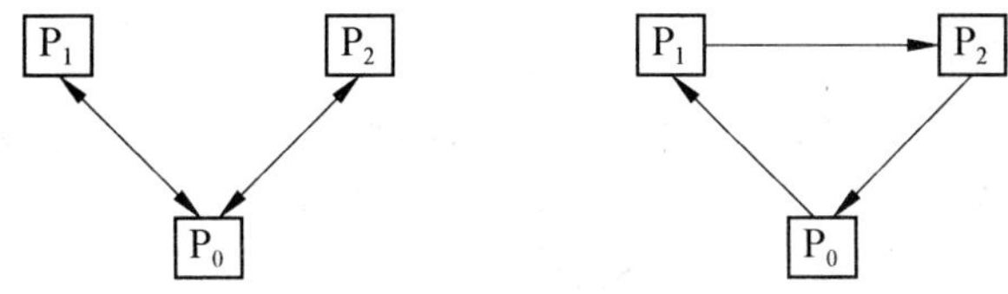

图 5-1　节约法原理

（2）$d_{0i}+d_{0j}>d_{ij}$，使得节约量>0。

式中：b_j——所载 j 客户的货物重量；

Q_k——k 车辆总载重量。

则可以按节约量从大到小的顺序依次把用户连成一条回路，直到整个回路各个用户的需求量之和不超过这辆载重车的载重量，就组成了一条节约量最大的配送回路，派出一辆车。然后在剩下的用户中同样按节约量由大到小的顺序继续组织配送回路，派出车辆，这样下去一直到所有的用户都组织完毕为止。

例：某月某日，珠江物流公司接受了广州某商场给广州市 9 个用户送货的任务单，多个品种总运量共 20 吨，各个用户的需求量如表 5-2 所示，各点之间的路程如图 5-2 所示。公司现有 10 吨车一辆、5 吨车两辆、2 吨车若干辆，需要制定配送路线。

表 5-2　用户的需求量

用　户	P_1	P_2	P_3	P_4	P_5	P_6	P_7	P_8	P_9
需求量（吨）	12	1	1.5	0.5	0.5	1.5	0.8	1.2	1

P_0									
12	P_1								
11	11	P_2							
13	10	9	P_3						
15	14	12	26	P_4					
13	12	15	25	15	P_5				
16	20	18	24	17	16	P_6			
17	18	20	23	19	17	21	P_7		
18	14	22	22	21	19	22	15	P_8	
20	16	24	21	23	18	20	17	18	P_9

图 5-2　各个用户之间的距离（单位：千米）

制定配送路线的第一步，安排直送，把大运量用户先用专车直送，剩下的小运量用户再统一安排配送。由图 5-2 可以看出，派一辆 10 吨车为 P_1 送 10 吨，剩下的 2 吨，与其余小运量各用户一起安排。

第二步，制订详细具体的配送路线。首先要求配送用户的节约量，如图 5-3 所示。具体组织回路时，总是从最大的节约量开始，连接用户。例如图 5-3 中，最大的节约量为 20，有 3 个 20，随便哪一个都可以，例如我们选定 P_8 和 P_9 的交叉点上的 20，但是这时要考虑一下它们的需求量之和（1.2+1）是否小于等于可用车的载重量，如果大于一辆车的载重量就不能够连，如果小于一辆车的载重量就可以连。第一辆配送车辆准备用 5 吨车，而 P_8 和 P_9 的需求量之和只有 2.2 吨，所以可以连，这样在这个格和 P_8 所在格上做一个记号，例如①（表示第 1 条回路），这就意味着把 P_8 和 P_9 连起来，再选择剩下的节约量最大的，在 P_9 所在行，还有一个 20，它在 P_9 和 P_7 的交叉点上，意味着把 P_9 和 P_7 连接，需求量之和（1.2+1+0.8=3）小于载重量 5，可以连，在这个 20 所在格以及 P_7 所在格上做上相同的记号①，表示 P_9 和 P_7 连在一起了。由于车还没载满，继续连，再在剩下的里面找节约量最大的，这时注意，P_9 所在行已经满了，因为这一行已经有两个记号，表示它的两头都已经牵上手了（每行每列的记号都只能有两个，也必须有两个，但 P_0 所在列的记号可以多于两个）。这样就能够在 P_9 所在行以外的各个用户中找节约量最大的，为 16，表示 P_8 和 P_1 牵手，需求量之和等于 5，可以连，在 16 所在格和 P_1 格做上相同的记号①。这时，一辆 5 吨车已经装满，这时把 P_7 和 P_1 分别与 P_0 牵手（即在它们的交叉点上做上相同的记号①），就完成了一个配送回路。这个配送回路就是 P_0—P_1—P_8—P_9—P_7—P_0，用 5 吨车刚好装 5 吨货物循环送货，全路程长 78 千米，工作量 390 吨千米。

需求	P_0									
2	①	$P_1$①								
1		12	P_2							
1.5	②	15	15②	P_3						
0.5		13	14②	2	$P_4$②					
0.5	②	13	9	1	13	$P_5$②				
1.5		8	9	5	14②	13②	P_6			
0.8	①	11	8	7	13	13	12	$P_7$①		
1.2		16①	7	9	12	12	12	20	$P_8$①	
1		16	7	12	12	15	16	20①	20①	P_9

图 5-3 各个用户之间的节约量（单位：千米）

再在剩下的用户当中按同样的方法组织第二个回路，见图 5-3 中用②记号的回路。这条回路是 P_0—P_3—P_2—P_4—P_6—P_5—P_0，用 5 吨车刚好装 5 吨货物循环送货，全路程长 80 千米，工作量 400 吨千米。

采用以上方法做出来的具体配送路线可能不是唯一的，可能有几种方案，最后比较哪个最省，就用哪一个方案。

第三节 配 送 中 心

配送中心不仅是一种“门到门”的服务，更是一种现代化送货方式，是大生产、专业化分工在流通领域的反映，它完善了整个物流系统，将支线运输和小搬运统一起来，使运输得以优化，提高末端物流的经济效益。

一、配送中心的概念

配送中心是指从事配送业务且具有完善信息网络的场所或组织。应基本符合下列要求：(1) 主要为特定客户服务或末端客户提供服务；(2) 配送功能健全；(3) 辐射范围小；(4) 提供高频率、小批量、多批次配送服务。

配送中心是接受生产厂家等供货商多品种大量的货物，按照多家需求者的订货要求，迅速、准确、低成本、高效率地将商品配送到需求场所的物流节点设施。

一般来说，为了提高物流服务水平，降低物流成本，从工厂等供货场所到配送中心之间实施低成本高效率的大批量运输，在配送中心分拣后，向区域内的需求者进行配送。在配送过程中，根据需要还可以在接近用户的地方设置末端集配点，从这里向小需求量用户配送商品。

配送中心也可以看作是流通仓库，但绝不能看成是保管型仓库。在物流运作中，我们常常会将配送中心和物流中心相混淆。物流中心是从事物流活动且具有完善信息网络的场所或组织，应基本符合下列要求：(1) 主要面向社会提供公共物流服务；(2) 物流功能健全；(3) 集聚辐射范围大；(4) 存储、吞吐能力强；(5) 对下游配送中心客户提供物流服务。表 5-3 列出了配送中心、保管型仓库和物流中心的区别。

表 5-3 配送中心、保管型仓库与物流中心的区别

项 目	仓 库	配 送 中 心	物 流 中 心
服务对象	特定用户	特定用户	面向社会
主要功能	物资保管	各项配送功能	各项物流功能
经营特点	库房管理	配送为主，储存为辅	存储、吞吐能力强
配送品种	—	多品种	品种少
配送批量	—	小批量	大批量
辐射范围	小	小	大
保管空间	保管空间	保管空间与其他功能各占一半	—

二、配送中心的主要类型

根据不同的标准，可将配送中心划分为不同的类型。

（一）按配送中心的运营主体分类

1. 制造商型配送中心

制造商型配送中心是以制造商为主体的配送中心。这种配送中心里的物品100%是由制造商自己生产制造，用以降低流通费用、提高售后服务质量和及时地将预先配齐的成组元器件运送到规定的加工和装配工位。从物品制造到生产出来后条码和包装的配合等多方面都较易控制，所以按照现代化、自动化的配送中心设计比较容易，但不具备社会化的要求。

2. 批发商型配送中心

批发商型配送中心是指由批发企业为主体建立的配送中心。批发是物品从制造者到消费者手中之间的传统流通环节之一，一般是按部门或物品类别的不同，把每个制造厂的物品集中起来，然后以单一品种或搭配向消费地的零售商进行配送。这种配送中心的物品来自各个制造商，它所进行的一项重要的活动是对物品进行汇总和再销售，而它的全部进货和出货都是社会配送的，社会化程度高。

3. 零售商型配送中心

零售商型配送中心是由零售商向上整合所成立的配送中心，是以零售业为主体的配送中心。零售商发展到一定规模后，就可以考虑建立自己的配送中心，为专业物品零售店、超级市场、百货商店、建材商场、粮油食品商店、宾馆饭店等服务，其社会化程度介于前两者之间。

4. 专业物流配送中心

专业物流配送中心是以第三方物流企业或传统的仓储企业、运输企业为主体的配送中心。这种配送中心有很强的运输配送能力，地理位置优越，可迅速将到达的货物配送给用户。它为制造商或供应商提供物流服务，而配送中心的货物仍属于制造商或供应商所有，配送中心只是提供仓储管理和运输配送服务。这种配送中心的现代化程度往往较高。

（二）按服务对象划分

1. 面向最终消费者的配送中心

在商物分离的交易模式下，消费者在店铺看样品挑选购买后，商品由配送中心直接送达到消费者手中。一般来说，家具、大型电器等商品适合于这种配送方式。

2. 面向制造企业的配送中心

根据制造企业的生产需要，将生产所需的原材料或零部件，按照生产计划调度的安排，送达到企业的仓库或直接送到生产现场。这种类型的配送中心承担了生产企业大部分原材料或零部件的供应工作，减少了企业物流作业活动，也为企业实现零库存经营提供了物流条件。

3. 面向零售商的配送中心

配送中心按照零售店铺的订货要求，将各种商品备齐后送达到零售店铺。包括为连锁店服务的配送中心和为百货店服务的配送中心等。

（三）按配送中心的功能划分

1. 通过型（分拣型）配送中心

通过型配送中心的特点是商品在这里停留的时间非常短，一般只有几个小时或半天，商品途经配送中心的目的是为了将大批量的商品分解为小批量的商品，将不同种类的商品组合在一起，满足店铺多品种小批量订货的要求；通过集中与分散的结合，减少运输次数，提高运输效率以及理货作业效率等。通过型配送中心具备高效率的商品检验、拣选以及订单处理等理货和信息处理能力，作业的自动化程度比较高，信息系统也比较发达。

2. 集中库存型配送中心（商品中心）

集中库存型配送中心具有商品储存功能，大量采购的商品储存在这里，各个工厂或店铺不再保有库存，根据生产和销售需要由配送中心及时组织配送。这种将分散库存变为集中库存的做法，有利于降低库存水平，提高库存周转率。

3. 流通加工型配送中心

流通加工型配送中心除了开展配送服务外，还根据用户的需要在配送前对商品进行流通加工。例如，面向连锁超市配送商品的配送中心从事诸如分装、贴标签、食品清洗、服装熨烫等流通加工作业，之后再配送到各个店铺。这样，可以减轻店铺作业的压力，集中加工也有助于开展机械化作业，提高流通加工效率。还有一种情况是出于提高运输保管效率的考虑，在运输保管过程中保持散件状态，向用户配送前进行组装加工。

以上三种形态的配送中心有可能是作为综合型的配送中心的不同功能部分而出现的，也就是说，综合型配送中心同时具备以上三种功能。

除了以上三种基本类型以外，在国外近年还出现了礼品配送中心和售后服务型配送中心。

礼品配送中心主要是用来配送用于个人之间相互赠予的礼品，当顾客在商店挑选好礼品后，由配送中心负责包装并配送到客人手中。

售后服务型配送中心的服务除了进行商品配送以外，还负责产品的安装、调试等服务，配送对象主要是家电、家具等需要组装、安装、调试的大型商品。

三、配送中心的作业环节

配送中心的主要作业活动包括拣选、分货、流通加工、保管、配送、订单处理和信息处理等。

（一）拣选

拣选是配送中心作业活动中的核心内容。所谓拣选，就是按订单或出库单的要求，从储存场所选出物品，并放置在指定地点的作业。由于配送中心所处理的商品种类繁多，而且要面对众多的服务客户，因此，要在短时间内高效率、准确地完成上百种甚至更多品种商品的拣选，就变成一项复杂的工作。拣选工作又是难以采用机械完成的工作，主要依靠人工作业。为了达到高效、准确的要求，必须有一套科学的拣选方法，同时，要在信息系统的支持下，提高拣选作业效率和拣选的正确性。

（二）分货（货物分组）

配送中心的最终任务是按照客户的订单要求及时将商品送达到客户手中。配送中心面对众多客户提供配送服务（为连锁店铺服务的配送中心同时要向几十个甚至上百个店铺配送商品），因此，集中拣选出来的商品要按店铺、配送车辆、配送路线等分组，也就是说，将集中拣选出来的货物按照店铺、车辆、路线分别分组码放在指定的场所。在大型配送中心和卡车中转站，一般利用大型的高速自动分拣设备完成分拣作业（在全部入库商品都需要一次配送到顾客，或如同卡车中转站那样的中转据点，已不存在从保管场所取出货物的作业环节，拣选实际上就是向分拣设备投入货物）。

货物分组作业还存在于货物在上架之前，例如将入库的货物按照入库的先后顺序进行分别码放，按照不同的客户分别码放，为提高下道作业效率进行合理分组码放等。

（三）流通加工

流通加工不是所有配送中心都必备的作业环节，但往往是有重要作用的功能要素。通过流通加工可以大大提高用户满意度，并可提高配送货物的附加价值。配送中心流通加工的内容与服务对象有关，例如，为生活消费品零售商提供服务的配送中心内从事的主要流通加工活动有贴标签、包装、组装、服装检验和整烫、蔬菜加工、半成品加工等；为生产企业从事配送服务的配送中心的流通加工活动有卷板剪裁、木材加工等。

（四）保管

配送中心保管的商品一部分是为了从事正常的配送活动保有的存货，库存量比较少；另一部分是集中批量采购形成的库存，具有储存的性质；也有受供应商委托存放在配送中心准备随时满足顾客订货需要的存货。

（五）配送

配送是配送中心的核心功能，也是配送中心最终要完成的工作。

（六）订单处理

订单处理是指接收订货信息、核对库存、制作各种票据，按照订货要求做好相应的作业准备工作。在配送中心每天的营运作业里，订单处理为每日必行的作业，也是一切作业的起始，因此订单处理的效率极大地影响着后续的拣货配送等作业。

由于零售商多品种、小批量的订货趋势，配送中心面临着诸多课题，订单处理便是其中之一。如何快速、正确、有效地取得订货资料；如何有效处理因多品种、小批量、高频度订货所引发的大量、繁杂的订货资料；如何追踪、掌握订单的进度以提升客户服务水平，以及如何支持、配合相关作业等，是订单处理需要解决的问题。

（七）信息处理

配送中心作为连接供应者和需求者的中介者，要同双方保持信息上的沟通。随着配送时效性的增强，信息的传递、处理速度必须加快，为此，配送中心必须构建高效率的信息处理和传递系统。此外，配送中心内部作业活动的效率化同样也离不开信息的支持。

四、自动分拣系统

自动分拣系统（Automated Sorting System）是先进配送中心所必需的设施条件之一。自动分拣系统的主要设备是自动分拣机。自动分拣机是将混在一起而去向不同的物品，按设定要求自动进行分发配送的设备，它主要由输送装置、分拣机构、控制装置等组成。当分拣物到达分拣口时，通过推拉机构、拨块、倾倒、输送等方式，使分拣物滑动或传输到分拣口，可实现多品种、小批量、多批次、短周期的物品分拣和配送作业。自动分拣机的种类很多，但较为先进的主要有三种：滑靴式分拣机、翻盘/翻板式分拣机、交叉带式分拣机。

（一）自动分拣系统作业描述

自动分拣系统是第二次世界大战后在美国、日本的物流中心/配送中心中广泛采用的一种自动分拣系统，该系统目前已经成为大中型物流中心/配送中心不可缺少的一部分。该系统的作业过程可以简单描述如下：物流中心/配送中心每天接收成百上千家供应商或货主通过各种运输工具送来的成千上万种商品，在最短的时间内将这些商品卸下，并按商品品种、货主、储位或发送地点进行快速准确的分类，将这些商品运送到指定地点（如指定的货架、加工区域、出货站台等），同时，当供应商或货主通知物流中心/配送中心按配送指示发货时，自动分拣系统在最短的时间内从庞大的高层货架存储系统中准确找到要出库的商品所在位置，并按所需数量出库，将从不同储位上取出的不同数量的商品按配送地点的不同运送到不同的理货区域或配送站台集中，以便装车配送。

（二）自动分拣系统的主要特点

1. 能连续、大批量地分拣货物

由于采用大生产中使用的流水线自动作业方式，自动分拣系统不受气候、时间、人的体力等的限制，可以连续运行，同时自动分拣系统单位时间分拣件数多。自动分拣系统的分拣能力是可以连续运行100个小时以上，每小时可分拣7 000件包装商品；如用人工分拣，则每小时只能分拣150件左右，并且分拣人员也不能在这种劳动强度下连续工作8小时以上。

2. 分拣误差率极低

自动分拣系统的分拣误差率大小主要取决于所输入分拣信息的准确性大小，这又取决于分拣信息的输入机制，如果采用人工键盘或语音识别方式输入，则误差率在3%以上；如果采用条形码扫描输入，除非条形码的印刷本身有差错，否则不会出错。因此，目前自动分拣系统主要采用条形码技术来识别货物。

3. 分拣作业基本是无人化

自动分拣系统的目的之一就是减少人员的使用，减轻员工的劳动强度，提高人员的使用效率，因此自动分拣系统能最大限度地减少人员的使用，基本做到无人化。分拣作业本身并不需要使用人员，人员的使用仅局限于以下工作。

（1）送货车辆抵达自动分拣线的进货端时，由人工接货。

（2）由人工控制分拣系统的运行。

（3）分拣线末端由人工将分拣出来的货物进行集载、装车。

（4）自动分拣系统的经营、管理与维护。

如美国一公司配送中心面积为10万平方米左右，每天可分拣近40万件商品，仅使用400名左右员工，这其中部分人员都在从事上述第（1）、（3）、（4）项工作，自动分拣线做到了无人化作业。

（三）自动分拣系统的组成

自动分拣系统一般由控制装置、分类装置、输送装置及分拣道口组成。

1. 控制装置

控制装置的作用是识别、接收和处理分拣信号，根据分拣信号的要求指示分类装置按商品品种、商品送达地点或货主的类别对商品进行自动分类。这些分拣需求可以通过不同方式，如可以通过条形码扫描、色码扫描、键盘输入、重量检测、语音识别、高度检测及形状识别等方式输入分拣控制系统中，根据对这些分拣信号判断来决定某一种商品该进入哪一个分拣道口。

2. 分类装置

分类装置的作用是根据控制装置发出的分拣指示，当具有相同分拣信号的商品经过该装置时，该装置动作，使其改变在输送装置上的运行方向进入其他输送机或进入分拣道口。分类装置的种类很多，一般有推出式、浮出式、倾斜式和分支式几种，不同的装置对分拣货物的包装材料、包装重量、包装物底面的平滑程度等有不完全相同的要求。

3. 输送装置

输送装置的主要组成部分是传送带或输送机，其主要作用是使待分拣商品鱼贯通过控制装置、分类装置，并且输送装置的两侧一般要连接若干分拣道口，使分好类的商品滑下主输送机（或主传送带）以便进行后续作业。

4. 分拣道口

分拣道口是已分拣商品脱离主输送机（或主传送带）进入集货区域的通道，一般由钢带、皮带、滚筒等组成滑道，使商品从主输送装置滑向集货站台，在那里由工作人员将该道口的所有商品集中后或是入库储存，或是组配装车并进行配送作业。

以上四部分装置通过计算机网络联结在一起，配合人工控制及相应的人工处理环节构成一个完整的自动分拣系统。

第四节 流 通 加 工

目前，世界各地的许多物流中心、配送中心或仓库都开展了流通加工业务，美国、日本等物流发达国家的流通加工服务更为普遍。有资料显示，日本东京、大阪、名古屋等地的物流企业中，有一半以上的企业都开展了流通加工业务，且规模都相当可观。

一、流通加工的概念

流通加工是为了提高物流速度和物品的利用率，在物品进入流通领域后，按客户的要求进行的加工活动，即在物品从生产者向消费者流动的过程中，为了促进销售、维护商品质量和提高物流效率，对物品进行一定程度的加工。

如果从物流运作的角度来看，流通加工就是为了弥补生产加工的不足，更有效地满足客户或企业的需要，使产需双方更好地衔接，而在物流过程中进行的加工活动。《中华人民共和国国家标准物流术语》（GB/T 18354—2006）对流通加工的定义是：根据顾客的需要，在流通过程中对产品实施的简单加工作业活动（如包装、分割、计量、分拣、刷标志、拴标签、组装等）的总称。

流通加工与一般的生产加工相比较，在加工方法、加工组织、生产管理方面无显著区别，但在加工对象、加工程度方面差别较大，主要差别如下。

（1）从加工对象看：流通加工的对象是进入流通过程的商品，具有商品的属性；而生产加工对象不是最终产品，而是原材料、零配件及半成品。

（2）从加工程度看：流通加工大多是简单加工，主要是解包分包、裁剪分割、组配集合、废物再生利用等；而生产加工一般是复杂加工。

（3）从加工价值看：流通加工旨在完善产品的使用价值，并在不做大的改变的情况下，提高其价值；而生产加工是创造产品的价值及使用价值。

（4）从所处领域看：流通加工处在流通领域，一般由流通企业完成；而生产加工处在生产领域，由生产企业完成。

（5）从加工目的看：流通加工的目的主要是方便流通、方便运输、方便储存、方便销售、方便用户和物资充分利用，即除为了消费（或再生产）所进行的加工外，有时是以自身流通为目的，为流通创造条件；而生产加工是以交换、消费为目的的生产活动。

二、流通加工的作用

@链接资料

阿迪达斯公司在美国有一家超级市场，设立了组合式鞋店，摆放着的不是做好了的鞋，而是做鞋用的半成品。这些半成品款式花色多样，有 6 种鞋跟、8 种鞋底，均为塑料制造的，鞋面的颜色以黑、白为主，搭带的颜色有 80 余种，款式有百余种，顾客进入商店可任意挑选自己所喜欢的各个部位，交给职员当场进行组合。只要 10 分钟，一双崭新的鞋便唾手可得。这家鞋店昼夜营业，职员技术熟练，鞋子的售价与成批制造的价格差不多，有的还稍便宜些。所以顾客络绎不绝，销售金额是邻近鞋店的 10 倍。

由案例可见，流通加工可以称为是高附加价值的活动。这种高附加价值的形成，主要着眼于满足用户的个性化需要，提高服务功能而取得的，是贯彻物流战略思想的表现，也是一种低投入、高产出的加工形式。

具体来说，流通加工的作用体现在以下几个方面。

（一）方便流通

它包括方便运输、方便储存、方便销售、方便用户。例如流通加工中的集中下料，是将生产企业直接运来的整包装、标准化产品分割成适合用户需要的规格、尺寸或包装的物品。例如钢板裁剪，薄板厂生产出来的薄板，60 吨一卷，运输、吊装、储存都非常方便，运到金属公司销售给用户时，有的用户只买几米，为了方便销售、方便用户，就需要金属公司用切板机将钢板切割、裁剪成适合用户需要的形状尺寸，用户买回去就可以直接使用，因此钢板裁剪这种流通加工就起到了方便流通、方便运输、方便储存、方便销售、方便用户的作用。其他如钢筋或圆钢裁制成毛坯、木材锯板等都具有这样的作用。

（二）提高了生产效益，也提高了流通效益

由于采用流通加工，生产企业可以进行标准化、整包装生产，这样做适应大生产的特

点，提高了生产效率，节省了包装费用和运输费用，降低了成本；流通企业可以促进销售，增加销售收入，也提高了流通效益。

（三）流通加工不但方便了用户购买和使用，还降低了用户成本

用量小或临时需要的用户，缺乏进行高效率初级加工的能力，依靠流通加工可使用户省去进行初级加工的机器设备的投资及人力，降低了成本。目前发展较快的初级加工有净菜加工、将水泥加工成生混凝土、将原木或板方材加工成门窗、冷拉钢筋及冲制异形零件、钢板预处理、整形、打孔等加工。

（四）提高加工效率及设备利用率

由于建立集中加工点，可以采用效率高、技术先进、加工量大的专用机具和设备。这样做的好处：一是提高了加工质量；二是提高了设备利用率；三是提高了加工效率。其结果是降低了加工费用及原材料成本。例如，一般的使用部门在对钢板下料时，采用气割的方法，需要留出较大的加工余量，不但出材率低，而且由于热加工容易改变钢的组织，加工质量也不好。集中加工后可采用高效率的剪切设备，在一定程度上防止了上述缺点。

（五）充分发挥各种输送手段的最高效率

流通加工环节将实物的流通分成两个阶段。一般来说，由于流通加工环节设置在消费地，从生产企业到流通加工这一阶段输送距离长，可以采用船舶、火车等大运量输送手段；而从流通加工到消费环节这一阶段距离短，主要是利用汽车和其他小型车辆来配送经过流通加工后的多规格、小批量、多用户的产品。这样，可以充分发挥各种输送手段的最高效率，加快输送速度，节省运力运费。

（六）可实现废物再生、物资充分利用、综合利用，提高物资利用率

如集中下料可以优材优用、小材大用、合理套裁，具有明显地提高原材料利用率的效果。再如，有的企业对平板玻璃进行流通加工（集中裁制、开片供应），可使玻璃利用率从60%左右提高到 85%～95%。木屑压制成木板、边角废料改制等流通加工都可以实现废物再生利用，提高物资的利用率。

（七）增加商品价值，提高企业收益

在集中加工地对产品进行简单的加工，其作用除上述几点外还可增加商品的附加价值，提高产品销售的经济效益。例如，广东省省内、省外的许多制成品（如洋娃娃玩具、时装、轻工纺织产品、工艺美术品等）在深圳进行简单的加工，改变产品的外观，仅此一项就可使产品售价提高 20%以上。

三、流通加工的类型

由于具有不同的目的和作用，流通加工的类型呈多样化，主要有以下几种类型。

（一）以保存产品为主要目的的流通加工

如水产品、蛋产品、肉产品的保鲜、保质的冷冻加工、防腐加工等；丝、麻、棉织品的防虫、防霉加工等；为防止金属材料的锈蚀而进行的喷漆、涂防锈油等措施，运用手工、机械或化学方法除锈；木材的防腐朽、防干裂加工；水泥的防潮、防湿加工；煤炭的防高温自燃加工等。

（二）为适应多样化需要的流通加工

为了满足客户对产品多样化的需要，同时又保证高效率的社会化大生产，可将生产出来的标准产品进行多样化的改制加工。例如，对钢材卷板的舒展、剪切加工；平板玻璃按需要规格的开片加工；木材改制成枕木、方材、板材加工等。

（三）为了方便消费、省力的流通加工

如根据需要将钢材定尺、定型，按要求下料；将木材制成可直接投入使用的各种型材；将水泥制成混凝土拌合料，使用时只需稍加搅拌即可使用等。

（四）为提高产品利用率的流通加工

例如，钢材的集中下料可充分进行合理下料、搭配套裁、减少边角余料，从而达到加工效率高、加工费用低的目的。

（五）为提高物流效率、降低物流损失的流通加工

例如，自行车在消费地区的装配加工可防止整车运输的低效率和高损失；造纸用木材磨成木屑的流通加工，可极大提高运输工具的装载效率；集中煅烧熟料、分散磨制水泥的流通加工，可有效地防止水泥的运输损失，减少包装费用，也可以提高运输效率；石油气的液化加工，使很难输送的气态物转变为容易输送的液态物，也可提高物流效率。

（六）为衔接不同输送方式、使物流更加合理的流通加工

例如，散装水泥中转仓库把散装水泥装袋、将大规模散装水泥转化为小规模散装水泥的流通加工，就衔接了水泥厂大批量运输和工地小批量装运的需要。

（七）为实现配送进行的流通加工

如混凝土搅拌车可根据客户的要求，把沙子、水泥、石子、水等各种不同材料按比例

要求装入可旋转的罐中。在配送路途中，汽车边行驶边搅拌，到达施工现场后，混凝土已经均匀搅拌好，可直接投入使用。

四、各种产品的流通加工形式

不同的物流作业对象和作业方式需要的流通加工形式各不相同，流通加工的个性化特征十分明显。结合我国的具体实际，介绍以下几种典型的流通加工形式。

（一）水泥熟料的流通加工

在需要长途运入水泥的地区，变运入成品水泥为运进熟料这种半成品，在该地区的流通加工点（磨细工厂）磨细，并根据当地资源和需要的情况掺入混合材料及外加剂，制成不同品种及标号的水泥供应给当地用户，这是水泥流通加工的重要形式之一。它可以省去添加剂的运力和运费，可以更好满足当地的实际需求，降低使用成本，容易以较低成本实现大批量、高效率的输送，可以大大降低水泥的输送损失，能更好地衔接产需，方便用户。

（二）机电产品的组装加工

机电设备储运困难较大，主要原因是不易进行包装，包装成本过大，并且运输装载困难，装载效率低，流通损失严重。但是这些货物有一个共同特点，即装配较简单，装配技术要求不高，装配后不需进行复杂检测及调试。所以，为解决储运问题，降低储运费用，采用半成品（部件）高容量包装出厂、在消费地拆箱组装的流通加工方式。

（三）钢板剪板及下料加工

热连轧钢板和钢带、热轧厚钢板等板材最大交货长度常可达 7～12 米，有的是成卷交货，对于使用钢板的用户来说，大型企业由于消耗批量大，可设专门的剪板及下料设备，按生产需要进行剪板。对使用量不大的多数中、小型企业，可利用钢板剪板及下料的流通加工达到使用要求。和钢板的流通加工类似的还有圆钢、型钢、线材的集中下料，线材冷拉加工等。

（四）木材的流通加工

1. 磨制木屑、压缩输送

木材是容重轻的物质，在运输时占有相当大的容积，往往使车船满装但不能满载，同时，装车、捆扎也比较困难。从林区外送的原木中有相当一部分是造纸材，可采取在林木生产地就地将原木磨成木屑，然后压缩使之成为容重较大、容易装运的形状，之后运至靠近消费地的造纸厂，采取这种方法比直接运送原木将节约一半的运费。

2. 集中开木下料

在流通加工点将原木锯截成各种规格锯材，同时将碎木、碎屑集中加工成各种规格板，甚至还可以进行打眼、凿孔等初级加工。过去用户直接使用原木不但加工复杂、加工场地大、加工设备多，更严重的是资源浪费大，木材的平均利用率不到 50%，平均出材率不到 40%。实行集中下料、按用户要求供应规格料，可以使原木利用率提高到 95%，出材率提高到 72%左右，有相当好的经济效果。

（五）煤炭及其他燃料的流通加工

1. 除矸加工

除矸加工是以提高煤炭纯度为目的的加工形式。为了多运“纯物质”，少运矸石，充分利用运力，降低成本，可以采用除矸的流通加工排除矸石。

2. 为管道输送煤浆进行的煤浆加工

用运输工具载运煤炭，运输中损失浪费较大，又容易发生火灾。将煤炭制成煤浆采用管道运输是一种新兴加工技术。

3. 配煤加工

在使用地区设置集中加工点，将各种煤及一些其他发热物质按不同配方进行掺配加工，生产出各种不同发热量的燃料，称为配煤加工。这种加工方式可以按需要发热量生产和供应燃料，防止热能浪费和“大材小用”，也防止发热量过小，不能满足使用要求。工业用煤经过配煤加工还可以起到便于计量控制、稳定生产过程的作用，在经济上和技术上都有价值。

4. 天然气、石油气等气体的液化加工

由于气体输送、保存都比较困难，天然气及石油气往往只好就地使用，如果当地资源充足而用不完，往往就地燃烧掉造成浪费和污染。两气的输送可以采用管道，但因投资大、输送距离有限，也受到制约。在产出地将天然气或石油气压缩到临界压力之上，使之由气体变成液体，就可用容器装运，使用时机动性较强。这是目前采用较多的方式。

（六）平板玻璃的流通加工

按用户提供的图纸对平板玻璃套裁开片，向用户供应成品，用户可以将其直接安装到采光面上。这种方式的好处是：平板玻璃的利用率可由不实行套裁时的 62%～65%提高到 90%以上；可以实现从工厂向套裁中心运输大包装平板玻璃。这不但节约了大量包装用木材，而且可防止流通中大量破损。套裁中心按用户要求裁制有利于玻璃生产厂简化规格，单品种、大批量生产，这不但能提高工厂生产率，而且可以简化工厂切裁、包装等工序。现场切裁玻璃劳动强度大，废料也难以处理，集中套裁可以广泛采用专用设备进行裁制，废玻璃相对数量少并且易于集中处理，能够满足用户的个性化需要，提高服务水平。

（七）生鲜食品的流通加工

有冷冻加工、分选加工、精制加工、分装加工等。如农、牧、副、渔等产品的精制加工是在产地或销售地设置加工点，去除无用部分，甚至进行切分、洗净、分装等加工，也可以分类销售，这种加工不但大大方便了购买者，还可以对加工过程中的淘汰物进行综合利用。例如，鱼类的精制加工所剔除的内脏可以制成某些药物或用做饲料，鱼鳞可以制成高级黏合剂，头尾可以制鱼粉；蔬菜的加工剩余物可以制饲料、肥料等。

（八）加工定制

企业委托外厂进行加工和改制，是弥补企业加工能力不足或商店不经营的一项措施，如非标准设备、工具、配料、半成品等，可分为带料加工和不带料加工。前者为使用单位供料，加工厂负责加工；后者为加工厂包工包料。

五、流通加工合理化

流通加工是在流通领域中对生产的辅助性加工，从某种意义来讲它是生产过程在流通领域的延续，它有效地补充和完善了生产产品的使用价值，但是，设计不当，也会对生产加工和流通加工产生负效应，所以应尽量避免不合理的流通加工。组织者必须对流通加工的正负效应进行充分的权衡和比较，并以此为依据进行选择和取舍。

（一）不合理流通加工的几种主要形式

不合理的流通加工主要表现在以下方面。

1. 流通加工地点设置的不合理

流通加工地点设置，即布局是否合理是流通加工能否有效的根本性因素。一般而言，为衔接少品种、大批量生产与多样化需求的流通加工，加工地应该设置在需求地区，才有利于实现大批量的干线运输与多品种末端配送的物流优势。如果将流通加工地设置在生产地区，其不合理之处在于以下几个方面。

（1）多样化需求要求的产品多品种、小批量，由产地向需求地的长距离运输会出现体积、重量增加的不合理。

（2）在生产地增加了一个流通加工环节，同时增加了近距离运输、装卸、储存等一系列物流活动。在这种情况下，不如由原生产单位完成这种加工而无须另外设置专门的流通加工环节，社会效益与企业效益会更好。

一般而言，为方便物流的流通加工应设在产出地。如果将其设置在消费地，则不但不能解决物流问题，又在流通中增加了一个中转环节，因而也是不合理的。

即使是产地或需求地设置流通加工的选择是正确的，还有流通加工在小地域范围的正确选址问题，如果处理不善，仍然会出现不合理。这种不合理主要表现在交通不便，流通加工与生产企业或客户之间距离较远，流通加工点的投资过高（如受选址的地价影响），加工点周围社会、环境条件不良等。

2. 流通加工方式选择不当

流通加工方式包括流通加工对象、流通加工工艺、流通加工技术、流通加工程度等。流通加工方式的确定实际上是与生产加工的合理分工。分工不合理，本来应由生产加工完成的，却错误地由流通加工完成；本来应由流通加工完成的，却错误地由生产过程去完成，都会造成不合理性。

流通加工不是对生产加工的代替，而是一种补充和完善。所以，一般而言，如果工艺复杂，技术装备要求较高，或加工可以由生产过程延续或轻易解决的都不宜再设置流通加工，尤其不宜与生产过程争夺技术要求较高、效益较高的最终生产环节，更不宜利用一个时期市场的压迫力使生产者变成初级加工或前期加工，而流通企业完成装配或最终形成产品的加工。如果流通加工方式选择不当，就会出现与生产夺利的恶果。

3. 流通加工作用不大，形成多余环节

有的流通加工过于简单，或对生产及消费者作用都不大，甚至有时流通加工的盲目性，同样未能解决品种、规格、质量、包装等问题，相反却实际增加了环节，这也是流通加工不合理的重要形式。

4. 流通加工成本过高，效益不好

流通加工之所以能够有生命力，重要优势之一是有较大的产出投入比，因而有效地起着补充完善的作用。如果流通加工成本过高，则不能实现以较低投入实现更高使用价值的目的。除了一些必需的、从政策要求即使亏损也应进行的加工外，都应看成是不合理的。

（二）流通加工合理化

流通加工合理化的含义是实现流通加工的最优配置，在满足社会需求这一前提的同时，合理组织流通加工，并综合考虑运输与加工、加工与配送、加工与商流的有机结合，以达到最佳的加工效益。

实现流通加工合理化主要考虑以下几个方面。

1. 加工和配送相结合

这是将流通加工设置在配送点中，一方面按配送的需要进行加工，另一方面加工又是配送业务流程中分货、拣货、配货的一环，加工后的产品直接投入配货作业，这就无须单独设置一个加工的中间环节，使流通加工有别于独立的生产，而使流通加工与中转流通巧妙结合在一起。同时，由于配送之前有加工，可使配送服务水平大大提高。这是当前流通加工合理化的重要形式，在煤炭、水泥等产品的流通中已表现出较大的优势。

2. 加工和配套相结合

在对配套要求较高的流通中，配套的主体来自各生产单位，但是，完全配套有时无法全部依靠现有的生产单位，进行适当的流通加工，可以有效促成配套，大大提高流通作为桥梁与纽带的能力。

3. 加工和合理运输相结合

流通加工能有效衔接干线运输与支线运输，促进两种运输形式的合理化。支线运输转干线运输或干线运输转支线运输的过程中，本来无法避免停顿现象，而利用流通加工，按干线或支线运输的合理要求对货物进行适当加工，就可避免上述停顿现象，从而大大提高运输及运输转载水平。

4. 加工和合理商流相结合

通过加工有效促进销售，使商流合理化，也是流通加工合理化的考虑方向之一。加工和配送的结合，通过加工提高了配送水平，强化了销售，是加工与合理商流相结合的一个成功例证。此外，通过简单改变包装加工，形成方便的购买量，通过组装加工消除用户使用前进行组装、调试的困难，都是有效地促进商流的例子。

5. 加工和节约相结合

节约能源、节约设备、节约人力、节约耗费是流通加工合理化重要的考虑因素，也是目前我国设置流通加工、考虑其合理化的较普遍形式。

对于流通加工合理化的最终判断，是看其是否能实现社会效益和企业本身的效益，而且是否取得了最优效益。流通加工企业与一般生产企业一个重要的不同点，是流通加工企业更应树立社会效益第一的观念。如果只是追求企业的微观效益，盲目加工，甚至与生产企业争利，这就有违流通加工的初衷。

苏宁物流——高效敏捷的物流服务

（一）布局国内一流的物流网络

苏宁云商集团股份有限公司（简称苏宁）作为中国最大的零售企业，一直以来都将物流作为其服务系中的重要一环，并视其为提升竞争力的关键因素。苏宁物流紧跟苏宁的脚步，不断强化网络布局。

20 世纪 90 年代，苏宁专营空调，为了提升用户服务体验，苏宁在行业内率先开展了集中配送、送货上门等服务。2000 年，苏宁开始向综合家电零售转型，并在全国范围内快速扩张，由于当时行业内的硬件水平无法满足苏宁发展的需求，苏宁启动了物流基地战略，开始自建物流基地。

2009 年，苏宁开始建设小件仓库及快递点，自建 8 个小件物流仓库并在当年全部投入使用；2012 年，随着苏宁易购业务量的大幅提升，苏宁展开了物流自动化的进程，完成北京、广州、南京的自动化物流基地建设，同年，苏宁基于专业化分工的考虑，将快递与快运剥离，成立运输中心，专注 B2B 运输。

2014 年 2 月，为了加快互联网化进程，苏宁将原来负责线下实体门店经营的连锁平台经营总部和负责线上的电子商务经营总部合并，成立了运营总部，同时成立了独立运营的苏宁物流公司，开始由企业物流向物流企业转型，并向平台商户开放仓储、配送服务。

截至2015年年底，苏宁物流中心遍布全国57个城市，实现了95%以上区县的快速配送。形成了包含12个自动化分拣中心、60个区域物流中心、660个城市配送中心，以及10 000个社区配送站的物流网络体系。更为重要的是苏宁近几年大力推动智慧物流建设，建设基于大数据、云计算和标准作业流程等支撑的“物流云”系统。

苏宁建立了广覆盖、快捷便利的物流能力，近200城市实现了门店2小时急速达，61个城市、173个区县实现了“半日达”，部分区域开通了“一日三送”的服务，苏宁物流覆盖了大陆全境，同时，跨境直通美国、日本、韩国。至此，苏宁构建出了一张基于云物流技术和供应链优势的“智能骨干+敏捷毛细”的高效大流通网。

苏宁物流云平台旨在打造面向全国和一切参与者的综合物流信息服务平台，解决商户管理和物流配送中的四个“一”问题：

1. 一步到位，增值服务

接入供应链金融、送装一体等服务，进一步整合线上线下资源，最终实现物流云、金融云、数据云“三云”融合。

2. 一站服务，需求和供给统一对接

基于苏宁品牌信誉保证的“诚信、安全、及时”服务；依靠智能化的软件系统，提高供给和需求两端的集中度，实施仓配一体化管理；实现统一库存、统一配送、统一售后的仓配一体化服务。

3. 一体两效，效率提升，成本节约

以物流云平台信息化系统为主体，达到效率提升和成本节约的效果；提升公路物流效率，避免车辆空驶或最大限度降低空驶率；有效缓解最后一公里配送的瓶颈，提高服务质量与物流资源使用效率；节约社会物流成本。

4. 一键搜索，信息全方位匹配

基于物联网、大数据、云计算等技术形成信息化体系；以平台特有的会员诚信安全交易体系为保障；服务干支线运输、配送、仓储、自提等环节；实现车源与货源、仓储资源、自提网点资源供需双方的有效对接。

苏宁的物流不单纯以“快”为衡量标准，更注重客户的便捷、省心与放心。对此，苏宁细致分析每一个利益相关方所关心的环节，提供多种提货方式、完善送装一体和售后服务衔接、鼓励包装环保利用，在每一个细节用心提供暖心服务。

（二）自动化技术助力仓库系统升级

在物流基地升级过程中，苏宁引进国外先进管理理念，并与国际一流货架设计公司、机械设计公司合作，将基地中原有平地仓库升级改造为阁楼自动化输送线仓库。阁楼自动化输送线仓库高18米，货架高10.5米，仓位数量为50万个，总存储量超过1 000万台，其主要功能是高密度存储和为拣选区补货。

该自动化输送线仓库还导入了钢平台阁楼存储模块，空箱回收、补给模块，DPS 指引合单模块，整件分流模块，包裹矩阵分拣模块，收货自动分区模块以及发票打印模块，这些模块的应用极大地提升了物流基地整体的作业效率。各自动化模块应用情况如表 5-4 所示。

表 5-4　自动化模块应用情况

模块种类	模块功能	应用效果
钢平台阁楼存储模块	3 层存储；仓位高达 50 万个；总存储量达 1 000 万台	增加了存储面积；提升了拣选效率；工作人员数量由 400 人减少到 180 人
收货自动分区模块	条码扫描器自动扫描条形码；自动完成入库货品分区的工作	简化了工作人员的工作程序；降低了分区环节的出错率
空箱回收、补给模块	空料箱自动回收；系统重新自动分配至拣选区域	提高了拣选环节的作业效率
DPS 指引合单模块	通过无线蓝牙枪、电子标签显示屏等设备指引工作人员将商品准确地放置在顾客货格中，依据顾客的订单对商品进行合单	提高服务水平，增强顾客购物体验
整件分流模块	通过斜轮分拣机实现整件商品的自动分流	有效缩短了包装环节到分拣中心的时间；减少人工分拣，提升作业时效，为最后一公里实现一日三送奠定良好的基础
包裹矩阵分拣模块	系统根据波次、运输线路自动分配分拣道口；将完成顾客包装的包裹分拣到不同的线路	降低了工作人员的工作难度；提升了分拣效率
发票打印模块	通过电子标签显示屏发出指令，提示工作人员打印发票	提高了发货速度；提升顾客满意度

（三）开展跨境物流服务

借助日本 LAOX、中国香港苏宁、美国苏宁等境外资源，依托自贸区、保税区的优惠政策，苏宁打造出“自营直采+保税仓备货”的模式：即商品采购时，发挥在中国香港、日本、美国等海外子公司的布局优势，形成稳定的供应链，并通过批量采购获得优惠的价格；商品配送时，卖家提前将海外商品运抵国内保税区，在接收订单后，苏宁物流直接从国内保税区仓库发货，免去从国外再购买流程，全程由海关监管。

（四）向平台商户开放物流云

2015 年 4 月，苏宁物流云平台正式面向第三方商户开放，目前已经有美的、创维、志高等 1 000 多家供应商和平台商户将自身的物流系统和苏宁物流对接，在缩短工厂、渠道、客户三方之间的距离、加速商品流通的同时，也提升供应链的效率。

作为苏宁的“老伙伴”，奥马在销售板块及 OEM 板块与苏宁有着历史悠久的合作。在一次沟通时，奥马对最后一公里配送大吐苦水：由于奥马自身的物流时效得不到保证，难以满足电视购物 15 天的配送时间要求，接到了大量的顾客投诉，使得其全国的电视购物模块几乎停滞。在苏宁物流开放后，奥马很快接入苏宁物流系统，利用苏宁覆盖全国的物流网络以及 20 余年大家电运输、调配经验，实现产地入库，快速调拨，在 90%以上的地区 48 小时送达，突破了全国渠道拓展的瓶颈。同时，仅预约入库一个环节，每年就可降低 50%的成本，帮助奥马解决头疼难题的同时，加强了运营管控。

（五）提供有速度的物流服务

在讲求效率的消费环境下，有速度有质量的物流是用户体验的重要部分。将产品和服务以最快的速度安全顺利送到消费者手中，是苏宁持续努力的目标。

1. 不断提升物流体验

为了满足用户对物流的差异化需求，苏宁不断扩大物流配送范围，提高物流配送时效，提升物流服务体验。2015 年，苏宁始终是邮政总局每月公布的物流投诉率榜单中排名最低的企业之一，妥投率达到 98.97%、及时率达到 91.71%。

2. 全面加强运营能力

为给客户提供高质高效的物流服务，苏宁全线发力提升物流运营能力。在运营支撑上，无缝隙承载从采购预约到顾客销单全流程；在仓储方面使用 RF、RFID、电子标签等技术，实现仓储自动化及智能化；在运输配送方面使用 GIS、GPS/北斗、RS 等技术，实现运输配送智能化。2015 年全年，苏宁单件物流配送成本下降 32%，大件商品的工作效率提升 10%，小件工作效率提升 98%。

问题：

苏宁配送中心是哪种类型的配送中心，从本案例中如何体现配送中心的内涵？

案例分析：

苏宁配送中心是典型的零售商型配送中心。从案例可以看出，它具有完善的信息网络、固定的场所，为末端客户提供服务，辐射范围小，配送功能健全，且提供高频率、小批量、多批次配送服务。

问题讨论：

1. 苏宁配送中心是如何实现“有速度的物流服务”的？
2. 依据此案例，请解释配送为何被称作“小物流”？

复习思考题

1. 与运输相比较，配送具备哪些特点？
2. 配送中心的主要作业活动包括哪些？
3. 简述按配送的种类和数量分类的配送。
4. 配送计划的制订分为哪几个步骤？
5. 具体说明拣选方式的优缺点。

6. 有一销售企业，主要对自己的销售点和大客户进行配送，配送方法为销售点和大客户有需求就立即组织装车送货，结果经常造成送货车辆空载率过高，同时往往出现所有车都派出去而其他用户需求满足不了的情况。所以销售经理一直要求增加送货车辆，由于资金原因一直没有购车。如果你是公司决策人，你会买车来解决送货效率低的问题吗？为什么？请用配送的含义分析该案例，并提出解决办法。

7. 比较配送中心、仓库与物流中心的区别。

8. 简单介绍你所了解的配送中心开展了哪些作业环节，并分析其所属的类型。

9. 什么是流通加工？与生产加工相比，流通加工有何特点？

10. 举例说明你所见到的流通加工实例。

11. 分析不合理的流通加工方式有哪些，如何实现流通加工合理化。

12. 由配送中心 P 向 A～I 等 9 个用户配送货物。图 5-4 中连线上的数字表示公路里程（km）。靠近各用户括号内的数字，表示各用户对货物的需求量（t）。配送中心备有 2t 和 4t 载重量的汽车，且汽车一次巡回走行里程不能超过 35km，设送到时间均符合用户要求，求该配送中心的最优送货方案。

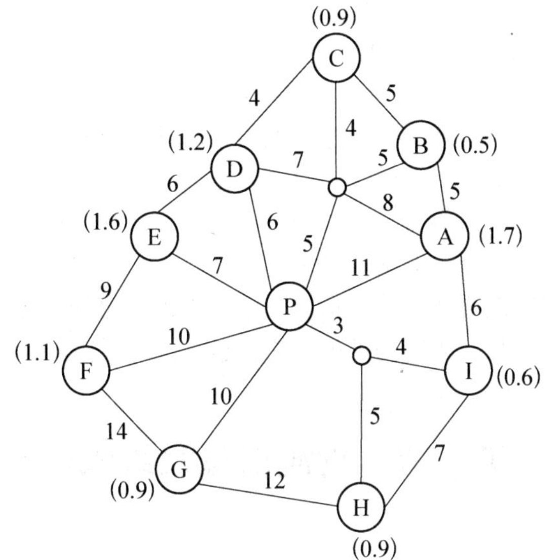

图 5-4　某配送中心配送网络图

第六章 物流信息系统

本章重点

- 物流信息系统的功能和原理
- 物流信息系统的结构
- EDI 的直接利益
- 条形码和扫描技术的应用
- 远程访问和通信技术的应用
- RFID 的优势
- 物联网的概念和内涵

信息流是物流作业的关键要素。普通的物流信息形式包括顾客和补给部门的订货、各种存货要求、仓库作业命令、货运单证，以及发票等。过去，信息流主要建立在书面基础上，信息传输具有缓慢、不可靠及误导倾向。这既增加了作业成本，又降低了顾客的满意程度。物流技术成本正在下降，其应用越来越广泛，各种应用软件使物流工作人员能够用电子手段更有效、更迅速地交流和管理信息。于是电子信息的传输和管理就增加了协调，从而减少了物流费用，并且向顾客提供更好的信息，强化了服务。

第一节　物流信息系统概述

最初，企业把物流运作的重点放在产品的存储以及产品在供应链中的流动上，而并未把信息流动看作像顾客那样重要，因此物流信息往往被忽视。此外，信息交换和传输的速度受到书面传递速度的限制。对在物流信息系统中，及时又准确的信息更加关键。第一，让顾客感觉到有关订货状况、产品可得性、交货计划表以及发票等信息是整个顾客服务的一个必要的因素。第二，为了达到减少整个供应链存货的目的，信息能够有效地减少存货和对人力资源的需要。特别是，利用最新的信息制订的需求计划，能够通过减少需求的不确定性来减少库存。第三，对有关从战略优势出发考虑的何时、何地及如何利用各种资源的问题，信息可以增加其灵活性。第四，互联网的发展大大地增强了信息的传输与交换，促进了买卖双方的合作，并且重新定义了供应链中各个成员之间的关系。美国物流管理委员会在 1988 年就已认识到这种变化，当时它提出要把“材料、在制品、制成品和信息”结合进物流的定义中去。

一、物流信息系统的功能

物流信息系统是把各种物流活动与某个整合过程连接在一起的通道。整合过程应建立在四个功能层次上：交易系统、管理控制、决策分析以及制定战略规划。图 6-1 说明了在信息功能各层次上的物流活动和决策。正如该金字塔形状所示，物流信息系统管理控制、决策分析以及战略规划制定的强化需要以强大的交易系统为基础。

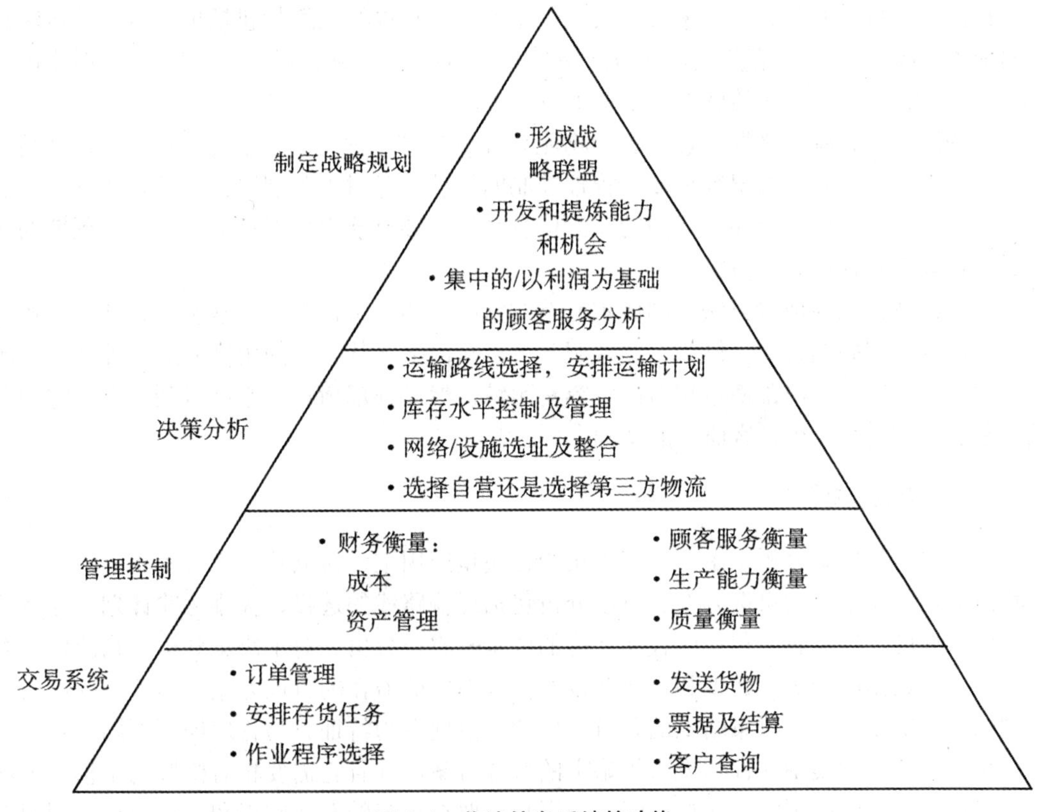

图 6-1　物流信息系统的功能

（一）交易系统

交易系统是用于启动和记录个别的物流活动的最基本的层次。交易活动包括订单的处理、安排存货任务、作业程序选择、装车/装船、开票据以及顾客查询等。例如，当收到的顾客订单进入信息系统时，就开始了一笔交易。随着按订单安排存货，记录订货内容意味着开始了第二笔交易。随后产生的第三笔交易是指导物料管理人员选择作业程序。第四笔交易是指挥搬运、装货，以及按订单交货。最后一笔交易是打印和传送付款发票。整个过程中，当顾客需要而且必能获得订货状况信息时，通过一系列信息系统交易就完成了消费者订货功能的循环。交易系统的特征是：格式规则化、通信交互化、交易批量化，以及作业逐日化。结构上的各种过程和大批量的交易相结合主要强调信息系统的效率。

（二）管理控制

第二层次是管理控制，要求把主要精力集中在绩效衡量和报告上。绩效衡量对于提供有关服务水平和资源利用等的管理反馈来说是必要的。因此，管理控制以可估价的、策略上的、中期的焦点问题为特征，它涉及评价过去的绩效和鉴别各种可选方案。普通绩效衡量包括财务、顾客服务、生产率，以及质量指标等。特殊绩效衡量包括单位重量的运输和仓储成本（成本衡量）、存货周转（资产衡量）、供应比率（顾客服务衡量）、每工时生产量（生产率衡量），以及顾客的感知（质量衡量）等。

当物流信息系统有必要报告过去的物流系统绩效时，物流信息系统是否能够在其被处理的过程中鉴别出异常情况很重要。管理控制的例外信息对于鉴别潜在的顾客或订货问题有重要的作用。例如，有超前活力的物流信息系统应该有能力根据预测的需求和预期的入库数来预测未来存货短缺情况。

某些管理控制的衡量方法（如成本）有非常明确的定义，而另一些衡量方法（如顾客服务）却缺乏明确的含义。例如，顾客服务可以从内部（从企业的角度）或从外部（从顾客的角度）来衡量。内部衡量相对比较容易跟踪，然而外部衡量却难以得到，因为它们要求的是建立在对每一个顾客监督的基础上。

（三）决策分析

第三层次是决策分析，主要把精力集中在决策应用上，协助管理人员鉴别、评估和比较物流战略和策略上的可选方案。典型分析包括运输路线的选择、安排运输计划、存货管理、设施选址，以及有关作业比较和安排的成本—收益分析。对于决策分析，物流信息系统必须包括数据库维护、建模和分析，以及范围很广的潜在的可选方案。与管理控制层次相同的是，决策分析也以策略上的和可评估的焦点问题为特征。与管理控制不同的是，决策分析的主要精力集中在评估未来策略上的可选方案，并且它需要相对松散的结构和灵活性，以便在较广的范围内作选择。因此，用户需要有更多的专业知识和培训而获得利用它的能力。物流信息系统的决策分析更多地强调有效（Effectiveness）（针对无利可图的账目，鉴别出有利可图的项目），而不是强调效率（Efficiency）（利用更少的人力资源实现更快的处理或增加交易量）。

（四）制定战略规划

最后一个层次是制定战略规划，主要精力集中在信息支持上，以期开发和提炼物流战略。这类决策往往是决策分析层次的延伸，但是通常更加抽象、松散，并且注重于长期。作为战略规划的例子，决策中包括通过战略联盟使协作成为可能，并使企业的能力和市场机会得到开发和提炼，以及使顾客对改进的服务做出反应。物流信息系统的制定战略规划层次，必须把较低层次的数据结合进范围很广的交易规划中去，以及结合进有助于评估各种战略的概率和损益的决策模型中去。

图 6-2 在提出物流信息系统功能各层次设立理由的同时，介绍了系统的使用和决策的特点，说明了物流信息系统的开发和成本—收益的特色。左边说明了开发和维护的特色，而右边则显示各种收益。开发和维护成本包括硬件、软件、通信、培训和人员费用。一般来说，坚固的基础要求物流信息系统为交易系统做出更大的投资，并相应地减少更高的系统层次的投资。交易系统成本高是因为有众多的系统用户、大量的通信需求、很高的业务量以及重要软件的复杂性。交易系统成本还相对比较明确，收益或报酬比较确定。更高层次的系统用户必须更加及时地投资、培训，以及制定战略决策，并且相应地关心由此引起的系统收益的不确定性和风险。

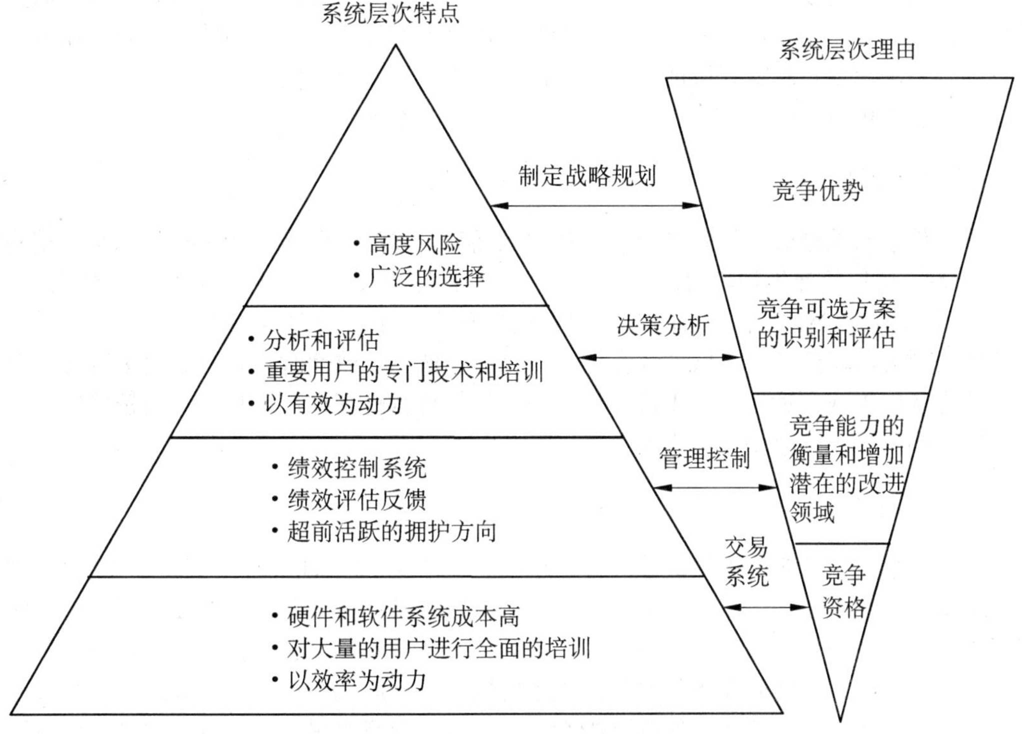

图 6-2 物流信息系统的用途、决策特点及理由

图 6-2 还说明了与物流信息系统各层次相关的收益。如先前所说明的那样，交易系统的效率收益涉及更快的处理和更少的人员资源。然而，通信和处理速度已加快到这样的程度，即这类特点与其说是竞争优势，倒不如说是竞争资格。有效的管理控制和决策分析提供了洞察竞争能力和可选战略的收益。例如，管理控制系统可以显示一家厂商支持价格的能力，或者，外界的消费者服务考核可以为选择性的、以消费者为中心的方案识别各种机会。最后，对评估消费者/产品的营利性、区段配送，以及联盟协作等战略计划的制定能力和对企业的收益性和竞争能力产生主要的影响。

二、物流信息系统原理

物流信息系统必须结合六条原理来满足管理信息的需要，并充分支持企业制订计划和运作。下面将讨论制定和评估物流信息系统应用的重要原理。

（一）可得性

物流信息系统必须具有容易而又始终如一的可得性（Availability）。迅速的可得性对于对消费者做出反应以及改进管理决策是有必要的。因为顾客频繁地需要存取存货和订货状态方面的信息，所以这一点是至关重要的。可得性的另一个方面是存取所需信息，例如订货信息的能力，无论是管理上的、消费者的，还是产品订货位置方面的。物流作业分散化的性质，要求对信息具有存取能力，并且能从国内甚至世界范围内的任何地方得到更新。这样，信息的可得性就能减少作业上和制订计划上的不确定性。

（二）精确性

物流信息必须精确地反映当前状况和定期活动，以衡量顾客订货和存货水平。精确性（Accuracy）可以解释为物流信息系统的报告与实物计数或实际状况相比所达到的程度。例如，平稳的物流作业要求实际的存货与物流信息系统报告的存货相吻合的精确性最好在99%以上。当实际存货和信息系统存货之间存在较低的一致性时，就有必要采取缓冲存货或安全存货的方式来适应这种不确定性。正如信息可得性那样，增加信息的精确性，也就减少了不确定性，并减少了存货需要量。

（三）及时性

物流信息必须及时地提供快速的管理反馈。及时性（Timeliness）是指一种活动发生时与该活动在信息系统内可见时之间的耽搁。例如，在某些情况下，系统要花费几个小时或几天才能将一个新订货看作为实际需求，因为该订货并不始终会直接进入现行的需求量数据库。结果，在认识实际需求量时就出现了耽搁，这种耽搁会使计划制订的有效性减少，而使存货量增加。信息系统及时性是指系统状态（如存货水平）以及管理控制（如每天或每周的绩效记录）的及时性。及时的管理控制是在还有时间采取正确的行动或使损失减少到最低程度的时候提供信息的。概括地说，及时的信息减少了不确定性并识别了种种问题，减少了存货需要量，增加了决策的精确性。

（四）以异常情况为基础的物流信息系统

物流信息系统必须以异常情况为基础（Exception-based），并突出问题和机会。例如，企业必须定期检查每种产品——选址组合的存货状况，以便于制订补充订货计划。通常，这种检查过程中有两个问题：第一个问题是是否应该对产品或补充订货采取行动。如果第一个问题的答案是肯定的，那么，第二个问题就是应该采取哪一种行动。许多物流信息系统要求手工完成检查，尽管这类检查正越来越趋向自动化，但仍然使用手工处理的依据是许多决策在结构上是松散的，并且需要经过用户的参与作出判断。具有物流服务水平的物流信息系统应该具有强烈的异常性导向，能够让管理人员把他们的精力集中在最需要引起注意的情况或者集中在能提供的最佳机会来改善服务或降低成本的情况，并做出决策。物流信息系统应该突出的异常情况中，包括大批量的订货、小批量或无存货的产品、延迟的装车/装船或降低的作业生产率。

（五）灵活性

物流信息系统必须具有灵活性（Flexibility），以满足系统用户和顾客两个方面的需求。信息系统必须有能力提供能迎合特定顾客需要的数据。例如，有些顾客也许想要把订货发票跨越地域或部门界限进行汇总。特别是，零售商 A 也许想要每一个店的单独的发票，而零售商 B 却可能需要所有的商店汇总的总发票。一个灵活的物流信息系统必须有能力适应这两类要求。

（六）适当形式化

物流报告和显示屏应该具有适当的形式（Appropriate Format），这意味着它们用正确的结构和顺序包含正确的信息。例如，物流信息系统往往包含有每一个配送中心存货状态显示屏，这种形式要求顾客服务代表在试图给存货定位以满足某个特定顾客的订货时，检查每一个配送中心的存货状况。换句话说，如果有五个配送中心，就需要检查和比较这五个计算机显示屏。这种组合显示屏使得顾客服务代表更加容易地识别产品最佳来源。显示屏或报告应含有并有效地向决策者提供所有相关的信息，如信息中应包含现有库存、最低库存、需求预测以及计划入库数，以帮助决策者制订存货计划和订货计划。

第二节　物流信息系统结构

物流信息系统将硬件和软件结合在一起，对第一节所讨论的物流活动进行管理、控制和衡量。硬件包括计算机、输入/输出设备和储存媒体等。软件包括用于处理交易、管理控制、决策分析和制定战略规划的系统和应用程序。图 6-3 所示用于说明典型的物流信息系统结构。该结构包括维持数据库的信息基础和执行组件两个部分。信息基础包含采购订货、存货状态和顾客订货。数据库包含描述过去活动水平和当前状态的信息，是制订未来需求计划的基础。

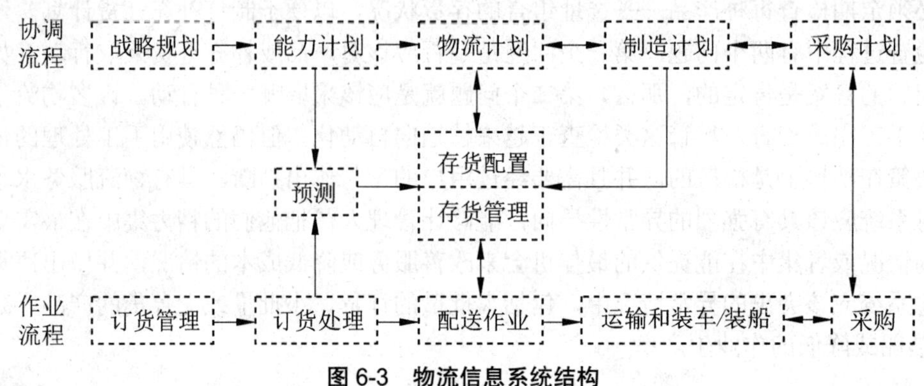

图 6-3 物流信息系统结构

执行组件启动、监督和衡量的活动是完成使顾客订货和补充订货所需的。这类活动采取两种形式：第一种形式是用于生产和配置存货的计划和协调活动；第二种形式是对顾客订货进行入库、处理、装车/装船和开票等的作业活动。

计划和协调活动包括制订采购、生产和整个企业的物流资源分配等计划所必需的活动。特别组件包括战略目标、能力限制、物流需求、制造需求、采购需求。

作业活动包括管理和处理订货、操作配送、计划运输，以及综合采购资源等所必需的活动。该过程由顾客订货和企业补充订货两个部分完成。顾客订货反映了企业客户提出的需求。补充订货控制着制成品在制造设施与配送设施之间的移动。存货配置和存货管理是计划/协调与作业之间的接口（界面）。一旦“定制”战略不可能实现的话，存货配置和存货管理立即监督和控制缓冲存货。

一、计划/协调

物流系统的计划/协调组件形成了制造商、供应商和客户的信息系统的支柱。这类组件所明确的核心活动是指导企业资源分配，履行从采购到产品交付的职能。

如图 6-3 所示，计划/协调包括了企业内部以及配送渠道成员之间的物料计划活动。特定的组件是战略目标、能力限制、物流需求、制造需求、采购需求。

（一）战略目标

许多企业最初传播的信息是给营销目标和财务目标下定义的战略目标（Strategic

Objectives）。营销战略目标明确目标市场、产品、营销计划，以及诸如服务水平或能力之类的物流增值活动的作用等。目标包括顾客基础、产品和服务的宽度和广度、已计划的促销，以及所希望的业绩水平等。营销目标是用于明确物流服务的可得性、服务能力，以及在顾客服务条件下的质量要素。财务战略目标是要明确入库数、销售额和生产水平、相应的费用，以及资金和人力资源的限制等。

营销目标和财务目标的结合明确了在计划期内企业必须适应的市场、产品以及活动情况。营销目标和财务目标综合起来应该取得一致。两者不一致将会导致拙劣的服务、过剩的存货，或不能达到财务目标。营销战略目标和财务战略目标的结合为企业的其他计划提供了方向。

（二）能力限制

能力限制（Capacity Constraints）是由企业内部和外部的制造、物流设施和运输等资源所确定的。能力限制可以识别物料的“瓶颈”所在，并对资源进行有效的管理，以满足市场需要。对每一项产品来说，能力限制可以决定生产、储存和运输的时间、地点和数量。这种限制考虑了整个的生产和生产量的限制，例如，年度或月度的能力。能力的问题，可以通过资源获得、预测，或者延缓生产或交付得到解决；能力的调整，也可通过诸如合同制造或设备租赁等收购或联合的措施来完成。预测是指对预先计划或合同制造可能得到的生产能力的预期，通过这些预期，谋求减少各种瓶颈状况。至于在对具体的要求有所了解，或重新分配生产能力以前，由于延缓被耽搁的生产和装运，则有必要考虑向延缓交付的顾客提供一些诸如折扣或减免的优惠。

能力限制把企业的综合计划与每周或每天的物流要求联系在一起。对于每一个制造现场来说，这类限制对月度的或每周的生产有重大影响。从长期来看，既然可以利用全方位的延缓、预测以及收购等战略，通常就会存在实际的灵活性。然而，从短期来看，例如在当前一周内，因为各种资源都已到位，灵活性就受到限制。保存在企业需要系统中的生产能力的综合限制，会因各种组织的不同而不同。因此，最佳的企业应通常能表现出整个计划/协调组件高水平的综合。

（三）物流需求

物流需求（Logistics Requirements）起着协调必需的设施、设备、劳动力以及库存等资源的作用，以完成物流的使命。例如，物流需求组件安排从制造厂家到配送中心和零售商的制成品装运计划。计算装运数量时，顾客需求和存货水平之间存在着差异。通常物流需求被作为存货管理和过程控制的工具通过使用分销需求计划（DRP）来实施。未来需求是建立在预测、顾客订货，以及促销基础上的。预测是建立在与历史上活动水平相联系的销售量和营销投入的基础上的。顾客订货包括当前订货、预约订货以及合同。在计划物流需求时，促销活动特别重要，因为它往往占总量的很大比例，对生产能力有着重大影响。

对于每一个计划期（例如每周或每月）来说，预测数加上未来顾客订货，再加上促销数，代表了计划期需求。计划期物流需求数等于计划期需求数减去现有存货，再减去计划入库数。如果每一个计划期可以理想地以零库存结束，则计划入库数将会完全等于计划期需求数。虽然从存货管理的角度来看，完美地协调供求关系是很理想的，但是对于厂商来说未必是最佳的战略。物流需求必须把生产能力限制（上游）和制造需求（下游）结合起来去获得最佳的系统功能。

（四）制造需求

制造需求（Manufacturing Requirements）对生产资源计划做出安排，并试图在物料管理系统内逐日解决因原材料短缺或者日生产能力限制而产生的瓶颈问题。制造需求用于确定主生产计划（Master Production Schedule，MPS）和制造需求计划（Manufacturing Requirements Plan，MRP II）。主生产计划用于确定每周或每天的生产和机器设备的安排。给定主生产计划后，制造需求计划才能为执行期望的制造计划而协调采购和物料、零部件的到达时间。尽管上文先后地介绍了物流需求和制造需求，但实际上它们必须平行进行操作。特别是对于那些利用需求流或按市场节奏确定制造战略的企业来说，这是千真万确的。这类战略直接用市场需求或订货来协调生产计划，而减少对预测或计划的依赖。在某种意义上，需求流按市场节奏确定的制造战略是按“定制”来构思全部生产的，因此完全把物流需求和制造需求结合在一起。

（五）采购需求

采购需求（Procurement Requirements）对物料发放、装运和入库做出安排。采购需求是建立在生产能力限制、物流需求和制造需求的基础上，显示长期的物料需求和发放计划。于是，需求和发放计划就被用来进行采购洽谈和签订合同。

二、作业

作业包括接收、处理、装运顾客订货和协调采购订货入库所需的各种信息活动。作业组件是订货管理、订货处理、配送作业、运输和装船（车）、采购。现将每一个组件分述如下。

（一）订货管理

订货管理是顾客订货和顾客询问的登录点。通过使用通信技术，例如邮件、电话、传真，以及 EDI 可以登录和维护顾客订货。当收到订货或询问时，订货管理就存取所需要的信息，编辑适当的计算结果，然后对保留的可接受的订货进行处理。订货管理还能提供有关存货可得性的信息和交付日期，以获悉和确认顾客的期望。订货管理，连同顾客服务代表一起，形成了顾客和企业物流信息系统之间最基本的界面。

表 6-1 列出了订货管理的最基本的功能，包括登录总订购单、电子订货和手工订货。总订购单（Blanket Order）是一种大订单，反映了在一段展延的时期内，例如季度或年度对一种商品的需求。订货管理创立和维护顾客订货和补充订货的基础，影响着后面的作业组件。

表 6-1 物流信息系统功能

订货管理	订货处理	存货管理	配送作业	运输和装船（车）	采购
• 订货登录（手工、电子、总订购单） • 信用检查 • 存货可得性 • 订货确认 • 订货修改 • 订货定价 • 订货状况询问 • 价格和折扣附加条件 • 促销检查 • 重新分配订货源 • 退货处理 • 服务管理	• 创建总订购单 • 生成发票 • 生成订单选择单证 • 盘存准备金 • 处理总订购单 • 重新分配订货源 • 发放保留存货 • 发放总订货 • 核实装船（车）	• 预测分析和建立模型 • 预测数据维护和更新 • 预测参数选择 • 预测技术选择 • 存货参数选择 • 存货仿真模拟 • 制订存货需求计划 • 促销数据综合 • 补充订货 • 建立发货和计划 • 服务目标定义	• 分配和跟踪存货选址 • 存货控制 • 劳动力计划 • 批量控制 • 订货选择选址补充 • 接收和放置 • 储存 • 绩效衡量	• 承运人选择 • 承运人计划 • 调度 • 单证准备 • 运费支付 • 绩效衡量联合装船（车）和线路安排 • 装船（车）等级 • 装船（车）计划 • 装船（车）跟踪和发货 • 车辆配装	• 搭配和支付 • 公开订货检验 • 采购订货内容登记 • 采购订货维护 • 采购订货接收 • 采购订货状态 • 报价申请单 • 需求通信 • 接收约定清单 • 供应商历史

（二）订货处理

订货处理是向公开的顾客订货和补充订货指派或分配可得的存货。分配可以以收到订货的实际时间（例如，立即）为基础，也可以按批量。批量方式是指定期地，如按天或按工班处理订货。虽然实时分配更易做出及时的反应，但是当存货量较低时，批量处理能使厂商更容易控制局面。例如，在批量处理中可以把订货处理构思成仅按当前存货，或者根据已计划的生产能力指派库存。然而，这里存在着一种权衡，即分派已计划的生产能力会使厂商降低重新安排生产的能力。“最佳的”订货处理应用连同订货管理实行交互作业，产生一种订货解决方法，既满足顾客需求，又符合企业资源限制。在这种作业环境下，顾客服务代表与顾客交互影响，共同确定双方都可接受的产品、数量、完成周期长度等。当订货处理中出现冲突时，可能的解决方案中包括交付日期调整、产品替换，或从其他可选来源装船（车）等。

表 6-1 列出了典型的订货处理功能，其中包括存货分配、建立和处理退回订货（Back-order）、订货选择单证的生成以及订货的核实等。订货选择单证，采用书面的或电子形式，用以指挥配送作业从配送中心或仓库选择一票订货，并为装船（车）进行包装。这种顾客订货或补充订货具有已分配的库存和相应的订货选择资料，把订货处理与配送中心实际作

业联系在一起。

（三）配送作业

配送作业结合物流信息系统功能来指导配送中心的实际活动，其中包括产品入库、物料搬运，以及储存和订货选择等。配送作业常被称作“存货控制”（Inventory Control）或“仓储系统”（Warehousing System）。配送作业通过批量和实时分配相结合，在配送中心内指挥所有的活动。在批量作业环境下，物流信息系统开出一份指示清单或任务清单，来指导仓库内的每一位物料搬运人员。物料搬运人员是指操作诸如叉车、货盘起重器等物料搬运设备的每一个人。在某种程度上，该清单是搬运人员每小时或工班的“作业”清单。在实时作业的环境下，诸如条形码、无线射频通信，以及自动搬运设备等信息导向技术与物流信息系统实行交互作业，以减少决策与行动之间的时间。实时信息导向技术提供了更多的作业灵活性，减少了内部完成周期所需的时间。

表 6-1 列出了典型的配送作业功能。从历史上来看，配送作业把精力集中在指导仓库作业活动方面，其中包括指导产品搬运和储存。具有现代物流水平的配送作业物流信息系统还必须对作业的要求做出计划，并衡量其表现质量。作业计划的制订包括对人员和资源安排，而表现质量的衡量则包括制订人员和设备生产率的报告。

（四）运输和装船（车）

运输和装船（车）包括物流信息系统计划、执行和管理运输和搬运活动的功能。这类活动包括装船（车）计划和时间表、联合装船（车）、装船（车）通知、运输单证的生成，以及承运人的管理。这类活动保证了高效率地利用运输资源，并对承运人进行有效的管理。运输和装船（车）与众不同的特点是，物流信息系统常常包括三方当事人，即托运人、承运人和收货人（受货人）。要有效地管理这一过程，就必须存在基本层次的信息一体化，以便于信息共享。信息共享要求运输单证采用标准化数据格式。当前数据协调的精力主要集中在使运输单证与其他商业单证，如订单、发票和装船（车）通知等相结合。

表 6-1 列出了运输和装船（车）的功能。运输和装船（车）所生成的单证证明了为装船（车）而发放订货，并衡量企业交付订货方面是否具有令人满意的能力。从历史上来看，运输和装船（车）都很强调单证的生成和目的地的费率。大多数企业安排的大量装船（车）需要自动的和以异常情况为基础的物流信息系统，它能减少错误并鉴别如何节省费用。物流信息系统的运输和装船（车）功能特别强调对表现的监督、费率审计、制订线路和时间表、开票、报告，以及决策分析，因而加强运输管理能增加降低成本的机会。具有现代物流水平的货物运输和装船（车）物流信息系统已提高了计划能力和衡量表现的能力。

（五）采购

采购除跟踪卖主的表现和符合性外，还须管理采购订货准备、修改和发放。虽然传统上采购系统还没有被看作是物流信息系统的组成部分，但是在管理整个供应链时，结合采购系统显然是很重要的。采购与物流计划和物流活动的结合可以协调物料入库、设施的生产能力，以及往返运输。

对于综合物流来说，物流信息系统采购必须跟踪和协调收货与装船（车）活动，以便于优化设施、运输和人员资源的计划。例如，由于装卸码头往往是一个关键的设施资源，因此，有效的物流信息系统采购应该协调使用由同一个承运人进行的交货和装运业务。这种能力要求物流信息系统的入库和装船（车）都具有能见度。通过电子手段与供应商连成一体，能够进一步强化物流系统一体化。表 6-1 列出了采购功能。具有现代物流水平的物流信息系统采购提供了计划、指导各种活动，衡量表现，协调运输活动的功能。

三、存货分布与管理

存货分布与管理是计划/协调与作业之间最基本的界面。其作用是要在从生产到顾客装船（车）的期间明确计划需求和管理产成品库存。决策中包括何地、何时以及多少，具体地说，就是在配送渠道内应将产成品库存放置在何地？何时应该下达补充订货？应该订多少货？具有“定制”物料系统的厂商基本上都将其计划/协调与作业一体化，这样就能使存货分布和管理的需求最小。存货分布与管理系统的第一个组件是预测模块。预测模块预测每一个配送中心的顾客对产品的需求，以支持企业制订计划。

存货分布与管理的其他组件是分布决策支持，其范围是从简单的反应模型到复杂的计划工具。决策支持是指导存货计划人员在决定何时订货、订多少货时所必需的。反应模型是根据再订货点和订货数量参数对当前的需求和存货环境做出反应。换句话说，它们是通过对当前的存货水平的反应做出补充订货决策的。计划工具根据预测和周期时间的推测来预计未来需求。计划工具可以让管理人员识别仍然需要解决的潜在问题。

存货分布和管理系统常需大量人力，在大量所需的人力的相互影响方面也会有所不同。有些应用需要存货计划人员手工发放或批准所有的补充订货。因为所有的补充订货都需要计划人员的明确同意，所以这类系统并不清楚地显示早先已讨论过的以异常情况为基础的基准，而使用更为复杂的自动发放补充订货，并通过补充循环来监督其过程。这种复杂的应用更为清楚地显示了以异常情况为基础的哲学，因为仅需要计划人员按“异常的”补充订货去存货。

存货分布和管理的最基本因素是由管理部门确立的顾客服务目标。服务目标确定了给顾客和产品填写费率的目标。服务目标、需求特点、补充订货特点和作业政策等共同确定了存货分布和管理的时间、地点及数量。有效的存货分布和管理能够大大地降低满足特定的服务目标所需的存货资产的水平。

除了初始化基本存货决策外，存货分布和管理必须通过监督存货水平、周转期和生产率来衡量存货表现。存货分布和管理需要采用直接和间接的预测形式来估算未来的需求。

间接的或“欠缺的”预测是假定下一个月的销售额与上一个月的销售额相同。直接预测是使用有关企业、顾客以及竞争行为的信息，更为科学地展开的。对此，基本的主张是，更加综合的预测信息有助于存货分布和管理，并减少存货需要。

第三节　物流信息技术

物流信息技术是物流现代化的重要标志，尤其是飞速发展的计算机网络技术的应用使物流信息技术达到新的水平，也是物流技术中发展最快的领域之一。从物流数据自动识别与采集的条码系统，到物流运输设备的自动跟踪；从企业、单位间的电子数据交换到企业资源计划的优化；从办公自动化系统中的微型计算机、各种终端设备等硬件到物流信息系统的各种软件都在日新月异地发展。随着电子商务、物流信息技术的不断发展，产生了一系列新的物流理念和物流经营方式，推进了物流的变革。

物流信息技术主要由通信、软件、面向行业的业务管理系统三大部分组成。包括基于各种通信方式基础上的移动通信手段、全球卫星定位（GPS）技术、地理信息（GIS）技术、计算机网络技术、自动化仓库管理技术、智能标签技术、条形码及射频技术、信息交换技术等现代尖端科技。在这些尖端技术的支撑下，形成以移动通信、资源管理、监控调度管理、自动化仓储管理、业务管理、客户服务管理、财务处理等多种信息技术集成的一体化现代物流管理体系。例如，运用卫星定位技术，用户可以随时“看到”自己的货物状态，包括运输货物车辆所在的位置（某座城市的某条道路上）、货物名称、数量、重量等，从而不仅大大提高了监控的“透明度”，降低了货物的空载率，做到资源的最佳配置，而且有利于顾客通过掌握更多的物流信息，以控制成本和提高效率。

物流信息技术在现代企业的经营战略中占有越来越重要的地位，提供及时、准确、全面的物流信息是现代企业获得竞争优势的必要条件。电子数据交换（Electronic Data Interchange，EDI）、条形码和扫描仪、人工智能/专家系统、远程访问和通信、物联网，以及数据挖掘等信息技术在物流领域的广泛应用，正在不断地提高企业的速度和能力，降低企业的成本，提升企业的竞争力。

@链接资料

美国联合包裹服务公司（United Parcel Service，UPS）在 1907 年作为一家信使公司成立于美国华盛顿州西雅图，现已是一家全球性的公司，其商标是世界上最知名、最值得景仰的商标之一。作为世界上最大的快递承运商与包裹递送公司，同时也是运输、物流、资本与电子商务服务的领导性的提供商，拥有 200 多架飞机、租用 300 多架飞机，快递运送业务遍及全球200多个国家和地区。向制造商、批发商、零售商和服务公司提供各种范围的陆路和空运的包裹和单证的递送服务、供应链设计与管理和仓储配送业务，以及大量的增值服务。

在1985年以前,UPS公司以其大型的棕色卡车车队和及时的递送服务控制了美国路面和陆路的包裹速递市场。然而，到了20世纪80年代后期，随着竞争对手利用不同的定价策略以及跟踪和开单的创新技术对UPS的市场进行蚕食，公司的收入开始下滑。为了提供可靠的、明确规定时间的递送服务，1986年，公司成立了一支“技术使命部队”，其战略目标是要从根本上对公司的技术进行彻底的大检修，把功能性的、作业导向的公司转化为一个精通现代化技术的公司。该“技术使命部队”制订了一个5年计划和15亿美元的预算，计划如期完成。到1991年，UPS公司的通信网络已连接了6台大型计算机、250台小型计算机、4万台个人电脑，以及全世界1 300个配送点之间的7.5万个手提计算机。公司对应用必要的战略信息技术的要求是，对未来市场需求和顾客需求做出高度精确的描述。在随后的20余年里，UPS公司在信息技术上的投资平均每年不少于10亿美元，这不仅包括信息主干网、电脑、无线通信等硬件的建设，还包括交易处理、决策支持等系统的软件投入。

今天，UPS公司网罗了4 000名程序编制员和技术人员，在Mahwah和亚特兰大设有两个大型的数据中心，拥有14台主机，每秒钟可以运行11.34亿条指令。UPS公司还拥有713个中型机（Mid-range Computer）和245 000台PC，以及3 500个局域网和130 000个连接工作站，其全球网络遍布100多个国家，为超过90万的用户提供服务。UPS公司的网站每天平均处理250万条网上货物追踪指令，通过移动无线电通信传输的货物追踪指令达170万条。UPS公司已通过广泛应用三项以信息为基础的技术来提高其服务能力。

第一，条形码和扫描仪使UPS公司能够有选择地每周7天、每天24小时地跟踪和报告装运状况，顾客只需拨个免费的电话号码，即可获得“地面跟踪”和航空递送这样的增值服务。

第二，UPS公司的递送驾驶员现在携带着以数控笔技术为基础的笔记本电脑到排好顺序的线路上收集递送信息。这种笔记本使驾驶员能够用数字记录装运接受者的签字，以提供收货核实。计算机化的笔记本协调驾驶员信息，减少了差错，又加快了递送速度。

第三，UPS公司创建的无线通信网络，使用的蜂窝状载波电话，使驾驶员能够把实时跟踪的信息从卡车上传送到UPS公司的中央电脑。无线移动技术和系统得到来自新泽西州玛澳数据中心的1亿美元的支持，使公司能够提供电子数据储存，并能恢复跟踪公司在全球范围内每天上百万笔递送业务。为了支持公司在欧洲增长的业务,UPS公司还在Mahwah基地安装了卫星地面站，提供美国与德国间的直接链接。

一、EDI

EDI 是一种在公司之间传输订单、发票等作业文件的电子化手段。它通过计算机通信网络将贸易、运输、保险、银行和海关等行业信息，用一种国际公认的标准格式，实现各有关部门或公司与企业之间的数据交换与处理，并完成以贸易为中心的全部过程，它是20世纪80年代发展起来的一种电子化贸易工具，是计算机、通信和现代管理技术相结合的产物。国际标准化组织（ISO）将EDI描述成“将贸易（商业）或行政事务处理按照一个公认的标准变成结构化的事务处理或信息数据格式，从计算机到计算机的电子传输”。从上述EDI定义不难看出，EDI包含了三个方面的内容，即计算机应用、通信、网络和数据标准化。其中计算机应用是EDI的条件，通信环境是EDI应用的基础，标准化是EDI的特征。这三方面相互衔接、相互依存，构成EDI的基础框架。

EDI用电子技术，而不是通过传统的邮件、快递，或者传真，来描述两个组织之间传输信息的能力和实践。能力是指计算机系统有效传输的能力；实践是指两个组织有效利用信息交换的能力。

物流信息由有关公司作业的实时数据组成包括采购物料流程、生产状态、产品库存、顾客装运，以及新来的订货等。从外界的角度来看，公司需要与卖主或供应商、金融机构、运输承运人和顾客交流有关订货装运和开单的信息。而内部功能则可用于交换有关生产计划和控制等数据。

EDI的直接利益包括：（1）提高内部生产率；（2）改善渠道关系；（3）提高外部生产率；（4）提高国际竞争能力；（5）降低作业成本。EDI通过更快的信息传输及减少信息登录的冗杂工作来改善生产率；通过减少数据登录的次数和个体数来提高精确性。EDI是通过以下几个方面对物流作业成本产生影响的：（1）降低与印刷、邮寄，以及处理书面交易有关的劳动和物料成本；（2）减少电话、传真，以及电传通信费用；（3）减少抄写成本。美国的JC Penney公司发现，从书面媒体转换成电子媒体，使其每票货的成本从0.29美元减少至0.05美元。据Texas Instruments公司报告，EDI已经将装运差错减少95%、实地询问减少60%、数据登录的资源需求减少70%，以及全球采购的循环时间减少57%。

通信标准和信息标准是电子数据交换的最本质的东西。通信标准用于明确技术特性，使计算机硬件能够正确地解释交换。通信标准确定字符设置、传输优先权和速度。信息标准规定传输文件的结构和内容。特别明确文件的类型以及当一份文件被传输时的数据顺序。为此，行业组织开发和提炼了两种一般标准，以及许多行业的具体标准，努力使通信传输和信息交换标准化。

（一）通信标准

最普遍接受的通信标准是ASC X.12（America Standards Committee X.12），即美国标准委员会X.12和联合国行政、商业和运输电子数据交换组织的UN/EDIFACT（United Nations/Electronic Data Interchange for Administration，Commerce and Transport）。两者中，X.12被升格为美国标准，而联合国使用的EDIFACT更多地被视为全球标准。每一个组织都明确规定了在供应链的伙伴之间交换共享数据类型的结构。在国际贸易中，如贸易伙伴双方所采用的 EDI 标准不同，则会增加其联系的麻烦。为了在国际贸易中更快、更省、更好地使用 EDI，世界各国特别是欧、美等发达国家，都在强烈要求统一 EDI 国际标准，EDIFACT 成为统一的 EDI 国际标准将是大势所趋。

（二）信息标准

信息标准是通过各种交易设置来执行的。交易设置是一套描述电子文件的代码。交易设置对每个行业明确地规定了可以进行传输的文件类型，其中有关的文件被用于普通的物流活动，例如订货、仓库作业以及运输等。交易代码用于显示电子通信究竟是仓库的货运订单还是仓库存货状态报告。除了交易代码外，仓库交易还包含仓库编号、品目编号以及数量等。

二、条形码和扫描仪

信息收集和交换对于物流信息管理和控制来说是至关重要的。典型的应用包括仓库的入库跟踪和杂货店的销售跟踪。在过去，信息的收集和交换是通过手工的书面程序完成的，既费时又容易出差错。条形码（Barcode）和电子扫描属于识别技术，有助于物流信息的收集和交换。尽管这类自动识别系统需要用户大量的资金投入，但是，国内和国际间日益激烈的竞争正在鼓励托运人、承运人、仓库、批发商，以及零售商等去开发和利用自动识别能力，以利于在今天的市场内参与竞争。自动识别渠道内成员以较低的误差概率迅速跟踪和传输运输细节。

条形码是将宽度不等的多个黑条和空白，按照一定的编码规则排列，用以表达一组信息的图形标识符。常见的条形码是由反射率相差很大的黑条（简称条）和白条（简称空）排成的平行线图案。不论采取何种规则印制的条形码，都是由静空区、起始符、数据符与终止符组成。有些条码在数据符与终止符之间还有校验符，如图 6-4 所示。

图 6-4　条形码符号的组成

（1）静空区：静空区也叫空白区，分为左空白区和右空白区，左空白区是让扫描设备做好扫描准备，右空白区是保证扫描设备正确识别条码的结束标记。为了防止左右空白区（静空区）在印刷排版时被无意中占用，可在空白区加印一个符号（左侧没有数字时印<号，

右侧没有数字时加印>号），这个符号就叫静空区标记。主要作用就是防止静空区宽度不足。只要静空区宽度能保证，有没有这个符号都不影响条码的识别。

（2）起始符：第一位字符，具有特殊结构，当扫描器读取到该字符时，便开始正式读取代码。

（3）数据符：条形码的主要内容。用于代表一定的原始数据信息。

（4）校验符：检验读取到的数据是否正确。不同编码规则可能会有不同的校验规则。

（5）终止符：最后一位字符，一样具有特殊结构，用于告知代码扫描完毕，同时还起到进行校验计算的作用。

条形码包括在品目上、盒子上、集装箱上，甚至气动车上所替换的计算机可读码。绝大多数消费者都知道在所有的消费产品上都呈现出的通用产品标码（Universal Product Code，UPC）。通用产品标码条形码，初次使用于1972年，它给每一位制造商和产品分配一个5位数的号码。标准化的条形码可在接收、处理或装运产品时减少错误。例如，条形码可以区分包装的尺寸和风味。

当通用产品标码被广泛地用于消费品行业进行零售检查时，其他渠道内成员渴望更详细的信息。当零售商关注的是个别的品目时，托运人和承运人却对托盘和集装箱内所装的货物感兴趣。因此，有必要用条形码来识别纸箱、托盘和集装箱里的产品。尽管有可能用一份单证来罗列托盘上的货物，然而书面工作有可能在传递中丢失或损坏。要提供能依附于中转运输的编码信息，就有必要使用计算机可读码，其中包含有关托运人、收货人、装箱货物，以及任何具体指示的信息。然而，要把这种信息结合进条形码，就会大大超过10位数的通用产品标码能力。基本问题是，商人不想让条形码占据包装上的宝贵空间，因为这样做会减少产品信息和广告设计空间。另一方面，在现有的空间内包含更多的信息，也会使编码显得太小，并增加扫描错误。

为了解决这些问题，条形码的研究和发展已进入若干方向。其中两个最重要的物流发展是多维条形码和集装箱条形码。更新的多维码，例如成沓的Code49和Code16K，以及高度先进的PDF417等，提供了在现有的包装空间中包括更加秘密的信息的潜力。例如，老的一维线性条形码每英寸能够编码15～18个字符。多维码，如Code49和Code16K，能够极大地提高信息传输能力，因为它们的设计使其可以将一个条形码“叠加”在另一个条形码的顶部。更先进的条形码如PDF417，利用叠加的矩形设计，每英寸能够储存1 800个字符，如图6-5所示。

条形码正在迅速地向若干个方向发展。行业的目标是要在最小的面积中包含有尽可能多的信息。受到的限制是，编码越小和越紧凑，越增加出现扫描错误的可能性。更新的编码结合了找错和纠错的能力。美国统一代码委员会UCC128系列航运集装箱条形码，正在像国际标准那样得到广泛接受，被唯一地用于识别每一个装运中的集装箱，并改进路线选择和提高跟踪能力。UCC128使制造商和配送商可以提供从生产点到销售点都能识别的集装箱。UCC128连同EDI提前装船通知（Advance Ship Notice，ASN）一起使用，精确地识别箱内货物。

PDF417

Code49

Code16K

图 6-5　条形码样本

条形码的发展和应用正在以极快的速度增长。表 6-2 概括了通过自动识别技术可以获得的好处和机会。虽然好处是明显的，但是这种编码是否能被采纳用作行业标准尚不太清楚。标准化和灵活性被期望用来调节广泛的行业需求。然而，标准化和灵活性也会增加成本，难以使中小规模的托运人、承运人和收货人去实行标准化技术。当人们继续集中精力于有可能实行的普通标准化时，有调查表明，所选的行业和主要的托运人将继续使用专有的条形码，以期最大限度地提高其竞争地位。

表 6-2　自动识别技术的好处

- 托运人：改进订货准备和处理；排除运输差错；减少劳动时间；改进记录保存；减少实际存货时间
- 承运人：运费账单信息完整；顾客能存取实时信息；改进顾客装运活动的记录保存；可跟踪装运活动；简化集装箱处理；监督车辆内的不相容产品；减少信息传输时间
- 仓储：改进订货准备、处理和装船（车）；提供精确的存货控制；顾客能存取实时信息；考虑安全存取信息；减少劳动成本；入库精确
- 批发商/零售商：单位存货精确；销售点价格精确；改进注册付款生产率；减少实际存货时间；增加系统灵活性

自动识别技术的另一个关键组件是扫描仪（Scanner），这是条形码系统的“眼睛”。扫描仪从视觉上收集条形码数据，并把它们转换成可用的信息。有两种类型的扫描仪：手提的和定位的。每种类型都能使用接触和非接触技术。手提扫描仪既可以是激光枪、影像式扫描枪（非接触式的），也可以是激光棒（接触式的）。定位扫描仪既可以是自动扫描仪（非接触式的），也可以是卡式阅读器（接触式的）。接触技术需要用阅读装置实际接触条形码，这样可以减少扫描错误，但降低了灵活性。条码扫描枪技术是当前最流行的，速度超过激光棒。扫描仪技术在物流方面有两大应用：第一种应用是零售商店的销售点（Point of Sale，POS）。除了在现金收入机上给顾客打印收据外，零售销售点应用是在商店层次提供精确的存货控制。销售点可以精确地跟踪每一个库存单位（Stock Keeping Unit，SKU）出售数，有助于补充订货，因为实际的单位销售数能够迅速地传输到供应商处。实际销售跟踪可以减少不确定性，并可去除缓冲存货。除了提供精确的再供给和营销调查数据外，销售点还能向所有的渠道内成员提供更及时的具有战略意义的利益。

物流扫描仪的第二种应用是针对物料搬运和跟踪。通过扫描枪的使用，物料搬运人员能够跟踪产品的搬运、储存地点、装运和入库。虽然这种信息能够用手工跟踪，但却要耗

费大量的时间，并容易出错。在物流应用中更广泛地使用扫描仪，将会提高生产率，减少差错。扫描技术使商店补充订货自动化，提高了营销能力，减少了总存货量。

三、远程访问和通信

信息技术还通过更快和更广泛的通信传输在相当大的程度上提高了物流功能。从历史上来看，物流活动在通信传输上有明显的不利条件，因为它们无论是在运输还是物料搬运车辆中，都处于运动状态或处于非常分散的状态。因此，信息和方向常常随实际活动而在时间和地点上迁移。无线射频（RF）、卫星通信和图像处理等技术的应用，已克服了这些因产品移动和物流分散化所导致的问题。

（一）无线射频技术

无线射频技术用于相对较小的范围之内，如配送中心，以便利双通道信息交换。主要的应用是与物料搬运人员，如叉车驾驶员和订单选择员进行实时通信。无线射频技术可以使叉车驾驶员获得实时的指示，而不是在几小时以前打印出来硬盘复制的指示。实时通信提供了更为灵活和更具敏感性的作业，并常常以较少的资源获得服务质量的提高。无线射频技术在物流中的应用，包括仓库的双通道通信选择指示、仓库循环点数核实，以及标签打印等。许多快递企业使用以语言为基础的无线射频技术来读取新来包裹上的邮政编码，并打印出路线标签，以指导包裹运输通过其各地分类设施。

无线射频识别技术（Radio Frequency Identification，RFID）是无线射频技术的一种，它通过射频信号自动识别目标对象并获取相关数据，识别工作无须人工干预，可工作于各种恶劣环境，可识别高速运动物体，并可同时识别多个标签，操作快捷方便。因此，“RFID 技术”已经成为 21 世纪全球自动识别技术发展的主要方向。应用 RFID 技术组成的自动识别系统称为 RFID 系统。RFID 系统主要由三部分组成：（1）电子标签（Tag）：由 IC 芯片及一些耦合元件组成，标签含有内置天线，用于和射频天线间进行通信。（2）阅读器（Reader，也叫读写器）：读取电子标签信息的设备。许多阅读器还带有附加的接口 RS232 或 RS485 等与外部计算机（上位机主系统）连接，进行数据交换。（3）计算机：进行数据管理。

RFID 系统的工作原理：阅读器通过发射天线发送一定频率的射频信号，当电子标签进入发射天线工作区域时产生感应电流，电子标签获得能量被激活；电子标签将自身唯一识别码等信息通过卡内置发送天线发送出去；系统接收天线接收到从电子标签发送来的载波信号，经天线调节器传送到阅读器，阅读器对接收的信号进行解调和解码，然后送到后台主系统进行相关处理；主系统根据逻辑运算判断该卡的合法性，针对不同的设定做出相应的处理和控制，发出指令信号控制执行机构动作。

RFID 技术的优势：（1）读取方便快捷：数据的读取无须光源，甚至可以透过外包装来进行，有效识别距离长；自带电池的主动标签，有效识别距离可达到 30 米以上。（2）识别速度快：标签一进入磁场，阅读器就可以即时读取其中的信息，而且能够同时处理多个标签，实现批量识别。(3) 数据容量大：一维条形码的容量是 50 字节，二维条形码最大的容量可储存 2～3000 字符，RFID 最大的容量则有数百万字节。(4) 使用寿命长，应用范围广：其无线电通信方式，使其可以应用于粉尘、油污等高污染环境和放射性环境，而且其封闭式包装使得其寿命大大超过印刷的条形码。(5) 标签数据可动态更改：利用编程器可以向电子标签里写入数据，从而赋予 RFID 标签交互式便携数据文件的功能，而且写入时间比打印条形码更短。(6) 更好的安全性：RFID 电子标签不仅可以嵌入或附着在不同形状、类型的产品上，而且可以为标签数据的读写设置密码保护，从而具有更高的安全性。(7) 动态实时通信：标签以每秒 50～100 次的频率与阅读器进行通信，所以只要 RFID 标签所附着的物体出现在阅读器的有效识别范围内，就可以对其位置进行动态的追踪和监控。

（二）卫星通信技术

卫星技术可以在广阔的地理区域范围内进行通信。图 6-6 显示了在公司总部与运输车辆及遥远的地方，例如商店之间的双通道通信。卫星通信为环球信息传输提供了迅速而又高流量的渠道。美国 Schneider National 公司是一家全国范围的货车承运人，在其卡车的顶上装有通信盘，使驾驶员与调度之间可以进行通信。这种实时交互方式提供了有关地点和交付的最新信息，调度员可以给卡车重新定向以便随时对货运需求或交通拥挤做出积极的反应。零售店也使用卫星通信技术，迅速把每天的销售量信息传回总部。沃尔玛公司使用卫星技术传输每天的销售数字，以刺激库存补充，并按当地的销售方式提供商品进行销售。

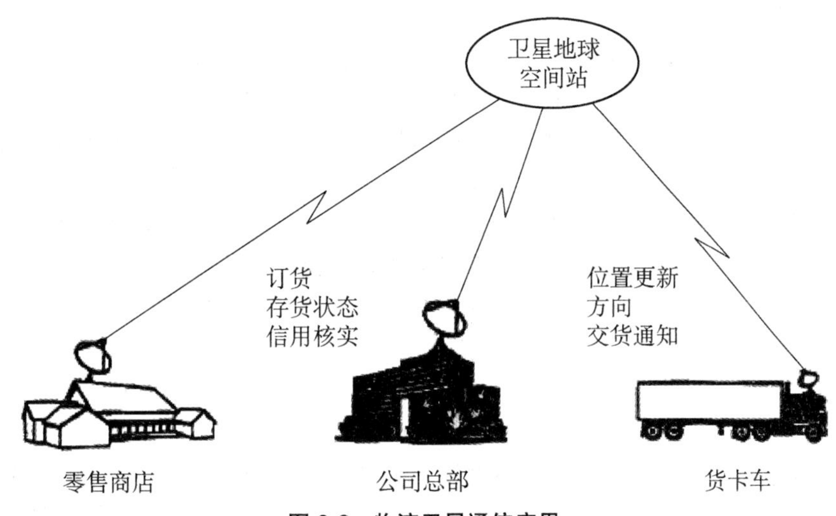

图 6-6　物流卫星通信应用

全球定位系统（Global Positioning System，GPS）是一个中距离圆形轨道卫星定位系统，可以为地球表面绝大部分地区提供准确的定位和高精度的时间基准。该系统是通过太空中的 24 颗 GPS 卫星来完成的。这个系统可以保证在任意时刻，地球上任意一点都可以同时观测到 4 颗卫星，以保证卫星可以采集到该观测点的经纬度和高度，以便实现导航、定位、授时等功能。这项技术可以用来引导飞机、船舶、车辆以及个人，安全、准确地沿着选定的路线，准时到达目的地。全球定位系统由三部分构成：（1）地面控制部分，由主控站（负责管理、协调整个地面控制系统的工作）、地面天线（在主控站的控制下，向卫星注入寻电文）、监测站（数据自动收集中心）和通信辅助系统（数据传输）组成；（2）空间部分，由 24 颗卫星组成，均匀分布在 6 个轨道面上；（3）用户装置部分，主要由 GPS 接收机和卫星天线组成。全球定位系统的主要特点：（1）全天候；（2）全球覆盖；（3）三维定速定时高精度；（4）快速省时高效率；（5）应用广泛多功能。

地理信息系统（Geographic Information System，GIS）是人类在生产实践活动中，为描述和处理相关地理信息而逐渐产生的软件系统。GIS 是多种学科交叉的产物，它以地理空间数据为基础，以计算机为工具，采用地理模型分析方法，对具有地理特征的空间数据进行处理，实时地提供多种空间和动态的地理信息。它的诞生改变了传统的数据处理方式，使信息处理由数值领域步入空间领域。通过各种软件的配合，地理信息系统可以建立车辆路线模型、网络物流模型、分配集合模型、设施定位模型等，更好地为物流决策服务。其基本功能是将表格型数据（无论它来自数据库、电子表格文件或直接在程序中输入）转换为地理图形显示，然后对显示结果浏览、操作和分析。其显示范围可以从洲际地图到非常详细的街区地图，显示对象包括人口、销售情况、运输线路和其他内容。

（三）图像处理技术

图形处理的应用依靠传真技术和视觉扫描技术，传输和储存运费账单信息，以及其他运输单证，如交货收据证明或提单等。这种服务的合理性在于，及时的装运信息对顾客来说几乎如同准时交付货物一样重要。当向顾客提供货运时，运输单证就被送往图形处理地点，进行电子扫描，以及在系统中进行注册。

然后，运输单证的电子图形就被传输到主要的数据中心，在那里它们被储存在可视的光盘里。到了第二天，顾客就能通过计算机链接存取该单证，或打电话给其服务代表。对于顾客申请硬盘复制某份单证，也可以在几分钟之内通过传真传输完成。一般来说，顾客的利益包括更精确地开出单证、更快地从承运人个人那里得到响应，以及容易存取单证等，而在这方面，承运人也能获得利益，因为系统排除了填制书面单证，减少了重要信息被丢失或放错地方的机会，以及提高了与顾客的可信性。

无线射频技术、卫星通信技术，以及图形处理等在还没有得到任何回报之前就需要相当大的资本投资。然而，这些通信技术的最基本的利益并不是降低成本，而是改善顾客服务。改善服务是通过更及时地明确任务、更快地装运跟踪，以及更迅速地传递销售和库存信息等形式提供的。当顾客注意到实时信息传输的竞争优势时，对这些通信技术应用的需求将会不断增长。

四、人工智能/专家系统

人工智能和专家系统是又一个有助于物流管理的、以信息为基础的技术。人工智能主要研究诸如感知、推理、学习的任务以及开发执行这些任务的系统，是一组旨在使计算机模拟人类推理的技术。人工智能着重于象征性推理，而不是数值处理。人工智能所包括的技术诸如专家系统、自然语言翻译器、神经网络、机器人、讲话识别等。

专家系统是人工智能的一种。专家系统提供了获得、提炼和增加管理技术的经济而又实际的方法。这类系统提供一种结构，记录了问题和答案，供专家用于解决分析作业中的问题。有了专家系统，一位“专家”的专有技术就可以通过网络被许多工人信手拈来，去提高一致性、精确性和生产率。这类系统可以更有效地管理组织最重要的资源——“知识”。专家系统程序是在“知识库”中捕捉和储存物流知识的，如规则（启发式知识）、政策、清单和推理等，完全与传统的计算机程序在数据库里储存数字信息一样。因此，专家系统程序趋向于比传统计算机程序更容易修改、更新和扩充。

使用物流专家系统，其专门知识能增加厂商的资产报酬率，所应用的软件包括承运人选择、国际营销和物流、存货管理，以及信息系统设计。

如图 6-7 所示，专家系统包括三个组成部分：知识库、推理动力以及用户界面。知识库包含有专家意见，采用的形式是一系列的“如果……那就……”的条件语句。通常，这是就有关决策所需使用的数据和推理而去访问一系列“专家”开发出来的。例如，在选择一位具体运输的承运人时，经验丰富的运输经理会开发关键的数据项目和使用指南。一位有经验的预测人员应该对使用最佳预测技术具有一定的知识基础。综合和协调这种由若干专家参与的决策推理，开发具有实质内容的知识库，使缺乏经验的人员能做出更有效的决策。

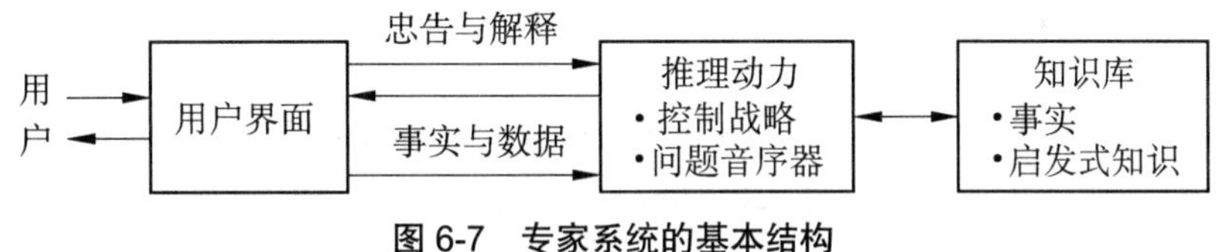

图 6-7　专家系统的基本结构

推理动力在知识库中搜索用以确认有关具体决策所适用的规则。例如，运输经理企图做出有关汽车承运人的决策而不想使用为铁路运输开发的规则。推理动力就确定相关的规则和次序，用于对其做出评估。用户界面有助于决策者与专家系统之间交互影响。该界面用自然语言以格式化的形式向用户提出关键问题，然后对用户的反应做出解释。良好的界面允许用户提炼知识库，使之能获得额外信息或专家意见。

专家系统已显示其提高物流生产率和物流质量的能力。专家系统和人工智能所关注的是，把数据和信息转换成可使用知识的能力，吸取和分享专家意见，并且把知识管理成一种至关重要的竞争资源。

五、物联网

物联网（Internet of Things）是通过射频识别器件、全球定位系统、红外感应器、激光扫描器等信息传感设备，按制定的协议把相关的物体与互联网相互连接起来，进行信息交换和通信，实现对物品的智能识别、跟踪、定位、管理和监控的一种网络。物联网是在互联网的基础上，将其用户端延伸和扩展到任何物品和物品之间，并进行信息交换和通信的一种网络。物联网的核心技术是 RFID 电子标签技术，其能贴在物品上，通过无线数据通信网络自动传送到集成的信息处理系统中，从而实现物品的自动识别，然后通过开放性网络实现信息交换和共享，达到对物品的有效管理和控制。

和传统的互联网相比，物联网有其鲜明的三个重要本质特征，具体如下。

（1）全面感知。全面感知就是通过各种类型的感知器实时感知被测物理对象的状态。它是各种感知技术的广泛应用。物联网上部署了海量的多种类型传感器，每个传感器都是一个信息源，不同类别的传感器所捕获地信息内容和信息格式不同。传感器获得的数据具有实时性，按一定的频率周期性地采集环境信息，不断更新数据。

（2）可靠传递。可靠传递就是通过各种有线和无线网络与互联网的融合，将物体的信息实时准确地传递出去。在物联网上的传感器定时采集的信息需要通过网络传输，由于其数量极其庞大，形成了海量信息，在传输过程中，为了保障数据的正确性和及时性，必须适应各种异构网络和协议。

（3）智能处理。智能处理就是利用云计算、模式识别等各种智能技术，对海量的数据和信息分析和处理，以实现对物体智能化控制。物联网将传感器和智能处理相结合，利用云计算、模式识别等各种智能技术，扩充其应用领域。从传感器获得的海量信息中分析、加工和处理出有意义的数据，以适应不同用户的不同需求，发现新的应用领域和应用模式。

物联网分为三层架构：应用层、网络层和感知层。

感知层主要由各种传感器以及传感器网关组成，包括 RFID 阅读器、传感器等，用于标识、感知、协同、互动，主要完成信息的收集与简单处理。通过感知层搜集物品相关信息，为物联网实现智能化处理及后期决策提供基本的数据支持，感知层是物联网应用实施的基础，也是物联网实时跟踪、监控的支撑体系。在物联网的发展和完善过程中，感知技术和设备要向多功能、低功耗、小型化、高可靠、低成本及多传感器信息融合方向发展，使感知层具备更敏感、更全面的感知能力。

网络层为原有的互联网、无线和有线通信网络等网络系统，是感知层的上层网络，主要完成已搜集信息的远距离传输、融合接入和信息存储的工作，其功能的实现决定了物联网整个流程的工作效率和服务质量。

应用层实现了物联网与消费者的有效对接，主要完成数据挖掘和决策的工作，实现物联网技术在行业内的智能应用，是物联网价值体现的最终环节，具体体现为服务发现和服务呈现，如物联网技术在物流领域中仓储管理系统、车辆定位跟踪系统、订货管理系统等的应用。

宝供物流的信息化情结

宝供物流企业集团有限公司（简称宝供）创建于 1994 年，总部设在广州，是国内第一家经国家工商总局批准以物流名称注册的企业集团，是我国最早运用现代物流理念和方法为客户提供物流一体化服务的第三方物流公司。目前，在全国 80 多个城市设立分子公司和办事处、在 16 个中心城市建立有 22 个大型现代化物流基地，总资产规模达 120 亿元，形成了一个覆盖全国的业务运作网络和信息网络，为国内外 100 多家企业提供一体化的物流服务。

宝供是国内第一家将工业化管理标准应用于物流服务系统的企业，并全面推行 GMP 质量保证体系和 SOP 标准操作程序，其整个物流运作自始至终处于严密的质量跟踪及控制之下，确保了物流服务的可靠性、稳定性和准确性。宝供集团的物流运作残损率为万分之一、可靠性达到 98%，远远高于国家有关标准，为行业树立了高水平的标杆。被摩根士丹利和麦肯锡评价为“中国最具价值的第三方物流企业”和“中国领先的第三方物流企业”，被国家有关部门评选为“30 年推动中国流通进步的杰出企业”“30 年中国改革开放物流模式创新企业”。宝供的影响力固然来自于实力和专业，但高度的信息化水平才是其影响力之源。

（一）信息化的发展

对物流信息化的不断创新和物流技术的运用是引领宝供物流专列前行的火车头。宝供董事长刘武在谈起宝供的发展历程时说，“我们现在之所以专业，当然一方面除了能够给客户提供符合其需求的专业化物流解决方案，还要有能够对该方案提供支持的物流信息化平台来支持。”

伴随其物流业务的开展，宝供信息化发展基本上实现了每三到四年上一个大的台阶。从支持运作管理到与客户协同管理，从信息平台管理上升到支持全面经营管理不断进行创新和跨越。首先，作为起步阶段的 1997—1999 年，宝供实现了利用基于 Internet 的物流信息系统取代人工单证管理的创新应用，并支持企业运输、仓储和核算等基本运营管理的需要。1997 年，宝供率先在国内建立起一套基于 Internet/Intranet 的物流信息系统，实现物流数据的在线实时跟踪、客户实时了解运输、仓储等物流信息，使物流服务实现了质的飞跃。第二步，2000—2002 年，宝供成功通过与客户系统 EDI 进行对接，实现了从支持企业内部运作到与客户系统协同管理，以及与客户动态分享物流信息的突破。第三步，2003—2006 年，宝供成功实现从物流信息管理系统到物流信息管理平台的升级，建立了以宝供 ERP 系统为核心的物流信息管理平台。第四步，2007—2010 年，实现了从全面运作管理到物流精益管理的飞跃，对外使信息平台的功能达到支持全球供应链一体化的物流服务，对内全面支持企业的经营决策管理，并率先在物流领域使用移动互联网技术，将物流信息系统操作端口覆盖至手机端。第五步，2011—2015年，结合电子商务对物流的需求，宝供开发了配送网络平台提供快运零担服务，并进一步整合物流信息管理平台，提供电子商务物流解决方案。

（二）客户定制化的信息服务

在其近二十年信息化发展过程中，宝供结合自身为不同行业跨国公司和国内大中型制造业、流通业客户服务的实践和管理理念，自主研发了在国内同行业中属于先进水平的宝供第三方物流信息管理平台，即宝供第三方物流ERP系统。该系统的主要模块有平面仓库管理系统、立体仓库管理系统、全程订单管理系统、运输管理系统、多元化多门户数据平台、财务系统、客户关系管理系统等，各模块动态集成，实现信息共享和协同处理。据了解，宝供物流信息管理平台以订单为中心，通过组织架构、业务流程、IT技术三方面的变革，将运输管理、仓库管理、订单管理、财务管理、客户服务等核心业务全面整合到一个集成的物流信息管理平台，实现了对物流订单的记录、调度、备货、发运、在途跟踪、客户签收、回单、财务结算、KPI考核、异常处理等各个环节的高效统一管理。

在CIO顾小昱看来，一个真正好的平台必须经过不断地调整和创新，来为新的物流业务展开服务。"在系统推广应用过程中我们形成了有效的知识管理平台，总结积累了家电、食品、饮料、日化、石化、汽车、服装等行业信息化解决方案。因此宝供物流对不同行业客户的业务支持能力和水平在国内同行业中一直处于先进水平。"

宝供正是在其强大的物流信息平台之上成功建立起定制化的服务，如宝洁模式、飞利浦模式、红牛模式。宝洁模式——客户有信息管理系统，宝供使用客户系统的客户端输单，同时数据传输到宝供的系统，这样宝供和客户同时拥有运作数据。飞利浦模式——客户有自己的系统，把系统的数据导出后，根据飞利浦不同客户的需求，采用多种数据交换方式，通过转换平台传送到宝供，宝供依数据打印运作单，再通过转换平台把结果返回客户，客户把数据导入系统。红牛模式——客户没有系统，宝供对客户进行全面的IT系统服务。

（三）走向物流整合之路

物流企业要做大做强，必须借助信息化手段对分散的物流资源进行综合利用，对相关功能进行协调与集成，对物流运作、管理实施重组与优化，降低物流总成本，提升物流总体运作能力，优化其服务水平。

宝供从2006年开始实施物流功能的整合，在2007年已经实现借助信息系统支持运输线路整合和成本标杆双重控制。运输调度在系统中能够根据预设调度规则和策略合理安排运输车辆装载和计划运输路线，有效地整合运输资源、降低成本；同时还能通过查询报表实时监控每个客户每票业务的运输成本，使公司各级经营管理人员能通过系统报表实时了解各运作点、各个客户物流运营状况；从而达到在保证运作质量前提下充分整合资源，降低运作成本，提升企业竞争力和经营效益的目标。

经过整合优化，2008年和2007年相比，宝供在货物发运总件数增加14%、总运量增长8%的情况下，运输发运车辆数反而减少12%，数据显示，整合后的系统应用效果明显。

（四）不断调整和创新，为企业管理和业务发展服务

2008 年以来，经受金融危机的持续影响，国内物流业总体面临物流需求低、市场波动大、服务价格低、客户要求高、运营成本高、企业利润低、经营风险大的问题，宝供也不可避免面临新的挑战。那么，他们是如何来应对挑战的呢？

董事长刘武给出的答案是："宝供在保持平稳较快增长的基础上，进一步提升业务运作能力和加强内部经营管理。我们将紧紧围绕国家提出的扩大内需的精神，积极维护、挖潜重点客户，开拓有价值的客户和服务领域，并针对客户的深层需要、配合客户业务的发展，帮助客户有效地拓展市场。"

而其主线依然是以信息平台为支撑，通过不断的整合和优化服务模式来应对挑战，进行一系列调整来实现增长目标。首先，优化一二级配送网络，拓展并构建三四级配送网络，帮助客户深耕销售渠道、开拓三四级市场，实现向农村市场的拓展。其次，针对客户日益提高的服务需求，强化服务产品和服务内容，如危险品运输、包装、加工等；完善配送中心的整合能力和快速分拣能力，提高快速反应能力以支持小量、多批次的配送需要；完善物流基地的建设，提高物流基地的利用率，为客户实现原材料的零库存，减少运作环节，降低物流成本。为支持业务运作能力的提升和强化内部经营管理，宝供充分发挥信息技术对物流业务的中枢神经作用，加大科技开发的力度，建立以信息驱动的物流运作管控的新模式，有效地整合客户资源和运作资源，提高物流运作一体化的管控能力。

问题：

宝供物流企业集团有限公司如何运用信息化来提高自己的竞争能力？

案例分析：

根据本案例，宝供通过以下几方面运用信息化来提高自己的竞争能力：（1）自主研发了第三方物流 ERP 系统，将运输管理、仓库管理、订单管理、财务管理、客户服务等核心业务全面整合到一个集成的物流信息管理平台，实现了对物流订单的记录、调度、备货、发运、在途跟踪、客户签收、回单、财务结算、KPI 考核、异常处理等各个环节的高效统一管理；（2）通过物流信息管理平台支持企业专业化的物流解决方案；（3）为客户提供定制化的信息服务；（4）信息系统支持物流运作、管理重组与优化，从而实现降低物流总成本、提升物流总体运作能力、优化其服务水平的目的；（5）不断调整和创新物流信息平台，为企业管理和业务发展服务。

问题讨论：

1. 宝供物流信息系统主要有哪些功能？
2. 宝供物流信息系统对其企业成功有何帮助？

复习思考题

1. 比较分析不同层次的物流信息系统功能的最基本的焦点问题，并举例说明。
2. 请简要说明物流信息系统的原理。

3. 请简要说明物流信息系统的结构。

4. 请解释以异常情况为基础的物流信息系统。

5. 为什么说在物流信息系统中，存货分布和管理在计划/协调与作业之间起着最基本界面的作用？如何产生其作用的？

6. 请简要说明你所了解的正在应用的物流信息技术。

7. 条形码和扫描技术如何通过供应链进行信息收集和交换？

8. EDI 交易中通信标准和信息标准之间有什么区别？

9. 请指出企业应该如何使用 RFID 来提高供应链的绩效。RFID 具有哪些优势？

10. 物联网与互联网有何区别与联系？

11. 如何理解物联网的概念和内涵？

第七章 企业物流

本章重点

- 企业物流的特点
- 不同类型企业物流的区别
- 准时采购的特点及实施的条件
- 电子采购的优点
- 全球采购的开发模型
- 准时供应的特点
- 物料需求计划的概念与特点
- 准时生产的概念及实施的条件
- 不同销售渠道下物流的特点
- 分销需求计划的运作机制
- 回收与废弃物物流的意义
- 不同的物流组织对物流的影响

随着市场竞争的日益激烈和企业认识的不断深入，物流开始受到越来越多企业的重视。物流不仅被认为是降低成本、提高服务水平的重要途径，更有很多企业把物流看成是提高企业竞争力的一个关键环节。物流，为什么会受到企业如此的重视？企业物流包含哪些内容？企业物流是如何运作的？……本章以制造企业为例进行介绍。

第一节 企业物流概述

@链接资料

中国奥康集团始创于 1988 年，经过 20 多年的发展，已经成为中国最大的民营制鞋企业。公司设有三个研发中心，每年开发出数千个鞋样新款。奥康集团的成功与其高效的物流运营零成本密不可分。

奥康提出的物流运营零成本并不是指物流成本为零，而是通过一种有效的运营方式，极大限度地降低成本，提高产品利润。

现代市场的竞争，就是比谁看得准、出手快。特别是对皮鞋行业而言，许多产品是季节性的。对这类产品，就是比时间、比速度。对一些畅销品种，如果能抢先对手一星期上货、一个月出货，就意味着抢先占领了市场。对于市场管理的终极目的也在于此，如果你的产品慢对手一步，就会形成积压。积压下来的鞋子将会进行降价处理，使企业的利润减少。实在处理不掉的鞋子，将统一打回总部，二次运输成本随之产生，物流成本就在无形中增加了。据了解，奥康将一年分为8个季，鞋子基本上做到越季上市。例如，在秋季尚未到来的半个月前，秋鞋必须摆上柜台。这一方面考验奥康的开发设计能力，必须准确地把握产品的时尚潮流信息；另一方面则考验其物流能力，必须在最短的时间内把产品放至柜台。这样才能做到产品满足市场需求、减少库存、增加利润。

由案例我们可以看到物流对企业的重要性。那么，到底什么是企业物流呢？

一、企业物流的内涵

企业物流是指生产和流通企业围绕其经营活动所发生的物流活动（GB/T 18354—2006）。企业物流是在企业生产经营过程中，物品从原材料供应，经过生产加工，到产成品销售，及伴随生产消费过程所产生的废旧物资的回收和再利用的完整循环活动。是围绕企业经营的物流活动，是具体的、微观的物流活动。

从系统论角度分析，企业物流是一个受外界环境影响的具有输入—转换—输出功能的自适应体系，如图7-1所示。由图可见，物流已渗透到企业各项经营活动之中。对于生产类型的企业来讲，是原材料、燃料、人力、资本等的投入，经过制造或加工使之转换为产品或服务；对于服务型企业来讲则是设备、人力、管理和运营，转换为对用户的服务。物流活动便是伴随着企业的投入—转换—产出而发生的。相对于投入的是企业外供应或企业外输入物流，相对于转换的是企业内生产物流或企业内转换物流，相对于产出的是企业外销售物流或企业外服务物流。

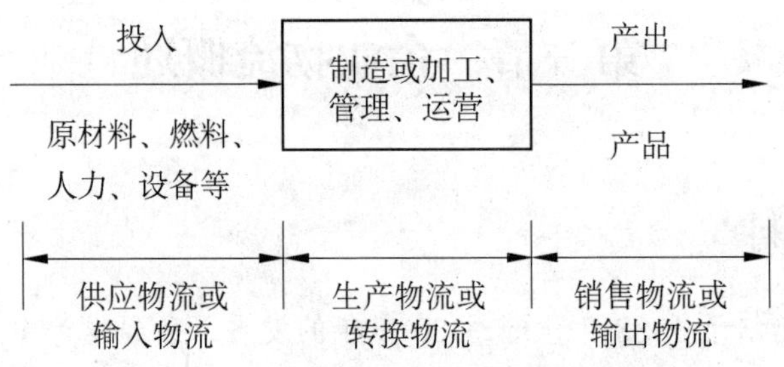

图7-1 物流渗透到企业各项经营活动中

二、企业物流的特点

企业物流作为企业生产经营活动的一部分，具有自己的特点。

（一）物流成本高

多年来为了确定整个社会和单个企业的物流成本，人们进行了很多研究，但他们所估计的物流成本大不相同。根据国际货币基金组织的研究，物流成本平均约占国内生产总值的 12%。对企业而言，物流成本占销售额的比重从 4%到超过 30%不等。因此，对大多数企业来说，物流成本都是很高的，降低物流成本可以增加价值，为企业创造更多利润。

（二）供给和分拨路线长

许多企业已在实施全球战略，他们或面向全球市场设计产品，在原材料、零部件或劳动力成本低的地方进行生产，或在本地生产，然后在全球市场销售。无论哪种情况，与那些本地生产、本地销售的厂商相比，供给和分拨路线都拉长了。此时，由于物流成本，特别是运输成本在企业总成本中所占比例很大，使物流在企业中占据越来越重要的地位。

（三）对企业战略有重要意义

物流是企业成本的重要组成部分，而且不同的物流决策会导致供应链不同的客户服务水平，从而影响企业产品的竞争力。因此，企业管理者可以通过有效的物流管理进入新市场、扩大市场份额或增加利润。

（四）要求快速、个性化的反应

快餐店、自动柜员机、隔夜包裹递送等使消费者期望在越来越短的时间内获得商品和服务。信息系统的改善和敏捷的制造过程使市场向大规模定制发展。消费者在购买商品时不再接受“所有产品统一规格”的概念，使企业必须在最短的时间内提供越来越多的不同产品来满足消费者个性化的需求。这些改变要求企业不得不应用快速反应理念来满足个性化市场的需要。

@链接资料

对于萨克斯第五大道百货公司来说，如果按照在孟加拉国裁剪，在意大利缝制成衣的模式生产，然后将成品运到美国的豪华商店进行销售，收益十分显著。对旺销的产品来说，盈利与亏损之间可能只是 7～10 天的差别，所以必须依靠出色的物流服务使这些款式恰好在最需要的时候出现在卖场。那么萨克斯公司是怎么做的呢？

公司的 69 家商店仅由 2 个分拨中心供货。一个在纽约州的扬克斯，距离纽约市第五大街萨克斯公司最大的商店很近；另一个在加利福尼亚州的安大略，是供应新潮前卫的南加州市场的绝好位置。货物在供应渠道中快速移动是盈利的重要保证因素。分拨中心24小时日夜运转，分拨货物。

萨克斯80%的进口货物通过空运到达分拨中心，来自欧洲的货物在扬克斯处理，来自远东的货物在安大略处理。两个中心之间的货物交换也通过空运。每个营运日，还在纽约和洛杉矶之间安排一个专用航班。分拨中心对各地商店的供货采用了空运和公路运输相结合的方法。

三、企业物流的类型

（一）根据企业性质的不同分类

根据企业性质的不同，可将企业物流分为生产企业物流、流通企业物流和服务企业物流。

1. 生产企业物流

生产企业物流是以购进物料为始点，经过加工制造，形成新的产品，然后供应给社会需求部门或消费者的全过程的物流形式。因此，生产企业物流就是从供应地到需求地的产品流动过程。这个过程要经过物料的采购供应阶段、生产阶段和销售阶段，从而形成生产企业的采购与供应物流、生产物流和销售物流。但是企业物流到此并没有结束，产品送达消费者后，其生命并没有结束，产品会过期、损坏或出现故障，需要返回供应地进行维修或其他处理，从而形成了从需求地返回供应地的逆向过程，这个过程包括回收物流和废弃物物流。由此可将生产企业物流分为供应物流、生产物流、销售物流、回收物流和废弃物物流五个方面的内容。

2. 流通企业物流

流通企业物流是指从事商品流通的企业的物流，包括批发企业的物流和零售企业的物流。

（1）批发企业的物流。批发企业的物流是指以批发据点为核心，由批发经营活动所派生的物流活动。这一物流活动对于批发的投入是组织大量物流活动的流入，产出是组织相同总量物流对象的流出。在批发据点中的转换是包装形态及包装批量的改变。

随着工厂直送和零售商的日益壮大，批发商的发展空间日益受到制约。过去批发企业物流系统就像一个调节阀，一边从制造业企业订购大批量的商品，另一边化大为小，将小批量商品送到零售商的商店，以满足零售商的需求。但现在这些职能都被工厂和零售商所具备，减少中间环节将是批发企业遇到的最大挑战。在这个时候，配送中心的增值服务开发将为其带来新的利润源。因为对于零售商来说，由于普遍存在储存空间不足的问题，往往希望减少商品的储存和流通加工功能，因此希望批发商能帮他们完成流通加工和配送功能。由于零售商的订货周期一般都较短，对于批发商来说，在短时间内进行分拣、流通加工、配送等一系列大量烦琐的工作，是一件困难的事。为此应建立具有高度的处理商品功能的配送中心，实现商品的快速、准确、低成本的配送。

（2）零售企业的物流。零售企业的物流是以零售商店据点为核心，以实现零售销售为主体的物流活动。过去，在卖方市场，由于货源有限，商品的供应权力主要在供货商。而今，在买方市场情况下，产品的同质化导致零售商的权利不断增加。由于供货商的物流管理水平参差不齐，完全依赖供货商来经营零售业物流，有可能给零售商带来商品供应问题，如商品不能及时送达，商品存在残次品等。这些都将直接导致零售商因缺货或退货而造成销售损失。为避免类似问题的出现，零售商越来越重视商品采购系统及供应系统的管理，以保证及时交货。

3. 服务性企业物流

服务性企业是指为社会提供服务性产品的企业，如餐饮、旅游、金融、娱乐等（特别指出的是，由于物流企业是以提供物流服务为盈利手段的企业，其开展的物流活动不是伴随其主营业务而发生的，有关物流企业服务的内容我们将在其他章节介绍，本章所指的服务性企业是指物流企业以外的服务性企业）。与前两种企业不同的是，服务性企业的类型很多，产品差异很大，但是所有的产品都有一个共同的特征，即无形性。由于服务性企业提供的产品——服务是无形的，人们在关注无形的服务的同时，往往忽略了隐含在其中的物流活动。虽然服务性企业的物流活动没有生产企业或流通企业那么频繁，却也不可忽略。以餐饮企业为例，就包含了需求预测、采购、生产（即烹调）、回收等物流活动，这些活动不仅是保证服务的基础，同时也是构成服务成本的重要部分，同样会影响到企业的竞争优势。因此，服务性企业的物流同样不可忽视。

（二）按照物流活动在企业中的作用不同分类

按照物流在整个生产经营过程中的作用不同，企业物流可以分为供应物流、生产物流、销售物流、回收物流和废弃物物流。有关供应物流、生产物流、销售物流、回收物流和废弃物物流的概念我们已在第一章阐述。

第二节　采购与供应物流

随着市场竞争的加剧，外包的发展，采购越来越受到企业的重视，采购逐渐成为企业的一个主要职能，并且确立了采购在企业供应链管理中的新地位。传统的采购运作是指与供应商进行对抗性的、以交易为重点的谈判，企业关注的焦点是采购价格；现在则转变为确保从供应商处取得足够的支持，以更好地完成其生产和营销战略。这些转变使企业的采购与供应管理职能发生了很大变化：从关注采购价格到重视采购总成本，从简单的买卖关系到供应商伙伴关系，从以“交易”为导向的战术职能到以“流程”为导向的战略职能……并由此催生了一些新的采购与供应策略，如准时采购、准时供应、电子采购、全球采购等。

一、采购与供应物流概述

供应物流是保证企业生产经营正常进行的必要前提，供应物流中的采购是保障企业供应、维持正常生产和降低缺货的基础，采购供应物资的质量好坏直接决定着企业产品质量的优劣，采购成本的高低直接影响着产品成本的高低，因此，有效的采购与供应物流可以为企业的成功做出显著贡献。在正确的时间、从合适的供应商那里、以合适的价格、恰当的数量和良好的质量采购物料，一直是企业长期关注的问题。而今天，企业不再只关注与采购有关的交易了，企业开始关注在为企业目标服务的前提下，开展全面的采购与供应管理。因为瞬息万变的供应环境，对企业提出了很大的挑战。

（一）采购

采购是在市场经济条件下，在商品流通过程中，各企业及个人为获取商品，对获取商品的渠道、方式、质量、价格、时间等进行预测、选择，把货币资金转化为商品的交易过程。它是一项重要的活动，而且与物流密切相关，因为所获得的物资和服务必须按正确的数量、恰好在需要的时间进入到供应链中。采购之所以重要还因为采购成本通常会占到企业销售收入的 60%～80%。为此，许多企业已将采购赋予了更多的战略定位。其基本程序如下。

（1）确定采购目标。因为采购从本质上已变得更具战略性，所以其主要的目标已不再是获得尽可能低的供应成本。采购目标应包括：①与组织的目的和目标保持一致；②有效和高效地管理采购过程；③管理供应商；④发展与其他职能部门的紧密关系；⑤满足各部门运作的需求。为此，当需求部门产生了对某种物料的需求后，要对需求进行准确的描述，以请购单的形式把它传递给采购部，采购部门则应从正确的来源、按正确规格的数量、以正确的价格购买正确的物品，并在正确的时间交付给正确的需求部门。

（2）供应源搜索与确定。供应商的选择是采购的重要一环，而了解供应源是有效采购的基本前提。一般情况下，主要的信息来源有商品目录、行业期刊、广告、供应商介绍、互联网、采购部的记录等。通过设置一系列合理的标准，对各潜在供应商进行分析评价以确定合适的供应商。

（3）采购谈判。确定价格和采购条件。

（4）拟订并发出订单。不同企业的采购订单形式各不相同，但都包含一些必备的要素，如订单编号，发单日期，供应商的名称和地址，订购商品的名称、数量、规格、单价，交货期限，支付条款等内容。

（5）货物的接收和检验。

（6）支付货款。

（二）供应物流

1. 供应物流的概念

供应物流是指企业为保证生产的节奏，不断组织原材料、零部件、燃料、辅助材料等供应的物流活动。这种物流活动对企业生产的正常、高效进行起着重大作用。企业供应物流不仅是一个保证供应的目标，而且还应以最低成本、最少消耗、最大保证来组织供应，因此，就带来了很大的难度。

现代物流是基于非短缺商品市场这样一个宏观环境来研究物流活动的，在这种市场环境下，供应在数量上的保障容易做到，企业在供应物流领域的竞争关键在于：如何降低这一物流过程的成本，同时有一个使用户（在企业中是下一道工序或下一个部门）满意的服务水平。

2. 供应物流过程

供应物流过程因不同企业、不同供应环节和不同的供应链而有所区别，这个区别就使企业的供应物流出现了许多模式。尽管不同的模式在某些环节具有非常复杂的特点，但是供应物流的基本流程是相同的，一个完整的供应物流过程有以下几个环节。

（1）取得外部资源。这个环节是由采购实现的。取得外部资源是完成以后所有供应活动的前提条件。什么时候应该取得什么样的资源，是核心生产过程提出来的，同时也要按照供应物流可以承受的技术条件和成本条件辅助这一决策。

（2）组织到厂物流。所取得的资源必须经过物流才能到达企业。这个物流过程是企业外部的物流活动，也是产品从卖方向买方转移的过程。在这个过程中，往往要反复运用装卸、搬运、储存、运输等物流活动才能使取得的资源到达企业的门口。

（3）组织厂内物流。如果企业外物流到达企业的“门”，便以“门”作为企业内外的划分界限，例如以企业的仓库为外部物流终点，便以仓库作为划分企业内、外物流的界限。这种从“门”和仓库开始继续到达车间或生产线的物流过程，称为供应物流的企业内物流。

传统的企业供应物流，都是以企业仓库为调节企业内外物流的一个节点。因此，仓库在工业化时代是一个非常重要的设施。但是，随着一些先进的采购与供应策略的应用，这种情况发生了变化。如在零库存方式下，企业采购的物资直接从供应商仓库运到采购商的车间或生产线，取消了“仓库”这一中间环节。

（三）采购与供应物流的关系

采购是实现将货物所有权从卖方手中转移到买方手中的过程，而供应物流是实现将货物实体从供应商仓储设施转移到采购商仓储设施的过程。两者是相辅相成的。有采购，表明有需求，供应物流才有意义；而如果没有供应物流，采购最终就无法实现，需求也无法得到满足。

当然，采购与供应物流也有区别。采购着重于“交易”，而供应物流着重于“流程”。

随着企业对物流认识的不断深入，随着供应物流的发展，越来越多的企业开始用采购与供应管理的概念来代替供应管理，这也反映了采购职能的变迁及企业对采购管理的重视。

二、采购与供应策略

采购与供应策略是影响采购与供应职能的重要因素之一，目前常用的采购与供应策略有集中采购与分散采购、准时采购、电子采购、全球采购、准时供应等几种。

（一）集中采购与分散采购

采购可以是集中式的也可以是分散式的。集中采购指的是所有采购任务都由一个专门部门负责，而分散采购则指各部门或各独立单元自行满足其采购需求。

如果把所有订单集中起来，利用大量订货取得数量折扣，集中采购就可能得到比分散采购更低的价格。集中采购还能获得更好的服务，引起供应商更大的注意。另外，集中采购一般都能促使企业把专项任务分配给特定专家，使采购工作更有效。

分散采购的优点是能更好地了解不同地区的需求，更好地回应它们，而且反应比集中采购快。在各单元极度分散的情况下，分散采购能够通过就地购买节约运输成本。

当然有些企业会同时运用以上两种方法进行采购管理，即混合采购。既允许独立单元自行购买某些产品，又集中采购另外一些产品。例如，少量订货和紧急订货可以由本部门就地处理，而大量、高价值物品则采用集中采购，既可利用数量折扣降低采购成本又可获得更好的服务。

（二）准时采购

采购的数量和时间安排影响着采购价格、运输成本和库存持有成本。不同的采购数量和时间就产生了不同的采购战略。其中一种是仅在需求产生时购买，采购量就是需求量，这就是准时采购战略。当然企业也可以采用其他方法，如某种形式的先期采购（Forword Buying）或预测采购（Anticipatory Buying）。如果人们预期未来价格会上涨，这样做就有利可图。同样，如果采购者想要回避未来价格上涨的风险，也可采用投机性采购策略。

1. 准时采购的基本思想

准时采购也叫 JIT 采购，是一种先进的采购模式。它的基本思想是：在恰当的时间、恰当的地点，以恰当的数量、恰当的质量提供恰当的物品。其目标是实现生产过程的几个“零”化管理：零缺陷、零库存、零交货期、零故障、零（无）纸文书、零废料、零事故、零人力资源浪费。准时采购是从准时生产发展而来的，是为了消除库存和不必要的浪费而进行的持续性改进。要进行准时化生产必须有准时的供应，因此准时采购是准时化生产管理模式的必然要求。

准时采购包括供应商的支持与合作以及制造过程、货物运输系统等一系列的内容。准时采购不但可以减少库存，还可以加快库存周转、缩短采购提前期、提高采购商品的质量、获得满意的交货。

2. 准时采购的特点及实施要点

准时采购和传统采购方法在质量控制、供需关系、供应商的数目、交货期的管理等方面有许多不同，其中关于供应商的选择（数量与关系）、质量控制是其核心内容，如表 7-1 所示。

从表 7-1 可以看出，准时采购和传统采购模式有着显著的差别。企业要实施准时采购，以下三点是十分重要的：（1）选择最佳供应商，并对供应商进行有效管理是准时采购成功的基石；（2）供应商与用户的紧密合作是准时采购成功的钥匙；（3）卓有成效的采购过程质量控制是准时采购成功的保证。

表 7-1 准时采购与传统采购的比较

项 目	准 时 采 购	传 统 采 购
采购批量	小批量，送货频率高	大批量，送货频率低
供应商选择	采用较少供应商，关系稳定，质量较稳定	采用较多供应商，关系不稳定，质量不易稳定
供应商评价	合同履行能力，生产设计能力，产品研发能力等	合同履行能力
检查工作	逐渐减少，最后消除	收货、点货、质量验收
信息交流	快速、可靠	一般要求

准时采购采用订单驱动的方式。订单驱动使供需双方都围绕订单运作，实现了准时化、同步化运作。要实现同步化运作，采购方式就必须是并行的，当采购部门产生一个订单时，供应商即开始着手物品的准备工作。与此同时，采购部门编制详细采购计划，制造部门也进行生产的准备过程，当采购部门把详细的采购单提供给供应商时，供应商就能很快地将物资在较短的时间内交给用户。

同时，准时采购对企业的采购管理提出了新的挑战，企业需要改变传统的“为库存采购”的管理模式，提高柔性和市场响应能力，增加和供应商的信息联系和相互之间的合作，建立新的合作模式。

（三）电子采购

科学技术，特别是信息技术的发展对许多企业的采购活动产生了巨大影响。采购的许多日常工作在以前都是通过手工劳动的方式完成的，不断出现由于人为失误而造成的效率低下。将科学技术引入采购领域对于加快处理速度、减少失误率、降低相应成本具有极大的意义。

最初，企业使用电子数据交换与主要客户连接。EDI 使两家或两家以上公司能够得到更为及时、准确的信息。企业间进行直接传输的数据有多种类型，包括购买需求、购买订单、订单确认、订单状态及信息的跟踪和查询。20 世纪 90 年代末，全球商业领域掀起了 EDI 应用高潮，人们对 EDI 的优点也有了更为直接的认识。EDI 促进了数据的标准化，使信息的传递更准确和及时，由于订货—交货周期的缩短，库存也大大缩短。

但是电子数据交换技术费用高，并且需要特殊的技术才能实现。而互联网的普及，解决了与 EDI 有关的投资和技术问题，打开了更多使用电子采购的大门。

今天，电子商务最普遍的使用是搜寻供应商和产品信息。也有一些企业开发了自己的在线采购系统，这样可以使买方利用电子方式方便地查询该企业的存货、协商价格、发出订单、检查订单状况、签发发票和接受付款等。

表 7-2 所示为电子采购的特点。

表 7-2　电子采购的特点

优　点			缺　点
降低运营成本	提高采购效率	降低采购价格	· 安全问题 · 买卖双方缺乏面对面沟通 · 技术问题
· 减少书面工作 · 减少采购时间 · 加强对存货和经费的控制	· 发现新供应商 · 增进信息沟通 · 提高人员效率 · 减少订货周期时间	· 采购条件比较调查 · 降低总体支付价格	

1. 电子采购的优点

表 7-2 列出了电子采购的优点。显然，电子采购的一个优点是降低了采购运营成本。书面工作的减少及与文件处理、整理、保管相关的成本的降低，都是电子采购成本节约的主要方面。

电子采购带来的另一个方面的文书工作减少是电子资金转账。电子方式支付供应商货款，减少了支票的制作、邮寄、整理和保存的成本。

减少采购时间意味着提高了劳动生产率，因为采购人员在每份订单上花费的时间减少了，这样在一定时间内他们就能处理更多的订单。同样道理，使用电子商务系统的买方能够提高顾客服务代表的劳动生产率。购买者的许多问题可以被在线回答，节省买卖双方的时间。

电子商务信息的实时性使销售者可以获得最新的需求信息，并据此调整其生产或采购行为以满足当前的需求水平。这一实时信息同样可以使买方建立起一个控制体系，以根据需要的质量调整购买质量，并且监控所支付的费用的情况。

2. 电子采购的缺点

电子商务也有一些不足之处，如表 7-2 所示。

首先最令人关注的是通过互联网进行采购的安全性问题。

其次是买卖双方缺乏面对面的沟通。通过电子商务进行交易的行为减少了建立起紧密的供应商关系的可能性。当然这一点可以通过一致努力发展和加强与供应商之间的沟通加以弥补。

最后是技术问题。更具体地说，就是在标准协议、系统的可靠性及技术方面存在不足。还有就是在某种程度上人们不愿意把时间和资金用于学习新技术上。一般来说，随着新兴或改进技术的发展，以及工商业界对电子商务应用的需求，这些问题在日益减少。

（四）全球采购

随着人民生活水平的提高、科学技术的发展、多国贸易联盟的形成等诸多因素促进了全球贸易的持续快速增长，全球化的增长意味着很多企业将不再依赖于本地和国内的供应商，而去寻求一个更加宽广的供应资源网络。全球采购是指从世界的任何地方购买零部件和商品。全球采购由两个主要的动机驱动，即要素输入战略和市场进入战略。通过要素输入战略，企业寻求的是低成本或高质量的供应源，而市场进入战略则是指企业在计划展开重大业务的市场中进行采购。

全球采购开发模型包括以下组成部分：规划、规范说明、供应商选择和评估、关系管理、运输和库存管理、实施，以及监控和改进等。其中，规划是全球采购的第一步，包括对全球采购的机会和挑战作一个真实的评估。这一阶段的成果应该是一套与企业的总目标一致的全球采购政策和方法。规范说明包括定量和定性地对目前货源从多个角度进行说明，例如质量、成本、可靠性以及标准化等。

供应商选择和评估是一个过程，包括从描述企业的需求，到确定能够满足这些需求的不同潜在供应商。该过程的第一步是识别供应的需求；第二步是分析供应决策制定的内部和外部环境；第三步是识别和评估潜在的供应商；第四步是选择供应商。评估决策是选择供应商的过程的最后一步，即将实际的供应商绩效与期望的供应商绩效进行比较。全球采购中的关系管理会由于跨文化沟通中的困难而比国内采购中的供应商关系管理难度大。

全球采购增加了零部件和商品移动的距离，企业管理者必须进行运输和库存持有成本之间的权衡。在全球采购中，由于存在很大的不确定性，因而企业制订的实施计划必须要有柔性，以及当面临未预料到的情况时能够提供指导的决策。

监控和改进意味着必须对全球采购系统建立绩效评价标准，而且应该定期对这些绩效评价标准进行检查。将实际绩效与期望绩效相比较，则对比的结果可以用来改进全球采购的流程。

（五）准时供应

企业供应物流不仅是一个保证供应的过程，而且还应以最低成本、最少消耗、最大保证来组织供应。这些要求给供应物流的实施带来了很大难度。企业在供应物流领域的竞争关键在于：在提供用户（在企业中是下一道工序或下一个生产部门）满意的服务水平的前提下，如何降低这一物流过程的成本。准时供应较好地实现了这一目标。

1. 准时供应的概念

准时供应方式是按照用户的要求，在计划的时间内或者在用户随时提出的时间内，实现用户所要求的供应。

在买方市场环境下，供应物流活动的主导者是买方。购买者（用户）有极强的主动性，用户企业可以按照最理想的方式选择供应物流。而供应物流的承担者，作为提供服务的一方，必须提供最优的服务才能被用户接受。从用户企业一方来看，准时供应方式是一种比较理想的方式。

2. 准时供应的特点

准时供应是一种有别于以库存满足需求的运作理念，其目的是使企业能在适当的地点、适当的时间获取适当的货物。准时供应的特点有以下几项。

（1）与少数供应商和运输承运人保持密切关系。

（2）供应商和买方共享信息。

（3）小规模生产、采购与运输。

（4）消除整个供应渠道中所有可能出现的不确定性。

（5）高质量目标。

由于只有少数几个供应商，且供应商通常紧邻买方的需求点，所以采购的规模经济可以得到发挥。买方与相对少数的几家供应商和承运人建立起紧密的协作关系，供应商可以分享来自买方的信息（这些信息通常以生产计划的形式出现），这样，供应商就能预测买方的需求，从而减少反应的时间和波动性。买方也希望供应商都能始终如一地提供准时的交货服务。准时供应的整体效果就是实现与需求一致的产品流动。尽管与以库存供应的理念相比，准时供应要付出更多的精力，但由此带来的好处是显而易见的：可以在供应链中保持最低的库存、可以降低采供双方的成本、可以提高服务水平。同时，由于准时供应方式大多是双方事先约定供应的时间，互相确认时间计划，因而有利于双方做供应物流和接货的组织准备工作。

第三节　生 产 物 流

生产物流是生产企业非常重要的一个环节。生产物流的好坏不仅会影响到产品生产的时间，更会影响到产品的成本，所以从福特的流水线生产方式到丰田的精益生产，短短的几十年时间里，生产物流发生了质的变化。

一、概述

生产物流是指原材料、燃料、外购件投入生产后，经过下料、发料、运送到各个加工点和储存点，以在制品的形态，从一个生产单位流入另一个生产单位，按照规定的生产工艺进行加工、储存的过程。因此，生产物流的形式和规模取决于生产的类型、规模、方式和生产的专业化、协作化程度。

（一）影响生产物流的主要因素

不同生产过程形成了不同的生产物流系统，生产物流的构成与下列因素有关。

（1）生产工艺。生产工艺不同，加工设备不同，对生产物流有不同的要求和限制，是影响生产物流构成的最基本因素。

（2）生产类型。不同的生产类型，产品品种、结构的复杂程度、不同的加工设备，将影响生产物流的构成与比例关系。

（3）生产规模。生产规模是指单位时间内的产品产量。规模大，物流量就大；规模小，物流量就小。规模不同，相应的物流设施、设备就不同，组织管理也不同。

（4）专业化与协作化水平。社会生产力的高速发展与全球经济一体化，使企业的专业化与协作化水平不断提高。与此相适应，企业内部的生产趋于简化，物料生产流程缩短。例如，过去由企业生产的毛坯、零件、部件等，现在可以由企业的合作伙伴来提供。这些变化必然影响生产物流的构成与管理。

（二）管理组织生产物流的基本条件

生产物流与其他物流明显的区别是它与生产过程密切联系在一起，只有合理组织生产物流过程，企业生产才能正常进行。在企业生产物流组织过程中，要特别注意以下几个方面。

（1）物流过程的连续性。生产是一个工序接一个工序往下进行的，要求物料能够顺畅、最快、最省地走完各个工序，直至成为产品。任何工序的不正常停工、工序间的物料混乱等都会造成物流的阻塞，影响整个企业生产的进行。

（2）物流过程的平行性。一般企业通常生产多种产品，每种产品又包含着多种零部件。在组织生产时，将这些零部件安排在各个车间的各个工序上生产，要求各个支流平行流动，如果任何一个支流发生延迟或停顿，整个物流都会受到影响。

（3）物流过程的节奏性。物流过程的节奏性是指产品在生产过程各个阶段都能有节奏、均衡地进行，即在相同的时间内完成大致相同的工作量。时紧时慢必然造成设备或人员的浪费。

（4）物流过程的比例性。产品的零部件组成是固定的，考虑到各个工序内的质量合格率，以及装卸搬运过程中可能造成的损失，零部件数量必然在各个工序间有一定的比例关系，形成了物流过程的比例性。当然，这种比例关系随着生产工艺的变化、设备水平和操作水平的提高也会发生变化。

（5）物流过程的适应性。企业的生产组织正向多品种、少批量的方向发展，要求生产过程具有较强的应变能力。即生产过程具备在较短的时间内，由生产一种产品迅速变化为生产另一种产品的能力。因此，物流过程应同时具备相应的应变能力。

二、企业生产物流的计划与控制

对生产物流进行计划就是根据计划期内规定的生产产品的品种、数量、期限，具体安排物料在各工艺阶段的生产进度，并使各环节的在制品的结构、数量和时间相协调。对生产物流进行控制主要体现在物流（量）进度控制和在制品管理两方面。常见的有以下几种方式。

（一）物料需求计划

物料需求计划（Material Requirement Planning，MRP）是建立在生产与库存管理基础上的。其理论基础是分层式产品结构、物料的独立需求和相关需求，以及提前期的概念。当企业的最终产品需求确定后，对零部件的从属需求可根据产品与零部件之间的技术关系求出。

MRP 按照基于产品结构的物料需求组织生产，根据产品完工日期和产品结构制订生产计划。即根据产品结构的层次从属关系，以产品零件为计划对象，以完工日期为计划基准倒排计划，按各种零件和部件的生产周期反推出它们的生产与投入时间和数量，按提前期长短区别各物料下达的优先级，从而保证在生产需要时所有物料都能配套齐备，不到需要的时刻不过早积压，达到减少库存量和减少资金占用的目的。

例如，有一产品 A 由物料 B 和部件 C 组成，部件 C 又由物料 E 和 F 组成，如图 7-2 所示。

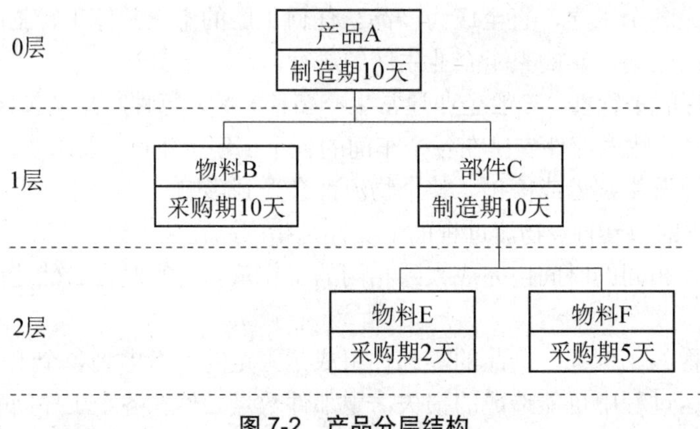

图 7-2　产品分层结构

产品 A 属于完成品，在产品分层结构中属于 0 层，B、C 属于第 1 层，E、F 属于第 2 层，产品 A 是直接销售产品，其需求是独立需求；B、C、E、F 是由于产品 A 而引起的需求，是相关需求。在图 7-2 中，有制造期或采购期的标识，即提前期。

按照提前期的概念，我们将图 7-2 在时间上加以排列，如图 7-3 所示。我们假定产品 A 在某月的 30 日有需求，则可以推算出 B、C、E、F 相应的开始或需求日期。

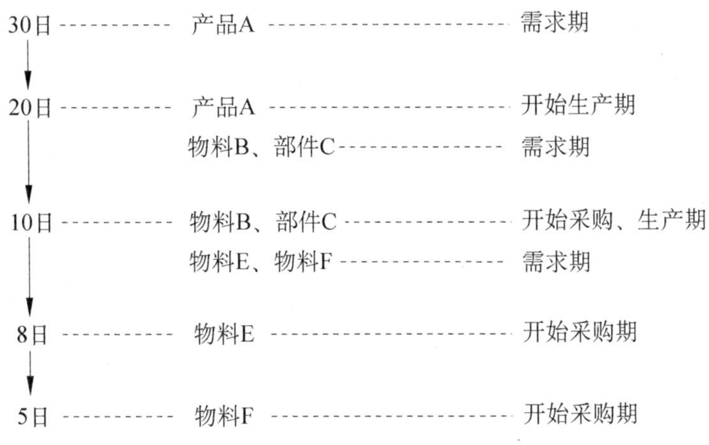

图 7-3　时间坐标上的产品结构

根据图 7-3 所示的时间关系，若确定了 A 的独立需求后，就可以计算出 B、C、E、F 在某个日期的相关需要。这种根据某产品的独立需求，按照产品层次结构和提前期，倒推来确定其他相关需求的方法，即是物料需求计划的核心，也是 MRP 的原理。

（二）准时生产方式

准时生产（Just In Time，JIT）模式近年来引起了各领域的广泛关注。该模式有时表现为准时生产、准时采购和准时配送。一般来说，制造系统中的物流方向是从零件到组装再到装配，而 JIT 却主张从反方向来看，即从装配到组装再到零件。当后一道工序需要运行时，才到前一工序去拿正好所需的坯件或零部件，同时下达下一时间段的需求量。这就是 JIT 的基本思想——适时、适量、适度（主要指质量）生产。

JIT 的最终目标是一个平衡系统，也就是说，一个贯穿整个系统的平滑、迅速的物料流。在这种思想主导下，生产过程将在尽可能短的时间内，以尽可能最佳的方式利用资源。总目标实现程度取决于几个特定配套目标的完成程度。这些目标是：

（1）消除中断。中断通过扰乱流经整个系统的平滑产品流而对系统产生负面影响，因此应予以消除。引起中断的原因很多，有质量低劣、设备故障、进度安排改变、送货延迟等。所有这些原因都应该尽可能地消除，只有这样才能减少系统必须面对的不确定性。

（2）使系统具备柔性。柔性系统是一种充满活力、能进行多种产品生产的系统。通常以日为计时单位，控制产出水平的变化，同时仍然保持平衡的生产速度。它能够使整个系统更好地面对某些不确定因素。

（3）减少换产时间与生产提前期。换产时间与生产提前期延长了整个生产过程，对产品价值却没有任何增值作用。另外，较长的换产时间和生产提前期还会对系统的柔性产生负面影响。因此，减少换产时间和生产提前期非常重要，是不断改进的目标之一。

（4）存货最小化。存货是对资源的闲置，占用空间还增加系统成本。应该尽可能地使它最小化。

（5）消除浪费。消除浪费能够节约资源，提高生产。在 JIT 理念中，浪费包括过量生产、等候时间、不必要的运输、存货、加工废品、低效的工作方法、产品缺陷等。

为实现上述目标，JIT 要求有以下几点。

（1）整个生产均衡化。主动、均匀地按照加工时间、数量、品种进行合理的搭配和排序，使生产物流在各作业点之间、生产线之间、工序之间、工厂之间平衡、均匀地流动。为达到均衡化，在品种和数量上应组织混流加工，并尽量采用成组技术和流程式生产。

（2）尽量采用对象专业化布局，以减少排队时间、运输时间和准备时间。

（3）强调全面质量管理，目标是从消除各环节的不合格品到消除可能引起不合格品的根源，并设法解决问题。

（4）通过产品的合理设计，使产品与市场需求相一致，并使产品易于生产、易于装配、易于包装、易于运输。如采用模块化设计，设计的产品尽量使用通用件、标准件，同时应考虑易实现生产自动化。

JIT 运作的内涵非常丰富。显然，选择品质优良、服务质量稳定的供应商是十分必要的，因为他们提供的物料将会被直接做成产品。物流运作优良可以消除（至少是降低）对缓冲库物料的库存储备。JIT 运作经常要求递送小批量的物料，因此有时需要对企业的进货运输模式进行调整。显然，要使 JIT 运作行之有效，生产商的采购部门和供应商之间必须做到协调一致，密切沟通。

第四节　销售物流

企业生产/采购的最终目的是把产品卖出去，如何以最低成本、最快速度、客户最满意的方式把产品送到客户手中就是销售物流面临的一大挑战，也是提升企业产品竞争力的一个关键环节。

一、概述

销售物流是指企业在销售过程中，将产品实体转给用户的物流活动，是产品从生产地到客户的时间和空间的转移，是以实现企业销售利润为目的的。销售物流是包装、运输、储存、配送等诸环节的统一。

销售物流是生产企业赖以生存和发展的条件，又是企业本身必须从事的重要活动，还是连接生产企业和消费者的桥梁。对于生产企业来讲，物流是企业的第三利润源，降低销售物流成本是企业降低成本的重要手段。企业一方面依靠销售物流将产品不断运至消费者和客户，另一方面通过降低销售过程中的物流成本，间接或直接增加企业利润。

销售物流以满足客户需求为出发点，实现销售和完成售后服务，因此销售物流具有很强的服务性。销售物流过程的终结标志着商业销售活动的结束。销售物流的所有活动及环节都是为了实现销售利润，物流本身所实现的时间价值、空间价值及加工附加价值在销售过程中处于从属地位。

销售物流的服务性表现在要以客户为中心，树立“客户第一”的观念，销售物流的服务性要求销售物流必须快速、及时，这不仅是客户和消费者的要求，也是企业发展的要求。销售物流的时间越短、速度越快，资本所发挥的效益就越大。在销售物流中，还需强调节约原则和规模化原则。一般来讲，物流的价值主要是规模价值。此外，销售物流通过商品的库存对消费者和客户需求起到保证作用。在销售过程中，正确确定库存量，减少库存费用就是这一目标的体现。

二、销售物流的流程

企业制造过程的结束就意味着销售物流的开始。对于按照订单进行生产的企业而言，销售物流中不存在产成品的在库储存问题，也就是说，产成品可以直接进入市场流通领域，进行实际销售；而对于按照产品的需求制订计划进行生产的企业，产成品进入流通领域以前多数会经过一段时间的在库储存阶段，然后再根据企业销售部门收到的产品订单和产品运输时所选择的运输方式等来决定产品的运输包装。产品的外包装工作结束后，企业就可以将产成品放入企业所建立或选择的销售渠道中进行实物的流转了。图 7-4 用不同形式的箭头表示了三种企业可以选择的销售渠道：（1）配送中心—批发商—零售商—消费者；（2）配送中心—零售商—消费者；（3）配送中心—消费者。

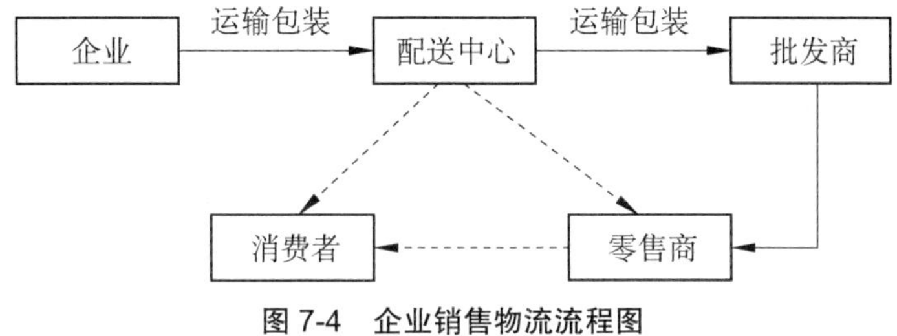

图 7-4 企业销售物流流程图

销售物流中的基本作业环节主要包括以下几个方面。

（一）产品储存

销售物流的基础是可供商品量，可供商品量的形成途径有两条：一是零库存下的即时生产；二是一定数量的库存。就目前大多数企业而言，一定数量的库存是企业的首选。其原因也有两个：其一，维持较高供货服务水平，就必须保有一定的库存，因为任何企业的生产经营活动都存在着多种不确定因素和需求的波动，影响企业经营活动的稳定性和持续性。因此，企业大多通过保持一定量的库存来避免不确定因素带来的经营风险。其二，对于需求呈明显周期性或季节性变化的商品，企业为保证生产的持续性和供给的稳定性，也要保持必要的库存。

（二）运输包装

运输包装主要是在产品的运输过程中起到保护作用，避免运输、搬运活动造成产品的毁损。企业可以选择在生产过程对产品进行销售包装，而将产品的运输包装推迟到销售阶段，在决定运输方式后再进行产品的运输包装，这样企业就可以依据产品配送过程中的运输方式、运输工具等来决定运输包装选用的材料和包装方法，这样不但可以更好地发挥运输包装对产品的保护作用，而且可以通过选择不同的包装材料实现产品包装成本的节省；也可以通过与运输工具一致的标准化包装来提高运输工具的利用率。

（三）产品发送

产品发送以供给方和需求方之间的运输活动为主，是企业销售物流的主要环节。产品发送工作涉及产品的销售渠道、运输方式、运输路线和运输工具等的选择问题，因此企业在进行销售物流的管理过程中需要进行大量的决策工作，通过对各方面因素进行综合考虑做出对企业经营最有利的、最低成本的选择。

（四）信息处理

企业销售物流中的信息处理主要是指产品销售过程中对客户订单的处理。订单处理过程是从客户发出订货请求开始到客户收到所订货物为止的一个完整过程。在这个过程中进行的有关订单的诸多活动都是订单处理活动，包括订单准备、订单传输、订单录入、订单履行、订单跟踪等。

三、分销需求计划

许多企业把销售物流的最终目标确定为以最短的时间、最少的成本把适当的商品送达客户手中，但在实际工作中很难达到上述目标，因为没有一种销售物流体系能够既最大限度地满足客户的需求，又最大限度地减少销售物流成本，同时又使客户完全满意。例如，如果客户要求及时不定量供货，那么销售企业就要准备充足的库存，这样就会导致库存上升，库存费用增加，同时，及时不定量的随时供货又使运输费用增加，从而使企业在销售过程中的物流成本增加。若要使销售物流成本降低，则必须选择低运费的运输方式和低库存，这样就会导致送货间隔期长，增加缺货风险，而顾客的满意度则会降低。但 DRP 的出现使这种现象得到了很大改善。

（一）一体化的供应渠道管理

从运作的角度来看，物料需求计划方法也可用于分销渠道，即人们现在所说的分销需求计划（Distribution Requirements Planning，DRP），以便在从供应商到最终客户的完整物流渠道中实现一体化的供应计划管理，如图 7-5 所示，整个供应渠道从供应商一直延伸至最终客户。

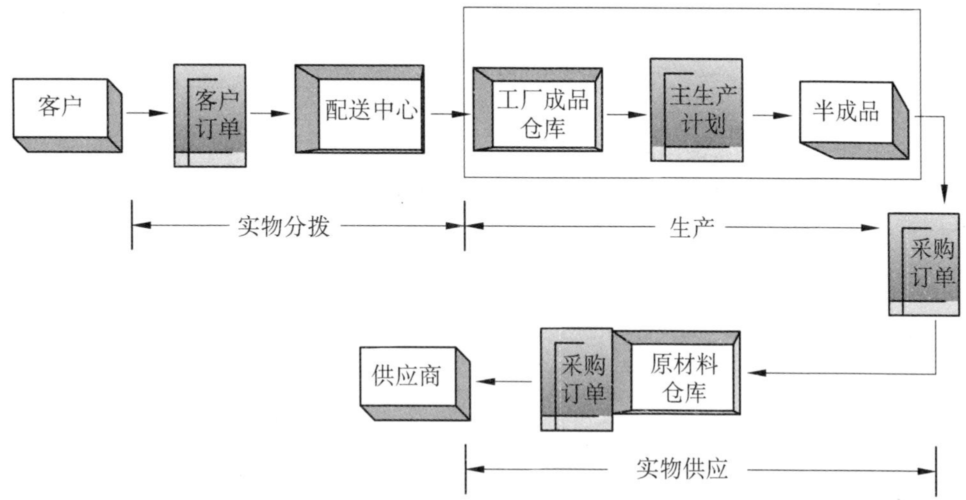

图 7-5　订货信息从客户流向供应商的一般过程

将 JIT 和 DRP 用于实物分拨领域为人们提供了另一种思路，与传统的拉动式方法相比更有好处。这些好处包括以下几个方面。

（1）在整个生产/物流渠道中可以建立相类似的信息库，这样有利于渠道内的一体化计划管理。

（2）DRP 概念与工厂中使用的 MRP 概念是协调一致的。

（3）由于 DRP 显示了未来的货运安排，因此有助于进行运力规划、车辆派遣、仓储设施订单履行等方面的决策，同时还可增加运作的灵活性，提高应变能力。

（4）在编制进度计划时，可以考虑所有的需求信息，而不仅仅局限于需求预测信息。

（5）经济订货批量法通常管理多个独立仓储设施的单独产品，而 DRP 可以进行整体管理。

（二）DRP 的运作机制

DRP 从对产品的需求预测开始，这个需求应尽量靠近客户，假定该需求为配送中心的需求。该需求是针对未来若干时期的预测，根据产品预测、客户未来的订货、计划中的促销活动以及其他所有与需求模式相关的信息做出。这一需求就成为 DRP 中的预测需求量，表 7-3 给出了 DRP 基本记录的例子。多个配送中心计划发运的某种产品的数量汇总后，就得出了对中心仓库（如工厂成品仓库）的总需求量（假设工厂仓库用来满足配送中心的计划发运量，汇总所有配送中心该产品的计划发运量就得出对工厂仓库的总需求量）。这一汇总过程如图 7-6 所示。一旦得出对中心仓库的总需求量，就可以编制需求计划确定从工厂仓库发出的订货指令计划，并据此编制主生产进度计划（产品完工后补充给工厂仓库）。这种需求计划的过程可以一直向后延续到供应渠道的终端——供应商，从而完成整个渠道的计划过程。

表 7-3　配送中心某一产品的 DRP 基本记录

	时间段								
	0	1	2	3	4	5	6	7	8
预计需求量		100	200	100	150	100	100	200	200
在途货物量			300		300			300	300
库存量	250	150	250	150	300	200	100	200	300
计划发运量		300		300			300	300	

注：安全库存=50 个　　　订货批量=300 个　　　提前期=1 个时期
本期库存量=上期库存量+本期在途货物量-本期预计需求量　　　本期在途货物量=上期计划发运量

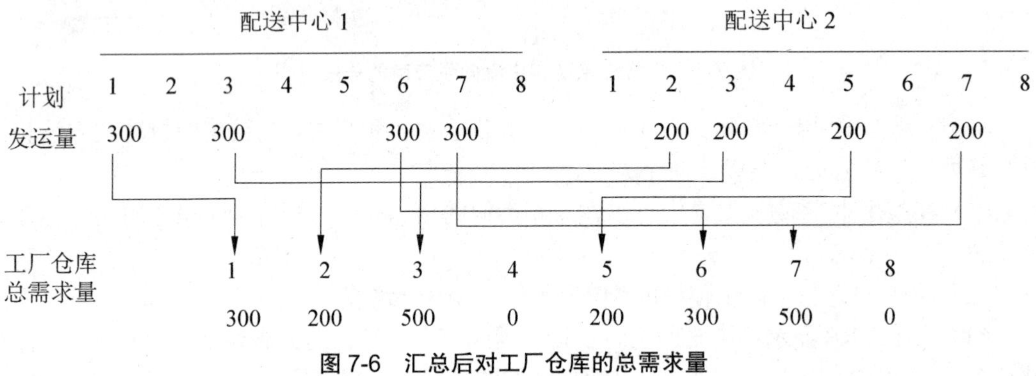

图 7-6　汇总后对工厂仓库的总需求量

第五节　回收和废弃物物流

由于社会对物流管理的日益重视及人们环保意识的增强，绿色物流的概念正逐渐被人们所认识，与绿色物流密切相关的生产中的回收和废弃物物流也逐渐成为社会经济生活中的一个重要问题，受到社会各界的重视。

一、企业回收物流

企业在生产经营过程中会产生很多废旧物资，如报废的成品、半成品，加工产生的边角余料，冶炼中产生的钢渣、炉底，更新报废的机械设备、工具和各种包装废弃物等。按照唯物辩证法的观点，废与不废是相对的，只要被人们发现和利用后，任何一种物资资料都可以变成有用的资源。而且，随着社会生产力的提高和科学技术的发展，物资回收利用的经济效益日益显著，如何变废为宝，将废旧物资进行回收，减少生产经济活动过程中的资源消耗，已成为世界范围内人们关注的焦点。

（一）企业废旧物资的产生

在企业生产经营中，不可避免地会产生一些废旧物资。废旧物资产生的原因很多，主要可归纳为以下几点。

（1）生产过程中产生的废旧物资。包括报废的成品、半成品，加工产生的边角废料、钢渣，生产中损坏报废的设备以及由于设计变动或产品更新换代而不再使用的呆滞物料等。

（2）流通过程中产生的废弃物资。包括各种原材料和设备的包装物、流通中因长期使用而损坏的设备工具、产品更新过程中因标识改变而废弃的物资、保管过程中因储存时间过长而丧失部分或全部使用价值的物料。

（3）由于精神损耗而产生的废旧物资。精神损耗是指由于生产率提高、技术进步而造成某些物资继续使用不经济的现象。尤其是机电产品，更新换代很快，老的产品只能作为废旧物资被淘汰。

（4）企业返品，即由于产品出厂经储存、运输等环节损坏及消费需求变化等原因而退回企业的产品。

（二）企业废旧物资回收的意义

企业对废旧物资进行回收利用是利国利民的大事，它不仅可以减少生产过程中的资源消耗、弥补自然资源的不足，而且可以降低成本、提高经济效益。其意义主要有以下几个方面。

1. 使社会资源量相对增加

社会资源总是有限的，回收利用废旧物资就相当于利用社会的潜在资源，从而可以在一定程度上缓解资源紧张的状况。例如，利用 1t 废钢铁可炼出好钢 900kg，节约铁矿石 2t、石灰石 600kg、优质煤 1t；利用 1t 废杂铜可提炼电解铜 860kg，节约铜矿石 160t。炼钢要经过采矿、炼铁、炼钢等这样一个复杂的过程，如果用废钢代替生铁炼钢，不仅可以节约找矿、采矿、炼铁等一系列生产所耗费的支出，而且冶炼的钢材质量要比以生铁作为原料的好。

2. 节约各种能源

用废钢铁炼钢比用铁矿石炼钢可节约用煤75%，节约用水40%，节约矿石消耗95%；用1t废纸可造新纸800kg，可节煤500kg，节电500kW……总之，利用废旧物料既可以节约开采资源的能源消耗，又可以节约物料生产过程中的能源消耗。

3. 减少废旧物资对环境的污染破坏

在我国，由于“三废”污染每年所造成的经济损失超过500亿元，通过回收利用废旧物料，可以大大减少废旧物资对环境的污染。

4. 节约时间，加快工业发展速度

利用废钢铁炼钢，可以节约铁矿石、石灰石等原材料的生产时间和运输时间，从而提高生产的效率。

（三）废旧物资回收物流的组织

与一般物流相比，废旧物资的回收物流具有分散性、缓慢性、混杂性和逆向性等特点。如何组织好生产企业废旧物资的回收物流工作是放在企业物流管理人员面前的一个重要任务。原则上讲，企业可以从以下三个方面入手加强企业废旧物资的回收物流工作。

（1）编制废旧物资回收计划。编制计划时要突出重点，抓住一般，首先考虑对国民经济有重要影响作用的紧缺物资的回收项目，同时考虑生产、技术、经济、资源因素。

（2）建立健全物资回收管理机构。物资回收管理机构是完成废旧物资回收任务的组织形式，应本着精简统一的原则，组建物资回收网络。

（3）制定废旧物资回收的技术、经济政策。这些政策是开展物资回收利用的重要依据。

二、企业废弃物物流

废弃物是指企业生产中不断产生的基本上或完全失去使用价值，无法再重新利用的最终排放物。当然，废弃物的概念不是绝对的，只是在现有技术和经济水平条件下暂时无法利用。

（一）废弃物的几种处理方式

1. 废弃物掩埋

大多数企业对产生的最终废弃物，是在政府规定的规划地区，利用原有的废弃坑塘或用人工挖掘出的深坑，将其运进、倒入，表面用土掩埋。适用于对地下水无毒害的固体垃圾。

2. 垃圾焚烧

即在一定地区用高温焚毁垃圾。这种方式只适用于有机物含量高的垃圾或经过分类处理将有机物集中的垃圾。

3. 垃圾堆放

在远离城市地区的沟、坑、塘、谷中，选择合适位置直接倒垃圾，也是一种物流方式。这种方式物流距离较远，但垃圾无须再处理，通过自然净化作用使垃圾逐渐沉降风化，是低成本的处置方式。

4. 净化处理加工

对垃圾（废水、废物）进行净化处理，以减少对环境的危害。

（二）企业废弃物物流的合理化

企业废弃物物流的合理化必须从能源、资源及生态环境保护三个战略高度进行综合考虑，形成一个将废弃物的所有发生源包括在内的广泛的物流系统。这一系统实际包括三个方面：一是尽可能减少废弃物的排放量；二是对废弃物排放前进行预处理，以减少对环境的污染；三是废弃物的最终排放处理。

1. 生产过程中产生的废弃物的物流合理化

为了做到对企业废弃物的合理处理，实现废弃物物流的合理化，企业可采取以下做法。

（1）建立一个对废弃物收集、处理的管理体系，要求企业对产生的废弃物进行系统管理，把废弃物的最终排放量控制在最小的限度之内。

（2）在设计研制产品阶段，要考虑到废弃物的收集及无害化处理的问题。

（3）每个生产工序“变废为宝”。

（4）尽可能将企业产生的废弃物在厂内进行合理化处理。

2. 产品进入流通、消费领域产生的废弃物物流的合理化

为了建立一个良好的企业形象，企业还应关注产品进入流通、消费领域产生的废弃物的物流合理化。

（1）遵守政府有关规章制度，鼓励商业企业和消费者支持产品废弃物的收集和处理工作，如可以采取以旧换新购物等方式。

（2）将产品包装废弃物纳入企业的回收系统，不再作为城市垃圾而废弃，从而减少环境压力。可采取在消费者购买产品时对回收部分收取押金或送货上门时顺便带回等方式。

（3）增强企业职工的环保意识，改变价值观念，注意本企业产品在流通、消费中产生的废弃物的流向，积极参与物流合理化的活动。

3. 企业排放废弃物物流的合理化

为了使企业最终排放废弃物物流合理化，主要应做到以下几点。

（1）建立一个能被居民和职工接受，并符合当地商品流通环境的收集系统。

（2）通过有效的收集和搬运废弃物，努力做到节约运输量。

（3）在焚烧废弃物的处理中，尽可能防止二次污染。

（4）对于最终填埋的废弃物，要尽可能减少它的数量和体积，使之无害化，保护处理场地周围的环境。

（5）在处理最终废弃物的过程中，尽可能采取变换处理，把不能回收的部分转换成其他用途。例如，用焚烧废弃物转化的热能来制取蒸气、供暖、供热水等。

第六节　企业物流管理组织

如前所述，物流涉及企业生产经营的方方面面。由于传统的职能部门分工的原因，使企业的物流活动被分散到各个部门，结果是造成企业整体物流效率低下，物流成本居高不下。因此，如何整合企业的物流组织机构，使物流在企业内真正做到物畅其流，是近几十年来人们不断探索的内容之一。

一、物流组织的发展

20 世纪 50 年代以前物流的职能通常被视为是促进或支持性的工作，物流的组织职能常常被分散到整个企业。这种分割局面意味着在执行物流各方面的工作时缺乏职能部门之间的协调，经常导致重复和浪费。信息经常会失真或延迟，权力和责任的界限常常模糊。后来，企业开始意识到需要对物流总成本进行控制，于是开始重组，把分散的物流职能整合到单独的管理组织，物流结构终于能以整合的组织形象出现是在 20 世纪 50 年代。

职能聚合的动机是基于人们日益强化的信念——将物流职能聚合成一个单独的组织，可提高整合的可能性，并且使人们更深刻地认识到一个运作区域的决策和程序会影响其他区域的绩效。这种以组织的接近性为基础的聚合体盛行了整整 35 年。然而，到了 20 世纪 80 年代中期，人们最终明确地认识到职能集合的聚合体可能并不是物流整合的最好方法。几乎一夜之间，重点从职能转换到过程上，企业开始检验物流能力在创造客户价值的整个过程中所发挥的作用。很大程度上，把重点转化到过程上减小了将职能集聚到无所不包的组织单元中去的压力。问题的关键不在于如何组织个别的职能，而在于如何最好地管理整个物流过程。

信息技术利用了事实整合的潜力而非机械地将各物流职能进行组合。使用信息技术来协调或指导整合绩效，可使执行工作本身的责任分布在整个组织内部。整合要求将物流和其他领域，如营销和制造等相结合。例如，真正的挑战不是将精力集中在把运输和库存联系起来，而是将运输、库存、新产品开发、灵活的制造和客户服务整合起来。为了实现整个组织整合，企业必须把各种能力集合到一个新的组织单元中去。这就意味着，必须将传统的单一职能的部门融入某一过程中，这种融入常常需要将传统的组织结构分割，用新的、独特的方式重新组合。从某种意义来说，这种职能的分割好像又重新回到早期的按单一部门分割的老路中去了，然而，新出现的组织模式和以往模式的主要差别在于信息分布的广泛性。在如何管理和共享信息与知识方面，新的组织形式以一种截然不同的文化为特征。

图 7-7 显示了以职能集合与信息整合的相对平衡为基础的组织发展的五个阶段。一个企业面临的挑战就是确定他们特定的组织该如何构造才能最好地利用物流。

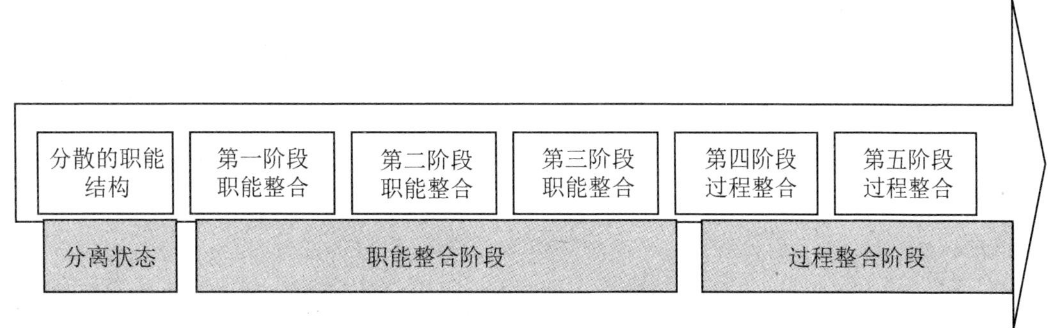

图 7-7　物流组织发展周期

二、职能整合阶段

图 7-8 显示了传统意义的分散的物流职能的组织结构。起初人们认为，将遍布于传统组织内的物流职能归组为一个单一的命令和控制结构可以提高整合的绩效，物流职能将会得到更好的利用，最低总成本方案可以被更好地确认。

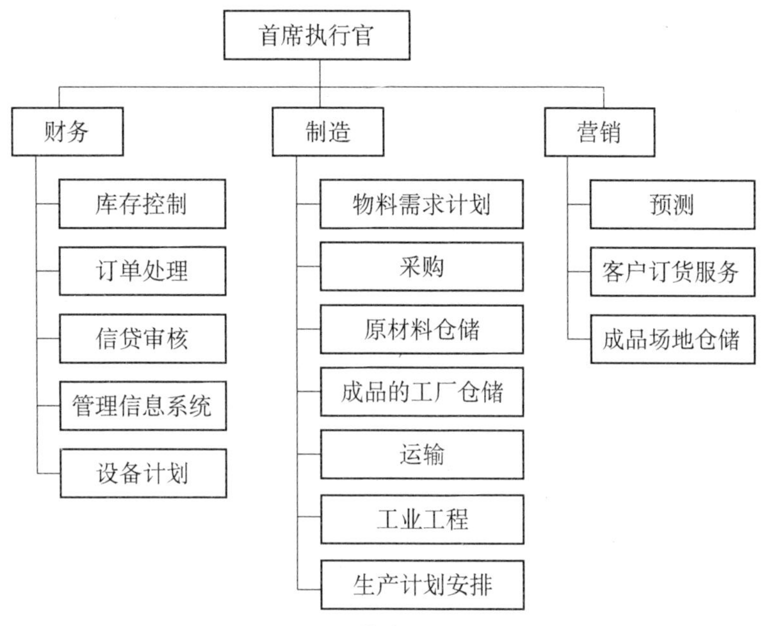

图 7-8　传统物流组织

尽管职能整合的观点合理，而且符合常识，但却不为其他部门经理所支持。任何将管理权力和责任重新定位的尝试都受到了抵制。物流重组被看作是物流经理从其他经理处夺取权力、知名度和报酬的一种方法，这也是其他部门抵制物流职能整合的理由。然而，在越来越多的企业，整合带来的收益正在促使企业对其进行重组，其发展包含了职能集合的三个阶段。

（一）第一阶段

最初将物流职能归组的想法出现在 20 世纪 50 年代和 60 年代初。典型的模式是在对总体的组织层次不作重大改变的基础上，将两个以上的物流职能在运作上进行归组。在这个最初的发展阶段，组织单位很少介入采购和市场分销的整合。

图 7-9 是一个典型的第一阶段组织。在该阶段的变化主要涉及有关传统营销和制造领域内的职能归组。在营销领域，这种归组以客户服务为中心；在制造领域，由以获得入库材料或零件采购为中心。除少数例外情况下，大部分的传统部门并未改变，组织的级别也没有大的改变。

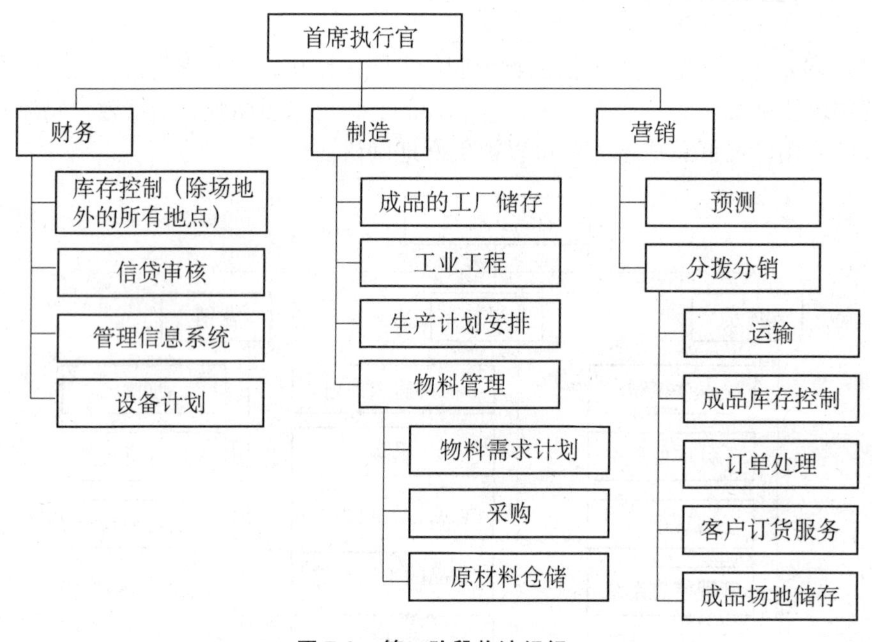

图 7-9　第一阶段物流组织

（二）第二阶段组织

当整个企业在统一物流和成本方面获得运作经验时，组织的第二阶段就开始了。图 7-10 展示的第二阶段的物流组织出现于 20 世纪 60 年代末至 70 年代初。

第二阶段组织的显著特征就是物流被单独划分出来，并定位在组织权力和责任的领域，主要集中在分拨分销或物料管理上。独立的地位使物流成为管理中的核心。在客户

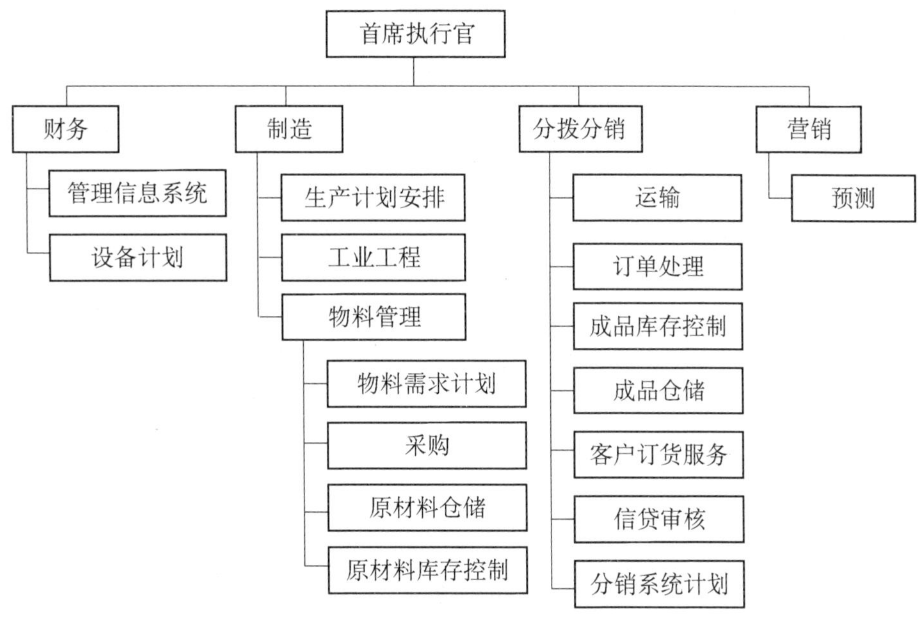

图 7-10　第二阶段物流组织

服务的绩效对于总体的成功至关重要的企业里，分拨分销的地位有可能进一步提高（见图 7-9）。汽车行业的分拨分销就是这样一个例子，其入库物料和生产是产品成本的主要部分，这使物料管理在运作上的权力和责任有所增加。所以，在第二阶段组织中，企业内组织是否能够成为被提到显耀位置的主要组织，很大程度上取决于企业主要业务的性质。

与第一阶段相同，第二阶段组织没有实现完全整合的物流。未能将物流管理综合进整合系统中的部分原因，是由于人们专注于诸如订单处理或采购等特定职能的绩效。在那时，这些被视为至关重要的传统运作。对整个整合的第二个限制因素是缺乏跨职能的物流信息系统。组织整合与企业的信息系统能力直接相关。

（三）第三阶段组织

第三阶段组织结构寻求将所有的物流职能和运作统一到一个高级经理的管理之下，如图 7-11 所示，目的是对企业所有的材料和成品运输及存储进行战略管理，使企业获得最大利益。

物流信息系统的迅速发展推动了第三阶段组织的发展。信息技术可用来对充分整合的物流运作系统进行规划和运作。同时该组织有了一个条理分明的体制。在这个机制下，从原材料采购到把终端产品送到客户的整个过程中财务资源和人力资源得到了有效应用，从而使厂商能够在采购、制造支持和分拨分销三者间得到平衡。

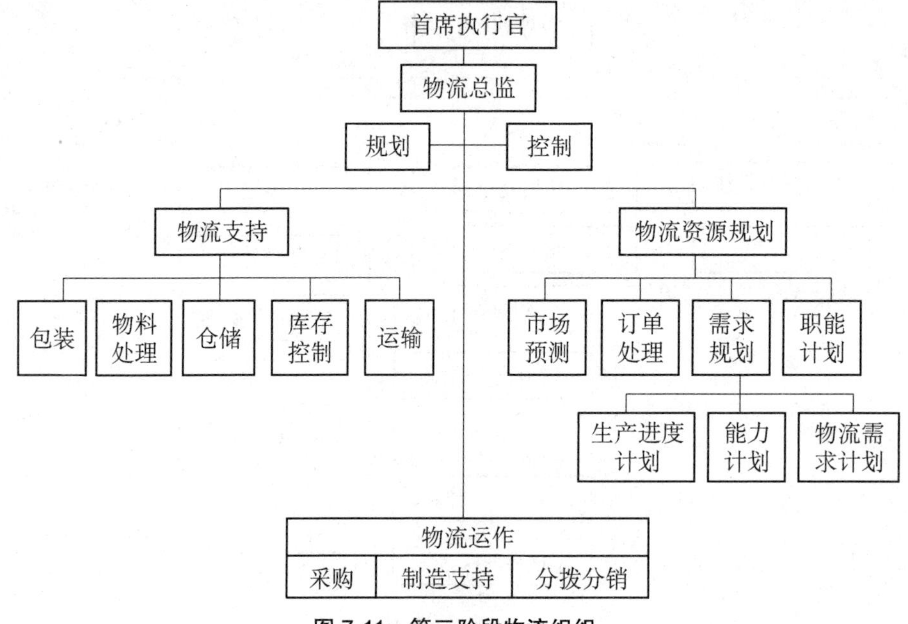

图 7-11　第三阶段物流组织

三、第四阶段：重点从职能向过程转移

20 世纪 90 年代，在彼得·圣吉的学习型组织理论以及迈克·哈默和詹姆士·钱皮的企业流程再造理论影响与指导下，扁平化、授权、再造和团队的思想被越来越多的企业理解并接受，企业的组织进入了一个重构的时代。物流管理也由重视职能转变为重视过程，通过管理过程而非职能提高物流效率成为整合物流的核心。物流组织不再局限于职能集合或分隔的影响，开始由职能一体化的垂直层次结构向以过程为导向的水平结构的转换，由纵向一体化向横向一体化转变，如图 7-12 所示。从某种意义上说，矩阵型、团队型、联盟型等物流组织形式就是在以物流过程及其一体化为导向的前提下发展起来的。

四、第五阶段：虚拟与网络化物流组织阶段

对过程的重视不可能使管理者停止对理想的物流组织的追求。其中，最引人注目的是虚拟组织。虚拟物流组织是一种非正式的、非固定的、松散的、暂时性的组织形式，它突破原有物流组织的有形边界，通过整合各成员的资源、技术、顾客市场机会等，依靠统一、协调的物流运作，以最小组织来实现最大的物流权能。网络化物流组织是将单个实体或虚拟物流组织以网络的形式紧密地联合在一起，它是以联合物流专业化资产，共享物流过程控制和完成共同物流目的为基本特性的组织形式。20 世纪 90 年代中期以后，信息和网络技术的快速发展，为虚拟与网络化物流组织的产生和发展提供了外部环境。特别是当企业

引入了供应链管理的理念，物流从单个企业扩展到了供应链上的所有企业，虚拟与网络化物流组织成为更加有效的物流组织运作形式。

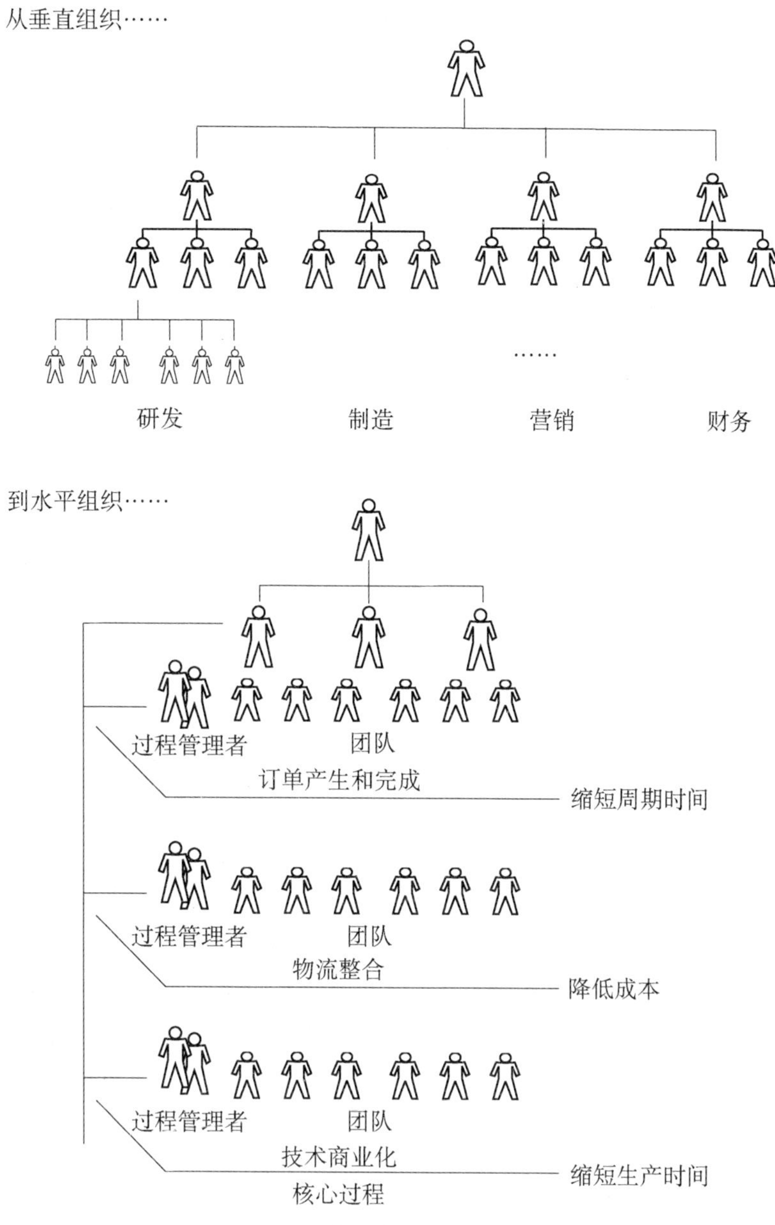

图 7-12 从垂直组织到水平组织

案例分析

上汽通用入厂物流管理方式

成立于1997年的上汽通用汽车有限公司（简称上汽通用）是由上海汽车集团股份有限公司和美国通用汽车公司共同出资组建而成。目前拥有浦东金桥、烟台东岳、沈阳北盛和武汉分公司四大生产基地，8个整车生产厂、4个动力总成厂，是中国汽车工业的重要领军企业之一。拥有凯迪拉克、别克、雪佛兰三大品牌，二十多个系列的产品阵容，覆盖从高端豪华车到经济型轿车各梯度市场，以及MPV、SUV、混合动力和电动车等细分市场。

自2009年起我国已成为全球最大的汽车市场，在汽车销量不断增加的同时，整个汽车行业的竞争也变得日趋激烈，行业整体利润率在逐步下降，汽车企业想要持续发展、提升竞争力成本控制已是其有效手段之一。

研究表明：物流成本在我国汽车制造企业总成本中所占的比例通常为20%以上，甚至有些企业达到30%～40%，而国际上，有些企业物流成本则在15%以内。为此，上汽通用汽车有限公司运用现代物流管理理念和方法对物流成本进行控制，使其供应链能够低成本、高效率运作。

上汽通用汽车有限公司的物流处于一个非常复杂的阶段：四种车型共线生产；国产化率不断提高；及时供货供应商的增多。因此这一切给上汽通用入厂一体化物流提出更高的要求：以低成本为中心，以客户为导向，保持高度柔性的同时做到均衡供货，最有效的装载率、杜绝运输中的浪费、与外包商利润共享、不断持续改进、100%无损失运输。随着产量、车型、业务活动范围的增加及企业规模的不断扩大，上汽通用通过实施即时供货、循环取货及JIT供应运作模式让汽车物流做到敏捷化、柔性化、低成本和交货期短。

（一）循环取货、驱除库存“魔鬼”

上汽通用汽车有限公司目前所有的车型主要为四种，共有5 400多种零部件，除此之外，还有巴西、北美两大进口零部件基地，在国内有180家供应商，在这种情况下，上汽通用汽车有限公司采取“循环取货、驱除库存‘魔鬼’”的方式来降低库存成本、提高供应链效率。上汽通用的部分零件，例如有些是本地供应商所生产的，会根据生产的要求，在指定的时间直接送到生产线上去生产。这样，因为不进入原材料库，所以保持了很低或接近于“零”的库存，省去大量的资金占用。有些用量很少的零部件，为了不浪费运输车辆的运能，充分节约运输成本，上汽通用使用了叫作“牛奶圈”的物流方式。即每天早晨，上汽通用的汽车从工厂出发，到第一个供应商那里装上准备的原材料，然后到第二家、第三家，依次类推，直到装上所有的材料，然后再返回。上汽通用采取的循环取货方式，是通过运输资源的整合和其他供应链工具，如适当的规划、设计和持续优化等的运用来运行的。具体包括：路线设计前数据的收集、路线规划设计、所有窗口时间的设定、运输物料数量与物料连接计划、操作程序与流程、路线网络重设计和调整、项目的实施、物料运输状态追踪、每天对路线运行监控等日常管理、路线绩效分析和报告等。

可以看出循环取货方式是一个优化的物流系统网络，其特色是多频次、小批量、定时性。首先其能弥补传统运输的缺陷，优化运输网络，提高零部件送货频次，降低运输成本及其他潜在的成本；其次还能降低零部件库存，降低周转箱数量，有利于可周转料箱的管理，平衡物料接收，提高装货卸货效率，减少物料装卸搬运的成本，取消中间储存及堆垛，并为整个供应链提供一个更为有效的库存控制；此外，还能加速供应商质量问题的解决，对于运输商的质量与配送方面的绩效具有很强的控制性，并减少包括供应商处的库存费用；而柔性的取料路线设计使企业可以快速地响应市场的需求。

（二）JIT 供应

上汽通用的生产用料供应采用标准的 JIT 运作模式，此模式是由国际知名的 Ryder 物流公司为其设计的零库存管理系统中的模式之一。按照该系统的设计，进口的零部件存放于运输途中，在生产线旁边设有再配送中心，配送中心仅需维持最低安全库存数量，这就要求采购、包装、海运、进口报关、检疫、陆路运输、拉动计划等一系列操作之间的衔接必须十分的紧密。中国远洋海运集团有限公司承担了该公司全部进口汽车零部件的运输任务，负责从加拿大的起运地到上海交货地的全程门到门运输，以及进口零部件的一关三检、码头提箱和内陆运输。

（三）建立供应链预警机制，追求共赢

从目前来看，上汽通用汽车有限公司的车型国产化比例已经达到了 40%～60%，在这种情况下，务必更要高度重视供应链的作用。上汽通用的生产方式为“柔性化生产”，即一条生产流水线可以生产不同平台多个型号的产品，如它可以在同一条生产流水线上同时生产别克标准型、较大的别克商务旅行型和较小的赛欧。这种生产方式对供应商的要求极高，即供应商必须时常处于“时刻供货”的状态，这样就会给供应商带来很高的存货成本。而供应商一般不愿意独自承担这些成本，有可能会将部分成本转嫁到零部件的价格上。如此一来，实际上只是把这部分成本赶到了上游供应商那里，而并没有真正地降低整条供应链的成本。为解决这个问题，上汽通用与供应商时刻保持着信息沟通，生产计划采取滚动式计划，即每星期滚动一次，这个运行机制的核心要让供应商也要看到滚动的计划，让其能根据上汽通用的生产计划安排自己的存货和生产计划，减少对存货资金的占用。若供应商在零部件生产、原材料供应等方面出现问题，也可实时向上汽通用汽车有限公司提供预警，这种信息沟通方式无疑是双向的，最终的目标就是达到共赢的目的。

问题：

上汽通用汽车有限公司实施的 JIT 供应具有哪些特点？

案例分析：

上汽通用汽车有限公司实施的 JIT 供应的特点体现在：（1）与少数供应商和中国远洋海运集团有限公司保持密切关系；（2）供应商和买方共享信息；（3）采购、包装、海运、进口报关、检疫、陆路运输、拉动计划等一系列操作之间紧密衔接；（4）消除整个供应渠道中所有可能出现的不确定性；（5）以零库存和追求共赢为目标。

问题讨论：

1. 如何理解“循环取货，驱除库存‘魔鬼’”？
2. 该案例体现了企业物流哪些特点？

复习思考题

1. 什么是企业物流？不同类型的企业其物流有何异同？
2. 为什么采购越来越受到企业的重视？
3. 讨论采购与供应物流的关系。
4. 什么是准时采购？和传统采购相比有何特点？
5. 描述供应商的选择和评估过程的步骤。
6. 全球采购开发模型的组成部分包括哪些？
7. 讨论电子采购的优点及缺点。
8. 试对 MRP 和 JIT 进行比较。
9. 某企业欲实施准时采购，试为其在供应商选择环节提供建议。
10. JIT 生产对工人和管理者会有什么影响？
11. 在 JIT 环境下，EOQ 法还有效吗？为什么？
12. JIT 是否适合任何企业、任何产品/原材料？
13. 某产品结构图如图 7-13 所示，试求组装该单位产品所需各构件的数量。

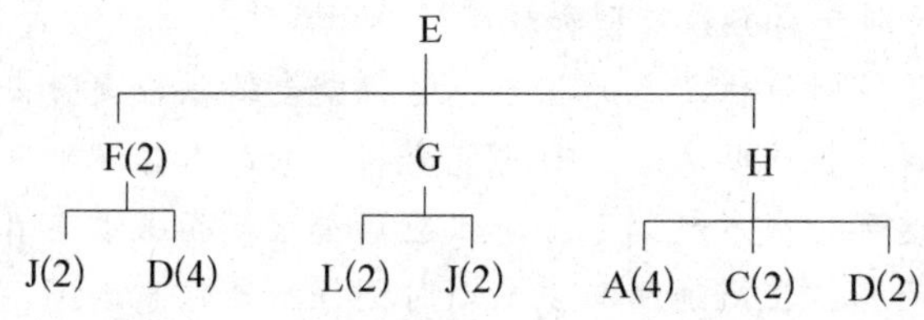

图 7-13　某产品结构图

14. 回收和废弃物物流与供应物流有什么不同？
15. 不同的物流组织会对企业物流产生什么样的影响？

第八章 第三方物流

本章重点

- 第三方物流的概念和特征
- 第三方物流的优势和缺点
- 第三方物流的服务内容
- 第三方物流企业的类型
- 第三方物流产生的动因
- 第三方物流的利益来源和运作价值
- 第四方物流的概念和特征

第三方物流是物流专业化、社会化的重要形式，反映和体现着一个国家物流业发展的整体水平。进入21世纪，物流系统的各个领域都取得了长足的发展，第三方物流正如雨后春笋般出现了非常好的发展势头。

第一节 第三方物流概述

“第三方物流”（Third Party Logistics，简称3PL或TPL）是20世纪80年代中期由欧美提出。在1988年美国物流管理委员会的一项服务调查中，首次提出“第三方物流服务提供者”一词。目前，对于第三方物流概念存在着多种理解和解释，这与观察问题的角度以及对物流概念本身的理解程度有关。但不管怎样理解和解释，第三方物流一定是有别于传统的物流管理和服务模式的。第三方物流作为一种新型的物流服务模式，自20世纪90年代中后期以来，受到了我国产业界和理论界的高度关注。“第三方物流”蕴含的物流业务外包思想和一体化物流服务理念已经被越来越多的货主企业和物流企业所接受，按照第三方物流模式开展物流管理和提供物流服务的企业不断增加，第三方物流已成为现代物流的重要标志。

一、第三方物流的基本概念

第三方物流的概念源自于管理学中的外包，将“外包”思想引入物流管理领域，就产生了“物流外包”的概念，即生产或销售等企业为集中精力增强核心竞争能力，而将其物流业务以合同的方式委托给物流服务公司（即第三方）运作，同时通过信息系统与物流服务公司保持密切联系，以达到对物流全程的管理和控制的一种物流运作与管理方式。

《中华人民共和国国家标准物流术语》（GB/T 18354—2006）中，将第三方物流定义为：独立于供需双方，为客户提供专项或全面的物流系统设计或系统运营的物流服务模式。

在美国的有关专业著作中，将第三方物流供应者定义为：通过合同的方式确定回报，承担货主企业全部或一部分物流活动的企业。所提供的服务形态可以分为与运营相关的服务、与管理相关的服务以及二者兼而有之的服务三种类型。无论哪种形态都必须高于过去的公共运输业者和契约运输业者所提供的服务。

日本对于第三方物流的理解是：供方和需方以外不拥有商品所有权的业者为第三方，向货主企业提供物流系统，为货主企业全方位代理物流业务，即物流的外部委托方式。它强调物流全系统、全方位代理。

此外，第三方物流也常被称为合同物流或契约物流（Contract Logistics）、物流外部化（Logistics Outsourcing）、全方位物流服务公司（Full-service Distribution Company）、物流联盟（Logistics Alliance）等。

从美日两国对第三方物流的理解中可以看出，第三方物流形态与目前我们所了解的物流形态是有区别的，而且这种区别的关键点不在于由谁去承担物流服务，而在于是以什么样的方式提供物流服务，提供什么样的物流服务。否则，就会把所有的专业物流企业（包括运输企业、仓储企业）全部等同于第三方物流企业，将存在已久的社会化运输和仓储服务全部理解为第三方物流服务。特别是类似于海运、航空运输、铁路运输等需要大量资本投入才能具备运营能力的运输方式，很少有货主企业自己承担。社会化的运输服务存在已久，但不能都归结为第三方物流的范畴，或者说不属于现代意义上的第三方物流。现代意义上的第三方物流是指社会化物流企业所提供的现代和系统的物流服务活动。其主要标志是：（1）有提供现代化的、系统物流服务的企业素质；（2）可以向货主提供包括供应链物流在内的全程物流服务和特定的、定制化服务的物流活动；（3）不是货主与物流服务提供商偶然的、一次性的物流服务活动，而是采取委托——承包形式的长期业务外包形式的物流活动；（4）不是向货主提供一般性物流服务，而是提供增值物流服务的现代化物流活动。

为了明确第三方物流的概念，从物流业务对外委托的角度来分析第三方物流的特点。企业物流业务对外委托的形态有以下三种。

第一，货主企业自己从事物流系统设计以及库存管理、物流信息管理等管理性工作，而将货物运输、保管等具体的物流作业活动委托给外部的物流企业。例如，家电零售商在某个区域建立了自己的销售网络和配送网络，整个网络的管理也由零售商承担。如果零售商将从存货点到商店的电器产品运输交给某运输业者承担的话，运输业者只是按照零售商的要求，完成点对点的运输。这种形式的对外委托只是某个物流环节活动的对外委托，属于某项专业服务的外购。

第二，由物流企业将其开发设计的物流系统提供给货主企业并承担物流作业活动。例如，目前在我国已经出现的快递服务。快递公司根据顾客的普遍要求设计出不同类型的速递服务产品，这些服务产品都是标准化的产品，客户在这些速递产品中选择自己需要的品种。

第三，由物流企业站在货主企业的角度，代替其从事物流系统的设计，并对系统运营承担责任。例如，电器零售商将电器的运输、存储、配送等一系列环节的活动都交给物流企业承担，由物流企业按照合理化原则进行网络布局，并且物流企业与零售商签订 2～3 年的合作协议。这种情况相当于零售企业将物流职能委托给了物流企业，是物流职能的外包，而不是仅停留在个别物流环节上。这才是真正意义上的“第三方物流”，即由货主企业以外的专业企业代替其进行物流系统设计，并对系统运营承担责任的物流形态。

第三方物流与传统的对外委托的不同之处在于，传统的对外委托形态只是将企业物流活动的一部分，主要是物流作业活动，如货物运输、货物保管，交由外部的货运企业或仓储企业去做，而库存管理、物流系统设计等物流管理活动以及一部分企业内部物流活动仍然保留在本企业。同时，物流企业是站在自己物流业务经营的角度，接受货主企业的委托，以费用加利润的方式定价，收取服务费。那些能够提供系统的物流企业，也是以使用本企业的物流设施，推销本企业的经营业务为前提，并非是以货主企业物流合理化为目标设计的物流系统。第三方物流企业则是站在货主的立场上，以货主企业的物流合理化为设计物流系统和系统运营管理的目标。而且，第三方物流企业不一定要具有物流作业能力，也就是说，可以没有物流设施和运输工具，不直接从事运输、保管等作业活动，只是负责物流系统设计并对物流系统运营承担责任。具体的作业活动可以再采取对外委托的方式，由专业的运输、仓储企业等去完成。从美国的情况来看，即使第三方物流企业具有物流设施，也将使用本企业设施的比例控制在二成左右，以保证向货主企业提供最适宜的物流服务。第三方物流企业的经营效益是直接同货主企业的物流效率、物流服务水平以及物流系统效果紧密联系在一起的。

二、第三方物流的特征

第三方物流有别于传统的外包物流，传统的外包物流只限于一项或一系列分散的物流功能，如运输公司提供运输服务、仓储公司提供仓储服务。第三方物流服务则根据合同条款规定而不是根据临时需求的要求，提供多功能甚至全方位的物流服务。第三方物流企业的利润不只是来自运费、仓储费等直接费用收入，在很大程度上来源于现代物流管理科学的推广所产生的新价值，这正是发展第三方物流的意义所在。

@链接资料

当 2002 年 5 月，UPS 从朗讯手里接过了长达 5 年的物流管理合同时，这意味着 UPS 接过的是朗讯极具挑战的欧洲、中东、非洲以及北亚全部天上地下的物流业务。在业内人士看来，“UPS 将在更高层面上管理朗讯物流网络的运行”。这一点就连被北美物流圈称为“挑剔的老头”的朗讯公司全球物流副总裁吉姆·约翰逊都深信不疑。实际上，UPS 有理由为朗讯的单子而自豪。为了能拿下这个单子，UPS 早在几年前就做好了准备。

尽管有多年为大客户服务的经验（包括给 HP 提供北美、欧洲的配送服务），但涉及分销、仓储、订单管理、信息跟踪、报关、维修、客户服务甚至配件管理等方方面面环节的运作，接管像朗讯全球这样的物流业务，对 UPS 还是头一次。更为重要的是，这也将第一次检验 UPS 的第三方物流的定位，即将不同业务流程的企业编织进一个庞大而又复杂的供应网络中。当然，UPS 准备好了。UPS 与朗讯的第一次物流亲密接触是在电信泡沫最大的 1999 年。由于 UPS 美国本土的网点比较齐全，自 1999 年起，在北美大陆和欧洲市场，UPS 开始从邻居开刀。1999 年，UPS 并购了 20 家与供应链相关的公司，包括 7 家物流、分销公司、11 家技术公司、1 家银行、1 家航空公司，其中包括加拿大最大的药品和化学制品物流企业 Liringston 以及法国最大的零部件物流公司 Finon Sofecome。一系列的收购，使 UPS 的物流能力大大提高，可以为任何客户提供物流的全方位的解决方案，甚至包括增值服务，UPS 开始跻身世界一流物流企业之列。

2003 年 3 月 25 日，UPS 宣布推出新 LOGO。去掉盾牌标志上方用丝带捆扎的包裹图案，将原来的平面设计转化成“三维的设计”，寓意“物流、资金流、信息流真正三流合一”。并通过耗资近亿元的“夏季换装”秀，以现代第三方物流服务商的身份向全世界发动新冲锋的号角。在朗讯眼中，UPS 已经由开始的搬运工，变为能指挥调动供应链各个环节的高级指挥家。如果可以列一张被 UPS 的第三方物流理念征服的企业名单的话，可以清晰地看到大批的跨国制造企业：HP、福特汽车、美国国家半导体公司、Lansinoh Laboratories（世界大型医药保健品公司）、Oneida（世界最大的不锈钢生产企业）……

回首 10 年前，UPS 还只有一种业务，就是每天负责运送数以万计的包裹。总是倾向于朝前看的当时 UPS 总裁吉姆·凯利认为，必须摆脱这种结构单一的模式。在与客户的接触中，他发现未来商业社会最重要的力量是“全程供应链管理”，也就是今天我们所提到的第三方物流模式。“成为供应链的链主，这才是 UPS 未来增长的源泉”。

与传统的物流运作方式相比，第三方物流整合了多个物流功能，形成自身的鲜明特色（见表 8-1），归纳起来突出表现在以下几个方面。

表 8-1　第三方物流与传统物流的区别

项　目	第三方物流	传统物流
服务功能	提供功能完备的全方位、一体化物流服务	仓储或运输单功能服务
物流成本	由于具有规模经济性、先进的管理方法和技术等使物流成本较低	资源利用率低，管理方法落后，物流成本较高
增值服务	可以提供订单处理、库存管理、流通加工等增值服务	较少提供增值服务
与客户关系	客户的战略同盟者，长期的契约关系	临时的买卖关系
运营风险	需要较大的投资，运营风险大	运营风险小
利润来源	与客户一起在物流领域创造新价值	客户的成本性支出
信息共享程度	每个环节的物流信息都能透明地与其他环节进行交流与共享，共享程度高	信息的利用率低，没有共享有关的需求资源

（一）第三方物流是合同导向的一系列服务

第三方物流最显著的特征就是合同物流，即依据双方共同签订的合同约定提供多功能的物流服务。合同条款规定了物流服务内容、服务时间、服务价格等，规定了双方的责任和义务。合同期满，物流业务关系就告结束。第三方物流由于存在确定的合同关系，物流服务变得更加稳定、更加规范。

（二）第三方物流是个性化物流服务

第三方物流服务因为都是面向各个具体企业承揽物流业务，企业不同，业务的具体内容就不同，流程也各不相同。因此，要求第三方物流按客户的业务内容、业务流程来定制，体现个性化的物流服务理念。

（三）第三方物流是以现代信息技术为基础的物流服务

信息技术的发展是第三方物流出现的必要条件，信息技术实现了数据的快速、准确的传递，提高了仓库管理、装卸运输、采购、订货、配送发运、订单处理的自动化水平，使订货、仓储、运输、流通加工实现一体化；企业可以更方便地使用信息技术与物流企业进行交流和协作，这种交流和合作有可能在短时间内迅速完成；同时物流管理软件的飞速发展也使混杂在其他业务中的物流活动的成本能被精确计算出来，还能有效管理物流渠道中的商流，这就使企业有可能把原来在内部完成的作业交由物流公司运作。

（四）第三方物流企业与其他企业之间的关系是动态联盟关系

依靠现代信息技术的支撑，第三方物流企业与其他企业之间可以充分共享信息，这就要求双方能够相互信任，以获得比单独从事物流活动所能取得的更好效果，而且，从物流服务提供者的收费原则来看，他们之间是共担风险、共享收益的关系；再者，企业之间所发生的关联并非一两次的市场交易，在交易维持一定时期之后，可以相互更换交易对象。在行为上，各自既非采用追求自身利益最大化行为，也非完全采取追求共同利益最大化行为，而是通过契约结成优势互补、风险共担、要素双向或多向流动的动态联盟。

三、第三方物流服务的内容

在客户需求和市场竞争的推动下，第三方物流服务已经从简单的运输、仓储等单项物流活动转变为更全面更高级的物流服务。而且，现代的第三方物流企业与其客户之间不再仅仅是一单对一单的简单交易方式，而是一种长期的业务伙伴或者物流联盟关系，利益共享，风险共担。第三方物流所提供的服务范围随着市场的变化而不断发展，导入了许多增值服务内容。从表 8-2 可以看出，第三方物流的服务内容涵盖到物流活动的各个方面和环节，在生产物流和消费物流领域都能够发挥重要的作用。对于一个生产型的企业来说，其原材料的采购、运输、仓储，半成品和产成品的仓储和运输，订单处理，客户发货，存货管理和智能补货等具体业务流程乃至整套物流体系的设计和优化，都可以外包给第三方物流服务商。

表 8-2　较为常见的第三方物流提供的服务

最常提供和使用的服务	一 般 服 务
设计和开发物流策略/系统	咨询服务
EDI（电子数据交换）	库存管理
提供管理和服务水平的监测报告	组装、维修及包装
货物集运	退换货处理和维修
选择和考核承运人、货运代理、海关代理	海外分销和采购
信息管理	国际通信
仓储服务	进出口许可证协助和业务操作、海关通关
运费清算及支付	信用证审单和制单
运费谈判及费用监督	

具体来说，第三方物流的业务内容主要集中在物流战略咨询、物流管理、物流规划、物流作业和物流信息系统维护等方面。

（一）开发物流系统及提供物流策略

包括提供物流管理信息系统的设计、配送方案、配装方法、运输方式的选择等。随着全球经济一体化进程的加快，国际市场竞争将更加激烈，企业是否能立于不败之地将更大程度上取决于物流费用的高低以及对市场的反应速度。这一切与国内、国际运输方式的选择、货物的集运及配装方式、中转及通关的快慢等有着密切的关系。这些物流活动对于一般企业来讲，无论是从精力、时间、财力和能力上都是很难达到的。因此，由第三方物流提供的这种服务能力最具核心竞争力，也是国内的第三方物流与国外物流公司的主要差距。

（二）信息处理

信息系统是指为了推进企业的交易活动，控制从订货、库存到发货的一系列物流活动，以达到降低物流费用、提高经济效益的信息管理系统。它的目标是：第一，提高物流的服务水平；第二，降低物流的总成本费用，即排除与物流活动有关的浪费。对于第三方物流企业来说，这两个服务目标看似互相矛盾，即高质量的服务水平和全方位的服务内容必然会引发物流成本的攀升。而其实质是通过信息管理系统来控制物流的各个环节，使服务和成本两个目标之间达到最佳的平衡点，因此，第三方物流企业的信息处理能力是提供高质量物流服务的一个基本的最为关键的服务平台。这一点从宝供物流企业集团有限公司的成长经历可以看出。“宝供”最初只是一个个体铁路转运站，在短短 4 年内一跃成为为宝洁、雀巢、格力、麦当劳、嘉士伯等大型企业提供物流服务的物流企业，其关键在于能为客户提供完善的信息反馈和数据处理服务。

（三）货物的集运

货物的集运包括仓储、铁路运输、公路运输及海运方面的能力。集运能力的高低还与配送中心的选址、布局、配送中心的设计、功能设置是否合理密切相关。因此，对于第三方物流企业来说，合理规划、设计配送中心对该项服务水平的高低尤为重要。

（四）选择运输商及货代

在社会化大生产的环境下，第三方物流企业很难依靠自身的力量来为客户提供全方位的服务，这时就需要与其他的战略伙伴来协作完成。因此，选择一个优秀合作伙伴对保证高质量的物流服务水平也是非常重要的。

（五）仓储

仓储功能是第三方物流企业的一个基本服务平台。

（六）咨询

随着与顾客的合作伙伴关系慢慢建立，第三方物流企业所提供的服务还应包括物流咨询。例如，利用第三方物流企业在消费者和货主之间的桥梁作用，为货主提供前期的市场调研及预测；根据不同国家的贸易等级要求，建议货主使用不同的包装材料及包装方法等策略咨询。这些服务拉近了企业与货主的关系，符合双方的经济利益。

（七）运费支付

运费支付，也称为代垫运费，主要指支付给提供协作的其他第三方物流企业的运费，符合社会化分工和分工细化的经济规律。

如上所述，第三方物流不仅要提供货物购、运、调、存、管、加工和配送全过程服务，而且要提供网络设计和商品整个物流过程最优化的解决方案。

四、第三方物流企业的类型

实际上，各个第三方物流企业的核心竞争优势和资金能力是不同的，因此，有必要对第三方物流企业进行分类，以便正确定位各类第三方物流企业的业务范围和客户群体。对第三方物流企业的分类方法多种多样，其中主要有按提供服务的种类划分和按所属的细分的物流市场的类型划分的分类方法。现分述如下。

（一）按提供服务的种类划分

可将第三方物流企业分为以资产为基础的第三方物流企业、以管理为基础的第三方物流企业、综合第三方物流企业。

1. 以资产为基础的第三方物流企业

以资产为基础的公司主要通过运用自己的资产来提供专业的服务。这些资产可以是车队、轮船或仓库，如中储股份、DHL、马士基等企业。

2. 以管理为基础的第三方物流企业

以管理为基础的第三方物流企业通过系统数据库和咨询服务提供物流管理，他们经常以一个子承包运输部门的身份，负责部分或全部的客户相关业务。另外，他们也具有进出口和配送部门的功能。他们与发货人的雇员一起工作，不拥有运输和仓储设施，只提供人力资源，许多大的物流服务提供商建立了独立的业务部门，提供以管理为基础的服务。例如，Kuhne & Nagel 公司的 Eurologistics Ltd.。

3. 综合第三方物流企业

提供综合物流服务的第三方物流企业一般拥有卡车、仓库等资产。但是他们提供的服务，并不以使用自己的资产为限。一旦需要便可与其他提供者签订子合同提供相关的服务。例如，UPS、Fedex、宝供等企业。

（二）按所属的细分的物流市场分类

可将第三方物流企业分为操作性的公司、行业倾向性的公司、多元化的公司和顾客化的公司。

1. 操作性的第三方物流企业

操作性的细分市场当中，承运人通常以成本优势进行竞争，他们一般精于某项操作。

例如快运企业中的 DHL、UPS、Fedex 等企业就是操作性企业的典型代表。另外的例子还包括 Callberson、Bell Lines、SNCF、United Tran Container。

2. 行业倾向性的第三方物流企业

又称行业性的企业，他们常为满足某一特定行业的需求而设计自己的作业能力。例如荷兰的 Pakhoed 企业，为满足化工行业的需求而建立了作业能力和基础设施。

3. 多元化的第三方物流企业

多元化企业开发出一系列相关又不具相互竞争性的服务。例如在班轮运输中的相关服务：集装箱、码头、汽运、仓储和水运。又如 Nedlloyd、Danzas、Schenker、嘉里大通、Kuhne & Nagel。

4. 顾客化的第三方物流企业

顾客化的企业面向一些有很高专业需求的客户，他们之间竞争主要在于服务而不是费用。例如 Frans Maas，这家企业与一家欧洲大公司有着密切的服务关系，Frans Maas 企业不仅为原料的运入和产成品的运出安排运输，还提供最终产品装配的操作和在 Venray 的仓库设施为顾客做产品测试。

五、第三方物流的优势和缺点

第三方物流概念的提出，可以说是物流业的一次革命，因为它有着很多传统物流所无法比拟的优势。除了宏观上有助于缓解交通压力、保护环境和促进产业结构调整等外，第三方物流在微观上也给使用其服务的企业带来诸多好处，具体表现在以下几个方面。

（一）有利于集中核心业务

由于任何企业的资源都是有限的，很难成为一个业务上面面俱到的专家。因此，企业必须充分利用现有资源，集中精力于核心业务，将不擅长或条件不足的功能弱化或外包。第三方物流为企业提供了集中于擅长领域的机会，而把不擅长的物流留给物流企业，从而能够实现企业资源的优化配置，将有限的资源集中于核心业务，发展基本技术，努力开发出新产品参与世界竞争。有些企业甚至只有产品研发和市场两个功能，通过外包的形式获得物流和制造资源，如著名的耐克公司。实际上，物流外包使得生产经营企业和第三方物流企业各自的优势都得到强化，既能促使生产经营企业专注于提高自身核心能力，又有利于带动包括第三方物流在内的物流行业整体的发展。

（二）有利于减少库存

企业不能承担多种原料和产品库存的无限增长，尤其是高价值的配件要及时被送往装配点才能保证库存最小。在保证生产经营正常进行的前提下实现零库存，是所有企业的理想目标。但由于自身配送能力、管理水平有限，为了及时对顾客订货做出反应，防止缺货和快速交货，企业往往需要采取高水平库存的策略，即在总部和各分散的订货点处维持大量的存货。而且，一般来说，企业防止缺货的期望越大，所需的安全储备越多，平均存货数量也越多。在市场需求高度变化的情况下，安全库存量会占到企业平均库存的一半以上。第三方物流企业借助精心策划的物流计划和适时运送手段及强大的信息系统，既可以实现以信息换库存，即通过上下游各个环节信息的及时、快速、准确交换，实现精益生产，减少无效库存数量，缩短库存时间，又能加快存货流动速度，从而最大限度地盘活库存、减少库存，改善企业的现金流量，实现成本优势。

（三）有利于减少投资和加快资本周转

企业自营物流，往往要进行物流设施设备的投资，如建设仓库、购买车辆、构建信息网络等，这样的投入往往是相当大的，对于缺乏资金的企业，特别是中小企业是个沉重的负担。如一项调查表明，第三方物流企业需投入大量资金用于购买物流技术设备，包括软件、通信和自动识别系统。74%的第三方物流企业购买物流技术、条码系统的平均支出达108万美元，另外在软件上平均花费61万美元，在通信和追踪设备上平均花费40万美元。采用第三方物流，企业可以减少在此领域的巨额投资，使得固定成本转化为可变成本。通常，企业仅需向第三方物流企业支付服务费用，不需要自己内部维持物流基础设施来满足物流需求。这样，企业不仅可以减少在物流设施上的投资，对物流信息系统的投资也可转嫁给第三方物流企业承担，而且解放了仓库、车队等方面的资金占用，加快了资金周转。

（四）有利于灵活运用新技术

随着物流业务的发展和科技进步的加速，物流领域的新技术、新设备层出不穷，表现在运输工具的多样化和专业化、保管装卸技术的自动化和机械化、包装技术的新材料和流水线、物流配送活动的高速度和信息管理的网络化等。物流技术和设备日新月异的变化，代表着现代物流发展的需要。第三方物流企业为了提高自己的竞争能力和专业化水平，会不断追寻物流技术的发展，及时更新物流设备，这也是他们生存的需要。而普通的单个非物流企业，通常没有时间、资源或技能来跟上物流技术和设备变化的潮流。采用第三方物流，企业可以在自己不增加投入的情况下，不断获取最新的技术。

（五）有利于提高顾客服务水平

顾客服务水平的提高会提高顾客满意度，增强企业信誉，促进销售，提高市场占有率，进而提高利润率。在市场竞争日益激烈的今天，高水平的顾客服务对企业来说是至关重要的，它是企业优于其同行的一种竞争优势。物流能力是企业顾客服务的一大内容之一，会制约企业的顾客服务水平。例如，生产时由于物流问题使采购的材料不能如期到达，也许会迫使企业停工、不能如期交纳顾客订货而承担巨额违约金，更重要的是会使企业自身信誉受损，销量减少，甚至失去良好合作的顾客。而第三方物流在帮助企业提高自身顾客服务水平上有其独到之处，并且帮助企业提高顾客服务水平和质量也正是第三方物流所追求的根本目标。利用第三方物流信息网络和节点网络，有助于提高市场响应速度，加快对顾客订货的反应能力，加快订单处理，缩短从订货到交货的时间，进行门对门运输，实现货物的快速交付，提高顾客满意度。通过第三方物流先进的信息和通信技术，可加强对在途货物的监控，及时发现和处理运输过程中的意外事故，保证订货及时、安全送达目的地，尽可能实现对顾客的安全、准点送货等承诺。产品的售后服务、送货上门、退货处理、废品回收等也可由第三方物流来完成，保证企业为顾客提供稳定、可靠的高水平服务。

（六）有利于降低物流成本

通常情况下，总成本中物流成本占有很高的比例。第三方物流企业是提供物流服务的专业机构，拥有高素质的专业物流管理人员和技术人员，能充分利用专业化物流设备、设施和先进的物流信息系统，发挥专业化物流运作的管理经验，提高各环节能力的利用率，最大限度地取得整体最优的效果，从而为客户企业降低物流成本。如采用第三方物流后，企业可以减少直接从事物流业务的人员，削减工资支出；提高单证处理效率，减少单证处理费用；提高库存管理能力，降低存货水平，削减存货成本；提高运输效率，减少运输费用等。

（七）有利于利用本地关系而进入新的市场

随着专业化的发展，第三方物流企业通常已经开发了信息网络，并积累了针对不同物流市场的专业知识，包括运输、仓储和其他业务，在国内外有良好的运输和分销网络。希望拓展国际其他地区市场以求发展的企业，可以借助这些网络，以较为经济的方式进行市场渗透。特别是对于某些物流还处于管制状态的地区，利用第三方物流，企业可以开展自身无法开展的物流业务。如大多数城市对市区配送业务都有限制，但有些第三方物流企业利用同政府的良好关系得到营运资质，企业通过使用第三方物流企业就可以绕开这些业务的政策限制而进入市场。

（八）有利于提升企业形象

第三方物流企业与客户企业之间是相互依赖的市场共生关系，两者是战略合作伙伴，不是竞争对手。第三方物流企业为客户企业着想，通过全球性的信息网络使客户企业的供应链透明化，客户企业可以随时通过 Internet 了解供应链的情况；第三方物流企业是物流专家，他们利用完备的设施和训练有素的员工对整个供应链实现完全的控制，减少物流的复杂性；他们通过遍布全球的运输网络和服务提供者（分承包方）大大缩短了交货期，从而也帮助客户企业改进服务，树立自己的品牌形象。第三方物流企业通过“量体裁衣”式的设计，制订出以客户为导向、低成本、高效率的物流方案，为客户企业在竞争中取胜创造了条件，使客户在同行中脱颖而出。

虽然第三方物流给很多企业带来了不少的优势，但并不是所有的企业都能够成功应用第三方物流的，如果不根据企业自身的实际情况和需要，而是盲目地采用第三方物流，那么带给企业的可能就不是好处而是弊端和害处了。首先，外包物流职能的同时会失去对其的控制。当第三方物流企业的员工本身可能与企业的客户打交道时，物流外包的这一缺点尤为突出。许多第三方物流企业正在努力地解决这些问题，如在运输工具两边喷涂委托企业的标志或让员工穿上委托企业的制服，以及详细报告与每个客户接触的情况等。其次，如果物流是企业核心竞争力之一，那么外包物流职能是没有意义的，因为供应商可能还达不到企业的专业水平。例如，沃尔玛建造和管理自己的配送中心，而卡特彼勒（Caterpillar）公司也自行运作零部件的供应。这些都是公司本身的竞争优势和核心竞争力，外包完全没有必要。在特殊情况下，如果特定的物流活动属于公司的核心竞争力，而其他物流活动不是，那么明智的做法是仅仅将其他物流活动外包。例如，制药公司对那些管制药物建立并且拥有配送中心，而对那些相对便宜和易于控制的药物则可外包给第三方物流企业。

第二节　第三方物流的发展

第三方物流从 20 世纪 80 年代开始发展，随着市场对第三方物流需求的不断增加，物流业的地位也在不断地提升。而运输业规章制度的不断建立和完善，使约束放松，它为物流一体化提供了良好的环境。全面质量管理的推广和及时系统 JIT 的零库存、零缺陷、零故障理念的应用，也为物流服务带来了新的生机。由于物流技术设施的不断更新和发展，而企业的物流部门却不可能保证有足够资源、先进的技能、充足的时间去更新设备，相反，作为专门从事物流的第三方物流企业，却有可能更新设备，因此企业的物流部门愿意外购物流企业的物流服务。当然，信息技术的高速发展也给物流活动带来了新的转机，电子订货系统 EOS、全球定位系统 GPS 等新技术的出现，使物流信息传递加快，物流作业执行可靠，物流服务水平提高。尤其是互联网的出现，电子商务的快速发展，改变了物流模式，通过网络化使物流能实现跨区域、跨国界的活动，物流的功能更为强大。企业与运输公司之间的物流运输业务的协调，企业与仓储公司之间的物流保管业务的安排，企业与配货部门之间物流配送计划的落实，这一系列的活动都会大大地加强。反之，这些活动无论是在同一国家的不同地区展开的，还是在不同国家之间展开的，都需要经过许多过程，通过许多道作业，花费较高的费用。而第三方物流能够使这些难题得到较好的解决，它能够提供物流总承包的服务，从运输、保管、配送到装卸、包装、流通加工，实现物流的合理化，减少中间环节，方便了客户，同时也降低了物流成本，为各种电子商务的网上商店提供了方便，促进了它们的发展。随着世界经济形势的变化和经济的发展，第三方物流（合同物流或配送社会化）在国际物流业的发展中占有日趋重要的地位，而且适应了交通条件与生态环境不断恶化的形势。使用第三方物流可减少生产企业自身的配送中心，把更多的业务转交给社会配送中心。这样做不但节省了营运成本，更为重要的则是减少了交通拥挤，节约了能源，保护了环境。同时，可增加生产企业经营柔性，提高其生产效率，集中其主业，改进其服务质量具有显著效用。

一、第三方物流产生的原因

第三方物流是在物流演变过程中适应了新的经济环境和需求而出现的一种新型物流形态，是社会分工、市场竞争、物流专业化的结果。

（一）第三方物流的兴起是社会分工的必然结果

面对越来越激烈的市场竞争，各企业纷纷将资金、人力、物力投入到其核心业务上去，寻求社会化分工协作带来的效率和效益的最大化。外包（Outsourcing）成为企业提高核心竞争力的必然选择，也顺应了社会化分工和专业化协作的潮流。专业化分工的结果导致许多非核心业务从企业生产经营活动中分离出来，其中包括物流业。将物流业务委托给第三方物流公司负责，可降低物流成本，完善物流活动的服务功能。

（二）第三方物流的产生是适应新型管理理念的要求

进入 20 世纪 90 年代后，信息技术特别是计算机技术的高速发展与社会分工的进一步细化，推动着管理技术和思想的迅速更新，由此产生了供应链、虚拟企业等一系列强调外部协调和合作的新型管理理念，这既增加了物流活动的复杂性，又对物流活动提出了零库存、准时制、快速反应、有效的顾客反应等更高的要求，使一般企业很难承担此类业务，由此产生了专业化物流服务的需求。第三方物流的出现一方面迎合了个性需求时代企业间专业合作（资源配置）不断变化的要求；另一方面实现了进出物流的整合，提高了物流服务质量，加强了对供应链的全面控制和协调，促进供应链达到整体最佳性。

（三）第三方物流的出现是改善物流与强化竞争力相结合意识的萌芽

物流研究与物流实践经历了成本导向、利润导向、竞争力导向等几个阶段。将物流改善与竞争力提高的目标相结合是物流理论与技术成熟的标志。这是第三方物流概念出现的逻辑基础。

（四）第三方物流的出现是物流领域的竞争激化导致综合物流业务发展的历史必然

随着经济全球化和贸易自由化的发展，物流领域的政策不断放宽，同时也导致物流企业自身竞争的激化，物流企业不断地拓展服务内涵和外延，从而加速了第三方物流的出现。这是第三方物流概念出现的历史基础。

二、第三方物流发展的动力

第三方物流的发展是激烈的市场竞争的产物，同时也是第三方服务提供者和需求方共同推动的结果。在对美国的第三方物流业发展的研究中，经济、管理和技术上发展趋势推动了第三方物流的发展，而在对欧洲第三方物流发展的研究中表明客户服务需求的增加和运输业利润减少是第三方物流发展的推动因素。

（一）物流服务的需求方

对高水平的服务的需求是物流外包的主要动力。成本节约、服务改进和灵活性对物流外包决策同样重要。物流外包的另一个重要推动力是在于外包可以减少企业对物流设施的投资。对物流服务的需求方来说，外包既可以使企业得到专业的物流管理公司所掌握的专业技术，在以合同方式将物流业务外包的情况下，还可以帮助企业克服内部劳动力效率不高的问题。

近年来，随着需求客户对物流服务期望的提高、车辆运作法规的日趋完善、技术的迅速发展以及经济和环境变动的不确定性日益增多，工商企业对第三方物流管理的需求越来越大。在一些国家，零售供应系统的结构调整促进了合同的采用。大零售商增加了对采购物流的控制，并把它的日常管理外包给第三方。如英国，在1997年主要的零售商已控制了94%的工程配送（从配送中心到商店），其中，将近47%的配送是由第三方物流提供商完成的。在国际物流方面也有类似的物流服务外部化的趋势。制造商的国际运输与产品配送在很大程度上是依赖第三方物流提供商完成的。荷兰国际配送协会的调查表明，美国、日本、韩国等国三分之二的欧洲配送中心是由第三方物流公司管理的。

除了以上提到的减少成本、改进服务水平、减少投资等利益驱动因素外，物流功能日趋复杂化和全球化、库存单位的增加、流通渠道的脆弱性和产品周期的缩短以及第三方物流的应用有利于合同的整合及供应链的建立，都是促进第三方物流发展的因素。

（二）物流服务的供给方

近年来，欧美国家的第三方物流服务有很大的改进，服务标准和作业效率都得到很大提高，为客户定制的各类新型服务日益发展成熟，物流服务公司的营销能力日益强大和熟练。欧美许多运输与仓储公司已演变成为广泛的物流服务的供应商。在大多数国家，基础的仓储和运输行业已成为越来越具有竞争性的行业，企业的利润率不断下降，同时，一些管制条件的放松和市场的进一步开放，也促使物流提供商进一步拓宽业务领域。基础服务提供商改造成综合物流公司，增加了许多增值服务内容，如表8-3所示。

表 8-3　增值物流服务内容

运输	车辆维护
存储	托盘化
分装	包装/重新包装
集运	贴标签
订单分拣	质量控制/产品试验
存货控制	客户化
分拣包装	售后服务
货物跟踪	咨询服务

这可以提高企业的专业化水平，使其进入门槛较高的细分市场，还可以使企业与客户订立的长期合同的履行得到保证。此外，贴近客户需求的服务也有利于保持与客户的长期关系，增加第三方物流公司的财务稳定性。

三、第三方物流的发展现状

（一）国外第三方物流的发展现状

国际上第三方物流业是一个只有 30 多年历史的相对年轻的行业。在美国，第三方物流业正处于成长期，目前约有 58%的企业使用第三方物流服务，而且其需求仍在增长。在欧洲，第三方物流发展相对成熟，目前有 76%的企业使用第三方物流服务。

就世界范围而言，第三方物流市场具有潜力大、渐进性和高增长率的特征。大量的物流服务提供者虽然产生于不同的背景，但由于提供特色物流服务而在第三方物流业方面取得成功。就美国而言就有 400 多个第三方物流供应商，其中大多数公司并不一开始就是第三方物流公司，而是逐渐发展进入该行业的。大多数第三方物流公司以传统的“类物流”业为起点，如仓储业、运输业、空运、海运、货代、公司物流部等。下面是以美国为例的各类第三方物流公司来源。

1. 以运输为基础的物流公司

这些公司都是大型运输公司的分公司，有些服务项目是利用其他公司的资产完成的。其主要的优势在于公司能利用母公司的运输资产，扩展其运输功能，提供更为综合性的一套物流服务。这类公司有 Menlo Logistics，Roadway Logistics，Yellow Logistics Service，Schneider Logistics，J. B. Hunt Logistics，Fedex Logistics Services，UPS Worldwide Logistics 和 Ryder Integrated Logistics。

2. 以仓库和配送业务为基础的物流公司

传统的公共或合同仓库与配送物流供应商，已经扩展到了更大范围的物流服务。以传统的业务为基础，这些公司已介入存货管理、仓储与配送等物流活动。经验表明，基于设施的公司要比基于运输的公司转为综合物流服务更容易、更简单些。如 Excel Logistics、GATX Logistics、DSC Logistics 和 USCO。

3. 以货代为基础的物流公司

这些公司一般无资产，非常独立，并与许多物流服务供应商有来往。它们具有把不同物流服务项目组合，以满足客户需求的能力。这类公司包括 Kuehne & Nagel，Fritzard C.U.Robinson。当前，它们已从货运中间人角色转为更广范围的第三方物流服务公司。

4. 以托运人和管理为基础的物流公司

这一类型的公司是从大公司的物流组织演变而来的。它们将物流专业的知识和一定的资源，如信息技术用于第三方作业的优势来源。这些供应商具有管理母公司物流的经验，因此，它对外部客户证明了它的能力。如 Caterpillar Logistics Service（Caterpillar Inc.），Intral（Gilletter），IBM（IBM Corporation）和 KLS（Kaiser Aluminum）。

5. 以财务或信息管理为基础的物流公司

这一类型的第三方供应商能提供如运费支付、审计、成本会计与控制和监控、采购、跟踪和存货管理等管理工具。包括 Cass Information Systems（Cass Commercial Corporation 的分支），GE Information Service（GE 电子），Encompass（CSX 和 AMK 合资公司）。

（二）我国第三方物流的发展现状

自 20 世纪 90 年代中期，第三方物流伴随现代物流理念传入我国以来，第三方物流以其独特的优势吸引了越来越多企业的关注。尽管我国的第三方物流目前还处于起步阶段，但是发展迅速，市场潜力非常大。企业对新型物流服务的需求也在不断扩大，使第三方物流市场成为新兴的朝阳产业和丰厚利润的源泉。

中国第三方物流在近 20 年发展过程中，主要有以下四种模式。

1. 由传统的运输和仓储企业转型而来的物流服务企业

由传统的运输和仓储企业转型而来的物流服务企业，在中国第三方物流市场中占 50% 左右。20 世纪 80 年代以前这些传统的储运企业在物流中发挥了重要的作用，但到了 20 世纪 90 年代它们却面临着生死抉择。因为 90 年代以后，日益激烈的竞争使企业需要的是全套高效物流服务，这就迫使众多的传统储运企业纷纷向第三方物流服务转型，如中国远洋运输集团公司、中国对外贸易运输公司、中国物资储运总公司、中国邮政总公司等。

2. 新兴的物流公司

这种公司成立的时间不长，是在第三方物流概念引入和发展的过程中诞生的，占据了中国第三方物流市场的约 25%。此类公司大多是私有或者合资企业，其业务地域、服务和客户相对集中。由于这些公司的根基不深，经营规模不大，它只能在有限的区域内集中利用自己的资源，提供高质量的物流服务。由于新型的组织结构，进取向上的企业文化，先进的管理理念，这类企业的效率相对较高，发展速度很快，它们一般都拥有先进的管理信息系统和经营理念，机制灵活，管理成本较低，是物流企业中最具活力的第三方物流企业，如宝供物流企业集团有限公司、嘉里大通物流有限公司、天津大田集团有限公司。

3. 企业内部物流公司

由于担心外包物流给其他公司，可能会使企业自身失去对物流的部分控制，所以有许多企业都自办物流。但由于现代企业制度的改革，以及市场竞争的加剧，企业要在市场生存，必须进行资产重组和资产优化，将以前自办的物流部分从企业剥离出去成为一个独立核算、自主经营的公司。这些企业可以利用原公司的客户资源来发展自己的客户网络，在为原公司服务的同时也向其他的公司提供第三方物流服务，如青岛海尔物流有限公司、青岛啤酒招商物流有限公司等。

4. 进入我国的国外物流公司

加入 WTO 以后，国际跨国企业大举进入中国巨大的物流市场。这些第三方物流公司的优势是明显的。由于长期从事物流服务，他们拥有十分丰富的行业知识和运营经验、先进的理论、完善的设施。这些公司资产庞大，有完善的海外网络。他们因其与国际物流客户的良好关系，成为国际跨国公司进入中国市场的首选物流服务商，如 DHL、UPS、Fedex 等。

四、第三方物流的发展趋势

对第三方物流服务的需求正在蔓延到世界的每一角落，这一趋势在中国和亚洲其他地区最为明显，其发展趋势如下。

（一）国外第三方物流的发展趋势

1. 第三方物流服务地域全球化

物流服务的全球化是今后发展的又一重要趋势。目前许多大型制造企业正在朝着“扩展企业”的方向发展。这种所谓的“扩展企业”基本上包括了把全球供应链条上所有的服务商统一起来，并利用最新的计算机系统加以控制。与此同时，制造部门需要物流的同步进行，这样，第三方物流企业也就顺应市场需求变化，纷纷进军海外，提供物流服务。在 2003 年 10 月，美国东北大学和埃森哲咨询公司共同合作所进行的调查中，被调查的第三方物流企业的物流业务的地域范围几乎遍布全球，第三方物流产业的全球化趋势非常明显。

2. 不断采用新的科学技术，改造物流装备和提高管理水平

国外第三方物流企业的技术装备已经达到相当高的水平。目前已经形成了以系统技术为核心，以信息技术、运输技术、配送技术、装卸搬运技术、自动化仓储技术、库存控制技术、包装技术等专业技术为支撑的现代化物流装备技术格局。

3. 物流提供商和分销商之间的协作增加

随着全球第三方物流服务的增长，物流服务提供商发现客户变得越来越挑剔。过去一套标准的服务就能满足要求，而如今复杂的供应链却常常要求他们能提供个性化解决方案。

为客户提供个性化服务、承诺 IT 投资和与其客户协同合作成为物流服务提供商赢得市场的关键。客户越来越高的要求使两个曾是竞争对手的角色物流提供商和电子分销商结为合作伙伴。例如，安富利电子行销公司的供应链服务事业部与物流提供商 DHL、Exel 结为联盟，使用后者的仓库和配送中心来为亚洲和东欧地区的客户提供服务。

4. 服务内容日趋复杂

客户对供应链和物流服务的要求越来越高。如在电子行业，他们不仅希望第三方物流服务提供商能开发出先进软件，部署全球的 ERP 和 EDI 系统，还能创建简单标准的 IT 接口，自动提交海关和出口申报单证，并能对全球各地的仓库实行 JIT 交货。像 Titan 和安富利那样，艾睿正在为数家全球跨国客户提供复杂的第三方物流服务，包括设计报关软件和库存管理流程等。

5. 物流提供商更多介入

为获得更大的市场，顶级物流公司不断出台新的物流和供应链服务。联邦快递供应链服务公司（FedEx SCS）是联邦快递的子公司。该公司与德勤公司搭建了一个全新的按需付费技术，使 FedEx SCS 的客户能够实时查看订单状态和来自多家公司的运输日程安排。该平台采用 Bridge Point 公司的软件实现可见性和事件管理，借助 Yantra 公司的软件支持订单和仓库管理，通过 G-Log 的软件实现运输优化。FexEx SCS 许多客户将库存管理和预测、部署高级计划系统（ASP）作为下一阶段的目标。UPS 供应链方案（SCS）部帮助 OEM 公司采购和管理境外产品。与此同时，UPS SCS 还为元器件供应商提供协调订单、海运和物流等服务。UPS SCS 的下一步计划是为元器件制造商的分销商管理订单。

（二）我国第三方物流发展的趋势

“十一五”期间，现代物流作为国家重点发展的战略性产业得到了社会各界的广泛关注与支持，第三方物流发展进一步加快了进程，在服务内涵、经营模式、功能建设等方面发生了深远的变革。“十二五”规划纲要明确提出“大力发展现代物流业”，并制定出台了一系列促进物流业健康发展的政策措施；2014 年 10 月 4 日国务院又印发了《物流业发展中长期规划（2014—2020 年）》，部署加快现代物流业发展，建立和完善现代物流服务体系；2016 年 3 月国务院出台的《中华人民共和国国民经济和社会发展第十三个五年规划纲要》明确指出“大力发展第三方物流”，第三方物流呈现出良好的发展趋势。

1. 服务链不断延伸、专业化不断加强

一方面供需双方合作不断加深，服务模式日趋完善，以中国外运股份有限公司（简称“中外运”）的米其林项目为例，米其林是世界知名的轮胎制造商，1997 年、2001 年分别在我国东北沈阳、上海建厂，最初中外运仅仅为米其林公司在国际端的原材料进口和产品出口方面提供海运服务。双方建立第三方物流合同关系后，中外运按照其供应链的布局实施了个性化的物流资源配置，新建、改造专用的物流仓库，为其提供个性化的物流解决方案。经过几年磨合，服务范围从进出口货代扩展到外贸单证的服务、全国干线运输包括区域性配送。区域配送从操作层面上、供应链层面上、信息反馈层面上来满足米其林公司在供应链管理上的要求以及运输服务要求。服务区域从北方扩展到华东、华南地区，服务标准显著提升。第三方物流企业也越来越专注于特定的目标市场，以充分发挥其专业的优势。目前中外运锁定在IT、汽车、家用电器、化工、快速消费品等几个目标行业集中发展，专业细分程度也在进一步加强。从过去什么都做的物流转变成更加专业化的划分，按照市场和生产企业发展趋势要求，第三方物流企业也在做一些相应变化。

2. 服务范围向金融领域扩展

在我国信用体系尚不健全的体系下，中小企业因资金链断裂而造成的采购与供应短缺是造成供应链不稳定的重要因素。由此以质押、监管为代表的物流金融服务得到较大发展，包括中国对外贸易运输（集团）总公司（简称"中国外运集团"）、中国远洋海运集团有限公司在内的企业纷纷开展此项业务。以中国外运股份有限公司为例，自2005年起，与平安银行股份有限公司、广东发展银行股份有限公司、中国工商银行股份有限公司、中国建设银行股份有限公司、渣打银行等30多家中外银行建立了紧密的合作关系，2006年实现授信额度达到456亿元。中外运开展的担保物管理服务主要包括存货融资监管业务、进口融资监管业务和国内买方信贷融资监管业务等，其担保物涵盖钢铁、矿石、煤炭、化工品、粮食、燃料油等14大类。2012年，中外运协助银行提供的贷款额度已超过510亿元。质押监管的发展标志着第三方物流与金融行业的融合，而服务范围也由静态的仓单质押向货物的在途质押转变，从供应链资金流收入方面看，第三方物流服务内涵得到进一步延伸和扩展。

3. 物流行业的整合趋势明显

全球经济一体化所带来的是物流全球化进程，这一进程正在向中国扩展，自第三方物流概念引入国内起，以兼并收购为特征的全球物流整合深刻改变了物流市场格局。近年来，我国物流企业资产重组和资源整合步伐明显加快，形成了一批所有制多元化、服务网络化和管理现代化的大型物流企业，市场集中度明显提升，由中国远洋运输（集团）总公司与中国海运（集团）总公司重组而成的中国远洋海运集团有限公司（2016年2月18日正式成立），致力于打造以航运、综合物流及相关金融服务为支柱，多产业集群、全球领先的综合性物流服务集团就是其中的代表性企业。外资对国内第三方物流企业并购也明显升温，进一步加快了中国第三方物流企业的全球化进程，也使第三方物流企业竞争从服务竞争扩展到资本竞争，这也是一个显著的特征。资本手段越来越成为物流企业做强做大的重要途径。

4. 电子商务的发展促进物流业水平的提高

随着电子商务的不断深入，消费者购物方式发生了很大的变化，网上购物已成为众多消费者的选择，B to C、C to C及O to O的电子商务模式，对物流提出了一系列新的挑战。网上购物订单的特点表现为订单数量多、收货点分散、每个订单品种多但数量少，这对物流配送及物流处理能力提出了更高的要求。从战略层面上，物流企业必须清晰委托企业的定位及发展方向；从战术层面上，物流企业需要合理规划配送设施点数量、选址、布局及分拣系统的配置；从执行层面上，物流企业在订单处理、订单包装、商品分拣及退货等方面的能力都需要提高。为此，要求物流企业订单管理系统具有处理大量订单的能力，并且能够正确地传递每个订单保证及时履行订单；基于绿色理念倡导简单、方便配送、易于回收、保护商品的适量包装，物流企业精心设计和选用订单包装是极其重要的；快速、准确的商品分拣对拣选方式及分拣系统提出了更高的要求；顺利便捷的退货流程不仅能提高退货的效率和效果，还是建立和维持客户忠诚的有效方法。

第三节　第三方物流的利益来源和价值创造

第三方物流发展的动力就是要为客户及自己创造利润。第三方物流要以优质的服务来吸引顾客，而且服务必须符合客户对于第三方物流的期望，使客户在物流方面得到利润的同时，自己也要获得收益，达到双赢。因此，第三方物流公司必须通过自己物流作业的高效化、物流管理的信息化、物流设施的现代化、物流运作的专业化、物流量的规模化来创造利润。

一、第三方物流的利益来源

客户的第三方物流利益来源有作业利益、经济利益、管理利益和战略利益等。

（一）作业利益

第三方物流服务能为顾客提供的第一类利益是作业改进利益，即因物流作业改进而产生的利益。一方面，第三方物流企业通过第三方物流服务，向客户提供它本身所不能提供的服务或物流服务所需要的生产要素，这是产生外包物流服务并获得发展的重要原因。在客户企业自行组织物流活动的情况下，或者限于组织物流活动所需要的特别的专业知识，或者限于技术条件，企业内部的物流系统可能并不能满足完成物流活动的需要，而要求企业自行解决所有的问题显然是不经济的。更何况技术，尤其是信息技术，虽然正以极快的步伐飞速发展，但终究不是每一个企业而且也没有必要要求每一个企业都能掌握，这也就是要第三方物流服务为顾客提供的利益。另一方面，第三方物流企业可以改善客户企业内部管理的运作表现。这种作业改进的表现形式可能增加作业的灵活性，提高质量、速度和服务的一致性及效率。

（二）经济利益

第二类利益可以定义为与经济或财务相关的利益。一般低成本是由于低要素成本和规模经济的经济性而创造的，其中包括劳动力要素成本。因此，通过物流外包，既可将不变成本转变成可变成本，又可避免盲目投资，将资金用于其他方面而降低成本。稳定的和可见的成本也是影响物流外包的积极因素。稳定的成本使得规划和预算手续更为简便。一个环节的成本一般来讲难以清晰地与其他环节区分开来，但通过物流外包，使用第三方物流服务，则供应商要申明成本和费用，成本的明晰性就增加了。

（三）管理利益

第三类利益是与管理相关的利益。正如在作业改进部分所说的那样，物流外包可以被用作为获得本公司还未曾有的管理技能，也可以用于旨在要求内部管理资源用于其他更有利可图的用途中去，并与企业核心战略相一致。物流外包可使得公司的人力资源集中于公司核心活动中去，而同时获益于其他公司的核心经营能力。此外，诸如单一资源和减少供应商的数目所带来的利益也是物流外包的潜在原因，单一资源减少了转移费用(公关费用)，并减轻了公司在几个运输、搬运、仓储等物流服务供应商间协调的压力。第三方物流服务可以给客户带来的管理利益还有很多，如订单的信息化管理、避免作业中断、运作协调一致等。

（四）战略利益

最后，物流外包还能产生战略性利益，即灵活性，包括地理范围跨度的灵活性（设点或撤销）及根据环境变化进行其他调整的灵活性。集中主业在管理层次与战略层次高度一样具有重要性。共担风险的利益也能通过使用多种类型客户的服务供应商来获得。

虽然物流学界对于第三方物流的概念抱肯定的态度，但是，仍提出了几个与第三方物流相关的顾虑或问题。顾虑之一是第三方的运作成本太高或与所提供的相关服务不相适应。从费用的角度看，物流外包将增加所谓“交易”费用，并且企业对于外部供应商的依赖程度将会增加。如果所提供的服务不能满足期望或要求，这将会是一个很大的问题。还有一些其他管理层次或战略层次的疑虑，如减少与消费者的直接接触，可能失去控制权，接受联盟也可能会丧失企业内部的专业特长。

二、第三方物流价值的创造

第三方物流供应方挑战的是能提供比客户自身运作更高的价值。它们不仅要考虑到同类服务提供者的竞争，还要考虑到潜在客户的内部运作及服务提供者创造价值的一系列源泉（包括上面提到的四个方面）。假设所有的公司都可以提供同等水平的物流服务，不同公司之间的差别将取决于它们的物流运作资源的经济性。如果财务能力是无限大的话，那么每一家公司都可以在内部获得并运用资源。因此，物流服务提供者与其客户之间的差别在于服务的可得性及其表现水平；其区别在于在物流公司的内部资源是物流能力，而在客户公司里，物流仅仅是众多业务领域中的一小部分。这样，如果给定同样的资源，物流服务供应方就能够比客户公司在作业过程中获得更多的资源和技巧。这就使物流服务供应方比其他客户公司更能够提供多种和高水平的服务。这样一个经济环境，促使物流服务供应方注重在物流上投资，从而能够在不同方面为客户创造价值，具体表现在以下几个方面。

（一）运作效率

物流服务提供商为客户创造价值的基本途径是达到比客户更高的运作效率，并能提供较高的成本服务比。要提高运作效率，首先要对每一个最终形成物流的单独活动进行开发，例如，仓储的运作效率取决于足够的设施与设备及熟练的运作技能。一般地，其成本驱动是要素成本（单位产出的低成本）及确定对特定活动的重视。例如，对管理的重视。一般认为，对管理的重视对服务与成本有正面的影响，因为它激励其他要素保持较高水平。在作业效率范畴中的另一个更先进的作用是取得物流的作业效率，即协调连续的物流活动。除了作业技能外，它还需要协调和沟通技能。协调和沟通技能在很大程度上与信息技术相关联，因为协调与沟通一般是通过信息技术这一工具来实现的。如果存在有利的成本因素，并且公司的注意力集中在物流方面，那么以低成本提供更好的服务是非常有可能的。

（二）客户运作的整合

带来增值的另一个方法是引入多客户运作，或者说是在客户中分享资源。例如，多客户整合的仓储和运输网络，可以利用相似的结合起来的资源，整合的运作规模效益成为提高效率的重要方面。第三方物流整合运作的复杂性很高，需要更多的信息技术与技能。这一整合增值方式对于单个客户进行内部运作的很不经济的运输与仓储网络也适用。因此表现出来的规模经济效益是递增的，如果运作得好，将导致竞争优势及更大的客户基础。当然，一些拥有大量货流的大客户也常常投资协调和沟通技能及其资产，自行整合公司的物流资源。

（三）横向或者纵向的整合

运作效率和客户运作的整合注重的是内部整合，也就是尽量把内部的运作外部化。然而就像第三方的业务由客户运作的外部化驱动，也是第三方供应方的内部创造价值的一步。纵向整合，或者说发展与低层次服务的供应商关系，是创造价值的另外一种方法。在纵向整合中，第三方供应方注重被视为核心能力的服务，或购买具有成本与服务优势的单项物流功能作业或资源，发展同单一物流功能提供商的关系。根据第三方提供方的特性，单项物流功能可以外购或内置。横向上，第三方供应方能够结合类似的但不是竞争对手的公司，例如，扩大为客户提供服务的地域覆盖面。无资产的、主要以管理外部资源为主的第三方物流服务提供商是这种类型的受益的物流供应方。这类物流公司发展的驱动力是内部资产的减少以及从规模和成本因素改进获得的利益。这类公司为客户创造价值的技能是强有力的信息技术（通信与协调能力）和作业技能。作业技能是概念性的作业技能，而非功能性的作业技能，因为对它来说，主要的问题是管理、协调和开发其他运作技能和资源。

（四）发展客户的运作

为客户创造价值的最后一条途径是使物流服务供应方具有独特的资本，即物流服务供应方能在物流方面拥有高水平的运作技能。这里所说的高水平运作技能指的是将客户业务与整个物流系统综合起来进行分析、设计等的能力。物流服务供应方应该使其员工在物流系统、方案与相关信息系统的工程、开发、重组等方面具备较高水平的概念性知识。这种创造价值方法的目的不是通过内部发展，而是通过发展客户公司及组织来获取价值。这就是物流服务供应方基本接近传统意义上物流咨询公司要做的工作，所不同的只是这时所提出的解决方案要由同一家公司来开发、完成并且运作。上述增值活动中的驱动力在于客户自身的业务过程。所增加的价值可以看作源于供应链工程与整合。这种类型的活动可以以不同的规模和复杂程度来开展。最简单的办法就是在客户所属的供应链中创建单一的节点（例如，生产和组装地）或单一链接（如最后的配送）。单一节点和链接指的是第三方供应方运作及在很大程度上在客户供应链管理和控制一个或一些节点和链接。这也意味着供应方运作、控制、管理着节点和链接内外两个方向上的物流。如果将整个供应链综合考虑，则更容易产生更多的增值。除了作业上和信息技术方面，这些活动需要的技能还包括分析、设计和开发供应链，以及对物流和客户业务的高水平创新性概念的洞察能力。

物流运作的专门化使第三方物流公司可能在专门技术和系统领域内超越最具有潜力的客户的能力，因为客户还要分配资源并同时关注其他几个领域。将更大规模的物流运作供应商与个体运作相比较。增值物流系统的发展对于第三方物流公司来讲是可取的，在大多数情况下，通过在同一系统上多个客户的运作，供应商可以以更低的费用提供物流服务，一体化整合使其可能减少运输费用并抵冲资金流量的季节性和随机性变动。这说明，供应商的战略实质上是在提高物流服务水平的竞争而不在于价格上的竞争。

第四节　发达国家物流外包第三方的经验与借鉴

自 20 世纪 80 年代以来，外包已成为商业领域中的一大趋势。企业越来越重视集中自己的主要资源与主业，而把辅助性功能外协给其他企业。因为物流一般被工商企业视为主业的支持与辅助功能，所以它是一个外部化业务的候选功能。多年来，欧美发达国家的物流已不再作为工商企业直接管理的活动，而常常从外部物流专业公司中采购物流服务。有些企业还保留着物流作业功能，但越来越多地开始由外部合同服务来补充。采购这些服务的方式对企业物流系统的质量和效率具有很大的影响。分析 20 世纪 80 年代以来欧美发达国家物流外包第三方的做法与趋势，对我国第三方物流业的发展有一定的借鉴作用。

一、物流外部化的方法

在欧美发达国家，很多企业采用多种方式外包其物流。其中，最为彻底的方式是关闭自己的物流系统，并将所有的物流职能转移给外部物流合同供应商。对许多自营物流的企业来说，由于这样的选择变动太大，它们不愿意处理掉现有的物流资产、人员，去冒在过渡阶段作业中断的风险。为此，有些企业宁愿采取逐渐外包的过程，按地理区域把责任移交分步实施，或按业务与产品分步实施。欧美企业一般采用以下方式使移交平稳化。

（一）系统接管

大型物流服务供应商全盘买进客户企业的物流系统的例子不胜枚举。他们接管并拥有客户车辆、场站、设备和接受原公司员工。接管后，系统仍可单独为原企业服务或与其他公司共享，以改进利用率并分享管理成本。

（二）合资

有些客户更愿意保留配送设施的部分产权，并在物流作业中保持参与。对他们来说，与物流合同商的合资提供了注入资本和专业知识的途径。例如，在英国，IBM 与 Tibbett & Britten 组成的 Hi-tech Logistics 即是一例。

（三）系统剥离

也有不少例子是自理物流作业的公司把物流部门剥离成一个独立的利润中心，允许它们承接第三方物流业务。最初，由母公司为它们提供基本业务，以后则使它们越来越多地依靠第三方业务。

（四）管理型合同

对希望自己拥有物流设施（资产）的公司，仍可以把管理外协。这是大型零售商常采用的战略。欧盟国家把合同外包看成是改进物流作业管理的一种方法。因为这种形式的外包不是以资产为基础的，它给使用服务的一方在业务谈判中以很大的灵活性，如果需要，它们可以终止合同。

二、物流服务采购的趋势

企业外部化物流服务多样性的增加，已改变了企业采购物流服务的方式和与外部合同商的关系，在以下几方面这种改变表现得特别明显。

（一）以合同形式采购物流服务的比例增加

运输与仓储服务传统上是以交易为基础进行的。这些服务相当标准化，并能以最低价格购买。虽然公路运输行业的分散与竞争，使行业中拥有众多小型承运人提供低价服务，但是以此种方式购买运输服务有很大的缺点，那就是需要这种运输的企业须在日常工作中接触大量的独立承运人，这无疑会使交易成本上升，并使高质量送达服务遇到困难。不过，即使在这种市场上，企业也必须固定地使用相对稳定的几家运输承运人以减少麻烦，甚至在无正规合同的情况下，制造商也表现出对特定承运人的“忠诚”。当公司有一些特殊要求，需要一些定制的服务并对承运人的投资有要求时，临时购买式的做法将不再合适，它们必须签订长期合同。而当承运人专一服务于特定货主时，也要求有较长的合同期，最好能覆盖整个车辆生命期，以保障投资人的利益。

市场经济的发展和市场运作的规范，规避风险的要求，将使物流服务采购中以合同形式采购的比例越来越大。

（二）合同方的数量减少

在欧美发达国家，不论在交易型市场（短期、不固定）或合同物流服务市场，单个企业以合同形式成交的平均数均已减少。这是因为以合同形式采购物流服务，使供需双方都能降低交易成本和提高服务标准。其具体表现如下。

1. 降低交易成本

在欧洲的一些国家，许多国内公路运输是通过作为货运市场中间人的代理公司进行的。这样就大大地减少了托运人与运输公司的直接交易。在美国，1980 年实现运输自由化，货运中间人的数量激增；在英国，仅在国际物流中使用中间商，国内运输作业仍按传统的做法，由客户直接与众多的运输公司进行交易。这样做固然可以使托运人得到较低的运价，但交易成本却相对较高。可是许多托运人却只考虑了较低的运价和平稳的采购运输服务的可能性，而没有从购买运输服务的总成本方面考虑。

在“货运管理”方式的安排下，某些大的合同供应商，如 Excel Logistics 将代理客户的公路运输作业分包给较小的承运人。在美国，与此相类似的“一站式运输”服务，也由许多第三方物流公司提供。近年来，在美国涌现了公路运输服务的电子中间商，它们主要提供一个对公路运输服务的电子交易中心，通过中心，公司可以在特定路线上，以特定时间交易运输能力。一家美国的电子中间商在欧洲建立了类似业务，这对欧洲现在的装载配对服务是一个补充，它用于帮助承运人寻找国际运输的回程货物。这些服务中的某些公司提供在线信用系统服务，以提供物流公司对潜在客户的最新财务状况。电子中间商的发展，形成了物流的“虚拟市场”，通过它许多物流资产可以在不同时段进行交易，经营这类业务的机构已有许多很快地成为物流服务业的主要角色。

2. 标准服务

单个公司采用的运输与物流公司越多，花费在熟悉与监控方面的时间也就越多。运输业务集中于少数几个可靠的运输公司，就可使这些任务简化，也可使这少数几家运输公司更负责任，保持与改进服务质量。以合同为基础的公司采购物流服务时，只需雇用少数物流服务供应商。英国大约 39%的公司只雇用一个供应商，而另外 47%的公司则雇用 1～5 个供应商。之所以要雇用一个以上供应商的主要原因是：保证竞争、全国范围的能力覆盖、不同业务需求、灵活性、不同优势、成本与服务。其中成本与服务是起决定作用的。在欧洲，大多数外协物流是以国家划分给多个物流供应商的。对 68 个欧洲 500 强制造商的调查表明，59%的公司采用了这种策略。

3. 更严格的合同方的选择

有多项研究表明，过去许多公司选择运输方式或承运人时并不全面考虑所有的选择可能。这种选择程序的缺陷可部分解释为运输支出在许多公司的总支出中并不显著，并且不同运输公司之间服务质量的差别也不大。现在，既然公司已把许多与物流相关的服务外部化，这些服务的外部支出在公司预算中就开始凸显。这一现象加上对服务质量的重视、减少承运人及采用合同关系，使对承运人的选择变成一项重要的决策，需要对市场更全面的评价和采用更正规的选择程序。

4. 合同方在设计物流系统中更紧密地参与

许多制造商正使用开放式的“表现”规范采购零部件，以取代传统的根据“设计规范”采购。设计规范详细地规定了各项要求，而开放式的“表现”规范仅仅给出总的框架要求，这样就给供应商以较大的创新空间，有利于经济而又有效地开发符合客户要求的部件。

在物流服务的采购上，也具有同样的趋势。公司物流外部化中，将物流系统的设计包括在合同中已非常普遍。外部化的决策经常与物流系统的重构决策同时做出。另外，使用合同物流的原因之一是获得专业技能。毫不奇怪，公司应该在确定物流战略时寻求物流公司的建议，这是因为外部合同方比内部的物流经理能更加客观看待公司的物流系统。

5. 对长期伙伴关系发展的更加重视

就如对产品供应商发展紧密互益关系的重要性一样，与物流供应商发展这种长期伙伴关系也同样重要。这类关系中，有相当部分已被建立起来，并已发展成物流合同的正式条款。这类关系在专一服务于一家客户的情况下，更易建立。当物流能力分享于几家客户时，有时会有客户冲突。专一关系虽然能保证服务质量标准，但弱化了供应商通过集合多个客户业务而降低单位成本的传统的作用。虽然许多工商企业愿意付出较高的成本以取得专一性的服务，以保持较高控制程度与服务水平，然而，在英国越来越多的公司放松了对专一合同的要求，而给服务供应商以更大的自由去争取回程货与捎带货。与此同时，对分享用户的物流服务的需求也大大增加了。

6. 采取零库存原则

采用零库存系统的先决条件之一是快速和可靠的运送。在没有缓冲存货的情况下，生产和配送作业对送货时间的不准确更为敏感。英国有 53%的大型公司在实施零库存时，遇到承运人提供的服务标准问题，这迫使它们改变采购运输服务的方式。另外，为减少承运人的数量，增加以合同为基础的业务比例，它们与运输公司建立起紧密、长期和更互相依赖的关系。

7. 开发电子数据交换

许多供应商与客户关系，尤其是合同供应商提供的综合物流服务，已通过建立 EDI 联系而得以加强。通过使物料通过供应商系统时更可见与透明（每天甚至每小时都可见），EDI 使客户对合同作业增强了信心。合同商与客户计算机的整合，也加强了他们之间的作业联系，并使双方在短期难以立即中断关系。

8. 物流设备越来越专业化

在运输与物料搬运领域中，技术的发展使个别公司对物流特制设备需求成为可能。这类客户特制设备大大增加了在供应商与客户之间的"关系性合同"。

9. 相互依赖程度的改变

在客户与供应商相互依赖时，紧密与合作性关系更有发展的可能。传统上发货人认为他们对承运人的依赖性不大，这反映了发货人对公路运输市场的观点，即公路运输是买方市场，运输业务可以在短期内以很低的成本在不同承运人间转移。物流服务外部化，并集中于很少数量的合同商的情况，增加了客户的依赖性，使它更难以断绝，至少在短期内更难以断绝与合同商之间的关系。

三、物流提供商与使用者关系的演变

尽管物流服务市场发生了很大的变化，对许多长期的合同与客户关系的稳定性仍然具有疑问。许多公司相信，现在的合同物流供应商提供的服务是充足的，但合同供应商仍应在其他方面做出进一步的改进。这些应该改进的方面主要包括以下几个方面。

（一）合同条款更加详细

许多早期物流服务合同的条款并不详细，这导致了许多误解与不满意。以后，合同商与客户都从经验中学到了东西，现在已不太容易犯早期的错误，对物流合同中应该注意的事项也已有了相当详细的清单。近期的报告指出，有些公司对合同定得过于详细，以致过于法律化，而且过分依赖于标准范本与条款。

（二）合同方与客户所有层次间沟通的改进

缺乏沟通是和使用者之间建立紧密关系的主要障碍。物流供应商常常抱怨得不到有关中短期的客户业务模式改变，或长期战略发展的信息。而客户经常抱怨得不到有关系统出了问题时的及时信息。以密集的信息为基础，可以在托运人与承运人之间建立健康与长期关系。为了保证对关系认识的一致性，应使信息在两个组织间的各个管理层之间流动，并必须使之与每个公司的垂直沟通相结合。

（三）联合创新

对物流服务使用者的调查显示，他们对服务标准与作业效率基本满意，但是对创新与主动建议等方面则认为尚有不足之处。而物流合同商则认为作为物流供给方必须具有创新的自由，许多公司都抱怨得不到创新的自由。因为合同已严格规定了有关条款。而健康的长期关系需要双方的新思想与新观点及双方共同的创新意愿。

应该认识到，战略层次的对话与共享预测可以帮助合同商更为主动。如果合同商既具备物流业发展趋势的知识，又了解客户的物流运作，就处于一个可提供对当前业务专业性建议的最佳位置。

（四）评估体系的改进

采用如运送时间、缺货水平、计划执行情况等标准表现指标对短期合同物流的审计，并不足以提供对长期合同项目的评估。对长期合同项目的评估，应该采用短期操作性评估与长期战略的结合。同时，既要考虑那些可以统计测量的参数，也要考虑统计上较难测量的"满意"参数。定量与定性方法的结合提供了评估双方合作关系的框架。

（五）采用公开式会计

虽然费用收取水平并不是第三方物流服务中的主要争议来源，但是，定价系统的选择会较大地影响合同双方关系的质量与稳定性，尤其是对专一型的服务。物流服务的单一性外协的缺点是无法与其他供应商的价格进行比较，因此，它们需要经常确认所付出的价格是否得到了应有的服务。越来越多的合同物流供应商通过提供详细的成本，把管理费用单独列出与客户协商，并采用公开式会计及成本加管理费定价方式的增加，以打消客户的疑问。因为公开式会计可以把服务于单个客户的成本区别开来，所以仅在专一的物流服务项目中适用，不过，就是在专一服务的情况下，合同双方的冲突也是难以避免的。

第五节　第四方物流的概述

在美国，Ryder Integrated Logistics 和信息技术巨头 IBM 和"第四方物流"的始作俑者埃森哲公司结为战略联盟，使得 Ryder 拥有了技术和供应链管理方面的特长，而如果没有"第四方物流"的加盟，这些特长要花掉 Ryder 公司自身几十年的工夫才能够积聚起来。

在欧盟，埃森哲公司和菲亚特公司的子公司 New Holland 成立了一个合资企业 New Holland Logistics S. P. A.，专门经营服务零配件物流。该公司由 New Holland 拥有 80%的股份，埃森哲占 20%的股份。New Holland 为合资企业投入了 6 个国家的仓库、775 个雇员，以及资本和运作管理能力。埃森哲方面投入了管理人员、信息技术、运作管理和流程再造的专长。零配件管理运作业务涵盖了计划、采购、库存、分销、运输和客户支持。在过去7年的总投资回报为6 700万美元。大约2/3的节省来自运作成本降低，20%来自库存管理，其他15%来自运费节省。同时，New Holland Logistics实现了大于90%的订单完成准确率。

在英国，埃森哲公司和泰晤士水务有限公司的一个子公司——Connect 2020，也进行了第四方物流的合作。泰晤士水务公司是英国最大的供水公司，营业额超过20亿美元。Connect 2020成立的目的旨在为供水行业提供物流和采购服务。Connect 2020把它所有的服务外包给ACTV，一家由埃森哲管理和运作的公司。ACTV年营业额在1 500万美元，主要业务包括采购、订单管理、库存管理和分销管理。目前的运作成果包括：供应链总成本降低10%，库存水平降低40%，未完成订单减少70%。

一、第四方物流的定义

第三方物流作为一种新兴的物流方式活跃在物流领域，它的优势如节约物流成本、提高物流效率等已为众多企业认可。随着企业要求的不断提高，第三方物流在整合社会物流资源以解决物流瓶颈、达到最大效率方面开始显得力不从心。虽然从局部来看，第三方物流是高效率的，但从一个地区、一个国家的整体来说，第三方物流企业仍旧各自为政，这种加和的结果很难达到全局最优，难以解决经济发展中的物流瓶颈，尤其是电子商务中新出现的物流瓶颈。另外，物流业的发展需要技术专家和管理咨询专家的推动，而第三方物流恰恰缺乏高技术、高素质的人才队伍支撑。对此有人提出，必须密切客户和第三方物流的关系并进行规范化管理。于是“第四方物流”（the Fourth Party Logistics，4PL）便应运而生。

第四方物流的概念首先是由著名的管理咨询公司埃森哲公司（又名安盛咨询公司）提出，并且将第四方物流作为专有的服务商标进行了注册，并定义为“一个调配和管理组织自身的及具有互补性服务提供商的资源、能力与技术，来提供全面的供应链解决方案的供应链集成商”。尽管其中有业内人士怀疑咨询公司此举有进行圈地和独霸行业的嫌疑，然而，业界的广泛共识是，物流管理的日益复杂和信息技术的爆炸性发展，使得供应链管理的过程中的确需要一个“超级经理”来进行管理协调。而且，学术界、管理顾问公司、第三方物流公司和最终客户都认为对这种实体的需要是越来越强烈。它的主要作用是：对制造企业或分销企业的供应链进行监控，在客户和它的物流和信息供应商之间充当唯一“联系人”的角色。因此，有人把第四方物流称为“总承包商”或“领衔物流服务商”。

二、第四方物流的特点

第四方物流是在第三方物流的基础上，将自身资源与具有互补性服务供应商所拥有的不同资源、能力和技术进行整合与管理，为客户提供一整套完善的供应链解决方案。第四方物流具备以下几个特征。

（一）提供一整套完善的供应链解决方案，能有效地适应需方多样化和复杂化的需求，集中所有的资源为客户完善地解决问题

第四方物流服务商不仅集成了管理咨询和第三方物流服务商的能力，更重要的是，一个前所未有的、使客户价值最大化的统一的技术方案的设计、实施和运作，只有通过咨询公司、技术公司和物流公司的齐心协力才能够实现。第四方物流的供应链解决方案共有四个层次，即执行、实施、变革和再造。

1. 执行

承担多个供应链职能和流程的运作。第四方物流开始承接多个供应链职能和流程的运作责任。其工作范围远远超越了传统的第三方物流的运输管理和仓库管理的运作，包括采购、库存管理、供应链信息技术、需求预测、网络管理、客户服务管理和行政管理。尽管一家公司可以把所有的供应链活动外包给第四方物流，通常的第四方物流只是从事供应链功能和流程的一些关键部分。

2. 实施

流程一体化，系统集成和运作交接。一个第四方物流服务商帮助客户实施新的业务方案，包括业务流程优化，客户公司和服务供应商之间的系统集成，以及将业务运作转交给第四方物流的项目运作小组。项目实施过程中应该对组织变革多加小心，因为“人”的因素往往是把业务转给第四方物流管理的成败的关键。最大的目标，是避免把一个设计得非常好的策略和流程实施得非常无效，因而局限了方案的有效性，影响了项目的预期成果。

3. 变革

通过新技术实现各个供应链职能的加强。变革的努力集中在改善某一具体的供应链职能，包括销售和运作计划、分销管理、采购策略和客户支持。在这一层次上，供应链管理技术对方案的成败变得至关重要。领先和高明的技术，加上战略思维、流程再造和卓越的组织变革管理，共同组成最佳方案，对供应链活动和流程进行整合和改善。

4. 再造

供应链过程协作和供应链过程的再设计。第四方物流最高层次的方案就是再造。供应链过程中真正的显著改善，要么是通过各个环节计划和运作的协调一致来实现，要么是通过各个参与方的通力协作来实现。再造过程就是基于传统的供应链管理咨询技巧，使得公司的业务策略和供应链策略协调一致；同时，技术在这一过程中又起到了催化剂的作用，整合和优化了供应链内部和与之交叉的供应链的运作。

（二）通过其对整个供应链产生影响的能力来增加价值

第四方物流服务供应商可以通过物流运作的流程再造，使整个物流系统的流程更合理、效率更高，从而将产生的利益在供应链的各个环节之间进行平衡，使每个环节的企业客户都可以受益。

如果第四方物流服务供应商只是提出一个解决方案，但是没有能力来控制这些物流运作环节，那么第四方物流服务供应商所能创造价值的潜力也无法被挖掘出来。因此，第四方物流服务供应商对整个供应链所具有的影响能力直接决定了其经营的好坏，也就是说，第四方物流除了具有强有力的人才、资金和技术以外，还应该具有与一系列服务供应商建立合作关系的能力。

三、成为第四方物流的条件

“第四方物流”的前景非常诱人，但是要成为第四方物流的门槛也非常的高。美国和欧洲的经验表明，要想进入“第四方物流”领域，企业必须在某一个或几个方面已经具备很强的核心能力，并且有能力通过战略合作伙伴关系很容易地进入其他领域。专家列出了以下一些有可能成为第四方物流企业的前提条件。

（1）有世界水平的供应链策略制定，业务流程再造，技术集成和人力资源管理能力。

（2）在集成供应链技术和外包能力方面处于领先地位的企业。

（3）在业务流程管理和外包的实施方面有一大批富有经验的供应链管理专业人员。

（4）能够同时管理多个不同的供应商，具有良好的关系管理和组织能力。

（5）有对全球化的地域覆盖能力和支持能力。

（6）有对组织变革问题的深刻理解和管理能力。

事实上，第四方物流的出现是市场整合的结果。过去，企业试图通过优化库存与运输、利用地区服务代理商以及第三方服务提供商，来满足客户服务需求的增长。但在今天，客户需要得到包括电子采购、订单处理能力、虚拟库存管理等服务。一些企业经常发现第三方物流提供商缺乏当前所需要的综合技能、集成技术、战略和全球扩展能力。为改变窘境，某些第三方物流提供商正采取步骤，通过与出色的服务提供商联盟来提高他们的技能。其中最佳形式是和相关的咨询公司、技术提供商结盟。随着联盟与团队关系不断发展壮大，一种新的外包选择开始出现。由它们评估、设计、制订及运作全面的供应链集成方案，这正是第四方物流。所以，第四方物流是物流业发展和提升的助力器。

第四方物流不仅控制和管理特定的物流服务，而且对整个物流过程提出策划方案，并通过电子商务将这个过程集成起来。预测表明，作为能对客户在制造、市场及分销数据上进行全面、在线连接的一个战略伙伴，它会在可预见的将来得到广泛的应用。

四、第四方物流相对于第三方物流的优势

（一）提供最接近要求的最完美的服务

与第三方物流相比较，第四方物流能为客户“提供最接近要求的最完美的服务”。第四方物流的发展方案联结了第三方物流、技术服务和业务管理等，它可以不受约束地去寻找

每个领域的“行业最佳”提供商，把这些不同的物流服务整合，以形成最优方案。而第三方物流要么独自，要么通过与自己有密切关系的转包商来为客户提供服务，它不太可能提供技术、仓储与运输服务的最佳结合。

（二）提供综合性的供应链解决方案

第四方物流提供的是一个综合性的供应链解决方案，能集中所有的资源为客户完善地解决问题。第四方物流依靠业内最优秀的第三方物流提供商、技术提供商、管理咨询顾问和其他增值服务商，为客户提供独特的和广泛的供应链解决方案。这是任何一家公司所不能单独提供的。它打破了行业和部门垄断，积极发展多式联运，培育多种运输手段，可对现有资源进行有效整合和重新配置，从而为客户提供“跨功能的作业一体化和广阔的运作自治空间”。而第三方物流虽然解决了企业物流某些方面的问题，如节约了物流成本，提高了物流效率，但是第三方物流的力量显然不足以整合社会所有的物流资源，解决当今的物流瓶颈。虽然在某个和几个企业看来，物流运作是高效率的，但从整个地区、国家来说，第三方物流企业各自为政，这种加和的结果不一定是高效率的，甚至是低效率的。因此，第三方物流对解决一定范围内的企业物流问题应该说是有效的，但对解决经济发展中的物流瓶颈以及电子商务中的新物流瓶颈都是远远不够的。

（三）为打造一个规范、统一、整合了不同物流企业资源的信息应用平台提供了可能性

利用自身的资本规模、管理经验和资源优势，第四方物流为打造一个规范、统一、整合了不同物流企业资源的信息应用平台提供了可能性。充分调用这个平台，企业就能够实现创新的配送路径优化机制、全球卫星定位系统和全球供应链管理。应用这一平台，第四方物流还能为各方企业改善物流管理程序及提供主动的事件管理。并且该平台能无缝结合所有地方不同交通模式的运作，令客户能通过每一步骤就能管理所有事宜。该平台的建立，无疑需要巨大的资本、资源、技术和管理投入，而第三方物流无论从哪一方面来说，都不足以成为该平台“领导者”的角色。

（四）重视物流信息系统的建设

第四方物流充分重视物流信息系统的建设，如条形码技术、全球卫星定位系统（GPS）、物料需求计划（MRP）和企业资源管理（ERP）等物流管理软件，并对其实施无缝链接和有效整合，以充分满足客户日益增长的信息化需求。在今天，越来越多的客户需要得到包括电子采购、订单处理能力、充分的供应链可见性、虚拟库存管理等高级的物流服务，这需要技术专家和管理咨询专家的共同推动，而第三方物流恰恰缺乏高技术、高素质的人才队伍作支撑，因此也就缺乏对整个供应链进行运作的战略专长和真正整合供应链流程的相关技术。

（五）服务内容更多，覆盖地区更广

第四方物流同第三方物流相比，其服务的内容更多，覆盖的地区更广。第四方物流最大的优越性，是它能保证产品得以“更快、更好、更廉”地送到需求者手中。当今经济形势下，货主/托运人越来越追求供应链的全球一体化以适应跨国经营的需要，而它们要集中精力于其核心业务，就必须更多地依赖于物流外包。基于此理，这些公司不只是在操作层面上进行外协，而且在战略层面上也需要借助外界的力量，以便昼夜期间都能得到“更快、更好、更廉”的物流服务。这其中就包括运输一体化及供应链再造功能，以使它们能够依据客户的要求，及时改变或调整战略战术，保持各个环节的计划和运作协调、高效。

总而言之，第四方物流通过提供一个全方位的供应链解决方案来满足企业所面临的广泛而又复杂的需求。它关注供应链管理的各个方面，既提供持续更新和优化的技术方案，同时又能满足不同客户的独特需求，突破了单纯发展第三方物流的局限性，能做到真正的低成本、高效率、实时运作，实现最大范围的资源整合。

尽管第四方物流相对于第三方物流具有许多的优势，但是，第三方物流与第四方物流之间不存在“你死我活”的关系，它们是完全可以“和平共处”的。也就是说，第四方物流提出的供应链解决方案和整合社会物流资源的效果直接受第三方物流所进行的实际物流操作效果的影响；同时第三方物流的运作效率又受到第四方物流提出的供应链解决方案水平的影响，两者相互制约、相互促进。

小布涂涂与UPS公司

每年圣诞和新年前夕，订单迅猛涌入，这是小布涂涂文化创意（大连）股份有限公司（简称：小布涂涂）和众多的服装制造业最为忙碌的季节。在按时完成海外不同国家零售商的订单生产后，企业必须将货物准时送达到这些客户的手中。获益于美国联合包裹服务公司（United Parcel Service，UPS）多个国家一次清关、自营货机及覆盖全球的航点和完善的物流系统，小布涂涂将分类打包好的货物当天晚上就装上UPS的自营飞机，并在六小时后抵达德国科隆转运中心或美国路易斯维尔世界港。一次清关后，再有一到两天，这些包裹就将分送到欧美不同国家的客户手中，良好的服务体验令客户十分满意。通过UPS，小布涂涂的整体物流效率提升了11%。

十多年间，小布涂涂一直从事跨境电子商务，为全球5 500多个客户，尤其是欧美地区客户提供潮流时尚服装图文定制服务，满足个性化的定制需求。速度和灵活应变成为小布涂涂在烫图行业生存发展的根基。服装到达客户那里晚一天，可能一股时尚风潮就此衰落。

小布涂涂是中国北方唯一拥有世界顶级环保数码印花技术的企业，构建的以玩图、创意为主体的T恤定制、设计交流的互动平台，使设计的产品越来越粉尘化、订单小微化，

多品种、小批量且周周翻新，对供应链管理提出了巨大的挑战。这对走全球化路线的中小企业而言，仅凭自身力量难以实现。

在与UPS合作之前，交付时间不够灵活是小布涂涂遇到的一大挑战，给生产造成了巨大压力，但生产上能做出的让步总是有限的，很难真正解决问题。2008年，小布涂涂与UPS合作后，成功立身于时尚潮流最前端，将竞争对手甩到了身后。这得益于UPS公司为其提供的定制化的物流服务。

（一）极速运达，灵活应变

为抢占时尚先机，小布涂涂对于物流速度与运输效率有极高要求。UPS为其提供“全球速快服务”，使其不再受转运时间的困扰，货件从中国到美国只需2个工作日，到欧洲只需2～3个工作日，大大加快了递送速度，远远领先竞争对手。而且借助UPS多元化，灵活的递送选择，有效平衡递送时间和成本，确保即使在紧急情况下或货量高峰期，货物也能及时送达，令客户满意度大幅提升。

同时，UPS科技解决方案为企业提供周到的服务与支持。小布涂涂将UPS Quantum View®集成到自有的IT系统，可以选择进口、出口、多模式运输方式，在发货点预测并解决运输问题。货物发出后，能够收到递送状态的实时通知。更加清楚地了解收发件的物流状态，及时把控货件状态做出决策，最终节省时间和成本。货件到达目的地后，UPS Quantum View®可向其海外客户发送通知，告知递送情况。另外，客户也可通过UPS My Choice®调整目的地为美国或欧洲的货件交付的时间和地点。此举避免因客户地址突然变更导致的退货或丢件，此外，UPS Access Point®提供便捷的提货和交货地点，在全球设立的24 000多个提货点可供客户选择，帮助客户避免因地址变更或在不便收货时导致货物延期。

（二）开发工具包（Shipping API），提高运作效率

UPS为小布涂涂量身开发灵活自由的“开发工具包”。将运输应用程序接口（Shipping API）整合至小布涂涂的网站，UPS的各项功能也可自动集成至其自有业务系统和电子商务网站。订单、发票等可以通过小布涂涂的企业系统直接打印，无须登录UPS系统，节省了大量时间，提高了运作效率。

（三）创造高附加值的品牌形象

为了帮助小布涂涂打造高附加值的品牌形象，UPS为其在海外市场的品牌建设开发了定制化的“UPS Marketable Label”解决方案。UPS在货件的包装上印上了公司标识、二维码、品牌理念及市场活动等信息，因此海外客户有机会从企业文化、业务范围、产品特色到促销活动等全方位了解一个完整的小布涂涂。

（四）良好的逆向物流，提升顾客的忠诚度

2015年UPS《亚太地区网络购物者行为调查》研究报告中，过半数的亚洲消费者认为“退货免运费”有助于提升客户忠诚度。回邮始终是电商业务的一部分，但是UPS并不将其归为业务成本的范畴，而是将潜在不利转化为竞争优势。凭借UPS Returns®等解决方案，良好的逆向物流操作流程能够更好地管理和重新整合收到的退回物品，基于Web的回邮标

签，客户可以清楚地了解供应链的情况，并确保退回的物件能够到达指定的地点，持续不断地从现有产品中获利。

终端用户和消费者对于那些能够考虑他们切身利益的公司也是心存感激，实施运行顺畅的回邮系统不仅有益于提升顾客的忠诚度，还会提升企业的业绩。在UPS的帮助下，小布涂涂高效的物流为其在时间即生命的时尚行业赢得了全球客户的青睐。

问题：

UPS公司为小布涂涂提供了哪些物流服务？

案例分析：

在运输方面，获益于UPS公司多个国家一次清关、自营货机及覆盖全球的航点和完善的物流系统，为小布涂涂提供"全球速快服务"；在信息处理方面，UPS公司科技解决方案为小布涂涂不仅提供信息服务还提供灵活的递送选择服务；在功能集成方面，UPS公司为小布涂涂量身开发的"开发工具包"能够使其灵活自由地进行功能集成；在包装方面，UPS公司为小布涂涂开发了定制化的"UPS Marketable Label"解决方案；在逆向物流方面，UPS Returns®等解决方案为小布涂涂提供了良好的逆向物流操作流程。

问题讨论：

1. UPS公司对小布涂涂整个物流运作的过程中起到了哪些作用？
2. 请结合案例分析第三方物流的特征以及服务的内容。

复习思考题

1. 何谓第三方物流？与专业的物流企业相比，第三方物流企业有哪些特征？
2. 企业物流对外委托有哪几种形态？第三方物流与传统的物流委托有什么不同？
3. 你认为第三方物流应具有哪些标志？
4. 第三方物流的服务项目主要包括哪些内容？
5. 使用第三方物流的优越性有哪些？
6. 第三方物流产生的动因有哪些？
7. 为什么说第三方物流是物流发展的必然趋势？
8. 请简要介绍宝供物流企业集团有限公司利益的来源。
9. 请举例说明你所熟悉的第三方物流企业属于哪种类型？
10. 发达国家外包物流通常有哪几种方式？
11. 简述第四方物流的定义及特征，与第三方物流比较有哪些优势。

第九章 国际物流

本章重点

- 国际物流的概念和特点
- 国际贸易术语的责任、费用和风险
- 进出口合同履行的基本程序
- 检验检疫的程序
- 一般进出口货物通关程序
- 海上货物运输保险险别的选择
- 海运提单的概念、作用和种类
- 国际铁路货物联运程序
- 国际航空货物运输的组织方法
- 国际集装箱运输进出口程序
- 国际多式联运经营人的概念和责任形式
- 国际货运代理的概念和作用

经济全球化进程的加快和国际分工的日益细化，越来越多的生产经营活动和资源配置过程开始在全球范围内进行，企业间的竞争也延伸到了全球范围。企业要获得竞争优势，就必须在全球范围内分配和利用资源，开展经营活动。这些直接地促进了物流的国际化。而产品和服务范围的不断扩展，产品生命周期越来越短，全球市场的成长和全球供销渠道的大量增加，导致了全球物流活动更加复杂，从而对企业管理、协调和控制全球供应链的物流活动提出了更高的要求，国际物流逐渐成为各企业普遍关注的焦点之一。

第一节 国际物流与国际贸易

国际物流是伴随着国际贸易的发生而出现的，随着国际间竞争的不断加剧，国际贸易对国际物流提出了更高的要求，也进一步促进了国际物流的发展。

一、国际物流的含义

国际物流（International Logistics，IL）是指跨越不同国家或地区之间的物流活动（GB/T 18354—2006）。

国际物流有广义和狭义之分。狭义的国际物流是指国际贸易物流，是为完成国际商品交易的最终目的而进行的物流活动，即当生产和消费分别在两个或两个以上国家（或地区）独立进行时，为了克服生产和消费之间的空间间隔和时间间隔，对物资（商品）进行物理性移动的一项国际商品贸易或交流活动。

广义的国际物流是指货物（包括原材料、半成品、制成品）及物品（如邮品、展品、捐赠物资等）在不同国家或地区间的流动和转移。它包括国际贸易物流、非贸易国际物流（如国际展览与展品物流、国际邮政物流等）、国际物流合作、国际物流投资等。本章主要介绍的是国际贸易物流。

二、国际物流的特点

国际物流连接了不同国家的物流系统。由于是在不同国家（或地区）之间进行的物流活动，因而与国内物流相比，更为复杂，风险也更高。

（一）国际性

这是国际物流与国内物流的根本性区别。国际物流跨越不同的国家（或地区），跨越海洋和大陆，其运作的环境远比国内物流要复杂得多。由于要在不同的国家（或地区）间进行物流活动，物流的距离更长、涉及的单证更多、在产品和服务上更加变化莫测，同时又要满足不同文化差异的需要。因此，国际物流运作的难度更大。

（二）复杂性

国际物流的一个显著特点就是各国的物流环境存在着较大的差异。不同国家不同的物流基础设施、不同的经济和科技发展水平使国际物流处于不同条件的支撑下，有些国家可以使用的先进科学技术和方法，到了另一些国家可能根本无法应用，从而导致整体物流水平的下降。除此之外，各国适用法律的不同、物流标准的差异、历史文化及人文风俗的千差万别也使国际物流受到了极大限制。

（三）高风险性

物流本身就是一个复杂的系统，而国际物流在此基础上增加了不同国家的要素，这不仅仅是地域和空间的简单扩大，更是涉及了更多的内外因素，这些因素使国际物流的风险增加。

国际物流的风险主要包括政治风险、经济风险和自然风险。政治风险是指由于所经过国家的政局动荡，如罢工、战争等原因使货物可能遭受损失；经济风险是指由于一系列与经济有关的不确定因素，如汇率的变化等可能给企业造成的风险，又可分为汇率风险和利率风险；自然风险则是指在物流过程中，可能因各种自然因素，如台风、暴雨等造成的风险。

（四）运输方式的多样性

国内物流中，由于运输路线相对较短，因此主要以铁路和公路运输为主。而国际物流涉及多个国家，地理范围更大，运输距离更长，因此需合理选择运输路线和方式，尽量缩短运输时间，降低运输成本。运输方式选择和组合的多样性是国际物流的一个显著特征。

三、国际贸易

国际贸易（International Trade）是指世界各国（地区）之间的商品以及服务和技术交换活动。国际贸易作为国际经济关系的基本形式，对推动世界各国经济的发展起着重要作用。

如果从一个国家（或地区）的角度来看这种交换活动，则称为该国的对外贸易（Foreign Trade）。从国际上看，世界各国对外贸易的总和就构成了国际贸易，亦称世界贸易（World Trade）。

（一）国际贸易的类型

按国际贸易商品的流向，可将国际贸易分为进口贸易、出口贸易、过境贸易、转口贸易、复出口和复进口。

（1）进口贸易（Import Trade），是指把外国生产或加工的产品因购入而输入国内，又称输入贸易。如果不是因购买而输入的商品，则不称进口贸易，也不列入统计，如外国使、领馆运进供自用的货物，以及旅客携带个人使用物品进入国内等。

（2）出口贸易（Export Trade），是指把本国生产或加工的产品因外销而输往国外，又称输出贸易。同样地，如果商品不是因外销而输往国外，则不计入出口贸易的统计之中。

（3）过境贸易（Transit Trade），是指商品由 A 国运往 B 国途中，途经本国，对于本国来说即为过境贸易。

（4）转口贸易（Enterport Trade），是指本国从 A 国进口商品后，再出口至 B 国的贸易，本国的贸易就称为转口贸易。转口贸易的货物运输可以有两种方式：一是转口运输，即货物从 A 国运入本国后，再运往 B 国；二是直接运输，即货物从 A 国直接运往 B 国，不经过本国。

（5）复出口（Reexport），是指进口的外国商品未经加工又输出到国外，如进口货物的退货、转口贸易等。

（6）复进口（Reimport），是指本国出口商品输出到国外后未经加工又输入国内，如出口退货、在国外未售出的寄售商品运回国内等。

（二）国际贸易术语

国际贸易中，买卖双方交接货物地点的确定，货物运输中风险范围的划分，货物运输手续、保险手续、进出口手续及申领有关批准文件的手续由谁办理，在办理各种手续中所支出的费用由谁负担等问题，都需要双方在签订合同时加以明确。为了简化手续和交易过程，在长期的贸易实践中，逐渐形成了一些简短的概念或外文字母缩写，用于说明买卖双方有关风险、责任和费用的划分，确定双方应尽的义务。这种简短的概念或外文缩写字母被称作贸易术语（Trade Term）或价格术语（Price Term）。

现代国际贸易基本上都使用国际商会制定的贸易术语。国际商会制定的《2010 年国际贸易术语解释通则》（以下简称《通则》）（缩写为 Incoterms 2010）阐释了一系列在货物销售商业（商事）合同实践中使用的三字母系列贸易术语，Incoterms 2010 描述了涉及货物从卖方到买方交付过程中的买卖双方各自承担的主要责任、费用和风险，如表 9-1 所示。在 11 种国际贸易术语中，FAS、FOB、CFR 和 CIF 只适用于水上运输方式，EXW、FCA、CPT、CIP、DAT、DAP、DDP 七种术语适用于任何运输方式。

表 9-1　国际贸易术语

英文名称	中文名称	交货地点	风险划分	运费	投保	出口报关	进口报关
EXW EX Works	工厂交货+指定地点	车间、仓库、工厂所在地	买方接管货物后	买方	买方	买方	买方
FCA Free Carrier	货交承运人+指定地点	合同规定的出口国地点或港口	承运人接管货物后	买方	买方	卖方	买方
FAS Free Alongside Ship	船边交货+指定装运港	装运港船边	货交船边后	买方	买方	卖方	买方
FOB Free on Board	船上交货+指定装运港	装运港船上	货物交到船上时	买方	买方	卖方	买方
CFR Cost & Freight	成本加运费+指定目的港	同上	同上	卖方	买方	卖方	买方
CIF Cost Insurance and Freight	成本加保险加运费+指定目的港	同上	同上	卖方	卖方	卖方	买方
CPT Carriage Paid to	运费付至+指定目的地	合同规定的出口国地点或港口	承运人接管货物后	卖方	买方	卖方	买方

续表

英文名称	中文名称	交货地点	风险划分	运费	投保	出口报关	进口报关
CIP Carriage & Insurance Paid to	运费，保险费付至+指定目的地	同上	同上	卖方	卖方	卖方	买方
DAT Delivered at Terminal	运输终端交货+指定地点的运输终端	目的地或目的港的运输终端	买方接管货物后	卖方	卖方	卖方	买方
DAP Delivered at Place	目的地交货	指定目的地	同上	卖方	卖方	卖方	买方
DDP Delivered Duty Paid	完税后交货+指定目的地	进口国内目的地	同上	卖方	卖方	卖方	卖方

我国很多进出口企业，无论是沿海地区，还是内陆地区，长期固有的习惯使用FOB、CFR以及CIF三种传统的贸易术语，随着运输业技术的不断革新，特别是集装箱运输和国际多式联运的迅速发展，传统贸易术语FOB、CFR和CIF的弊端显现，特别是我国一些内地省份外贸也非常发达，如采用FOB、CFR、CIF等，直接导致卖方的交货的风险扩大，费用负担增加，影响收汇时间，增大了收汇风险。随着集装箱运输和国际多式联运的发展，使用FCA、CPT和CIP术语将是一种趋势。

四、国际物流与国际贸易的关系

国际物流是伴随着国际贸易的发展而产生和发展起来的，并已成为影响和制约国际贸易进一步发展的重要因素。国际贸易与国际物流之间存在着紧密的关系。

（一）国际物流是开展国际贸易的必要条件

国际间商品流动是商流和物流的统一。商品在国与国之间的流动和转移，必须以进出口商缔结的国际货物买卖合同（即国际贸易）为基础，而国际货物买卖合同的履行又需要国际物流的相关活动和有效运作为支持。

（二）国际物流的高效有序是国际贸易发展的重要条件

近年来，消费者的消费呈现出“多品种、小批量、个性化”的发展趋势，国际贸易格局也随之发生变化，商品品种成倍增长，技术含量越来越高，这些都对国际物流的运作提出了新的要求，如质量要求、效率要求、经济要求。因此国际物流经营者应在降低成本的基础上，提高服务水平，实现跨国交付的准确性和安全性，提高商品在国际市场上的竞争力。

（三）国际贸易的发展对国际物流提出新的要求

传统上，国际物流企业提供的是单一的物流功能，如装卸搬运、国际货物运输等。在这种运作模式下，一个从事外贸的企业要完成一次国际贸易合同，要实现整个国际物流活动需要分别和不同的企业打交道：由货代完成报关、报检、订舱等业务，由国内运输企业完成从仓库到港口的运输（如果国际运输段使用海运的话），再由国际运输企业完成国际海上货物运输……本来完整的一个流程被人为地分成了几部分，使效率降低，成本上升，影响了企业产品的竞争力。在竞争日益激烈的今天，企业需要的是能完成从报关、报检、订舱，到内陆运输、国际运输、仓储等一系列功能的综合的、一体化的物流服务。

@链接资料

成立于1961年4月27日的中国远洋运输（集团）总公司（以下简称“中远集团”）与成立于1997年7月1日的中国海运（集团）总公司（以下简称“中海集团”）在2016年2月18日重组为中国远洋海运集团有限公司（以下简称中国远洋海运集团）。

中国远洋海运集团经过55年的发展，已经成为以码头、物流、航运金融、修造船为主业的跨国企业集团，是世界第一大航运物流集团，目前拥有和经营着1 114艘现代化远洋船舶，综合运力达8 532万载重吨。拥有数百家成员企业，形成了以上海为中心，以中国香港、日本、韩国、新加坡、美国、欧洲、澳洲、非洲和西亚9个区域公司为辐射点，覆盖160多个国家和地区，1 500多个港口的全球业务网络，堪称国际物流业的“旗舰”。

早在20世纪90年代初，中远集团就开始了对集装箱班轮市场物流服务的研究，对中远集团发展物流的必要性和可能性进行研究和探讨。同时，市场的反馈也逐渐让高层决策者认识到，单纯的海上运输已经不能适应世界性物流业务发展的需要。市场就是命令，中远集团的集装箱运输服务根据客户需求，开始从“港到港”向“门到门”多式联运服务扩展。1998年7月，中远集装箱运输有限公司（以下简称“中远集运”）率先成立了综合物流部门。1998年9月，中远集团成立中远物流工作组，决定由中远集运带头，统一指挥和协调中远物流业务，为具体开展“门到门”服务提供决策支持。除中远集运外，工作组还包括了中远货运公司、中国外轮代理公司、中远空运公司。

综合物流业务的开展同时对集团行业定位也提出了新的要求，2000年年初，中远集团提出了“两个转变”的发展战略，即从全球承运人向以航运为依托的全球物流经营人和国际航运物流产业集群的领导者转变，从跨国经营向跨国公司和全球公司转变。通过提供新的管理服务产品，实现产业的创新。2001年，中远集团提出并实施核心业务重组改革计划，构筑了班轮和物流两大业务单元，在保持和加强班轮的持续竞争能力和客户服务功能的同时，为物流提供一个可快速增长的空间，并迅速发展成为全球领先的物流经营人，实现集团整体价值最大化。

中海集团自 1997 年创建起，先后组建了多家专业化公司，通过对公司内部重组，逐步形成以航运为主业，航运与航运金融、物流、码头、船舶修造、科技信息等多元化产业协同发展的格局。

2016 年 1 月 4 日，经国务院批准，中远集团与中海集团重组成立中国远洋海运集团有限公司，并于 2 月 18 日在上海正式挂牌。重组后的集团公司，重新架构了全球航运物流产业链的业务分工、价值创造和分配格局，现正朝着打造以航运、综合物流及相关金融服务为支柱，多产业集群、全球领先的综合性物流供应链服务集团的目标迈进。

第二节　国际物流业务

买卖双方在签订合同后，就要根据合同条款的规定履行相应的义务和责任，双方履行合同的过程就是国际物流的过程。在这个过程中，对出口商来说，要一丝不苟地做好审证（催证、改证）、备货、报检、租船订舱（在 CIF 或 CIP 等术语下）、投保（在 CIF 或 CIP 下）、报关、装运、制单结汇等一系列工作；对进口商来说，主要应做好开立信用证、租船订舱（在 FOB、FCA 术语下）、办理保险（在 FOB、CPT 等术语下）、审单付汇、报关接货验货等工作，其流程大致如图 9-1 所示。因此，国际物流过程要比国内物流复杂得多、烦琐得多，也要专业得多，很多外贸企业往往会委托国际物流企业完成其中的一项或多项业务。

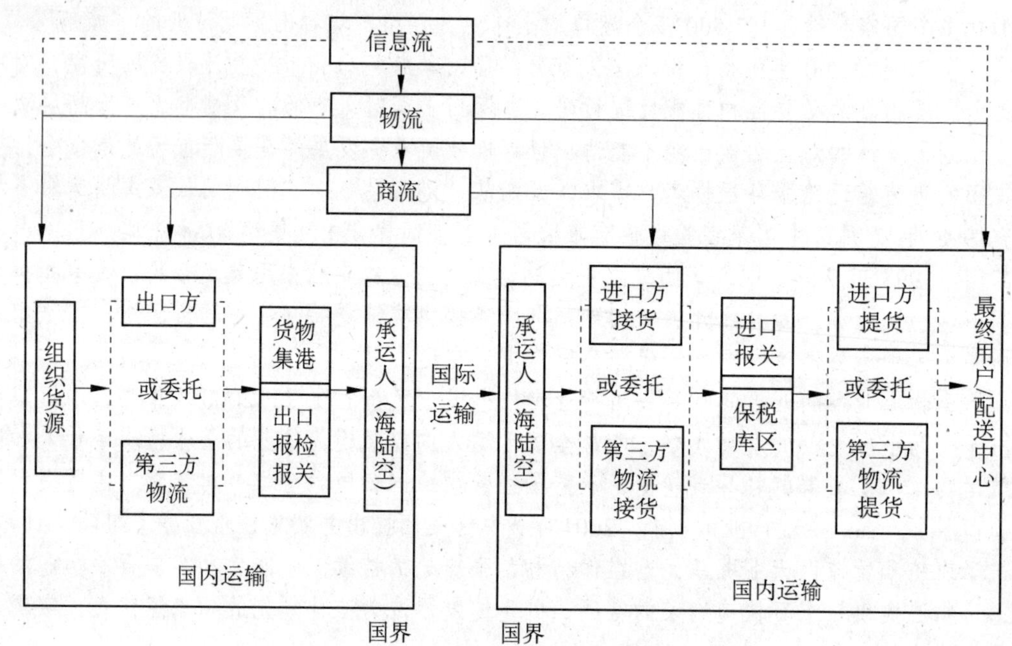

图 9-1　国际物流业务运作流程图

一、进出口合同履行的基本程序

在国际贸易中，买卖双方经过交易磋商后达成交易，签订买卖合同。接下来，双方履行合同的过程就是国际物流的过程，其基本流程如下（以海运为例）。

（一）出口合同的履行

出口合同的履行主要经过货（备货）、证（催证、审证、改证）、运（租船、订舱、投保）、款（制单结汇）等环节。

1. 备货

备货就是根据出口合同的规定，按时、按质、按量准备好应交的货物，以便及时装运。

2. 报检

凡按约定条件和国家规定必须法定检验的出口货物，在备妥货物后，应向进出口商品检验机关申请检验，只有经检验得到出入境检验检疫机构签发的检验合格证书，海关才放行。凡检验不合格的货物，一律不得出口。

3. 催证

按时开立信用证是买方的一项义务。但在实务中，由于种种原因，买方延误开证时间的事时有发生。因此，卖方应及时催促买方按合同规定办理开立信用证或付款手续，以便能按时交货。

4. 审证

信用证是依据合同开立的，信用证的内容应与合同的内容一致。但是在实务中，由于种种原因，往往会出现开立的信用证条款与合同规定的不符，因此，审核信用证是一项很重要的工作。

审核信用证是银行与出口企业共同的责任。其中，银行主要负责审核有关开证行资信、付款责任及索汇路线等方面的条款和规定，出口企业则着重审核信用证的条款是否与买卖合同的规定相一致。

5. 改证

修改信用证是对已开立的信用证中的某些条款进行修改的行为。出口商通过对信用证的全面审核，如发现问题，应分情况及时处理。对于影响安全结汇、难以接受或做到的信用证条款，必须要求国外客户进行修改。

6. 租船、订舱装运

按照 CIF 或 CIP 价格条件成交的出口合同，租船订舱工作应由卖方负责。出口货物在装船前，还要办理报关和投保手续。

7. 制单结汇

出口货物装船后，应按照信用证的规定，正确制备各种单据，并在信用证有效期内送交银行议付、结汇。银行收到单据审核无误后，一方面向国外银行收款，另一方面按照约定的结汇办法与进出口公司结汇。

（二）进口合同的履行

进口合同履行的程序可以概括为证（申请、开立信用证）、运（租船、订舱、投保）、款（审单付款）、货（报关、接货、检验）等环节。

1. 开立信用证

进口合同签订后，需按照合同规定填写开立信用证申请书向银行办理开证手续。信用证内容应与合同条款一致。

2. 租船订舱与投保

在FCA条件下，应由买方负责派船到对方口岸接运货物。如买方没有船舶，则应负责租船订舱或委托代理办理租船订舱手续。办妥手续后，应及时将船名、船期通知卖方，以便卖方备货装船，避免出现船等货的情况。而在FOB或CPT条件下的进口合同，买方还应办理保险业务。

3. 审单和付汇

货物装船后，卖方即凭提单等有关单据到当地银行议付货款，当议付行寄来单据后，经银行审核无误即通知买方付款赎单。

4. 报关

进口货物到港后，应及时向海关办理申报手续。经海关查验有关单据、证件和货物，并在提货单上签章放行后，才可凭以提货。

5. 验收和拨交货物

凡属进口的货物都应认真验收，如发现品质、数量、包装有问题，应及时取得有效的检验证明，以便向有关责任方提出索赔或采取其他补救措施。对于法定检验的进口货物，则必须向卸货地或到达地的检验检疫机构报检。货物进口后，应及时向用货单位办理拨交手续。

6. 进口索赔

在履行进口合同的过程中，往往因卖方未按期交货或货到后发现品质、数量、包装等有问题，致使买方遭受损失，而需要向有关方面提出索赔。

二、进出口商品检验检疫

由于货物的跨国流动具有投资大、风险高、周期长等特点，使进出口商品检验和动植物检疫成为国际物流的一个重要环节。

（一）进出口商品检验检疫的意义

进出口商品的检验检疫是在国际贸易中对买卖双方成交的商品由商品检验检疫机构对

商品的质量、规格、数量、重量、包装、安全、卫生及装运条件等进行检验，并对涉及人、动物、植物的传染病、病虫害、疫情等进行检疫工作，在国际贸易活动中通常简称商检工作。我国的进出口商品检验检疫机构是国家质量监督与检验检疫总局及其设在全国各口岸的进出境检验检疫局。

商品检验是进出口商品检验机构为了鉴定商品的品质、数量和包装是否符合合同规定的要求，以检查卖方是否已按合同履行了交货义务，并在发现卖方所交货物与合同不符时，买方有权拒绝接收货物或提出索赔。因此，商品检验对保护买方的利益是十分重要的。

（二）进出口商品检验检疫的范围

我国对外贸易中的商品检验，主要是对进出口商品的品质、规格、数量以及包装等实施检验；对某些商品进行检验以确定其是否符合安全、卫生的要求；对动植物及其产品实施病虫害检疫；对进出口商品的残损状况和装运某些商品的运输工具等亦需进行检验。检验的依据主要以买卖合同（包括信用证）中所规定的有关条款为准。商检的范围主要有以下几个方面。

（1）现行《商检机构实施检验的进出口商品种类表》（以下简称《种类表》）所规定的商品。《种类表》是由国家商品检验局根据对外经济贸易发展的需要和进出口商品的实际情况制定的，不定期地加以调整和公布。

（2）《中华人民共和国食品安全法》和《中华人民共和国进出境动植物检疫法》所规定的商品。

（3）装运出口易腐烂变质食品的船舶和集装箱。

（4）出口危险品的包装。

（5）对外贸易合同规定由商检局实施检验的进出口商品。

我国进出口商品实施检验的范围除以上所列之外，根据《中华人民共和国进出口商品检验法》规定，还包括其他法律、行政法规规定需经商检机构或由其他检验机构实施检验的进出口商品或检验项目。

（三）进出口商品检验检疫的程序

凡属法定检验检疫商品或合同规定需要检验检疫机构进行检验并出具检验证书的商品，对外贸易关系人均应及时提请检验检疫机构检验。我国进出口商品的检验程序主要包括报检、抽样、检验和签发证书四个环节，如图9-2所示。

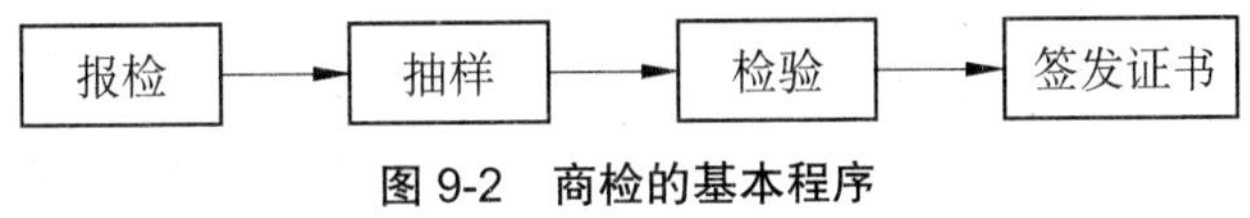

图9-2 商检的基本程序

1. 报检

报检也称报验，是指对外贸易关系人向检验检疫机构申请检验。凡属检验检疫范围内的进出口商品，都必须报检。报检单位首次报检时须持本单位营业执照和政府批文办理登记备案手续，取得报检单位代码。其报检人员须经检验检疫机构培训合格后领取“报检员证”，凭证报检。代理报检单位须按规定办理注册登记手续，其报检人员须经检验检疫机构培训合格后领取“代理报检员证”，凭证办理代理报检手续。

对入境货物，应在入境前或入境时向入境口岸、指定或到达站的检验检疫机构办理报检手续；入境的运输工具及人员应在入境前或入境时申报。入境货物需对外索赔出证的，应在索赔有效期前不少于20天内向到货口岸或货物到达地的检验检疫机构报检。输入微生物、人体组织、生物制品、血液及其制品或种畜、禽及其精液、胚胎、受精卵的，应当在入境前30天报检。输入其他动物的，应当在入境前15天报检。输入植物、种子、种苗及其他繁殖材料的，应当在入境前7天报检。出境货物最迟于报关或装运前7天报检，对于个别检验检疫周期较长的货物，应留有相应的检验检疫时间。出境的运输工具和人员应在出境前向口岸检验检疫机构报检或申报。需隔离检疫的出境动物在出境前60天预报，隔离前7天报检。

2. 抽样

检验检疫机构接受报验后，须及时派人到货物堆存地点进行现场检验、鉴定。其内容包括货物数量、重量、包装、外观等项目。现场检验一般采取国际贸易中普遍使用的抽样法（个别特殊商品除外）。抽样时须按规定的抽样方法和一定的比例随机抽样，以便样品能代表整批商品的质量。

3. 检验

检验检疫机构接受报验后，认真研究申报的检验项目，确定检验内容，仔细审核合同（信用证）对品质、规格、包装的规定，弄清检验的依据，确定检验标准、方法，然后抽样检验。

根据我国商检法规的规定，对产地和报关地相一致的货物，经检验检疫合格，检验检疫机构出具《出境货物通关单》供报检人在海关办理通关手续；对产地和报关地不一致的货物，报检人应向产地检验检疫机构报检，产地检验检疫机构对货物检验检疫合格后，出具《出境货物换证凭单》或将电子信息发送至口岸检验检疫机构，并出具“出境货物换证凭条”，报检人凭产地检验检疫机构签发的《出境货物换证凭单》或“出境货物换证凭条”向口岸检验检疫机构申请查验，口岸检验检疫机构验证或核查货证合格后，出具《出境货物通关单》。

根据我国《进出口商品免验办法》规定：列入《商检机构实施检验的进出口商品种类表》的进出口商品，经收货人、发货人和生产企业（简称申请人）提出申请，经国家质量监督检验检疫总局审查批准，可以免予检验（简称免验）；并向免验申请人颁发《进出口商品免验证书》（以下简称免验证书）；免验商品进出口时，免验企业可凭有效的免验证书、外贸合同、信用证、该商品的品质证明和包装合格单等文件到当地检验检疫机构办理放行手续。

4. 签发证书

对出口商品，经商检机构检验合格后，凭《出境货物通关单》进行通关。如合同、信用证规定由检验检疫部门检验出证，或国外要求签发检验证书的，应根据规定签发所需证书。具体证书包括品质检验证书、重量或数量检验证书、卫生/健康证书、积载鉴定证书、船舱检验证书、原产地证明书等。

对于进口商品，经检验后签发《入境货物通关单》进行通关。凡由收、用货单位自行验收的进口商品，如发现问题，应及时向检验检疫机构申请复验。如复验不合格，检验检疫机构即签发检验证书，以供对外索赔。

三、进出口货物的通关

通关是国际物流的必要环节。《中华人民共和国海关法》（以下简称《海关法》）第 11 条规定：进出境运输工具、货物、物品，必须通过设立海关的地点进境或者出境。

在实践中，我们还经常使用“报关”一词。通关和报关既有联系又有区别。两者都是对运输工具、货物、物品的进出境而言的。但报关是从海关管理相对人的角度来阐述的，仅指向海关办理进出境手续及相关手续，而通关不仅包括海关管理相对人向海关办理有关手续，还包括海关对进出境运输工具、货物、物品依法进行监督管理，批准其进出境的管理过程。

（一）海关及其职责

海关是国家设在进出境口岸的监督机关，在国家对外经济贸易活动和国际交往中，海关代表国家行使监督管理的权力。通过海关的监督管理职能，保证国家进出口政策、法律、法令的有效实施，维护国家的权利。

中华人民共和国海关总署为国务院的直属机构，统一管理全国海关，负责拟定海关方针、政策、法令、规章。国家在对外开放口岸和海关监管业务集中的地点设立海关。海关的隶属关系不受行政区划的限制，各地海关依法行使职权，直接受海关总署的领导，向海关总署负责；同时受所在省、市、自治区人民政府的监督和指导。

中国海关按照《海关法》和其他法律、法规的规定，履行下列职责。

（1）监管进出境的运输工具、货物、行李物品、邮递物品和其他物品。

（2）征收关税和其他税、费。

（3）查缉走私。

（4）编制海关统计和办理其他海关业务。

（二）报关单证和期限

我国《海关法》规定，出口货物的发货人或其代理人除海关特准的外应当在货物运抵海关监管区后、装货的 24 小时以前向海关申报。进口货物的收货人或其代理人应当自运输工具申报进境之日起 14 天内向海关申报，逾期海关征收滞报金。如自运输工具申报进境之日起超过三个月未向海关申报，其进口货物由海关提取依法变卖处理。如确因特殊情况未能按期报关，收货人或其代理人应向海关提供有关证明，海关可视情况酌情处理。

对一般的进出口货物需交验下列单证。

（1）进出口货物报关单。这是海关验货、征税和结关放行的法定单据，也是海关对进出口货物汇总统计的原始资料。

（2）进出口货物许可证或国家规定的其他批准文件。凡国家规定应申领进出口许可证的货物，报关时都必须交验外贸管理部门签发的进出口货物许可证。凡根据国家有关规定需要有关主管部门批准文件的还应交验有关的批准文件。

（3）提货单、装货单或运单。这是海关加盖放行章后发还给报关人以提取或发运货物的凭证。

（4）发票。它是海关审定完税价格的重要依据，报关时应递交载明货物真实价格、运费、保险费和其他费用的发票。

（5）装箱单。单一品种且包装一致的件装货物和散装货物可以免交。

（6）减免税或免检证明。

（7）商品检验证明。

（8）海关认为必要时应交验的贸易合同及其他有关单证。

（三）一般进出口货物通关程序

《海关法》规定：进出口货物必须经设有海关的地点进境或者出境。在特殊情况下，需要经过未设立海关的地点临时进境或者出境的，必须经国务院或者国务院授权的机关批准。进口货物自进境起至到办结海关手续止，出口货物自向海关申报起到出境止，过境、转运和通运货物自进境起到出境止，应当接受海关监管。

不同的货物通关，在办理手续和管理办法上有不同的要求。根据进出境海关通关制度所适用的管理对象和管理范围，可把进出境货物的通关分为一般通关和特殊通关。“一般”一词是通关业务中的一种习惯用语，其本身并无特别的内涵。所谓一般进出口货物通关是指货物在进出境环节完纳进出口税费，并办结了各项海关手续后，进口货物可以在境内自行处置，出口货物运离关境后可以自由流通的海关通关。适用一般进出口通关制度的进出口货物可以永久留在境内或境外。特殊通关是指由于通关规则的差异而产生的一些特殊情况，如转关运输、过境、转运的货物，具有暂准（时）进境的性质，适用暂准（时）进出口通关制度或特别通关制度。

对一般进出口货物，海关的监管程序是：接受申报、查验货物、征收税费、结关放行。而相对应的收、发货人或其代理人的报关程序是：申请报关、交验货物、缴纳税费、凭单取货。一般货物进出境监管程序如图 9-3 所示。

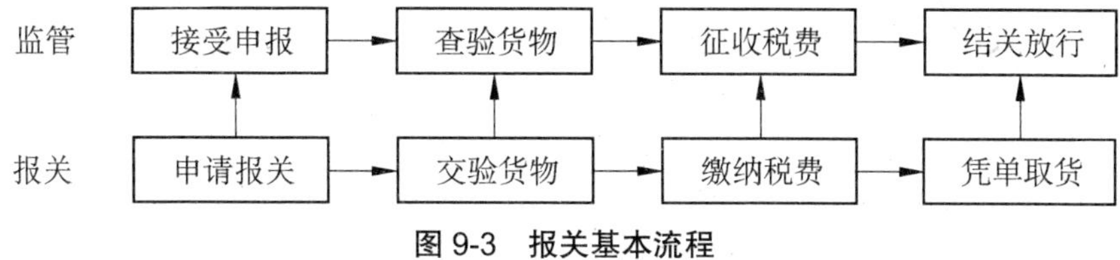

图 9-3 报关基本流程

海关在规定时间内接受报关单位的申报后，审核单证是否齐全、填写是否正确，报关单内容与所附各项单证的内容是否相符，然后查验进出口货物与单证内容是否一致，必要时海关将开箱检验或者提取样品。货物经查验通过后，如属应纳税货物，由海关计算税费，填发税款缴纳证，待报关单位交清税款或担保付税后，海关在报关单、提单、装货单或运单上加盖放行章后结关放行。

进出口货物收、发货人或其代理人在报关前应备妥交审的单证，正确填写报关单，在规定的报关期限内向海关申请报关，协助海关查验货物，负责搬移货物，开拆和重封货物的包装，并负责缴纳需缴纳货物的税费，然后凭海关盖有放行章的报关单、提单、装货单或运单提取货物。

四、国际货物运输保险

国际货物运输由于运输距离长，使货物在运输中可能遇到自然灾害或意外事故的概率增加，同时由于国际货物运输的 80%以上采用海上运输，更增加了货物运输的风险，从而使货物遭受损失。因此，为了转嫁货物在运输途中的风险，通常都要投保货物运输险。

货物运输保险，是以运输过程中的各种货物作为保险标的，被保险人（卖方或买方）向保险人（保险公司）按一定的金额投保一定的险别，并缴纳保险费。保险人承保后，如果保险标的在运输过程中发生约定范围内的损失，应按照规定给予被保险人经济上的补偿。

国际货物运输保险主要包括国际海上货物运输保险、国际铁路货物运输保险、国际公路货物运输保险、国际航空货物运输保险和邮包运输保险。

（一）海上货物运输保险险别

保险险别是保险人对风险损失的承保范围，它是保险人与被保险人履行权利与义务的基础，也是保险人承保责任大小和被保险人缴付保险费多少的依据。

1. 海运风险与损失

要了解海运保险险别，首先要明确海运风险与损失。

海运风险包括海上风险与外来风险两类。海上风险一般包括自然灾害和意外事故两种；外来风险分为一般外来原因造成的风险和特殊外来原因造成的风险，如表 9-2 所示。

表 9-2　海运风险的类别

风 险 种 类	风 险 内 容
海上风险（Perils of Sea）	自然灾害：恶劣气候、雷电、海啸、地震、洪水、流冰等
	意外事故：船舶搁浅、触礁、沉没、互撞、失火、爆炸等
外来风险（Extraneous Risk）	一般原因：偷窃、短量、沾污、渗漏、串味、受潮、钩损等
	特殊原因：战争、罢工、交货不到、拒收等

海上损失（简称海损）是指被保险货物在海洋运输中，因遭受海上风险而造成的损坏或灭失。就货物损失的程序而言，海损可分为全部损失和部分损失；就货物损失的性质而言，又可分为共同海损（General Average）和单独海损（Particular Average）。

（1）全部损失，简称全损，是指被保险货物遭受全部损失。按其损失情况的不同，又可分为实际全损（Actual Total Loss）和推定全损（Constructive Total Loss）两种。实际全损是指被保险货物完全灭失或完全变质，或指货物实际上已不可能归还被保险人。推定全损是指货物发生保险事故后，认为实际全损已经不可避免，或者为避免发生实际全损所需支付的费用与继续将货物运抵目的地的费用之和超过保险价值的。

（2）部分损失，即被保险货物的损失没有达到全部损失的程度。

（3）共同海损，载货的船舶在海上遇到灾难、事故，威胁到船、货等各方的共同安全，为了解除这种威胁，维护船货安全，或使航程得以继续完成，由船方有意识地、合理地采取措施，所做出的某些特殊牺牲或支出某些额外费用，这些损失和费用叫共同海损。例如船舶因故搁浅，船长为了挽救船舶和船上货物，不得不下令将船上部分货物抛入海中以减轻船重，使船舶起浮转危为安。被抛入海中的货物便属于共同海损。

（4）单独海损，是除共同海损以外的意外损失，即由于承保范围内的风险所直接导致的船舶或货物的部分损失。

此外，海上风险还会造成费用上的损失。主要有施救费用和救助费用。

2. 海上货物运输保险险别

海上货物运输保险的险别很多，概括起来分为基本险别和附加险别两大类。

1）基本险别

根据我国现行的《海洋货物运输保险条款》的规定，在基本险别中包括平安险（Free from Particular Average，简称 F.P.A）、水渍险（With Particular Average，简称 W.P.A./W.A.）和一切险（All Risks，简称 A.R.）三种。

（1）平安险。平安险的责任范围包括以下几方面。

① 在运输过程中，由于自然灾害和运输工具发生意外事故，造成被保险货物的实际全损或推定全损。

② 由于运输工具遭遇搁浅、触礁、沉没、互撞、与流冰或其他物体碰撞，以及失火、

爆炸等意外事故造成被保险货物的全部或部分损失。

③ 只要运输工具曾经发生搁浅、触礁、沉没、焚毁等意外事故，不论在意外事故发生之前或者以后曾在海上遭恶劣气候、雷电、海啸等自然灾害造成的被保险货物的部分损失。

④ 在装卸转船过程中，被保险货物一件或数件落海所造成的全部损失或部分损失。

⑤ 被保险人对遭受承保责任范围内危险的货物采取抢救，防止或减少货损措施支付的合理费用，但以不超过该批被救货物的保险基金额为限。

⑥ 运输工具遭遇自然灾害或者意外事故，在避难港由于卸货所引起的损失，以及在中途的港口或者在避难港口停靠引起的卸货、装货、存仓以及运送货物所产生的特别费用。

⑦ 共同海损所引起的牺牲、公摊费和救助费用。

⑧ 运输契约定有“船舶互撞条款”，按该条款规定应由货方偿还船方的损失。

（2）水渍险。水渍险的责任范围除包括上列平安险的各项责任外，还负责被保险货物由于恶劣气候、雷电、海啸、地震、洪水等自然灾害所造成的部分损失。

（3）一切险。一切险的责任范围除包括“平安险”和“水渍险”的所有责任外，还包括货物在运输过程中，因一般外来原因造成的被保险货物的全部或部分损失。

在上述三种基本险别中，明确规定了除外责任（Exclusion），即保险公司明确规定不予承保的损失或费用。

2）附加险别

海洋运输货物保险的附加险种类繁多，归纳起来可分为一般附加险和特别附加险。

一般附加险包括：偷窃、提货不着险（Theft，Pilferage and Non-Delivery，简称 T.P.N.D.）；淡水雨淋险（Fresh Water Rain Damage，简称 F.W.R.D.）；短量险（Risk of Shortage）；混杂、玷污险（Risk of Intermixture & Contamination）；渗漏险（Risk of Leakage）；碰撞、破碎险（Risk of Clash & Breakage）；串味险（Risk of Odor）；受热、受潮险（Damage Caused by Heating & Sweating）；钩损险（Hook Damage）；包装破裂险（Loss or Damage Caused by Breakage）；锈损险（Risk of Rust）。

上述 11 种附加险不能独立投保，只能在投平安险或水渍险的基础上加保。

特别附加险包括交货不到险（Failure to Delivery Risks）、进口关税险（Import Dulty Risk）战争险（War Risk）和罢工险（Strikes Risk）等。

（二）陆上运输货物保险

陆上运输货物保险是指经陆路用火车或汽车运输于各国车站之间的货物保险。陆上运输货物保险的险别分为陆运险和陆运一切险两种，其承保的责任范围如下。

1. 陆运险

陆运险的责任范围包括：被保险货物在运输途中遭受暴风、雷电、地震、洪水等自然灾害，或由于陆上运输工具（主要是指火车、汽车）遭受碰撞、倾覆或出轨，如在驳运过程中，驳运工具搁浅、触礁、沉没或由于遭受隧道坍塌、压歪或火灾、爆炸等意外事故所造成的全部损失或部分损失。由此可见，保险公司对陆运险的承保范围大致相当于海运货物保险中的“水渍险”。

2. 陆运一切险

陆运一切险的责任范围除包括上述陆运险的责任外，还包括被保险货物在运输途中由于一般外来原因造成的短少、偷窃、渗透、碰损、破碎、钩损、雨淋、生锈、受潮、受热、发霉、串味、沾污等全部或部分损失，也负赔偿责任。

（三）航空运输货物保险

航空运输货物保险分为航空运输险和航空运输一切险两种。

航空运输险的承保责任范围与海运水渍险大体相同。

航空运输一切险除包括上述航空运输险的责任外，对被保险货物在运输途中由于一般外来原因所造成的，包括被偷窃、短少等全部或部分损失也负赔偿之责。

（四）邮包运输保险

邮政包裹保险是承保邮包在运输途中因自然灾害、意外事故和外来原因所造成的损失。邮政保险包括邮包险和邮包一切险两种基本险别。前者与海洋运输货物保险水渍险的责任相似，后者与海洋运输货物保险一切险的责任基本相同。

（五）国际货物运输保险的主要业务

通常情况下，国际货物运输保险业务包括投保人的投保、承保人的承保，以及保险的索赔与理赔几个阶段。

1. 投保

国际货物运输保险的投保是指投保人向保险人表示订立保险合同的意愿，提出投保申请，将自己所面临的风险和投保的要求告知保险人，向保险人发出要约或询价，保险人表示承诺或对此询价提出包括保险条件及费率的要约。在我国的保险实践中，投保人一般需要填写国际货物运输投保单来完成投保行为。

国际货物运输保险中，保险公司承担的保险责任是以险别为依据的，不同的险别所承保的责任范围不同，其保险费率也不相同。因此，投保人在投保时，应根据货物运输的实际情况予以全面衡量，既要考虑使货物得到充分保障，又要尽量节约保险费的支出，以降低成本，提高经济效益。

2. 承保

保险公司在接受投保人的投保申请后，应及时开立保险单，并确定投保人应缴纳的保险费。

3. 索赔与理赔

被保险货物遭受损失后，被保险人应按规定办理索赔手续，向保险人要求赔偿。保险人在接到被保险人的索赔要求后，应对被保险货物的损失赔偿要求进行处理。

第三节　国际货物运输

国际货物运输，是国际物流的重要环节。它完成国际货物的空间转移，产生位置效用和时间效用，使货物在需要的时候运到需要的地点，满足消费者的需要。

国际货物运输的方式有传统的海洋运输、铁路运输、航空运输、邮政运输、公路运输、管道运输等。随着科学技术的进步，国际货物运输出现了现代新兴的运输方式，如集装箱运输、国际多式联运等，大大加速了国际物流的发展。特别是集装箱运输的采用，为多式联运提供了有利条件。运输服务从过去的船边、舱边交货，到现在的“仓至仓”“门至门”交货，为买卖双方提供了更多便利。除公路运输、内河运输和管道运输适用于边境贸易外，其余各种运输方式均可结合货物的安全、运费高低和运输速度等多种因素综合权衡进行合理选择。

一、国际海洋货物运输

国际海洋货物运输是指使用船舶（或其他水运工具）通过海上航道在不同国家和地区的港口间运送货物的一种方式。

海洋运输运量大、运输成本低，所以许多国家，特别是沿海国家的进出口货物，大部分采用海洋运输。但由于其易受自然条件和气候影响，风险较大，且航行速度较慢，因此，对于不宜经受长期运输的货物和急用或易受气候条件影响的货物，一般不宜采用海洋运输。

（一）海运基本要素

海洋运输基本要素包括船舶、航线、港口。

1. 船舶

船舶是海上运输的主要工具，是完成国际间货物运输任务的重要物质基础。

海运船舶种类繁多，按其用途主要划分为干货船、油槽船和以集装箱船为主要的特种船，其大致分类情况如表 9-3 所示。

表 9-3　海运船舶分类表

类　别	船　舶	用途或特性
干货船	杂货船	装载一般件杂货，有时也装运粮谷、煤炭等
	冷藏船	装载冷载货
	木材船	装运木材

续表

类　　别	船　　舶		用途或特性
干货船	散货船	煤船	装载干散货物
		矿砂船	
		粮谷船	
油槽船	油轮		装运液态石油类货物
	液化天然气船		装运液化天然气
特种船	集装箱船		装载集装箱
	滚装船		车辆可直接上下进出货舱装卸货物
	载驳船		船上可装载载货驳船

2. 航线

航线主要是指海上船舶航行线路，是世界各国、各地区间往来贸易的重要通道。

在占地球表面70%以上的海洋上，遍布着四通八达的国际海运航线。除北冰洋季节性航线外，其他均集中于太平洋、印度洋和大西洋三大海域。此外，还有从大西洋通过地中海、苏伊士运河、印度洋到太平洋，以及通过巴拿马运河的横贯几个大洋的航线。大洋航线是世界经济联系和国际贸易的主要通道。

3. 港口

港口是海上运输的基地，是船舶停泊、装卸货物、补充给养、躲避风浪的场所，也是国际物流网络的重要节点。

港口由航道、港池和码头三部分组成。其中，航道是供船舶安全航行的通道，要求短、直、宽、深、畅通无阻；港池是供船舶停泊、航行和转向的水域，要求风浪小、水流稳定，并且其深度应满足所停靠船舶的最大吃水；码头是连接船舶和海岸，供停靠船舶、装卸货物的水上建筑物。

（二）国际海洋运输方式

根据船公司对船舶经营方式的不同，可将海洋运输分为班轮运输和租船运输。

1. 班轮运输

班轮运输（Liner Shipping）亦称定期船运输，是指船公司按预先规定的船期表，在一定的航线上，以既定的挂靠港顺序，进行规则的反复的航行和运输的一种船舶经营方式。具有定期、定航线、定港和运费相对较固定的优势。

班轮运费包括基本运费和附加费两部分。基本运费是指货物在预定航线的各基本港口之间进行运输所规定的运价，是构成全程运费的主要部分；附加费是指针对某些特定情况或需作特殊处理的货物在基本运费之外加收的费用，如超重附加费、超长附加费、选择卸货港附加费、直航附加费、转船附加费、港口拥挤附加费、燃油附加费等。

2. 租船运输

租船运输（Shipping by Chartering）是相对班轮运输而言的，又称不定期船运输。大宗货物一般都采用租船运输。租船通常在租船市场上进行。与班轮运输相比，租船运输没有预订的船期表，航线和停靠港口也不固定，须依据船舶所有人和承运人双方签订的租船合同来安排船舶就航的航线。运费或租金也由双方根据租船市场行市在租船合同中加以约定。

租船运输方式有航次租船、定期租船和光船租船三种。

（1）航次租船（Voyage Charter），简称程租，是指船舶按照合同双方事先约定的条件完成一个或数个航次承租人指定货物的运输任务，并由承租人向出租人支付相应运费。在这种租船方式下出租人占有和控制船舶，负责船舶的营运调度，并需要负担所有的运输成本。而承运人则不必操心船舶的调度和支配，仅需支付运费及合同规定由其承担的货物装卸费用和可能产生的船舶滞期费。

（2）定期租船（Time Charter），简称期租，船舶所有人将船出租给承运人，供其使用一定时期的租船运输方式。在租期内，出租人需保证船舶处于适航状态，并通过自己配备的船员承担船舶的驾驶和管理责任。承租人需按期如数向出租人支付租金，以取得船舶的使用权，并根据自己的需要来安排船舶的营运和调度。

（3）光船租船（Bareboat or Demise Charter），又称船壳租船，出租人在租期内将一艘空船连同船舶的占有权和控制权一并出租给承租人，而自己仅保留船舶的所有权。在这种租船方式下，承租人须按合同规定，在租期内向出租人支付租金，自己配备船员、装备船舶，并负担日常营运费用和相应的航次费用。

（三）海运进出口货物运输流程

如前所述，在不同的贸易术语下，买卖双方的义务是不同的。这里以较典型的贸易术语为例对进口、出口业务基本流程进行介绍。

1. 出口货物运输流程

在以 CIF 或 CFR 条款成交，由卖方安排运输时，出口货物运输工作一般包括以下环节。

（1）审核信用证中的装运条款。

（2）备货报验。按时、按质、按量地准备好应交的出口货物，并做好申请报验和领证工作。

（3）租船订舱。

（4）办理保险。货物订妥舱位后，属卖方保险的，即可办理货物运输险的投保手续。

（5）货物集港。当船舶的到港装货计划确定后，按照港区进货通知并在规定的期限内，由托运人办妥集运手续，将出口货物及时运至港区集中，等待装船。

（6）报关。

（7）装船。

（8）提单。海关放行后，货运公司签出提单供进口商提货、结汇所用。

（9）制单结汇。将合同或信用证规定的结汇单证备齐后，在合同或信用证规定的议付有效期限内，向银行交单，办理结汇手续。

2. 进口货物运输流程

进口货物运输的基本流程如下。

（1）租船订舱。如果是FOB条款，应由买方办理租船订舱工作。

（2）签订委托协议书。委托人和代办人签订《海运进口货物国内代运委托协议书》作为接交、代运工作中双方责任划分的依据。

（3）寄送货物装船通知及提单。国外发货人按贸易合同确定的交货地向货运目的港的我港口所在地的对外贸易运输公司发送货物装船通知及提单。

（4）掌握船舶动态。掌握进口货物船舶动态，对装卸港的工作安排，尤其是卸货港的卸船工作安排极为重要。

（5）办理保险。如以FOB或CFR条款进口货物，在收到发货人装船通知后即向保险公司办理投保。

（6）收集和送交相关单证。包括商务单证和船务单证两大类。进口货物的各种单证是在港口进行卸货、报关、报验、交接和疏运等工作不可缺少的资料。

（7）报关。

（8）报验。

（9）监卸和交接。一般由船方申请理货，负责把进口货物按提单、标记点清件数、验看包装情况，分批拨交收货人。在卸货过程中如发现短损，应及时向船方或港方办理有效签证，并共同做好验残工作。

（10）接货。代运货物到达最终目的地时，收、用货单位与承运部门办理交接，查验铅封是否完好，外观有无异状，件数是否相符，是否发生残、短。

（四）海运提单

提单（Bill of Lading，B/L），是指用以证明海上货物运输合同和货物已经由承运人接收或者装船，以及承运人保证据以交付货物的单证。提单中载明的向记名人交付货物，或者按照指示人的指示交付货物，或者向提单持有人交付货物的条款，构成承运人据以交付货物的保证。

1. 提单的作用

在国际海上货物运输中，提单是个非常重要的单证。它不仅是运输合同的证明，还是货物收据，也是货物所有权的凭证。

（1）提单是运输合同的证明。提单是承运人与托运人之间原已存在海上货物运输合同的证明。如果承运人和托运人之间事先并无相反的约定，并且托运人未对提单上的条款和规定提出异议的，则提单上的条款和规定便成为承运人与托运人之间达成的海上货物运输合同的内容，对承托双方均有约束力。

（2）提单是承运人接收货物或货物装船的收据。提单是承运人接收货物或将货物装船后，向托运人出具的货物收据。提单作为货物收据，对承托双方具有“初步证据”的效力。提单作为货物收据，不仅证明收到货物的名称、种类、数量、标志、外表状况，而且证明收到货物的时间。由于国际贸易中习惯地将货物装船象征卖方将货物交付给买方，于是签发已装船提单的时间就意味着卖方的交货时间。

（3）提单是物权凭证。提单是货物所有权的凭证，是票证化了的货物。一定情况下，谁拥有提单，谁就拥有该提单所载货物的所有权，并享有物主应享有的一切权利。

2. 提单的种类

海运提单的种类很多，这里我们举其中的几个进行解释。

（1）根据货物是否已装船，可分为已装船提单（Shipped on Board B/L）和收货待运提单（Received for Shipment B/L）。前者是在提单载明的全部货物装船后才签发的提单，提单上须注明船名和装船日期。后者是承运人已接收提单载明的全部货物，但尚未装船时所签发的提单，提单上没有装船日期，甚至连船名都没有。

货物装船前，承运人已经应托运人的要求签发收货待运提单或者其他单证的，货物装船完毕，托运人可以将收货待运提单或者其他单证退还承运人，以换取已装船提单；承运人也可以在收货待运提单上加注承运船舶的船名和装船日期，加注后的收货待运提单视为已装船提单。

（2）根据提单抬头不同，可分为记名提单（Straight B/L）、指示提单（Order B/L）和不记名提单（Blank B/L or Open B/L）。记名提单又称收货人抬头提单，是指在提单“收货人”一栏内具体填写某一特定的人或公司名称的提单，这种提单不能转让，货物只能交与列明的收货人。指示提单是在提单“收货人”一栏隐去了具体特定的人或公司的名称，只是注明“To Order of ××”或“To Order”字样。前者凭记名人指示交货，按照发出指示的人不同可分为托运人指示、收货人指示和银行指示等；后者凭不记名人指示交货，一般应视为托运人指示。指示提单必须经过背书转让，可以是空白背书，也可以是记名背书。不记名提单只在提单“收货人”一栏填写“To Bearer”（货交提单持有人），这种提单可以不经背书进行转让。

（3）根据货物外表状况有无不良批注，可分为清洁提单（Clean B/L）和不清洁提单（Foul B/L）。清洁提单是指未被承运人加注或即使加注也不影响结汇的提单。如果货物在装船时或被承运人接收时表面状况良好，不短少，承运人则在其出具的“大副收据”或“场站收据”上不加任何不良批注，从而使据此签发的提单为清洁提单。银行在办理结汇时，都规定必须提交清洁提单。不清洁提单是承运人在提单上加注有碍结汇批注的提单。如果托运人交付的货物表面状况不良，承运人为分清责任，有必要在提单上做出相应的批注，这种提单就是不清洁提单。

（4）按不同的运输方式，可分为直达提单、转船提单、联运提单和多式联运提单。直达提单（Direct B/L）是承运人签发的由起运港以船舶直接运达目的港的提单。转船提单（Transhipment B/L），起运港的载货船舶不直接驶往目的港，须在转船港换装另一船舶运达目的港时所签发的提单。联运提单（Through B/L），货物需经两段或两段以上连贯运输运达目的港，而其中有一段是海运时，如海—陆、海—空、海—海联运所签发的提单。多式联运提单（Combined Transport B/L），必须是采用两种或两种以上不同运输方式的连贯运输时，承运人所签发的提单。

此外，提单还可分为班轮提单和租船提单、倒签提单和预签提单等。

（五）索赔与理赔

提单和租船合同是处理索赔与理赔的主要依据，它们都有专门的条款用来规定租船人和船东、托运人和承运人之间的关系以及各自的权利、义务、责任、豁免等事项。在班轮运输中，虽然各船公司的提单形式不一，条款多少不等，但一般都参照《海牙规则》或《海牙—维斯比规则》的条款来拟定。在租船运输中，原则上是按照租船合同条款来处理索赔与理赔工作，但一般仍不背离《海牙规则》或《海牙—维斯比规则》的基本精神。

关于提出货物索赔通知的时间，有关国际公约和各国海商法或海上货物运输法的规定并不完全一致。《海牙规则》或《海牙—维斯比规则》都规定，在货物移交给收货人的当时，或移交前，收货人应将货物的灭失或损坏情况用书面通知承运人，如果短损不明显，也可在交付货物后3日内提出书面通知。《中华人民共和国海商法》规定，对非显而易见的货物的灭失或损坏，在货物交付的次日起连续7日内，集装箱货物交付的次日起连续15日内，提交书面通知。

承运人在受理索赔案件后，应及时调查事故的原因，对于确是承运人不可免责的过失所造成的货物损失，承运人应主动承担赔偿责任。

二、国际铁路货物联运

铁路运输是国际货物运输的又一重要方式。铁路把亚、欧大陆连成一片。如我国与朝鲜、蒙古、独联体、越南等国及东欧、西欧、北欧和中东地区一些国家间的进出口货物，都可以通过国际铁路联运方式进行运输。

（一）国际铁路货物联运的定义

国际铁路货物联运是指在两个或两个以上国家之间进行的铁路货物运输，只需在始发站办妥运输手续，使用一份运送票据，由一国铁路向另一国移交货物时，无须发、收货人参与，铁路当局对全程运输负连带责任。可分为整车、零担和集装箱运输。

（二）国际铁路货物联运适用的规章

世界上许多国家国界相连、铁路相通，但各国铁路的技术设备、运载工具不一，各自适用的规章、运输组织方法、运送费用的计收及货运事故处理等方面也不尽相同。因此，许多国家非常重视并参加了协约组织，订立了各种协定。通过有关国家铁路之间的联运公约、协定或协议，制定出参加运送的铁路共同遵守的统一的规章制度，使得货物联运在相关国家铁路能顺利进行，为国际物流的流通提供经济、便捷、安全的铁路通道。

目前，国际上开展铁路联运的协议或协定主要有《国际铁路货物联运协定》（简称《国际货协》）和《国际铁路货物运送公约》（简称《国际货约》）。

1.《国际铁路货物联运协定》

《国际铁路货物联运协定》（Agreement Concerning International Carriage of Goods by Rail），1951 年 11 月在华沙签订。中国铁路于 1954 年 1 月 1 日正式加入《国际货协》。《国际货协》是关于国际铁路货物联运范围和运输条件的协定，是欧洲和亚洲一些国家进行国际客货联运的主要协定之一。规定了货物联运运送组织、运送条件、运送费用计算核收办法、参加国铁路承运人所负责任，以及收、发货人之间的权利和义务，对参加运送的所有铁路和收、发货人都有约束力。

《国际货协》正式成员国铁路有 25 个，构成了《国际货协》的适用范围，共 27 万多千米。在欧洲有阿尔巴尼亚、保加利亚、匈牙利、波兰、俄罗斯、白俄罗斯、拉脱维亚、立陶宛、摩尔多瓦、乌克兰、爱沙尼亚；亚洲有中国、朝鲜、越南、蒙古、哈萨克斯坦、乌兹别克斯坦、吉尔吉斯斯坦、塔吉克斯坦、土库曼斯坦、阿塞拜疆、格鲁吉亚、伊朗等国。

2.《国际铁路货物运送公约》

《国际货约》是欧洲有关国家（以欧洲为主，包括一些亚、非国家）政府批准的关于国际铁路货物联运的规章、制度和组织机构的公约。

参加《国际货约》的国家在欧洲有阿尔巴尼亚、德国、奥地利、比利时、波黑、保加利亚、克罗地亚、丹麦、西班牙、芬兰、法国、希腊、匈牙利、爱尔兰、意大利、列支敦士登、立陶宛、卢森堡、摩纳哥、挪威、荷兰、波兰、葡萄牙、罗马尼亚、英国、斯洛伐克、斯洛文尼亚、瑞典、瑞士、捷克、南斯拉夫；亚洲有伊朗、伊拉克、叙利亚、黎巴嫩、土耳其；非洲有突尼斯、摩洛哥、阿尔及利亚等国家。

由于东欧的罗马尼亚、保加利亚、匈牙利、波兰等国既参加了该公约，同时又参加了《国际货协》，我国和朝鲜、越南，及通过欧亚大陆桥运往西欧、北欧的货物，不但受《国际货协》有关规章的约束，在进入西欧和北欧的国家后，还将受到《国际货约》的制约。

3. 国境铁路协定或议定书

国境铁路协定或议定书是指由两相邻国家铁路部门签订双边协定或协议，对有关国境站联运货物、车辆交接的条件和方法，及交接列车、机车运行办法和服务方法等所做的规定。

4. 其他

《中华人民共和国铁路法》及我国有关铁路规章（《铁路货物运输规程》《铁路货物运价规则》《铁路危险货物运输管理规则》等）。

在国际铁路货物联运过程中，发、收货人和铁路运输承运人对铁路法规的适用，一般来说，公约或多边协定高于国境双边协定，双边协定高于国内规章。

（三）国际铁路货物联运进出口运输程序

国际铁路货物联运进出口程序包括货物的托运、承运、装车发运、交付等环节。

1. 出口货物的托运与承运

托运是发货人向铁路提出委托运输的行为，承运是铁路承诺运输的行为。托运与承运的过程实际就是铁路与发货人间签订运输合同的过程。

（1）托运所涉及的单证。办理货物托运手续时所需的单证主要有货协运单及其随附单证。

货协运单是国际铁路货物联运运单中的一种，是由发送国铁路代表所有参加运送货物的各国铁路同发货人订立的运输契约。因此参加联运的各国铁路和发、收货人在货物运送中便具有了相应的权利和义务，对铁路和发、收货人都具有法律效力。

由于经国际铁路联运出口的货物通过国境站时，需要履行报关和检验检疫等法定手续，为此，发货人必须将所需的单证附在货协运单上。这些单证主要有出口货物报关单、出口货物明细单、出口收汇核销单、发票等。根据需要还可能有出口许可证和各类检验检疫证书等。

（2）托运与承运。以整车发运的货物，需要有铁路部门批准的月度铁路要车计划和旬要车计划；零担货物不需要向铁路部门编报月度要车计划，但发货人须事先向铁路发站办理托运手续。

国际铁路联运出口货物同国内运输货物托运相类似。发货人应向车站提出货协运单，以此作为货物托运的书面申请。车站接到货协运单后，应进行认真审核，对整车货物运送的申请应检查是否有批准的月度、旬度货物运输计划和日要车计划，检查货协运单各项内容的填写是否正确，如确认可以承运，应予签证。货协运单上的签证，表示货物应进入车站的日期和装车日期，即表示受理托运。发货人应按签证指定的日期将货物搬入车站或指定的货位。进站时，发货人应组织专人在车站接货。由铁路装车的货物，应会同铁路货运员对货物的件数、包装、品名、唛头标记、货协运单及随附单逐件进行检查，如发现问题或互相不符，必须修复、更换或查明原因予以更正。铁路根据运单上的记载查对实货，认为符合《国际货协》和有关规章制度规定的，铁路方可接受货物，并开始负保管责任。整车货物一般在装车完毕后，发站按货协运单记载向发货人核收运送费用，并在货协运单上加盖承运日期戳，以表示货物业已承运。

零担货物的托运与整车货物不同，发货人在托运时，不要求申报月度、旬度要车计划，凭货协运单直接向车站申请托运。车站受理托运后，发货人应按签证指定的日期将货物搬进货场，送到指定的货位。经铁路货运员查验、过磅后交由铁路保管。发站核收运送费用，并在货协运单上加盖承运日期戳，以表示货物业已承运。

托运、承运完毕，以货协运单为具体表现的运输合同开始生效。铁路按《国际货协》

的规定承担货物保管、装车并运送到指定目的地的责任。

2. 装车发运

按我国铁路的规定，在车站公共装卸场所内的装卸工作，由铁路负责组织；其他场所，如专用线装卸场，则由发货人或收货人负责组织。但某些性质特殊的货物，如易腐货物、未装容器的活动物等，即使在车站的货场内也均由发、收货人组织装车或卸车。

3. 进口货物到达与交付

货物到达后，到站应通知运单中所记载的收货人领取货物。在收货人付清运单中所记载的一切应付运送费用后，铁路须将货物连同运单正本和货物到达通知单交付收货人。

（四）索赔及其处理

1. 赔偿请求的提出

赔偿请求应由发货人向发站或发送局、收货人向到站或到达局提出。

赔偿请求以书面形式提出，对因货物全部灭失、重量不足、毁损或因其他原因降低质量所发生的损失和对运送费用多收款额提出赔偿要求时，用所在国规定的赔偿要求书格式提出，在我国使用《铁路货物运输规程》规定的“赔偿要求书”；对因运到逾期提出索赔时，采用《国际货协》有关附件所规定的“货物运到逾期赔偿请求书”格式，一式二份。

2. 赔偿请求的时效

赔偿请求人应在规定的时效期限内提出赔偿请求，否则即丧失提赔的权利。

发货人或收货人向铁路提出的赔偿请求，及铁路对发货人或收货人关于支付运送费用、罚款和赔偿损失的要求，应在 9 个月内提出；有关货物逾期的赔偿请求应在 2 个月内提出。

三、国际航空货物运输

国际航空货物运输是以航空器作为运输工具，由承运人将托运人的货物从一国境内运送到另一国境内或经停另一国境内约定地点的运输方式。

（一）国际航空货物运输的经营方式

国际航空货物运输主要有班机运输、包机运输两种方式。

1. 班机运输（Scheduled Air Line）

班机是指在固定航线上飞行的航班，它有固定的始发站、途经站和目的站。一般使用客货混合机型，舱容有限，难以满足大批量货物运输要求。

由于班机有固定的航线、固定的发到站和停靠站，并定期开航，发、收货人能够确切地掌握起运和到达的时间，可以保证货物安全迅速地运送到世界各地投放市场。

2. 包机运输（Chartered Carrier）

包机运输又可分为整包机和部分包机两种。整包机由航空公司或包租代理公司按照事先约定的条件和费用将整机租给租机人，从一个或几个空站将货物运至指定目的地。部分包机由几家货运代理公司或发货人联合包租一架飞机，或者由包机公司把一架飞机的舱位分别租给几家空运代理公司。

（二）国际航空货物运输的组织方法

国际航空货物运输的组织方法较灵活，根据实际情况可采取不同的方式。

1. 集中托运（Consolidation）

集中托运是一种由空运代理将若干单独发货人的货物集中起来组成一整批货物，由其向航空公司托运到同一到站，货到国外后由到站地的空运代理办理收货、报关并分拨给各个实际收货人的组织方式。

航空公司采用按重量递减的定价原则，制定并公布按不同重量的收费运价。航空货运代理公司把不同托运人处收集的小批量货物集中起来使用航空公司最便宜的运价，从而赚取运价的差额。

2. 航空快件运输

具有独立法人资格的企业，通过航空运输及自身或代理的网络，在发货人与收货人之间以最快速度传递文件和物品的一种现代化运输组织方法。因主要运送国际往来的文件和物品，亦称国际快件运输。

3. 送交业务

通常用于样品、目录、宣传资料、书报等的空运业务，由国内空运代理委托国外代理办理报关、提取、转送并送交收货人。

4. 联合运输

包括陆空联运（Train-Air，TA；Truck-Air，TA）、陆空陆联运（Train-Air-Truck，TAT）、海空联运。

（三）国际航空货物运输的基本业务

国际航空货物运输需要承运人（航空公司）、航空货运代理人、托运人和收货人等相互配合共同完成。国际航空货物运输按办理的业务流程分为出口业务流程和进口业务流程。出口业务流程是指从托运人托运货物到承运人将货物装上飞机的全过程；进口业务流程是指从飞机到达目的地机场，承运人将货物卸下飞机到交付给收货人的全过程。按办理作业的内容分为托运、收运、运送、到达和交付、索赔与理赔等环节。

1. 运输凭证

《华沙公约》(《关于统一国际航空运输某些规则的公约》，通称《华沙公约》）中航空货物运输的凭证被称为“航空货运单（Air Consignment Note，ACN）”。它是托运人或者托运人委托承运人以托运人名义填制的，托运人与承运人之间缔结的货物运输合同契约，是承运人承运货物的重要证明文件，亦称航空主运单。

2. 货物托运和收运

航空货物出口运输，在发送地需办理货物的托运和收运作业。

航空出口货物的托运人，一般都是委托航空货运代理办理货物托运。委托时，托运人应填制“国际货物托运书”（简称托运书），连同贸易合同副本（或出口货物明细单）、发票、装箱单及海关、检验检疫机构需要的资料和文件交空运代理，由空运代理办理仓库提货、报关、制单等托运手续。出口货物批量大，要采用包机运输时，需提前填写“包机委托书”交空运代理负责办理包机手续。

根据《华沙公约》有关条款的规定，航空货运单应由托运人填写，也可由承运人或其代理人填写。实际工作中，均由承运人或其代理人代为填制。为此，托运人必须填写托运书，以作为填制航空货运单的依据。航空货运单签字后即告航空运输契约开始生效，并具有法律效用。

3. 货物运送

承运人应当根据货运单上约定的契约条件，在合理的时间内将货物运至目的地，按照合理、经济的原则选择运输路线。

4. 货物到达和交付

除另有约定外，承运人应当在货物到达后立即通知收货人。收货人在接到通知后，及时办妥海关和提货手续，缴付应付款项和履行航空货运单上所列运输条件。承运人自发出到货通知的次日起，免费保管货物 3 天。收货人逾期提取，须交纳保管费。

5. 索赔与理赔

在运输中发生货物毁灭、遗失或延误时，托运人、收货人或其代理应在规定的期限内以书面形式向承运人提出索赔，其期限规定如下。

（1）货物发生损失的，至迟应当自收到货物之日起 14 天内提出。

（2）货物发生延误的，至迟应当自货物交付收货人处置之日起 21 天内提出。

（3）货物毁灭或遗失的，应自填开货运单之日起，120 天内提出。

除承运人有欺诈行为外，收货人未在上述规定的期间内提出异议的，则不能向承运人提出索赔诉讼。

四、国际集装箱运输

集装箱运输是指将一定数量的单件货物装入特制的标准规格的集装箱内，以集装箱作为运送单位所进行的一种现代化运输方式，在国际货物运输中被广泛使用。

（一）集装箱运输方式

集装箱运输方式根据货物装箱数量和方式不同可分为整箱和拼箱两种。

（1）整箱（Full Container Load，FCL）：货方将货物装满整箱后，以箱为单位托运的集装箱。一般做法是由承运人将空箱运到工厂或仓库后，在海关人员监督下，货主把货装入箱内，加封、铅封后交承运人并取得站场收据（Dock Receipt），最后凭站场收据换取提单。

（2）拼箱（Less than Container Load，LCL），承运人或代理人接受货主托运的数量不足整箱的小票货物后，根据货类性质和目的地进行分类、整理、集中、装箱、交货等工作，这些工作均在承运人码头集装箱货运站或内陆集装箱转运站进行。

（二）集装箱运输货物交接方式

集装箱运输货物交接的地点通常有三个：一是货主工厂或仓库，即“门”；二是货运站；三是集装箱堆场。由此形成了多种集装箱货物的交接方式。

（1）门到门（Door to Door）：由托运人负责装载的集装箱，在其货仓或工厂仓库交承运人验收后，由承运人负责全程运输，直到收货人的货仓或工厂仓库交箱为止。

（2）门到场（Container Yard，CY）（Door to CY）：由发货人货仓或工厂仓库至目的地或卸箱港的集装箱堆场。

（3）门到站（Container Freight Station，CFS）（Door to CFS）：由发货人货仓或工厂仓库至目的地或卸箱港的集装箱货运站。

（4）场到门（CY to Door）：由起运地或装箱港的集装箱堆场至收货人的货仓或工厂仓库。

（5）场到场（CY to CY）：由起运地或装箱港的集装箱堆场至目的地或卸箱港的集装箱堆场。

（6）场到站（CY to CFS）：由起运地或装箱港的集装箱堆场至目的地或卸箱港的集装箱货运站。

（7）站到门（CFS to Door）：由起运地或装箱港的集装箱货运站至收货人的货仓或工厂仓库。

（8）站到场（CFS to CY）：由起运地或装箱港的集装箱货运站至目的地或卸箱港的集装箱堆场。

（9）站到站（CFS to CFS）：由起运地或装箱港的集装箱货运站至目的地或卸箱港的集装箱货运站。

（三）国际集装箱运输出口程序

国际集装箱货物出口货运程序可归纳为：订舱—接受托运申请—发送空箱—拼箱货装箱或整箱货交接—换取提单—装船等几个环节。

（1）订舱：发货人根据贸易合同或信用证条款的规定，在货物托运前的一定时间内填好集装箱货物托运单（Container Booking Note），委托其代理或直接向船公司申请订舱。

（2）接受托运申请：船公司或其代理公司根据自己的运力、航线等具体情况考虑发货人的要求，决定接受与否。若接受申请就签发订舱清单，分送集装箱堆场和集装箱货运站，据以安排空箱及办理货运交接。

（3）发送空箱：整箱货运所需的空箱，由发货人到集装箱码头堆场领取，有的货主有自备箱；拼箱货货运的空箱由集装箱货运站负责领取。

（4）拼箱货装箱：发货人将不足一整箱的货物交至货运站，由货运站根据订舱清单和场站收据负责装箱，然后由装箱人编制集装箱装箱单（Container Load Plan）。

（5）整箱货交接：发货人收到空箱后，自行装箱并将已加海关封志的整箱货运至集装箱堆场。堆场根据订舱清单，核对场站收据（Dock Receipt，D/R）及装箱单验收货物。

（6）集装箱的交接签证：集装箱货运站或堆场在验收货物或箱子后，即在场站收据上签字，并将签署后的场站收据交还给发货人。

（7）换取提单：发货人凭场站收据向集装箱运输经营人或其代理换取提单，然后去银行办理结汇。

（8）装船：集装箱装卸区根据装货情况制订装船计划，并将出运的箱子调整到集装箱码头前方堆场，待船靠岸后，即可装船出运。

（四）集装箱运输进口程序

进口集装箱的基本程序包括如下几部分。

（1）货运单证：起运港的船公司或其代理应在货轮抵港前采用传真或电传或邮寄的方式向卸货港提供提单副本、舱单、装箱单、积载图、危险货物说明书等有关的卸船资料。

（2）分发单证：船公司或其代理应及时将起运港寄来的有关货运单证分送有关进口货代或收货人、堆场、货运站，以便各有关单位在货轮抵港前做好各项准备工作。

（3）到货通知：船公司或其代理应向进口货代或收货人预告货轮抵港日期，并应于船舶到港后发正式到货通知。

（4）换取提货单：收货人或货代接到到货通知后应持正本提单向船公司或其代理换取提货单。

（5）卸船提货：货箱自船上卸下后，整箱货先存放在堆场，拼箱货先运往货运站。收货人凭提货单至堆场提箱或在堆场开箱提货。对于拼箱货则凭提货单至货运站提货。

（6）记录：收货人或其代理在提箱时如发现铅封损坏或丢失，或箱上有孔洞、货物短少、损坏，则应在提货单的“交货记录”联上详细列明并应要求堆场或货运站共同签认，以便事后凭以向船公司索赔。

五、国际多式联运

国际多式联运（International Multimodal Transport）是指按照多式联运合同，以至少两种不同的运输方式，由多式联运经营人将货物从一国境内接管货物的地点运至另一国境内指定地点交付的货物运输。

国际多式联运是将不同运输方式、不同运输区段综合在一起的一体化运输。通过一次托运、一次计费、一份单证、一次保险，在多式联运经营人的组织下，把全程运输作为一个完整、统一的运输过程来安排，并由各区段的承运人共同完成货物的全程运输。

（一）构成国际多式联运的条件

国际多式联运必须具备以下几个条件。

（1）必须是至少采用两种不同运输方式的连贯运输，且是两种运输方式的组合。

（2）必须要有一个多式联运合同。

（3）必须使用一份全程多式联运单据。

（4）必须是国际间的货物运输。

（5）必须由一个多式联运经营人对全程运输负总的责任。

（6）必须是全程单一的运费费率。

（二）国际多式联运的优点

与单一运输方式相比，多式联运具有如下优点。

（1）责任统一，手续简便。发货人只需办理一次托运，签订一个运输合同，付一次运费，取得一份多式联运提单，就可将货物从起运地运到目的地，大大简化了运输与结算手续。同时，由多式联运经营人对全程运输负责，一旦货物在运输途中发生问题，只需与多式联运经营人交涉就可解决。

（2）缩短运输时间，提高质量。由于多式联运是集装箱运输，又是连贯式运输，中途无须拆箱换装，使货物更加安全，速度更快。

（3）降低运输成本，节省运杂费用。多式联运经营人通过对运输路线的合理选择和运输方式的合理使用，可以降低全程运输成本。同时，由于采用集装箱运输，可以简化甚至取消货物包装，节省包装费用。

（三）国际多式联运经营人

国际多式联运经营人是指其本人或通过其代表订立多式联运合同的任何人。他是事主，而不是发货人的代理人或代表，也不是参加多式联运的承运人的代理人或代表，并负有履行合同的责任。在多式联运中，多式联运经营人起着重要的作用。他不仅是合同的一方，更是多式联运的组织者、协调者，同时要对全程运输负责。

1. 国际多式联运经营人的性质与法律地位

国际多式联运是不同运输方式的组合，由众多的关系人组成，其法律关系十分复杂，其中主要是与发货人、各类受雇人、代理人和分运人之间的关系。其性质与法律地位如下。

（1）以本人身份与发货人订立多式联运合同，是多式联运中的契约承运人。根据该合同，多式联运经营人要对全程运输负责，负责完成或组织完成全程运输。

（2）以本人身份参加多式联运全程中某一个或一个以上区段的实际运输，作为该区段的实际承运人，对自己承担的区段的货物运输负责。

（3）以本人身份与自己不承担的其他承运人订立分运（分包、区段）合同以完成其他区段的运输。在这类合同中，多式联运经营人既是发货人，也是收货人。

（4）以本人名义与各衔接点（所在地）的货运代理人订立委托合同以完成在该点的衔接及其他服务工作。在这类合同中，多式联运经营人是委托人。

（5）以本人名义与多式联运所需要涉及的各方面订立相应的合同与协议。在这些合同、协议中，多式联运经营人均是作为货方出现的。

从以上分析可看出，在多式联运的全过程中或每一个阶段，多式联运经营人是以多重身份出现的。不论其以何种身份出现，又均是以本人的身份而不是以货方或承运方的代理人的身份工作的。这就是定义中所说的“事主”而不是代理人的含义。

2. 国际多式联运经营人的赔偿责任

根据多式联运经营人的定义和业务特点，在多式联运过程中，多式联运经营人首先要与发货人订立多式联运合同，而为了完成全程运输任务，又要与受雇人（分支机构工作人员或代表等）、代理人和实际承运人订立各种雇用合同、委托合同（代理）和分运（分包）合同。在这些合同中，多式联运经营人都是事主（即合同的一方），都是以本人身份出现并承担责任的。

因此，多式联运下的赔偿责任首先是多式联运合同决定的多式联运经营人与发货人（或收货人）之间的赔偿责任；其次是由雇佣合同、代理合同和分包合同决定的多式联运经营人与受雇人、代理人和分运人之间的赔偿责任。还有在确知责任人情况下发货人（收货人）与多式联运经营人的雇用人、代理人、分运人之间的赔偿责任。在涉及保险情况下，还存在投保人与保险人之间和保险人与实际责任人之间的赔偿关系等。由于多头的法律关系交织在一起，而协调各法律关系的国际或地区性法规对各方权利、义务、责任的规定又各不相同，因此，在国际多式联运中，经营人的法律地位及承担的责任比单一方式运输经营人复杂、深远得多。

（四）国际多式联运主要业务流程

多式联运经营人是全程运输的组织者。在国际多式联运中，其主要业务及程序有以下几个环节。

1. 接受托运申请，订立多式联运合同

多式联运经营人根据货主提出的托运申请和自己的运输路线等情况，判断是否接受该托运申请。如果能够接受，则双方议定有关事项后，在交给发货人或其代理人的场站收据（空白）副本上签章（必须是海关能接受的），证明接受托运申请，多式联运合同已经订立并开始执行。

2. 空箱的发放、提取及运送

多式联运中使用的集装箱一般应由多式联运经营人提供。如果双方协议由发货人自行装箱，则多式联运经营人应签发提箱单给发货人或其代理人，由他们在规定日期到指定的堆场提箱并自行将空箱拖运到货物装箱地点，准备装货。如发货人委托亦可由经营人办理从堆场到装箱地点的空箱拖运（这种情况需加收空箱拖运费）。

如是拼箱货（或是整箱货但发货人无装箱条件不能自装时），则由多式联运经营人将所用空箱调运至接受货物的集装箱货运站，做好装箱准备。

3. 出口报关

出口报关事宜一般由发货人或其代理人办理，也可委托多式联运经营人代为办理（需加收报关手续费，并由发货人负责海关派员所产生的全部费用）。

4. 货物装箱及接收货物

若是发货人自行装箱，发货人或其代理人提取空箱后在自己的工厂和仓库组织装箱，装箱工作一般在报关后进行，并请海关派员到装箱地点监装和办理加封事宜。如需理货，还应请理货人员现场理货并与之共同制作装箱单。

如是拼箱货物，发货人应负责将货物运至指定的集装箱货运站，由货运站按多式联运经营人的指示装箱。

无论装箱工作由谁负责，装箱人均需制作装箱单，并办理海关监装和加封事宜。

对于由货主自行装箱的整箱货物，发货人应负责将货物运至双方协议规定的地点，多式联运经营人或其代表（包括委托的堆场业务员）在指定地点接收货物。如是拼箱货，经营人在指定的货运站接收货物。验收货物后，代表联运经营人接收货物的人应在场站收据正本上签章并将其交给发货人或其代理人。

5. 订舱及安排货物运送

国际多式联运经营人订立合同后，即应制订该合同涉及的集装箱货物的运输计划。这里所说的订舱泛指多式联运经营人要按照运输计划安排洽定各区段的运输工具，与选定的各实际承运人订立各区段的分运合同。

6. 办理保险

在发货人方面，应投保货物运输险。该保险由发货人自行办理，或由发货人承担费用由经营人代为办理。货物运输保险可以是全程，也可以分段投保。

在多式联运经营人方面，应投保货物责任险和集装箱保险，由经营人或其代理人向保险公司或以其他形式办理。

7. 签发多式联运提单，组织完成货物的全程运输

收取货物后，多式联运经营人应向发货人签发多式联运提单。在把提单交给发货人前，应注意按照双方议定的付费方式及内容、数量向发货人收取全部应付费用。

经营人要组织各区段实际承运人、各派出机构及代表人共同协调工作，完成全程运输。

8. 货物交付

当货物运至目的地后，由目的地代理通知收货人提货。收货人需凭多式联运提单提货，多式联运经营人或其代理人需按合同规定收取收货人应付的全部费用。收回提单签发提货单，提货人凭提货单到指定堆场和地点提取货物。

如是整箱提货，则发货人要负责至掏箱地点的运输，并在货物掏出后将集装箱运回指定的堆场，运输合同终止。

9. 货运事故处理

如果全程运输中发生了货物灭失、损害和运输延误，无论是否能确定损害发生的区段，发（收）货人均可向多式联运经营人提出索赔。多式联运经营人根据提单条款及双方协议确定责任并做出赔偿。

第四节　国际货运代理

国际物流不仅涉及多项业务流程，而且很多环节需要专门的人才和专业化的运作，对很多外贸公司来说，并不一定具备相关业务运作的能力，就会把其中的一部分业务委托专门的机构办理。于是在国际物流中产生了国际货运代理这一特殊的行业。

一、国际货运代理及其性质

国际货运代理来源于英文“The Freight Forwarder”一词。国际货运代理协会联合会（International Federation of Freight Forwarders Association，法文简称 FIATA）给国际货运代理下的定义是：国际货运代理是根据客户的指示，并为客户的利益而揽取货物运输的人，其本身并不是承运人。国际货运代理也可以依这些条件，从事与运输合同有关的活动，如储货（也含寄存）、报关、验收、收款等。《中华人民共和国国家标准物流术语》（GB/T 18354—2006）给国际货运代理的定义是：国际货运代理（International Forwarder）是接受进出口货物收货人、发货人的委托，以委托人或自己的名义，为委托人办理国际货物运输及相关业务，并收取劳务报酬的经济组织。

从国际货运代理的基本性质看，它主要是接受委托人的委托，就有关货物运输、转运、仓储、保险，以及与货物运输有关的各种业务提供服务的一个机构。它是一种中间人性质的运输业者，既代表货方，保护货方的利益，又协调承运人进行承运工作，其本质就是“货物中间人”，在以发货人或收货人为一方，承运人为另一方的两者之间行事。国际货运代理的这种中间人性质在过去尤为突出。

然而，随着国际物流和多种运输形式的发展，国际货运代理的服务范围不断扩大，其在国际贸易和国际运输中的地位也越来越重要。在实践中，国际货运代理对其所从事的业务正在越来越高的程度上承担着承运人的责任。许多国际货运代理企业都拥有自己的运输工具，用来从事国际货运代理业务，包括签发多式联运提单，有的甚至还开展了综合物流业务，为企业提供一体化的国际物流服务。

二、国际货运代理在国际物流服务中的作用

作为连接货方和承运人的“桥梁”，国际货运代理在国际货物运输中起着重要的作用。

（1）能够安全、迅速、准确、节省、方便地组织进出口货物运输。根据委托人托运货物的具体情况，选择合适的运输方式、运输工具、最佳的运输路线和最优的运输方案。

（2）能够就运费、包装、单证、结关、检查检验、金融、领事要求等提供咨询，并对国外市场的价格、销售情况提供信息和建议。

（3）能够提供优质服务。为委托人办理国际货物运输中某一个环节的业务或全程各个环节的业务，手续方便简单。

（4）能够把小批量的货物集中为成组货物进行运输，既方便了货主，也方便了承运人，货主因得到优惠的运价而节省了运输费用，承运人接收货物时省时、省力，便于货物的装载。

（5）能够掌握货物全程的运输信息，使用现代化的通信设备随时向委托人报告货物在途情况。

（6）货运代理不仅能组织协调运输，而且影响、参与新运输方式的创造、新运输路线的开发以及新费率的制定。

国际货运代理是整个国际货物运输的组织者和设计师，在国际贸易竞争激烈、社会分工越来越细的情况下，它的地位越来越重要，作用也越来越明显。

三、国际货运代理的业务范围

根据《中华人民共和国国际货物运输代理业管理规定实施细则》（2003）第三十二条规定，国际货运代理企业的经营范围包括以下几方面。

（1）揽货、订舱（含租船、包机、包舱）、托运、仓储、包装。

（2）货物的监装、监卸、集装箱装拆箱、分拨、中转及相关的短途运输服务。

（3）报关、报检、报验、保险。

（4）缮制签发有关单证、交付运费、结算及交付杂费。

（5）国际展品、私人物品及过境货物运输代理。

（6）国际多式联运、集运（含集装箱拼箱）。

（7）国际快递（不含私人信函）。

（8）咨询及其他国际货运代理业务。

案例分析

“不清洁”的清洁提单

2012 年 5 月 20 日，我国 A 公司向英国 B 公司发出要约：愿意购买空调设备 3 500 台，按照 CIF 广州价格条件，总价值 2 300 万美元，不可撤销信用证支付。同年 5 月 22 日，英国 B 公司接到我国 A 公司发出的要约。5 月 26 日，英国 B 公司将 3 500 台空调设备交给英国 C 货运公司装船运输，但 C 货运公司当时发现其中有 500 台空调设备包装破损，准备签发不清洁提单。但 B 公司为了结汇方便，需要从 C 货运公司处拿到清洁提单，故在 C 货运公司签发提单前，向该公司出具了承担赔偿责任的保函。于是，承运人 C 货运公司给卖方英国 B 公司签发了清洁提单。英国 B 公司持清洁提单向银行顺利结汇。同年 6 月 26 日，买方中国 A 公司收到货物，发现其中 500 台空调设备有严重质量问题，于是向承运人英国 C 货运公司索赔，要求承运人承担责任。

问题：

买方中国 A 公司受到的损失应当向谁追偿？如何才能充分地维护自己的合法权利，挽回经济损失？

案例分析：

案例中，承运人 C 公司出具的是清洁提单。承运人若签发了清洁提单，就表示承运人已按提单上载明的内容收到货物，而当收货人接收货物时发现货物实际情况与提单记载不符，则可推断该不符是在承运人管理货物的期间所发生的。管理货物是承运人的基本义务之一，承运人应当妥善地、谨慎地装载、搬移、积载、运输、保管、照料和装卸所运货物，如果由于承运人的疏忽或过失，致使货物受到损坏的，承运人应负赔偿责任。因此，买方 A 公司可要求承运人 C 公司承担赔偿责任。

责任人确定后就是如何索赔的问题了。本案中，买方中国 A 公司应当立即向广州海事法院申请诉前财产保全，对承运人 C 公司的船舶予以扣押。如果受理申请的海事法院认为 A 公司的请求符合我国《民事诉讼法》及《海事诉讼特别程序法》的规定的，就可以裁定对承运人 C 公司的船舶予以扣押，并责令其提供与赔偿数额相当的财产担保。

问题讨论：

和国内物流相比，国际物流有何特点？在国际物流履行过程中应注意些什么？

复习思考题

1. 国际物流的一个特点是高风险性，实践中应如何降低风险？
2. 不同的贸易术语下，买卖双方的义务和责任是不同的，试在表 9-4 中填上相关责任人。

表 9-4 不同贸易术语中买卖双方的义务和责任

	订 舱	投 保
FCA		
CIP		
CPT		

3. 不同进出口商品的检验检疫时间、地点有何区别？

4. 你认为在选择国际货物运输保险险别时应考虑哪些因素？

5. 海上货物运输中，提单有什么作用？

6. 某船公司在签发提单时加了一批注："ONE BAG BROKEN"，试问该提单是清洁提单吗？

7. 什么是国际多式联运经营人？在国际多式联运中有何作用？

8. 为什么说多式联运要比单一运输方式复杂得多？

9. "昌隆"号货轮满载货物驶离上海港。开航后不久，由于空气温度过高，导致老化的电线短路引发大火，将装在第一货舱的 1 000 条出口毛毯全部烧毁。船到新加坡港卸货时发现，装在同一货舱中的烟草和茶叶由于羊毛燃烧散发出的焦糊味而不同程度受到串味损失。试分析各损失分别属于什么损失。

10. 国际货运代理企业应如何发展才能更具竞争力？

第十章 物流战略管理

本章重点

- 物流战略的含义、特征及内容
- 物流战略制定的环境分析及物流环境的新变化
- 物流战略的目标
- 物流战略规划的内容
- 制定物流战略规划的方法

过去，我国企业很少认识到物流的战略作用，物流重要的商业价值一直没有得到广泛利用或认同。今天，越来越多的企业已经把物流战略与企业的发展战略紧密联系到一起了。企业不再追求物流的一时一事的效益，而是着眼于总体、着眼于长远，将物流和企业的生存与发展直接联系起来。越来越多的研究也显示，企业要达到优异的顾客服务水平并最终提升企业的经营绩效，物流活动是需要考虑的重要因素。事实上，对物流与供应链管理在企业竞争力和获利性上的重要性的认识提高，使物流成为一个真正的战略问题，并把物流推向了企业战略的核心地位。

第一节 战略与物流战略

20 世纪 50 年代以来，由于资源的日益短缺，企业之间的竞争日益激烈，企业开始引入战略管理以适应生存环境的不确定性，从而进一步提高自身的竞争能力。战略管理用于解决最大的挑战——生活在不确定性的环境中。即如何面对变化，适应变化，把握变化。明茨伯格把战略定义为是一种计划——在活动之前，有意思、有目的的开发；是一种计策——竞争手段，对对手构成威胁；是一种模式——完成计划的行为；是一种定位——在自然环境中的合理定位；是一种观念——体现了组织中人们对客观世界固有的认识方式，是人们思维的创造物，是一种精神产物。战略管理包括战略制定、战略实施、战略控制三个阶段。物流作为支撑企业运作的重要一环，许多企业已将其纳入到战略规划与管理层次，充分发挥物流作为“第三利润源泉”的作用，以支持企业整体战略的实施。

一、战略的概念

“战略”一词，在我国古已有之。早在我国历史名著《左传》和《史记》中已使用“战略”一词，西晋史学家司马彪也曾有以“战略”为名的著作。明代军事家茅元义编有《武备志》，其中第二部分为《二十一史占领者》，其中“战略”的含义大致是指对战事的谋划。清代末年北洋陆军督练处于 1906 年编出我国第一部《军语》，把“战略”解释为“筹划军国之方略也”。在西方，“战略”（Strategy）一词源自希腊语“Stratgos”或演变出的“Stragia”。前者意为“将军”，后者意为“战役”“谋略”，均指指挥军队的艺术和科学。

1957 年出版的《经营中的领导能力》（菲利浦·塞兹尼克）和 1962 年出版的《战略与结构》（阿尔弗雷德·D. 钱德勒）这两本书把战略思想引入了企业管理范畴。从 20 世纪 70 年代开始，企业界开始明确地引进战略概念，如通用电气公司在 1971 年首先编制出企业战略规划，我国海尔集团在 1985 年制定了企业的名牌战略。此外，“战略”一词还被引申到其他领域，出现了诸如世界战略、国家战略、地区战略、政治战略、外交战略、能源战略、教育战略等用语与概念。战略也就演变为“泛指重大的、带有全局性或决定全局的谋划”。

企业战略是企业在市场经济、竞争激烈的环境中，在总结历史经验、调查现状、预测未来的基础上，为谋求生存和发展而做出的长远性、全局性的谋划或方案。它是企业经营思想的体现，是一系列战略性决策的结果，又是制定中长期计划的依据。

企业战略通常包括公司层战略、经营层战略、职能层战略三个层次。

公司层战略，又称总体战略。它需要确定企业未来一段时间的发展方向、总体目标及可以竞争的业务领域，合理配置企业资源，使各项经营业务相互支持、相互协调。公司层战略主要强调两个方面的问题：一是“应该做什么业务”，即从公司全局出发，根据外部环境的变化及企业的内部条件，确定企业的使命与目标、产品与市场领域；二是“怎样管理这些业务”，即在企业不同的业务单位之间如何分配资源以及采取何种成长方向等，以实现公司整体的战略意图。

企业经营战略是将公司战略所包括的企业目标、发展方向和措施具体化，形成业务单位具体的竞争与经营战略。经营层战略主要回答如何在确定的经营业务领域内对快速变化的市场环境做出反应，如何识别和创造新的市场机会，如何针对某一特定市场开发产品和服务以巩固市场地位，如何构筑可持续的竞争优势，发展强大的竞争能力以实现企业目标。具体可采用差异化战略、集中化战略、低成本领先战略、大规模定制战略等。

企业职能战略是为贯彻、实施和支持公司层战略与经营层战略而在企业特定的职能管理领域制定的战略。职能层战略主要回答某职能的相关部门如何卓有成效地开展工作，如何有效地实施企业上述两层战略的战略意图，如何有效地配置企业资源，支持企业目标的实现。企业职能战略包括营销战略、财务战略、生产战略、物流战略、人事战略、研发战略等方面。所有的职能战略都必须彼此支持。

公司层战略、经营层战略与职能层战略一起构成了企业战略体系。在企业内部，企业战略管理各个层次之间是相互联系、相互配合的。企业每一层次的战略都为下一层次战略提供方向，并构成下一层次的战略环境；每层战略又为上一级战略目标的实现提供保障和支持。所以，企业要实现其总体战略目标，必须将三个层次的战略有效地结合起来。

二、物流战略的概念与构成

@链接资料

2002 年 1 月 8 日中国远洋物流有限公司（COSCO LOGISITICS，简称“中远物流”）在北京宣告成立。组建中远物流是中国远洋海运集团为推进其“由全球承运人向全球物流经营转变”发展战略的重大举措。中国远洋海运集团发展物流的战略调整有以下措施：（1）调整战略，实现两个转变。2001 年中国远洋海运集团确立了“由全球承运人向全球物流经营人转变”的发展战略，2016 年确立了“由全球物流经营人向全球领先的综合性物流供应链服务集团转变”的发展战略。两次战略转变，集团都及时对主业结构进行了调整，同时制订了集团物流发展规划。（2）建立健全机构，加强中远物流管理。为了充分利用集团全球资源，发挥集团整体优势，打出品牌，集团总公司成立了物流职能机构，下设国内外各区域物流公司。区域物流公司根据经营管理需要设置若干国家（或口岸）公司，负责中远全球的物流业务。在总公司的统一管理下，各区域公司重点负责中远全球物流项目开发及区域内、外物流项目的运作管理等。（3）大力拓展现代物流服务。以强大的航运实力为依托，充分利用中远全球物流资源，以中国市场为基础，以跨国公司物流需求为基础，对客户服务由运输扩展到仓储、加工、配送，直至深入到产品生产、流通、分配、消费的大部分环节，通过开展增值服务，提高企业盈利能力和市场竞争力。十余年来，中远物流业务领域从早期的仅为上海通用汽车、海尔电器、保伦鞋业三家企业提供物流服务，发展到涉及家电物流、电子物流、航空物流、化工物流、会展物流、电力物流、海运空运货代等领域的国内外客户提供全程物流解决方案。目前，中远物流在中国设立了 9 家区域公司 400 多个业务分支机构，在 17 个国家和地区设立了海外业务机构，与 40 多家国际货运代理企业签订了长期合作协议，形成了遍及中国、辐射全球的物流服务网络系统。

（一）物流战略的定义

那么，究竟什么是物流战略呢？

所谓物流战略（Logistics Strategy）是指企业或其他组织为了适应未来环境的变化，为寻求物流的可持续发展，就物流发展目标以及达成目标的途径与手段而制定的长远性、全局性的规划与谋略。近年来，物流战略已被企业广泛地使用，并受到企业界和理论界的广泛重视。物流战略已经成为企业战略的重点内容之一，在许多方面支持着企业的战略规划，增加企业价值。

（二）物流战略的构成

一个企业物流战略通常包含10个关键部分，分别被组织在4个重要层次上，构成物流战略金字塔，它确立了企业设计物流战略的框架，如图10-1所示。

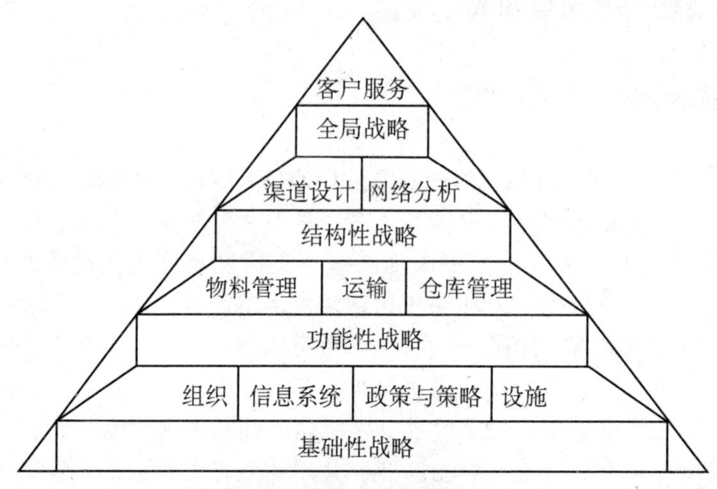

图10-1 物流战略的构成

1. 第一层：通过顾客服务建立战略方向

顾客服务需求左右着包括制造、营销和物流在内的整个供应链的结构。因此，有必要清晰地了解顾客需要什么，并开发能够满足那些期望的顾客服务战略。顾客服务战略的简单或复杂取决于企业的产品、市场和顾客服务目标。在开发战略时，企业应考虑如何从物流职能中创造竞争优势来获利。

2. 第二层：物流系统的结构部分

一旦企业了解了顾客的服务需求，以及怎样利用物流来竞争，那么他必须决定如何满足它们。战略的另外两部分——渠道设计和设施网络结构提供了满足这些需求的基础。

（1）渠道设计。渠道设计包括确定为达到期望的服务水平而需执行的活动与职能，以及渠道中的哪些成员执行它们。分销渠道有直接分销渠道和间接分销渠道。直接分销渠道是指生产者将产品直接供应给消费者或用户。间接分销渠道是指生产者利用分销商将产品供应给消费者或用户。关于是否为顾客直接服务，或利用分销商处理营销、产品配送或单据等职能的部分或全部的决策在这个阶段是至关重要的。

（2）设施的网络策略。在该层中的第二个主要部分是实际的设施网络，设施网络策略将解答以下问题。

① 需要多少设施，它们的地点应选在何处，每个地点的任务将是什么？

② 每个设施应为哪些顾客和产品线服务？

③ 每个设施应保持多少存货以满足特定的服务水平？

④ 应利用什么运输服务来满足顾客期望的服务？

⑤ 在此系统下，返还品的货流怎样管理？

⑥ 作业的全部或部分应由一个第三方物流服务提供商管理吗？

网络策略必须与渠道设计以一种给顾客价值最大化的方式进行整合，渠道成员的协调与整合在整个物流系统绩效中起到日益重要的作用。同样，物流网络策略必须与企业的生产、分销物流战略整合，尽管对生产与分销体系同时协调与分析使成本/服务的权衡变得复杂，现在很多企业在计划与管理中考虑到了生产与分销计划的整合，并改善了企业的成本状况和投资绩效。

3. 第三层：物流战略的职能部分

物流战略的职能部分包括运输、仓储和物料管理方面的分析。运输分析包括承运人的选择、装载计划、车辆安排、路线规划等方面，仓储分析包括设施的布置、存货的内容、作业流程管理、仓储装卸搬运技术等方面，物料管理涉及的是包括预测、库存计划、生产计划、制造进度安排和采购在内的整个库存补充供应过程。职能部分的战略考虑涉及：我们应该考虑仓储或运输上的第三方服务吗？我们企业应外包更多的物流活动吗？

随着第三方物流服务商提供高质量服务与独特能力（如装载集并计划或拼箱计划、再包装服务等）的水平提高，许多企业逐渐选择第三方物流服务提供商。

市场、供应模式和顾客服务需求随时变化，物流运作必须加以调整来适应这些新的要求。许多物流运作的改善可以提高职能绩效。例如，由于顾客对小批量、多批次、高频度货运的服务要求，仓储和运输两者的运作必须调整，以实现最佳绩效。由于货运规模从整个货盘到箱，直到拆箱的变化，仓储作业必须考虑新的分拣工艺或新技术。同样，由于货运规模的下降，运输必须考虑到共同配送、中转货物的集并或其他物流技术。

4. 第四层：执行层

执行层包括支持物流的信息系统、指导日常物流运作的方针与程序、设施设备的配置及维护，以及组织与人员问题。信息系统和组织问题对有效的物流业绩特别重要。物流信息系统是一体化物流思想的实现手段。没有先进的信息系统，企业将无法有效地管理成本、提供优良的顾客服务和获得物流运作的高绩效。

一个整合的、高效的组织对成功的物流绩效是重要的。一体化的物流管理并不意味着将分散于各职能部门中的物流活动简单地集中，关键在于物流活动之间的协调配合，要避免各职能部门追求局部物流绩效的最大化。例如，运输、仓储和订货处理等活动经常相互矛盾地彼此影响，较低的存货水平减少了存货持有成本，但也可能降低顾客服务水平，并由于缺货、再订货、额外的生产作业以及费用较高的快递等增加成本。在绩效评定上，如果采购经理的工作成效仅通过采购价格被评价，那么要求他的工作做到一个采购项目（采购价格、运输、库存、质量、利润、管理费用）的总成本最低是不可能的。同样，假如企业仅按照减少运输成本的目标评价的话，运输经理将不会建立最有效的物流系统。

三、物流战略制定的原则

一般来说，物流战略制定需要遵守以下几项原则。

1. 总成本的概念

物流管理部门与其他部门会出现效益相互抵消的问题，事实上，在物流管理内部也存在这样的问题。降低库存成本必然要求较高的运输费用，而降低运输费用则必然会增加库存成本。同样，顾客服务的改善也往往意味着运输、订单处理和库存费用的上升。在遇到这些问题的时候，就需要用到总成本的概念，即要平衡各项活动使得整体达到最优。

2. 延迟化策略

这个策略的思想主要是通过寻找不同产品的差异点，尽可能延迟产品差异点的生产、组装、配送等时间，使之在不同产品需求中相同程序制作过程尽可能最大化，而定制需求（体现个性化需求的部分）的差异化过程尽可能被延迟，尽最大可能解决大规模定制生产中成本和速度的两大问题，从而使总成本受控的同时，实现产品多样化，并快速地满足客户个性化的需求。这一策略经常与标准化策略共同实施。

3. 个性化和多样化分拨

不要对所有的产品提供同样水平的顾客服务，这是进行战略规划的一条基本原则。根据不同的顾客服务要求、不同的销售水平和不同的产品特征，把各种产品分成不同的等级，进而确定不同的库存水平、选择不同的运输方式和线路等。

四、物流战略管理

（一）物流战略管理的定义

物流战略管理（Logistics Strategy Management）是对企业的物流活动实行的总体性管理，是企业制定、实施、控制和评价物流战略的一系列管理决策与行动，其核心问题是使企业的物流活动与环境相适应，以实现物流的长期、可持续发展。

物流战略管理是一个动态的管理过程，它是一种崭新的管理思想和管理方法。物流战略管理的重点是制定战略和实施战略，而制定战略和实施战略的关键是对企业外部环境的变化进行分析，对企业物流资源、条件进行审核，并以此为前提确定企业的物流战略目标，使三者达成动态平衡。物流战略管理的任务就在于通过战略制定、战略实施、战略控制，实现企业的物流战略目标。

（二）物流战略管理过程

物流战略管理由三个阶段构成，即物流战略制定、物流战略实施和物流战略控制与调整。

1. 物流战略制定阶段

战略规划的制定就是企业在内外环境分析的基础上，按照一定的程序和办法，规定战略目标，划分战略阶段，明确战略重点，制定战略对策，从而提出指导企业物流长远发展的全局性总体谋划。战略规划的制定是一项十分重要而又十分复杂的系统工程，需要按照一定的程序和步骤。一般来说，制定战略规划的程序有以下几个相互衔接的环节。

（1）树立正确的战略思想。战略思想是指导战略制定和实施的基本思想，是整个战略的灵魂，它贯穿于物流战略管理的全过程，对战略目标、战略重点、战略决策起一个统帅的作用。战略思想来自战略理论、战略环境的客观分析以及企业领导层的战略风格。一个企业的战略思想主要应该包括竞争观念、市场营销观念、服务观念、创新观念和效益观念等。

（2）进行战略环境分析。这是指导战略的基础和前提。如果对组织内外环境没有全面而准确的认识，就无法制定出切合实际的战略规划。

（3）确定物流战略目标。物流战略目标是指企业在完成基本物流服务过程中所追求的最终结果。它是由战略决策者根据企业的物流目标而确定的。物流战略目标为企业物流活动的运行指明了方向，为企业物流评估提供了标准，为其资源配置提供了依据。利用物流战略目标可以对企业全部物流服务活动进行有效管理。

（4）划分战略阶段，明确战略重点。战略阶段是指战略的制定和实施在全过程中要划分为若干阶段，一步一步地达到预定的战略。一个较长期的战略，如 5 年、10 年的战略规划，必须是逐步实现、逐步推进，因此就要划分为若干个阶段。战略阶段的划分，或者叫作战略步骤的划分，实际上是对战略目标和战略周期的分割。这种划分和分割，要求明确各战略阶段的起止时间以及在这段时间内所达到的具体目标。这些具体目标和阶段的总和就构成了总的战略目标和战略周期。而战略重点是指对战略目标的实现有决定意义和重大影响的关键部位、环节和部门。抓住关键部位，突破薄弱环节，就便于带动全局，实现战略目标。

（5）制定战略对策。战略对策是指为实现战略指导思想和战略目标而采取的重要措施和手段。根据组织内外环境情况及变动趋向，拟订多种战略对策及应变措施，以保证战略目标的实现。

（6）战略评价和选择。战略评价是一个战略制定完整阶段的最好环节。如果评价后战略方案被否定，就要按照上述程序重新拟订；如果评价后战略规划获得肯定，则结束战略制定而进入战略的具体实施阶段。

2. 物流战略实施

物流战略实施就是将战略转化为行动，主要涉及这些问题：（1）企业如何建立年度物流目标、制定物流政策、配置物流资源，以便使企业制定的物流战略能够得到落实；（2）为了实现既定的战略目标，还需要获得哪些外部资源以及如何使用；（3）需要对组织结构做哪些调整；（4）如何处理可能出现的利益再分配与企业文化的适应问题；（5）如何进行企业文化管理，以保证企业物流战略的成功实施等。物流战略实施是战略管理过程中难度最大的阶段，战略实施的成功与否，是整个战略管理能否实现战略目标的关键。

3. 物流战略控制与调整

物流战略控制，是物流战略管理的最后阶段。物流战略控制可分为三个步骤：制定控制标准，根据标准衡量执行情况，纠正偏差。战略控制的方法主要有事前控制、事中控制、事后控制。

物流战略调整就是根据企业情况的发展变化，即参照实际的经营事实、变化的经营环境、新的思维和新的机会，及时对所制定的战略进行调整，以保证战略对企业物流管理进行指导的有效性。包括调整企业的长期物流发展方向、企业的物流目标体系、企业物流战略的执行等内容。

物流战略制定固然重要，物流战略实施与控制同样重要。一个良好的物流战略仅是物流战略管理成功的前提，有效的物流战略实施、控制才是物流战略目标顺利实现的保证。

第二节　物流战略环境分析

制定物流战略首先需要对系统赖以生存的环境进行分析，然后对内部条件作评价，所以物流战略环境分析是企业物流战略决策的前提和基础。企业物流战略环境分析是对企业物流所处的外部环境和内部条件的分析。

一、企业物流的外部环境

所谓企业物流的外部环境，是指存在于企业之外，对企业物流活动的开展产生决定性影响的各种因素的总和。企业物流外部环境对企业物流活动来讲，是不可控因素，企业无法改变外部环境，外部环境的存在与变化是不以企业的意志为转移的。但企业可以通过对外部环境的分析，寻找自己发展物流的机遇和空间，从而确定自己的物流发展战略。

一般来说，外部环境可以概括为以下几类：政治和法律环境、经济环境、社会文化环境、科技环境，即PEST（Political，Economic，Social，Technological）。

（一）政治和法律环境

政治和法律环境是指那些制约和影响企业的政治要素和法律系统，以及其运行状态。政治环境主要包括政治制度、政党制度、政府治国的重大方针政策、政治性社团组织的地位和作用等。法律环境主要包括国家制定的法律、法规、法令以及国家的执法机构等因素。政治环境是影响一国政局稳定的最根本因素，而国内政局是否稳定，必将影响企业的发展。法律环境主要受国家的立法制度、各项法令法规的建设及执行情况等因素的影响。一个地区或国家的法律体系是否完善对于物流的发展至关重要。在任何社会制度下，企业物流活动都必须受到一定政治和法律环境的规范、强制和约束。

具体到物流行业，我国政府经济管理部门作为宏观物流管理的主体，近年来在物流规划、物流政策制定等方面发挥着积极的作用。2001 年 3 月，原国家经贸委、交通部、铁道部、民航总局、外经贸部、信息产业部 6 家行业主管联合发布了《关于发展现代物流的若干意见》。这是我国第一个由设计物流的诸多部门联合制定的为促进物流发展的政策性指导文件，显示出政府主管部门对于现代物流的关注和加快现代物流发展的意向。2003 年春天的机构改革，将物流管理明确地纳入政府部门的职责范围，承担这项重任的便是新组建的商务部和国家发展与改革委员会，从国家层面上实现了管理机构的"到位"。国务院规定商务部拟订国内贸易发展规划，研究提出流通体制改革意见，培育发展城乡市场，推进流通产业结构调整的职责，并大力发展连锁经营、物流配送、电子商务等现代流通方式。而商业改革发展司将负责拟订现代物流服务业的发展战略、行业规划，拟订优化流通产业结构、深化流通体制改革的方针政策，拟订连锁经营、物流配送等现代物流方式的发展规划并组织实施。与此同时，国家发展和改革委员会作为国家宏观调控和整体指导的新部门，其下设有 28 个机构，其中经济贸易司将负责提出现代物流业发展的战略和规划，协调流通体制改革中的重大问题。这些新举措有力地推动了我国物流业的发展。

因此，企业在制定自己的物流战略时，必须考虑以下几个方面的因素。

（1）企业必须懂得本国和业务范围国家的法律法规，保护企业物流活动合法权益，以更好地促进商品流、资金流、信息流的运行。虽然我国尚未颁发专门的物流法，但先后颁布了相关法规，如《中华人民共和国铁路法》（1990 年 9 月 7 日第七届全国人大常务委员会第十五次会议通过）等。

（2）法规在一定时期内是相对稳定的，但是政府的具体方针政策则具有可变性，会随政治经济形势的变化而变化。在社会主义市场经济中，政府为实现经济总量平衡和整体结构优化，促进经济健康发展，从宏观上对现代物流进行控制、协调、组织、监督，努力营造现代物流发展的宽松环境。按照现代物流发展的特点和规律，必须打破地区封锁和行业垄断经营行为，加强对不正当行政干预和不规范经营行为的制约，创造公平、公开、公正的市场环境。

（3）我国加入 WTO 以后，企业物流发展也必须遵循世贸组织的有关规定，按国际惯例和 WTO 框架规定开展物流经营活动。

（4）各地方政府还有对物流企业的优惠政策，力图通过政策刺激，促进物流企业的发展。如广州保税区允许境外企业在保税区开展国家贸易、保税仓储、分销、配送、简单加工、物流信息服务等物流服务。

（二）经济环境

经济环境是指国民经济发展水平、国家经济政策和社会经济发展的战略制定及实施情况、国内外经济形势及其发展趋势等。在经济环境中，关键性的战略因素有：国民经济发展状况及其发展规律、国民生产总值及其变动趋势、人均收入及其变动趋势、利率水平高低、货币供给松紧、失业人员的比例、通货膨胀的大小及其变动趋势、国民收入分配及再分配的过程中的积累与消费、投资与储蓄的比例状况以及工资与物价的控制状况、资源供应与成本、市场机制的完善程度等。

随着社会经济的发展，物流需求也逐步朝着多样化、高度化方向发展。企业在制定自己的物流战略时，必须考虑以下几个方面的变化。

（1）生产力的发展推进着企业物流的发展。一方面生产力的发展创造了企业物流发展机会，为物流发展提供了技术及设备；另一方面生产力的分布及结构也决定了企业物流能力的分布及物流生产力结构。改革开放以来，我国的生产力水平有了极大的提高，科学技术得到长足发展，为我国企业物流的发展提供了充足的动力。

（2）市场经济体制的建立加快了企业物流的发展。一方面，市场经济体制的建立与完善，要求大力发展社会化大生产，形成大市场、大流通、大交通，为社会化的现代物流提供了广阔的发展舞台和生存空间；另一方面，市场经济体制为现代企业物流发展提供了新的管理制度、先进的组织管理方式，创造了更好的发展条件。

（3）工商企业不断壮大发展创造了对物流服务的新需求，引导和促进了企业物流的发展。不断快速发展的企业对交通、运输、仓储配送、货运代理、专业物流等物流服务提出了新的要求，成为现代企业物流发展动力。企业物流的发展能优化供应链，节省经费，降低成本，提高产品的附加值和竞争力。

（4）我国经济及产业结构正处于一个振荡和面临调整和整合的历史时期。新形势下，物流产业的发展正面临着一次历史性的机遇，满足多样化的社会需求以及多个产业一体化的进程将聚集于企业物流的发展。企业物流的发展可以推动产业布局的合理化，各大产业的协调发展，可以推动现代企业物流的发展。

当今世界，经济全球一体化已不可逆转，资源在世界范围内更加自由、全面、便捷地流动和配置，使得世界各国经济愈益相互开放和融合，各国经济的发展、变化愈益相互影响和制约。

（三）社会文化环境

社会文化环境是指社会文化发展水平的概况，包括社会结构、社会风俗习惯、文化底蕴、文化发展、价值观念、伦理道德与人口统计因素。社会文化在现代市场经济发展进程中不断变迁和发展，促进整个社会文化的结构重组，形成企业物流发展的新的社会基础和文化影响，为物流发展提供新的环境动力。

（四）科技环境

科技环境包括国家科学技术政策、措施、经费，企业所处产业的研究与开发投入情况，技术创新体制及其奖励政策、知识产权及专利的保护，科学技术产业化动态以及信息与电子技术发展可能带来生产率提高的前景等因素。现代科学技术为现代物流的发展提供了广阔前景与技术支撑。企业在制定自己的物流战略时，必须考虑以下几个方面的问题。

（1）现代科技带给企业物流新的发展机会和发展动力。每一种新技术的运用都会使物流环节的效率得以提高，物流运作加速完成。随着新技术采用，企业物流基础设施得以优化利用，物流工具更加现代化、智能化，为企业物流发展创造了新的动力。

（2）现代科技提高企业物流管理水平。先进的设备、仪器、管理系统、信息系统在企业物流得以运用，使得企业物流的经营管理效率得以极大的提高。

（3）现代科技促进了企业物流装备的现代化发展。一方面，如企业物流设备、集装设备、仓库设备、铁道货车、货船、货运航空器、仓库设备、装卸机具、输送设备、分拣与理货设备、物流工具各种物流装备有较大的发展；另一方面，与现代企业物流发展相适应的信息技术及网络设备得到较快发展。

二、企业物流的内部条件

企业内部条件是相对于外部环境而言的，是指企业物流发展的内部因素。相对于企业外部环境来说，企业内部条件是可控因素，是企业物流发展的基础，企业从事物流活动的能力，取决于企业内部条件中诸因素之间的联系和比例关系。同时，企业内部条件也是一个动态的概念，并不是一成不变的。

战略分析还要了解企业自身所处的相对地位，具有哪些物流资源与物流能力；还需要了解与企业有关的利益和相关者的利益期望。在战略制定、评价和实施过程中，这些利益相关者会有哪些反应，这些反应又会对企业物流产生怎样的影响和制约。企业内部条件分析主要包括以下两个方面：企业物流资源和物流能力分析。

（一）企业物流资源分析

企业的物流实力首先反映在企业的物流资源基础上。企业的物流资源，是指贯穿于整个企业物流各环节的一切物质与非物质形态的要素。其主要内容分为以下两类。

（1）有形资源。企业的有形物流资源，主要是物质形态的资源，如各种物流设施、设备、物流网点及物流工具等。另外，企业的财务资源，如现金、债权、股权、融资渠道和手段等，也可归于有形资源一类。有形资源是企业开展物流活动的硬件要素。

（2）无形资源。企业无形资源的种类很多，其内容主要包括人力资源、组织资源、技术资源、企业文化和企业形象等。

（二）企业物流能力分析

企业物流能力是与企业物流资源密切联系的。所谓企业物流能力，就是能够把企业的物流资源加以统筹整合以完成预期的任务和目标的技能。企业物流能力主要体现为对物流资源的利用与管理能力，没有能力，资源就很难发挥作用，也难以增值。

企业既要分析物流资源状况，更要分析物流能力水平。企业物流能力只有在物流活动中才会逐步显示出来，任何企业都不可能具备无所不能的物流能力。资源在投入使用前比较容易衡量其价值，而能力只有通过使用资源才得以体现。在经济全球化不断推进的条件下，资源可以突破区域、国家的界限，但对资源的使用能力只有靠企业自己不断地增强。

（三）企业物流目标市场的接纳程度

由于不同地区中的消费群有不同的文化传统和价值观念，可能对某些企业物流文化有不同的接受程度。这种价值观念和文化的影响有的直接进入了法律体系，有的成为政府的政策，有的则只是以社会的习惯出现。如果进入目标市场时，未对其进行详细的分析和了解，就会受到政府、行业协会、工会、消费群体的排斥。目标市场的权力主体对企业物流的包容性或接纳程度就更显重要了。

三、企业物流环境的新变化

20 世纪 90 年代以后，推动物流发展和物流地位改变的环境要素有以下几个方面。

（一）消费者行为的变化

20 世纪 90 年代以后，人们对生活的追求从原来的温饱型、数量型转向小康型，重视生活的质量。伴随着这种生活意识的变化，在经济社会向国际化、信息化以及人口结构高龄化急剧转变的基础上，出现了消费者价值的多元化以及生活类型的多样化的趋向，消费开始向个性化和多样化方向发展。表现在消费行为上，人们在重视商品质量和体现自己生活方式的基础上，购买具有差别化的商品。这种消费行为上的变化对企业的生产和经营产生了深远的影响，同时在适应消费行为变化的过程中，强化了物流管理在企业战略中的地位。

（二）多品种、小批量生产的转变和零售形式的多样化

在大量消费社会中，当厂家研制、开发出新产品以后，通过各种各样的媒体，特别是电视广告等促销手段的运用和商业推广，就能唤起全国规模的需求，这种营销的背后隐含的是消费者具有“与他人一致”的消费意识。与这种消费者统一的消费行为相对应，零售业以百货业和综合超市为中心，通过大量购进、大量陈列价廉的商品来推动销售额的成长。但是随着消费个性化、多样化的发展，消费的趋同性减少，流行商品的生命周期也会越来越短。在这种状况下，厂家要准确预测特定商品的流行程度十分困难。此外，基本生活品在全社会普及之后，商品在质量上的稍微改进或价格的稍微降低都不能大量激发消费者的购买欲望，因而能开发出具有爆发性需求规模的新产品也会越来越困难。

正因为如此，如今很多厂商都在积极开展多品牌战略，即将原来的产品加以改良，附加各种机能，形成产品间微妙的差异，积极开展多品种生产战略。多品牌战略的实施意味着企业的经营从原来厂商生产主导的消费唤起战略转向消费主导的商品生产战略。这种战略转换也改变了原来从事专职大量输送、储存的物流管理活动，也就要求物流既讲求效率，又能促进生产、销售战略的灵活调整和转换。

另外，对应于消费个性化、多样化发展，零售业中以家居用品为中心，进货品种广泛的零售店、购物中心等业态的销售额急剧扩大。另一方面，由于生活类型的多样性带来了诸如活动时间中通宵营业的24小时店（便民店）或以利用汽车购物为前提的郊外仓储式商店等新型业态也相继诞生，并实现了快速成长，这些都改变了原来的流通格局，同时也推动了物流服务的差异化和系统化管理的发展。

（三）无库存经营的倾向

零售业中与消费个性化、多样化以及厂商多品种生产相对应，无论在既存的零售业态百货店和超市中，还是新型的24小时店等新业态中，经营的商品品种数越来越多。但是，与此同时，由于政策、环境、房地产价格等原因，店铺的规模和仓库规模不可能无限扩大。特别是在大都市中，由于人口密度大、地价高昂、消费更新快、环境法规严格等原因，更加限制了仓储点和仓储空间的扩大。在这种情况下，只有提高店内管理效率，通过加快商品周转来抵消仓储空间不足等问题。如今，在国际上，大型零售业的经营方针均已从原来通过新店开设寻求外延型发展，转向充实内部管理和投资，积极探索内涵型发展。除此之外，另一个推动无在库经营的原因是，由于消费行为的多样化、个性化发展，生产企业商品多品种、少数量生产，实际需求的预测十分困难，在这种状况下，库存越大，零售企业承担的风险也越大，因此，为了降低风险，零售企业必须尽可能地压缩库存，实现实时销售。具体来看，现代零售企业管理有以下几项特点。

（1）迅速制定经营中的“畅销品”与“滞销品”，以此为基础确定订货商品的种类和数量（单品管理）。

（2）在有限的空间里陈列更多的商品，降低销售风险，极力抑制各类商品的库存量，彻底实现无库存管理和库存成本的削减（无库存经营）。

（四）信息技术的发展

“单品管理”和“无库存经营”能成为现实，首先是因为20世纪90年代后期的信息技术的发展，具体反映在POS（Point of Sales，销售时点信息管理系统）系统和EOS（Electronic Ordering System，电子订货系统）系统的导入。POS系统是指在商品销售时，通过OCR（Optical Character Reader，光学式自动读取）方式的现金出纳机读取每个商品的条形码，进而利用计算机对商品品种、价格、数量等销售信息进行处理、加工的系统。EOS系统是指在店铺输入订货数据，然后利用通信网络，向卖方、企业总部或配送中心的计算机传送的系统。

开发 POS 和 EOS 系统以后，这两种系统在商业领域迅速得到了推广和普及，并大大改变了流通绩效，推动物流管理的现代化。从直接带来的利益看，POS 系统的导入提高了现金授受作业的速度和正确性，节省了人力成本，实现了流通效率化。与此同时，在软件利用方面，通过对所积累的电子信息进行加工、分析，可以作为经营战略决策的依据和信息来源。具体表现为，可以据此及早把握“畅销品”“滞销品”的状况，提高商品周转率，并且还可以调整商品陈列和空间设置，构筑充满魅力的商场。此外，将这种信息与顾客信息相连接，可以推动开发符合顾客需求的新产品，进一步与 EOS 系统连接，可以在补充订货自动化的过程中，防止次品，削弱库存水平等。

（五）物流需求的高度化

在整个经营环境中最为重要的影响因素是货主物流向高度化发展，新的物流追求的是在适当的时间配送必要的商品和必要的量，这种物流被称为“JIT 物流”。近几年来，零售业强化了店铺食品新鲜度管理，纷纷制定商品有效期限，这更加推动了 JIT 物流的发展。

物流需要朝高度化、小型化、高附加值方向发展，这在实践上可以从国际间集装箱生产的贸易上得到反映。长期以来，集装箱运输一直是物流运输的一种重要方式，所以，世界上集装箱的生产与出口一直方兴未艾，但是进入 1998 年以后，集装箱生产面临着产品结构调整的局面，生产企业纷纷陷入困境，原因就在于货主运输服务的需求发生了改变，随着生活价值多样化、产品多样化，以及市场营销全球化、当地化、即时化的发展，高附加价值、技术型集装箱运输逐渐取代了原来无差异的集装箱运输，而成为集装箱运输服务的主流。因此，相应的集装箱生产也面临着调整。例如，1998 年韩国和我国台湾省的总产量从 12 万 TEU（Twenty-foot Equivalent Unit，以长度为 20 英尺的集装箱为国际计量单位，也称国际标准箱单位）左右降至 10 万 TEU。1999 年以来，只有冷藏箱产量有上升趋势。整个欧洲的产量基本保持稳定状态，大约为 15 万 TEU，专用箱比例要高一些，西欧和东欧的制箱厂大量转产新一代运转箱，美洲的制箱厂日益依靠制造地区专用箱和冷藏箱，1998 年产量不到 4 万 TEU。从企业生产情况看，传统 20 英尺箱市场需求的萎缩和出口价格下降使我国以外的许多干货集装箱生产厂家几乎无法正常生产，其中 1997—1998 年度倒闭的厂家有泰国联合工业（AIT）、印度尼西亚的进道（Kodeco）和印度的 Varun Seacon，现在印度尼西亚只有 2 家标准箱生产厂家在经营，印度有 3 家，马来西亚保留 2 家，我国台湾省有 2 家，韩国和泰国各 1 家，且都处于半停产状态。经过 10 多年的发展，目前，集装箱主要生产国为中国、韩国，其中中国集装箱产能占全球的 95%以上，韩国集装箱制造业在国际上所占的市场份额越来越小。中国在集装箱制造行业具有绝对的垄断地位，又由于中国具有成本、市场等方面的优势，未来中国集装箱制造业在国际上的垄断地位将会更加稳固。世界集装箱重心转移到中国以后，我国的标准箱市场已经处于饱和状态，竞争呈现白热化。随着货主对运输的货物质量要求的提高，以及大型成套设备贸易的增多，未来的需求重心将从干货箱向冷藏箱、容积大型化箱、40 英尺高体箱倾斜，特种箱市场占有率不断扩大，而 20 英尺箱市场将呈萎缩状态；随着公路、铁路、港口建设设施的不断改善，40 英尺箱的应用范围将越来越广；其他特种箱的比例也将上升，地区专用箱的势头依然看好。

以上实践的发展，都从不同的侧面反映出开发高附加价值、高服务水平的物流战略和物流设施是企业在激烈的市场环境中求生存和发展的唯一途径，因此，物流高度化发展的动向及特征应该得到物流企业的充分重视和研究。当然还应当指出的是，在物流服务高度化发展过程中，物流服务的价格在进一步下降，20 世纪 90 年代全球范围内泡沫经济的崩溃和亚洲金融危机的爆发，企业对降低物流成本的要求愈加强烈，所以，企业在制定经营战略时，必须兼顾高服务水准与低成本化。

（六）经济的可持续发展

随着多频度、小单位配送以及企业物流的广泛展开，如何有效地协调物流效率与经济可持续发展的关系，也是促使企业物流强化战略研究的重要因素。物流功能的广范围、纵深化发展，以及物流需求的高度化延伸，带来的一个直接效应是物流量的急剧膨胀，但是，物流量的巨大化往往会阻碍物流效率提高，这主要是因为它对社会和周围环境可能会产生两方面的负面影响。具体地说，巨大的物流量在没有有效管理和组织的情况下，极易推动运输、配送车辆以及次数增加，而车辆、运行次数上升带来的结果，首先是城市堵车、交通阻滞现象日趋严重，特别是在大都市、中心城市，原来交通状况就比较严重，如果再不断增加路面负荷，更容易产生效率低下以及各种社会问题。任何城市都具有空间的有限性和效率性。城市地理学与城市经济学的研究证明，城市本身在一定的技术条件下有其理想规模，再大就会产生规模不经济，而分配给交通运输系统使用的土地，包括道路和站场也有一定比例，一般在总土地面积的 15%～25%较为合理，对一个发展中城市而言，交通运输用地偏低会造成道路网不足。从社会发展的角度看，进一步扩大路网固然重要，但最有效地利用路面则是交通运输体系发展战略最为主要的原则。所以，在战略上合理安排、管理物流不仅关系到企业自身物流效率的高低，也关系到整个社会持续发展的问题。

第三节　物流战略规划的制定

随着经济全球化及科技的迅速发展，企业经营环境瞬息万变，为了适应其外部环境的变化，各类企业必须基于未来发展的战略研究，制定物流战略规划，确定科学合理的物流战略目标。物流战略规划是企业制定的物流目标、任务、方向，以及实现物流目标的各项政策和措施。具体来说，它包括确定物流企业战略目标、选择物流战略制定的方式、制定和选择物流战略方案。

一、物流战略目标

物流战略目标是由整个物流系统的使命所引导的，可在一定时期内实现的量化的目标。它为整个物流系统设置了一个可见和可以达到的未来，为物流基本要点的设计和选择指明了努力方向，是物流战略规划中的各项策略制定的基本依据。

企业物流战略的目标与企业战略的目标是一致的，即在保证物流服务水平的前提下实现物流成本的最低化。具体而言，可以通过以下目标的实现来达到：维持企业长期物流供应的稳定性、低成本、高效率；以企业的整体战略为目标追求与生产、销售系统良好的协调；对环境的变化为企业整体战略提供预警和功能范围内的应变力，最终为企业产品赢得良好的竞争优势。为此，物流战略目标包括以下几方面。

（一）降低运作成本

现代企业的经营核心都是获取利润，在企业收益不变的情况下，如果企业能够降低成本支出就可以实现达到企业利润增加的目标。同时，因为物流成本是企业总成本的构成成分中具有财务杠杆作用的成本之一，所以物流成本的降低就可以带来利润的数倍增加。

（二）减少资本投入

这一目标主要集中在投资最小化，即在保证企业利润不变的情况下，减少企业对物流设施和设备的投资。

（三）改进服务质量

有人认为改进服务质量必然带来物流成本的增加，但是成本增加的同时也带来了企业收益的增加。只要物流成本增加的幅度小于企业总收益增加的幅度，企业改进服务的物流战略就有实施的可能性和必要性。

二、制定物流战略规划的影响因素

物流战略包含在企业整体战略当中，因此构建物流战略不仅要考虑企业整体的组织目标，而且要考虑生产、营销、财务等部门的相关战略。举例来说，在物流规划过程中，必须把有效生产能力和企业营销层次等问题作为重要的因素考虑进去。物流增长的能见度至少部分地表现在它与企业其他部门相互作用的普遍性上。如何使物流发展同一定时期内增长的可能性相协调，是物流管理者面临的一大挑战。这一问题的答案可以从供应链整合的某种形式中得到。

整个体系的前提是经过整合的供应链管理使物流系统在分配（或供应）渠道上可取得的绩效要优于不采用整合方法时的绩效。促进整合的典型方法包括信息共享，特别是与预定需要和计划产品相关的信息。此外，还需要全面考察下列要素。

（一）顾客服务水平

这个要素的内容是为产品的目标市场决定恰当的顾客服务水平。这就需要对不同战略选择进行评价，通盘考究顾客群体，决定机会差异，分析竞争者的行为。最后，必须要计算通过不同的物流网提供不同服务水平的成本，以便从消费者角度做出最佳选择。

（二）供应和分配渠道

这个要素主要是考虑商品渠道中应有多少成员？应与它们建立什么样的运营关系？如前所述，公司往往倾向于减少与它们进行业务往来的供应商、运输商和中间人的数量，并通过建立长期合作伙伴管理来增强与渠道中其余成员的关系。3M 公司是少数几个采取这种战略的公司之一，它的管理者利用了 5 条物流渠道为 80 项不同业务服务，并为不同的渠道建立各自的班组来制定统一的物流战略，他们把这称为“渠道战略”。

（三）设施定位

作为物流网的一部分，原材料供应来源、统一供应点、配给场所、区域服务中心应是什么样的？它们的责任和义务是什么？回答这些问题需要同生产和营销部门密切协商，以使整个供应链协调运转。

（四）分配部署

要决定上述设施的最佳用途。原材料供应应如何部署才能满足制造需要？产品应如何分配给配送中心并最终到达消费者手中？

（五）库存

库存管理系统应是什么样的？应具备多少库存？什么样产品的库存？它们应被保存在什么地方？大量的库存是一种潜在的成本已得到普遍认同，因此，库存有减少的趋势，从而管理产品生产和流转需要一个更为紧密的协作流程。

（六）运输

应该采取何种运输方式？运载量多大最为合适？谁来决定运输，承运人还是收货人？如前所述，世界范围内运输限制的减少已使节约成本和改进质量成为可能。

（七）信息管理

怎样的计划、运作和控制系统才算合适？需要用哪种类型的信息系统追踪商品在物流管路中的流动？条形码和其他形式的自动化识别系统、电子数据交换系统、可视性交易处理机和通信系统以及尖端的决策支持系统和专家计划系统等证明信息在物流过程中起到了关键作用。

（八）组织

根据机构和人员而设置的物流组织结构以及其集中和分散的程度，是一个关系到物流组织能否有效运作的重要问题。物流作为一种处于相对优势的资源，如果想要充分发挥潜力，物流组织和公司其他部门的相互关系也是至关重要的。

制定成功的物流战略，涉及两个步骤：第一，公司必须要整合物流活动，系统地审视和理解任何物流决策所固有的交易活动；第二，物流管理人员必须想方设法整合包括所有成员在内的物流系统。因为供应链的强弱是由最弱联结环节决定的。一个实力较弱的中间环节会破坏整个物流过程，所有的管理努力都会白费。因此，如果一个供应链要获得成功，必须具备两个决定性条件：第一，不论对顾客还是供应者，都要力求使供应链中每一个环节或成员组织实现利益最大化；第二，要力求协同，以改进供应链的整体绩效，如缩短整体循环时间，减少系统库存，降低总体供应成本等。因此，每个组织都需要检查自己供应链中的主要产品和服务以及竞争挑战的情况。每个组织都需要判断在什么地方可以利用供应链中潜在能力和资源，更快并以最低成本为市场提供具有特色和更高价值的产品和服务，从而在这个市场上实现产品和服务的差异化。

三、物流战略规划的内容

（一）物流战略规划的层次

物流战略规划试图回答做什么、何时做和如何做的问题，涉及三个层面：战略层面、策略层面和运作层面。它们之间的主要区别在于计划的时间跨度。战略规划（Strategic Planning）是长期的，时间跨度通常超过一年。策略规划（Tactical Planning）是中期的，一般短于一年。运作计划（Operational Planning）是短期决策，是每个小时或者每天都要频繁进行的决策。决策的重点在于如何利用战略性规划的物流渠道快速、有效地运送产品。

各个规划层次有不同的视角。由于时间跨度长，战略规划所使用的数据常常是不完整、不准确的。数据也可能经过平均，一般只要在合理范围内接近最优，就认为规划达到要求了。而运作计划则要使用非常准确的数据，计划的方法应该既能处理大量数据，又能得出合理的计划。例如，我们的战略规划可能是整个企业的所有库存不超过一定的金额或者达到一定的库存周转率，而库存的运作计划却要求对每类产品分别管理。

由于物流战略规划可以用一般化的方法加以探讨，所以我们将主要关注战略规划。运作计划和策略性规划常常需要对具体问题做深入了解，还要根据具体问题采用特定方法。

（二）物流战略规划的主要领域

物流战略规划主要解决四个方面的问题：客户服务目标、设施选址战略、库存决策战略和运输战略，如图 10-2 所示。除了设定所需的客户服务目标以外（客户服务目标取决于其他三方面的战略设计），物流规划可以用物流决策三角形表示。这些领域是互相联系的，应该作为整体进行规划，虽然如此，分别进行规划的例子也并不少见。每一领域都会对系统设计有重要影响。

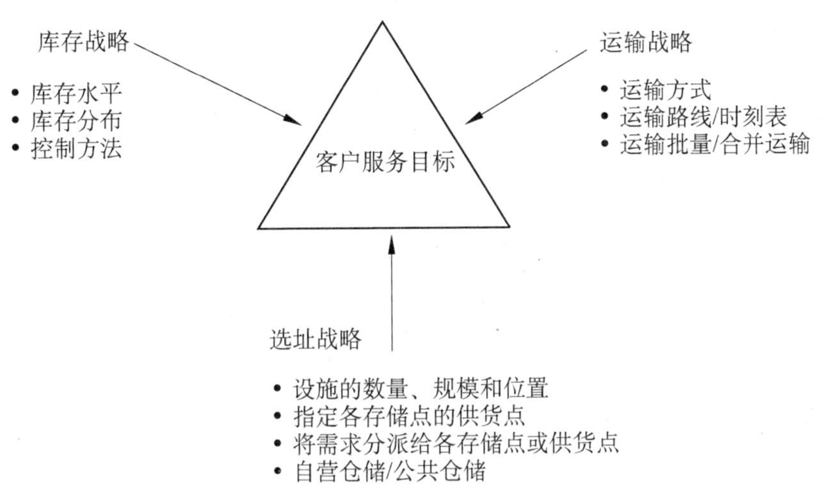

图 10-2　物流战略规划的主要领域

1. 客户服务目标

企业提供的客户服务水平比任何其他因素对系统设计的影响都要大。服务水平较低，可以在较少的存储地点集中存货，利用较廉价的运输方式。服务水平高则恰恰相反。但当服务水平接近上限时，物流成本的上升比服务水平上升更快。因此，物流战略规划的首要任务是确定适当的客户服务水平。

2. 设施选址战略

存储点及供货点的地理分布构成物流规划的基本框架。其内容主要包括：确定设施的数量、地理位置、规模，并分配各设施所服务的市场范围，这样就确定了产品到市场之间的线路。好的设施选址应考虑所有的产品移动过程及相关成本，包括从工厂、供货商或港口经中途储存点然后到达客户所在地的产品移动过程及成本。采用不同的渠道来满足客户需求，如直接由工厂供货、供货商或港口供货，或经选定的存储点供货等，则会影响总的分拨成本。寻求成本最低的需求分配方案或利润最高的需求分配方案是选址战略的核心所在。

3. 库存战略

库存战略是指管理库存的方式。将库存分配（推动）到储存点与通过补货自发拉动库存，代表着两种战略。其他方面的决策内容还包括：产品系列中的不同品种分别选在工厂、地区性仓库或基层仓库存放，以及运用各种方法来管理永久性存货的库存水平。由于企业采用的具体政策将影响设施选址决策，所以必须在物流战略规划中予以考虑。

4. 运输战略

运输战略包括运输方式、运输批量和运输时间以及路线的选择。这些决策受仓库与客户、仓库与工厂之间距离的影响，反过来又会影响仓库选址决策。库存水平也会通过影响运输批量进而影响运输决策。

客户服务目标、设施选址战略、库存战略和运输战略是物流战略规划的主要内容，因为这些决策都会影响企业的盈利能力、现金流和投资回报率。其中，每个决策都与其他决策互相联系，规划时必须对彼此之间存在的悖反关系予以考虑。

四、制定物流战略规划的方法

制定物流战略规划的方法，一般有以下几种。

（1）自上而下的方式。自上而下的方式是指由企业高层管理者讨论并授意秘书或有关专业人员草拟整个企业的战略，而后逐级根据自己的实际情况以及上级的要求调整战略。这一方式最显著的特点，就是企业的高层管理人员能够牢牢地把握整个企业的经营方向，并能对下属各部门的各项行动实施有效的控制。

（2）领导层挂帅与业务部门合作制定。这一方式是由领导层挂帅，由设在企业的、具有一定业务权威的、赋予平衡各业务部门权力的“企业最高参谋部门”负责制定，或由企业的规划部门负责制定。

（3）邀请外部专家或咨询机构制定。被委托的单位应是能负法律责任的、能严守企业机密的、具有权威的企业外部咨询单位或规划部门，受委托单位向企业领导人提供一个以上的可供选择的战略方案。

（4）企业与咨询单位合作进行。这种方式可以弥补上一种办法的不足，以取长补短。

第四节　物流战略的实施与控制

当企业管理者选定了一种或根据市场条件、生产部门和顾客群体的不同而选择了多种物流战略时，接下来的工作就是如何开始实施和控制了。

一、物流战略的实施

物流战略实施就是把物流战略付诸实施。为了确保物流战略的实施，要了解物流战略实施的制约因素，搞好资源分配，加强组织领导和激励，制订具体的行动计划等。

（一）物流战略实施的制约因素

物流战略实施的制约因素主要有三个方面：人员系统、组织结构系统和企业文化系统。

1. 人员系统

企业员工，特别是企业的物流工作者是物流战略管理过程的主体。这些人员具有各自不同的目标、价值观、行为方式和技能。它们既是实施物流战略的人，又是物流战略实施过程中需要改变行为方式的人。要使物流战略实施得到预期效果，必须做好以下两项工作：一是选择或培训能胜任物流战略实施的领导人；二是改变企业中所有人员的行为与习惯，使他们易于接受物流战略。

2. 组织结构系统

企业组织结构的调整是实施物流战略的一个重要环节，任何一项物流战略都需要有一个相适应的组织结构去完成。在物流战略实施过程中，如果组织结构与物流战略不相匹配，就会对物流战略的成功实施产生严重的阻碍；反之，如果组织结构与物流战略相匹配，就会对物流战略的成功实施产生巨大的保证作用。总之，企业的组织结构应当根据企业的物流战略目标进行调整。

3. 企业文化系统

面对同样的环境，资源和能力相似的企业反应并不相同，有时甚至相差很大。这些不同是由于企业的战略决策人员具有不同的文化背景造成的。也就是说，物流战略的成功实施，不仅受外部环境和企业内部资源和能力的影响，而且也与企业文化有密切的联系。企业文化，简单地说，是企业职工共有的价值观念和行为准则。企业文化系统是实施战略的保证。在物流战略实施过程中，积极的企业文化起支持作用。

（二）资源配置

资源配置是物流战略实施的重要内容，在企业的物流战略实施过程中，必须对所属资源进行优化配置。

资源配置是根据物流战略的目标和要求配置所需的资源，包括人力、物力和财力的分配。企业在配置资源时，要注意处理好重点与非重点之间的关系，既要突出重点，又要使重点与非重点之间协调发展。如果不抓重点，平均使用资源，则必然事倍功半，造成资源浪费，影响物流战略的顺利实施。如果孤立地突出重点，忽视非重点，则也会破坏整个系统的综合平衡，往往会造成重点项目为非重点项目所牵制的局面，同样影响物流战略的顺利实施。

（三）加强组织领导和激励，制订具体的行动计划

把物流战略的内容和要求具体化，安排实施战略和行动计划的具体工作程序，把物流战略落到实处。

企业通过一定的行动来实现企业阶段目标任务，常常表现为一些具体项目的执行活动。一般来讲，在空间尺度上，具体的行动计划常常规定全局规划中某局部的具体项目活动；在时间尺度上，具体的行动计划往往限定于某一时期内的行动。企业具体的行动计划在执行过程中，一方面要按计划规定认真完成，另一方面可根据实际情况，在企业阶段计划的指导下，加以调整和修正。企业的具体行动计划通常由企业的各个职能部门来贯彻和落实。因此，需要与各个职能部门相互协调。

二、物流战略的控制

物流战略控制是指把物流战略实施过程中所产生的实际效果与预定的目标和评价标准进行比较，评价工作业绩，发现偏差，采取措施，以达到预期的战略目标，实现战略规划。它是物流战略实施中保证物流战略实现的一个重要阶段。

（一）物流战略控制的步骤

物流战略控制的步骤有：确定物流战略控制标准、衡量实际绩效、纠正偏差。

1. 确定物流战略控制标准

这是指预定的战略目标或标准，是战略控制的依据，一般由定量和定性两个方面的评价标准所组成。定量评价标准一般选用这些指标：物流效率、物流成本、投资收益、市场占有率、劳动生产率、实现利润、人均创利、物流设施利用率等。定性评价准则一般从这几个方面加以制定：战略与环境的一致性、战略中存在的风险性、战略与资源的配套性、战略执行的时间性、战略与物流组织机构的协调性、顾客服务水平等。

2. 衡量实际绩效

这是指依据标准检查工作的实际执行情况等，以便与预期的目标相比。这是控制工作的中间环节，是发现问题的过程。

衡量实际绩效的目的是给管理者提供有用的信息，为采取纠正措施提供依据。衡量实际绩效经常采用的方法有亲自观察、分析报表资料、召开会议和抽样调查等，这些方法各有其利弊和适用的情况，管理者应当根据需要采用合适的方法。

3. 纠正偏差

衡量实际绩效之后，应将衡量结果与标准进行比较，经过比较会出现三种情况：超过目标（或标准），出现正偏差；正好相等，没有偏差；实际成效低于目标（或标准），出现负偏差。若有偏差要分析其产生的原因，并采取相应的措施。在某些物流活动中，偏差是在所难免的，因此确定可以接受的偏差范围，即容限是非常重要的。一般情况下，如果偏差在规定的容限范围外，则应引起管理者的注意，并根据偏差的大小和方向分析偏差产生的原因。偏差产生的原因可能多种多样，但一般可以分为两大类：一类是执行过程中发生的；另一类是计划本身不符合客观实际或是情况变化造成的。管理者应针对具体情况采取相应的纠正措施。

（二）物流战略控制的方法

物流战略控制的主要方法有事前控制、事中控制、事后控制。

1. 事前控制

事前控制又称前馈控制，是在物流战略实施前，对物流战略行动的结果有可能出现的偏差进行预测，并将预测值与物流战略的控制标准进行比较，判断可能出现的偏差，从而提前采取纠正措施，使物流战略不偏离原定的计划，保证物流战略目标的实现。

2. 事中控制

事中控制又称行或不行的控制，是在物流战略实施过程中，按照控制标准验证物流战略执行的情况，确定正确与错误，确定行与不行。例如，在财务方面，对物流设施项目进行财务预算的控制，经过一段时间之后，要检查是否超出了财务预算，以决定是否继续将该项目进行下去。

3. 事后控制

事后控制又称后馈控制，是在物流战略推进过程中将行动的结果与期望的控制标准相比较，看是否符合控制标准，总结经验教训，并制定行动措施，以利于将来的行动。

海尔集团——打造共创共赢新平台

海尔集团（简称海尔）创立于1984年，经过32年的艰苦努力，已发展成为全球大型家电第一品牌制造商，在全球建立了29个制造基地、10个综合研发中心、24个海外贸易公司，在30多个国家建立有本土化的设计中心，全球员工总数超过8万人，已成为跨国企业集团，在智能家居集成、网络家电、数字化、大规模集成电路、新材料等技术领域处于世界领先水平，2015年海尔集团实现全球营业额1 887亿元，实现利润超过180亿元。作为行业的领先者和佼佼者，海尔不断地追求创新。1984年海尔提出名牌战略，以大规模生产冰箱一种产品，探索并积累企业管理的经验，为企业的发展奠定了坚实的基础；1992年提出了多元化战略，从一种产品向多种产品发展，至1998年时已有几十种产品，从白色家电进入黑色家电领域，在最短的时间里以最低的成本把规模做大，企业做强；1998年年底提出国际化战略，在全集团范围内实施“市场链”流程再造，并随后进行了大规模定制的转型，产品销往全球主要经济区域市场，创建了 Haier 品牌的知名度、信誉度与美誉度；为了适应全球经济一体化的形势，2006年提出了全球化品牌战略，即以中国为基地，向全世界辐射，并在每一个国家的市场创造本土化的海尔品牌；为顺应互联网时代要求，2012年 12 月提出了网络化战略，将传统制造家电产品的企业转型为面向全社会孵化创客的平台，互联互通各种资源，实现攸关各方的共赢增值。

1. 愿景与使命

海尔的愿景和使命：致力于成为行业主导，用户首选的第一竞争力的美好住居生活解决方案服务商。海尔通过建立人单合一共赢的自主经营体模式，对内打造节点闭环的动态网状组织，对外构筑开放的平台，成为全球白电行业领先者和规则制定者，全流程用户体验驱动的虚实网融合领先者，创造互联网时代的世界级品牌。

2016 年 5 月 9 日，海尔全球用户最佳体验中心正式揭牌，这是行业首个智能检测用户交互体验生态圈，致力于为行业提供领先的一站式个性化定制的智能检测用户交互体验服务解决方案。互联网时代顾客需求日益可视化，企业的最大难题早已不是如何满足用户的产品需求，而是如何创造用户的产品需求。全球最佳用户体验中心的建立，不仅带来了高效率和最佳体验，更能将全球用户需求与全球检测资源及创客成果第一时间对接，从而更好地创造用户需求。

海尔的 O2O（Online To Offline）就是零距离下的虚实融合，实现前台与后台的拉动，前台和用户的交互平台与企业后台的供应链系统、营销系统、研发系统，能够形成无缝对接。通过海尔模块化的设计和流程化的制造，对电商的消费群体做出个性化定制，线上与线下融合，把线下变成创造用户感动的平台，在线上获取用户的口碑，再通过用户的需求产生新的研发导向。

2. 满足顾客个性化定制的需求

海尔通过用户交互和大数据分析，获取用户需求，进行产品模块化设计和开发；并通过精准营销获得订单，产销协同倒逼采购、生产、物流、营销能力规划，在生产制造阶段通过标准化的制造工厂、供应商模块化供货和智能、互联、可视的管控体系，实现产品的智能化制造。

海尔已互联工厂的前端是名为“众创会”的用户交互定制平台。用户可以通过这个平台和企业进行直接沟通，查看产品的整个制作流程，包括定制产品、下单等。海尔家电产业集团副总裁李攀在接受《哈佛商业评论》中文版采访时说：“（这种模式）主要是实现以用户驱动制造业，实现模块化大规模定制，这也是一般互联网企业难以提供的消费者体验。现在的互联网企业比较容易做到产品的多样化，以及物流、网上消费等体验，但很难做到前端制造的定制，这是我们目前在探索的，当然定制的前提是有消费者洞察，也就是实时交互与无缝对接。”

完成前端定制后，海尔还为供应商搭建起一个名为“海达源”的模块资源平台。供应商可以在这个平台上注册并直接和用户的需求对接。企业通过用户评价投票等方式来甄选供应商，在方案选择上实现了民主，考核主体由企业变为用户，并将整个过程在平台公示，可以说创造了一个制造业的“天猫商城”。

最终，海尔通过与用户直接交互，驱动企业在前端的研发资源、设计制造资源，然后整合供应商模块化资源，完成大规模个性化定制，实现最佳体验。海尔也已经将这种模式在全球范围内进行了逐步推广和实践。

3. 建立即需即送与顾客零距离的物流网

海尔物流平台整合了全球优质的物流资源，建立了即需即送与用户零距离的物流网，配送网络可以支持上网络、进社区、到乡村、入门户的多元化物流配送模式，为市场的快速增长提供强大的物流网络支持。海尔物流在全国建立了93个辐射带动力强的区域物流中心，覆盖县98%以上，实现了全国物流配送全覆盖；建立的车小微平台，聚合了一支覆盖全国的9万辆车、18万个服务兵的强大"物流军团"，提供"按约送达、送装同步、超时免单"等差异化服务，创造用户的最佳体验。

通过先进的信息化管理系统，对产品全过程进行精细化的管理和控制，订单信息同步传递，用户无论是通过实网体验（店）还是虚网体验（网）进行下单，订单信息都将通过送装平台自动派发到车小微（车），按单装车、按单配送全程可视化追踪，提高了企业对订单的响应速度，实现了企业内部信息化目标——准确、高效、低成本。

海尔库存管理采用"零库存"的方法，其核心就是按需生产，以大规模定制满足用户的有效供给。在这种模式下，用户需求决定企业研发、生产、营销、服务等全流程的各个环节，而这一模式带来的直接好处就是用户能够买到市场上最"新鲜"的产品。

4. 海尔供应链

海尔供应链管理的目标：按需设计、按需制造、按需配送，用户一台的需求也要快速响应。为此，其全球供应链采用的是以驱动跨职能和跨地域协作的通用流程，流程包括需求计划、采购、制造、物流配送和订单交付，海尔对协调的供应链流程具有全球领导力。"考虑到我们组织的广度，我们需要通用的工作方式，如标准化的语言、流程和KPI定义来有效地协作。"海尔负责全球供应链的副总裁Lim Chin Chye说："海尔采用SCOR模型来实现这一目标。"

海尔强调在国内和全球供应链使用相同的绩效指标：速度、可预见性和灵活性。当涉及速度测量时，海尔采用了多种指标：订单完成时间，以及订单履行的不同组成部分（按单生产、按单发货等）。使用专有系统，公司可以通过大客户和工厂看到可预测性和速度性能，以便需要的时候就可以采取行动。

海尔将目标直接分配给个人和团队。这些目标包括：预测的准确性，这是分配给销售团队的；从顾客下单到交付的周期时间，这是分配给供应链计划团队的；从顾客下订单到发货的周期，是分配给工厂的管理团队的；订单日清，即一天的订单数量，这是生产线团队的目标。

5. 做时代的企业

"海尔之道"即创新之道，其内涵是：打造产生一流人才的机制和平台，由此持续不断地为客户创造价值，进而形成人单合一的共赢文化。同时，海尔以"没有成功的企业，只有时代的企业"的观念，致力于打造基业长青的百年企业。

海尔从传统制造家电产品的企业转型为面向全社会孵化创客的平台，是基于"人单合一双赢"模式的探索展开的，目前这个模式已迭代升级为"人单合一2.0——共创共赢生态圈”模式。“人”从员工升级为攸关各方，“单”从用户价值升级到用户资源，“双赢”升级为共赢，最终目的是实现共创共赢生态圈的多方共赢增值。

为此，海尔在战略、组织、员工、用户、薪酬和管理六个方面进行了颠覆性探索，打造出一个动态循环体系，加速推进互联网转型。在战略上，建立以用户为中心的共创共赢生态圈，实现生态圈中各攸关方的共赢增值。在组织上，变传统的自我封闭到开放的互联网节点，颠覆科层制为网状组织。在这一过程中，员工从雇用者、执行者转变为创业者、动态合伙人，目的是要构建社群最佳体验生态圈，满足用户的个性化需求。在薪酬机制上，将“企业付薪”变为“用户付薪”，驱动员工转型为真正的创业者，在为用户创造价值的同时实现自身价值。在管理创新上，通过对非线性管理的探索，最终实现引领目标的自演进。2016 年海尔的战略方向是以诚信为核心竞争力，以社群为基本单元，建立互联网时代的共创共赢新平台。

问题：

海尔集团建立的即需即送与顾客零距离的物流网，给其带来了哪些优势？

案例分析：

其优势体现在以下几个方面：第一，建立的辐射带动力强的区域物流中心，实现了全国物流配送全覆盖；第二，提供的“按约送达、送装同步、超时免单”等差异化服务，创造用户的最佳体验；第三，先进的信息化管理系统，提高了企业对订单的响应速度，实现了企业内部信息化目标——准确、高效、低成本；第四，采用的“零库存”策略，以大规模定制满足用户的有效供给，且使用户能够买到市场上最“新鲜”的产品。

问题讨论：

1. 海尔集团如何利用物流战略来支持企业战略，增加企业价值？
2. 依据案例资料分析海尔集团物流战略制定的原则及其目标。

复习思考题

1. 为什么说对于物流管理者来说，物流战略规划成为一种重要的活动？
2. 物流战略规划过程应当怎样与营销战略规划过程相结合？
3. 为什么在制定物流战略的过程中进行内外环境分析非常重要？
4. 举例说明环境的日益关注是怎样影响物流战略的？
5. 物流战略规划的方法有哪些？物流管理者应如何选择合适的战略规划方法？
6. 物流战略规划的关键要素是什么？
7. 说明物流战略的含义、特征及其内容。
8. 试述物流战略与企业战略之间的内在联系。

第十一章 物流成本管理

本章重点

- 物流成本的概念
- 企业降低物流成本的途径
- 物流成本管理系统的基本内容
- 物流成本的核算对象
- 物流成本的核算方法
- 物流系统本量利分析
- 物流成本日常控制的原则
- 物流成本的日常控制

当前由于实行多批次、小批量配送和适时配送，也由于收货单位过多和过高的服务要求使物流服务水平越来越高，导致运费上升；又由于商品品种增多，寿命缩短，必然出现库存增加，或时多时少，由此导致库存费用上升；由于地价上涨导致物流设施投资费用增加；由于道路拥挤导致运输效率下降。凡此种种都在影响着物流成本，降低物流成本已经成为企业物流管理的首要任务。

第一节 物流成本管理与控制

在许多企业，物流成本占企业总成本的比重很大，物流成本的高低直接关系到企业的盈利水平以及竞争力，所以，物流成本管理成为企业物流管理的一个核心内容。现代物流管理的不断发展及现代成本管理模式为物流成本管理提供了可靠的依据和科学的方法，使得物流成本降低的空间进一步扩大。企业从分析物流成本入手，管理企业物流活动，控制企业物流成本，对提高企业的经济效益具有重要的意义。

@链接资料

2014 年 5 月 29 日，世界航运巨头马士基发布的《马士基集团在中国影响力报告》显示，在发达国家，物流成本平均占成品最终成本的 10%～15%，在发展中国家，各种低效现象导致物流成本显著增高，占成品成本的 15%～25%甚至更高，而对中国的制造商而言，物流成本可高达生产成本 30%～40%。

物流成本的降低将带来一系列的好处，如提升制造业的竞争力、降低 CPI 指数、减少运输环节带来的环境污染等，而宏观上，则可提高经济整体运行效率和效益，这对减少当前经济下行压力，乃至促进经济长期可持续发展都是至关重要的。

一、物流成本管理

物流成本是指伴随着物流活动而发生的各种费用，是物流活动中所消耗的物化劳动和活劳动的货币表现。物流成本由三部分构成：伴随着物资的物理性流通活动发生的费用以及从事这些活动所必需的设备、设施费用；完成物流信息的传送和处理活动所发生的费用以及从事这些活动所必需的设备和设施费用；对上述活动进行综合管理所发生的费用。

物流成本管理在物流管理中占有重要的位置，“物流是经济的黑暗大陆”“物流是第三利润源”“物流成本冰山说”等观点都说明了物流成本问题是物流管理初期人们关心的主要问题。所谓“物流是第三利润源”，是指通过物流合理化降低物流成本，成为继降低制造成本和扩大销售获取利润之后，企业获取利润的第三个源泉。“物流成本冰山说”告诉我们，通常，我们明确掌握的物流成本只占企业物流总成本的一小部分，大部分物流成本并没有为管理者所认识。正是由于在物流领域存在着广阔的降低成本的空间，物流问题才引起企业经营管理者的重视，企业物流管理可以说是从对物流成本关心开始的。

（一）物流成本管理的意义

物流成本管理的意义在于，通过对物流成本的有效把握，利用物流要素之间的效益悖反关系，科学、合理地组织物流活动，加强对物流活动过程中费用支出的有效控制，降低物流活动中的物化劳动和活劳动的消耗，从而达到降低物流总成本，提高企业和社会经济效益的目的。也就是说，物流成本管理不应该理解为管理物流成本，而是通过对物流成本的把握和分析去发现物流系统中需要重点改进的环节，达到改善物流系统的目的。

降低物流成本与提高企业和社会经济效益之间的关系体现在以下几个方面。

1. 从微观的角度观察

（1）物流成本在产品成本中占有很大比重，在其他条件不变的情况下，降低物流成本意味着扩大了企业的利润空间，提高了利润水平。当某个企业的物流活动效率高于所属行业的平均物流活动效率，物流费用低于所属行业平均的物流费用水平的时候，该企业就有可能因此获得超额利润，物流成本的降低部分就转化为企业的“第三利润”；反之，企业的利润空间就会下降。正是这种与降低物流成本相关的超额利润的存在，而且具有较大的空间，导致企业积极关注物流领域的成本管理，致力于降低物流成本的努力。

（2）物流成本的降低，增强了企业在产品价格方面的竞争优势，企业可以利用相对低的价格在市场上出售自己的产品，从而提高产品的市场竞争力，扩大销售，并以此为企业带来更多的利润。

2. 从宏观的角度观察

（1）如果全行业的物流效率普遍提高，物流费用平均水平降低到一个新的水平，那么，该行业在国际上的竞争力将会得到增强。对于一个地区的行业来说，可以提高其在全国市场的竞争力。

（2）全行业物流成本的普遍下降，将会对产品的价格产生影响，导致物价相对下降，这有利于保持消费物价的稳定，相对提高国民的购买力水平。

（3）物流成本的下降，对于全社会而言，意味着创造同等数量的财富，在物流领域所消耗的物化劳动和活劳动得到节约。以尽可能少的资源投入，创造出尽可能多的物质财富，节省资源消耗。

为了对物流成本实施有效的管理，降低物流成本，必须对物流成本的概念和范围有一个明确的把握，按照不同活动领域，不同作业环节分析物流成本的内容，思考降低成本的方法和途径。

物流成本的多少与物流服务水准的高低有直接关系，物流服务标准高，物流成本自然也高，而物流服务标准的高低是由企业的营销战略、用户对物流服务的需求以及企业生产经营过程中的物流需求质量等因素决定的，不能以降低物流成本为理由，单方面降低物流服务标准。或者说，降低物流成本不能以牺牲物流服务质量为条件。当然，对于那些过剩的物流服务、过高水准的物流服务，需要通过调整使之趋于合理化。物流成本管理的思路有两个：一是在保证一定物流服务水准的前提下使物流成本最低；二是通过调整物流服务的标准降低物流成本。后者需要与其他部门，如与销售部门进行协调，要考虑对于销售的影响、用户的接受程度等。

（二）企业降低物流成本的途径

物流成本管理是企业物流管理的核心部分。大多数的企业都在不断探索降低物流成本的途径，其中以下方面的改进则是必须进行的。

1. 树立现代物流理念，健全企业物流管理体制

企业降低物流成本首先要从健全物流管理体制入手，从企业组织上保证物流管理的有效进行，要有专司物流管理的部门，实现物流管理的专门化。树立现代物流理念，重新审视企业的物流系统和物流运作方式，吸收先进的物流管理技术和方法，结合企业自身实际，寻找改善物流管理，降低物流成本的切入点。

2. 树立物流总成本观念，增强全员的物流成本意识

现代物流的一个显著特征是追求物流总成本的最小化。这一点对于企业构筑和优化物流系统，寻找降低物流成本的空间和途径具有特别重要的意义。随着物流管理意识的增强和来自降低成本的压力，不少企业开始把降低成本的眼光转向物流领域，这无疑是值得肯定的。但是，在实践中发现，不少企业把降低物流成本的努力只是停留在某一项功能活动上，而忽视了对物流活动的整合。其结果：一是由于忽视了物流功能要素之间存在着的效益悖反关系，虽然在某一项物流活动上支付的费用降低了，但总体物流成本并没有因此下降，甚至反而出现增加；二是将降低物流成本的努力变成只是利用市场的供求关系，向物流服务提供商提出降低某项服务收费标准的要求。如果物流服务供应商无法承受，而又可以拒绝的话，降低物流成本的努力便无功而返。

3. 加强物流成本的核算，建立成本考核制度

物流成本核算的基础是物流成本的计算，物流成本计算的难点在于缺乏充分反映物流成本的数据，物流成本数据很难从财务会计的数据中剥离出来。因此，要准确计算物流成本，首先要做好基础数据的整理工作。

4. 优化企业物流系统，寻找降低成本的有效途径

对企业的物流系统进行优化，就是要结合企业的经营现状寻找一个恰当的物流运作方式。物流系统优化是关系到企业的竞争能力、影响到企业盈利水平的重大问题，应该得到企业高层领导的高度重视，从战略的高度规划企业的物流系统。同时，要协调各部门之间的关系，使各个部门在优化物流系统的过程中相互配合。

二、物流成本管理与控制系统的基本内容

物流成本的管理与控制由两个部分组成：一是物流成本管理系统。物流成本管理系统，是指在进行物流成本核算的基础上，运用专业的预测、计划、核算、分析和考核等经济管理方法来进行物流成本的管理，具体包括物流成本核算、物流成本预算、物流成本性态分析以及物流责任成本管理、物流成本效益分析等。二是物流成本的日常控制系统。物流成本的日常控制系统是指在物流运营过程中，通过物流技术的改善和物流管理水平的提高来降低和控制物流成本。具体地说，物流成本控制的技术措施主要包括提高物流服务的机械化、集装箱化和托盘化；改善物流途径、缩短运输距离；扩大运输批量，减少运输次数、提高共同运输；维护合理库存、管好库存物资、减少物资毁损等。

（一）物流成本管理系统的基本内容

物流成本管理系统由以下三个层次构成。

1. 物流成本核算层

物流成本核算层的主要工作包括以下几方面。

（1）明确物流成本的构成内容。物流成本的各项目之间存在此消彼长的关系，某一项目成本的下降将会带来其他项目成本的上升。因此，在达到一定服务标准的前提下，不明确物流总成本的全部构成，仅仅对其中的某一部分或某几部分进行调整和优化，未必会带来全部物流成本的最优。所以明确物流成本的构成，将全部物流成本从原有的会计资料中分离出来是十分必要的。在此基础上，才能进行有效的物流成本核算、物流成本管理以及物流成本的比较分析。

（2）对物流总成本按一定标准进行分配与归集核算。物流总成本可以按照不同的标准进行归集。较常用的方式有：根据不同的产品、不同的顾客或不同的地区等成本核算对象来进行归集；根据装卸、包装、运输、信息等物流职能来进行归集；根据材料费、人工费等费用支付形式来进行归集。这些归集方法与目前的财务会计核算口径是一致的。现在，越来越多的企业在推行作业成本（Activity Based Costing，简称 ABC）法，这也是一种进行物流成本归集核算的有效方法。

（3）明确物流成本核算的目的。在进行物流成本有效核算的基础上，可以开展多种形式的物流成本管理。因此，在进行企业物流成本核算时，要明确物流成本核算的目的，使得整个核算过程不仅仅停留在会计核算层面上，而是能够充分运用这些成本信息。这样对企业的用途和意义才会更大。

2. 物流成本管理层

物流成本管理层是指在物流成本核算的基础上，采用各种成本管理与管理会计方法，来进行物流成本的管理与控制。结合物流成本的特征，可以采用的成本管理方法主要包括物流标准成本管理、物流成本性态及盈亏平衡分析、物流成本预算管理和物流责任成本管理等。在本章中将重点介绍物流成本性态及盈亏平衡分析方法。

3. 物流成本效益评估层

这是指在物流成本核算的基础上，再进行物流系统对企业收益贡献程度的评价，并进行物流系统经济效益的评估。在此基础上，对物流系统的变化或改革做出模拟模型，寻求最佳物流系统的设计。

@链接资料

作业成本法是一种以作业为核算对象，确认和计量耗用企业资源的所有作业，将耗用的资源成本准确地计入作业，然后选择成本动因，将所有作业成本分配给成本计算对象（产品或服务）的一种成本计算方法，它是对传统成本计算方法的创新。

ABC 成本法的产生，最早可以追溯到 20 世纪中期，美国学者埃·克·科勒（Eric Kohler）教授 1952 年在其编著的《会计师词典》中，首次提出了作业、作业账户、作业会计等概念。1971 年，乔治·斯托布斯（George Staubus）教授在《作业成本计算和投入产出会计》（Activity Costing and Input Output Accounting）中对“作业”“成本”“作业会计”“作业投入产出系统”等概念作了全面系统的讨论，这是理论上研究作业会计的第一部著作，但当时作业成本法在理论界和实业界并未引起重视。20 世纪 80 年代后期，以计算机为主导的生产自动化、智能化程度日益提高，MRP、CAD、CAM、MIS 技术广泛应用，MRPII、FMS 和 CIMS 兴起，直接人工费用普遍减少，间接成本相对增加，使得美国实业界普遍感到产品成本处处与现实脱节，成本扭曲普遍存在，且扭曲程度令人吃惊。美国芝加哥大学的青年学者库伯（Robin Cooper）和哈佛大学教授卡普兰（Robert S Kaplan）注意到这种情况，在对美国公司调查研究之后，发展了斯托布斯的思想，提出了以作业为基础的成本计算（1988），随后作业成本法受到了广泛的关注。2005 年 1 月，哈佛商业评论发表了罗伯特·卡普兰的文章：时间驱动的作业成本法。文中指出：传统管理会计的可行性下降，应该用一个全新的 ABC 思路来研究成本；ABC 的本质就是以作业来作为确定分配间接费用的基础，引导管理人员将注意力集中在成本发生的原因及成本动因上，而不仅仅是关注成本计算结果本身；通过对作业成本的计算和有效控制，就可以较好地克服传统制造成本法中间接费用责任不清的缺点，并且使以往不可控的间接费用在 ABC 系统中变为可控。

作业成本法的优势不仅在于其可以精确地计算成本，而且在于它对于管理者如何才能降低成本、提高利润提供很好的决策支持。作业成本法引导管理者关注的重点是作业——作业耗费资源，成本对象耗费作业，因此要减少成本就应该从减少资源耗费以及控制耗费的作业量两个方面进行。这是一种更加科学的成本控制方法。

应用作业成本法核算企业物流并进而进行管理可分为如下四个步骤。

（1）界定企业物流系统中涉及的各个作业。作业是工作的各个单位，作业的类型和数量会随着企业的不同而不同。例如，在一个顾客服务部门，作业包括处理顾客订单、解决产品问题以及提供顾客报告三项作业。

（2）确认企业物流系统中涉及的资源。资源是成本的源泉，一个企业的资源包括有直接人工、直接材料、维持成本、间接费用以及物流运作过程以外的成本。

（3）确认资源动因，将资源分配到作业。作业决定着资源的耗用量，这种关系称作资源动因。资源动因联系着资源和作业，它把总分类账上的资源成本分配到作业。

（4）确认成本动因，将作业成本分配到产品或服务中。作业动因反映了成本物件对作业消耗的逻辑关系，例如，问题最多的产品会产生最多顾客服务的电话，故按照电话数的多少（此处的作业动因）把解决顾客问题的作业成本分配到相应的产品中去。

（二）物流成本日常控制系统的主要内容

物流成本的日常控制，是指在日常物流运营的每个作业环节，依据现代物流运营理论，采用先进的物流技术与方法，来降低整个物流成本的一系列措施。

物流成本控制是物流成本管理的中心环节。根据现代成本管理与控制理论，企业物流成本管理是由物流成本的预测、计划、核算、控制、分析和考核等多个环节组成的一个有机整体。物流成本管理的诸环节相互联系、相互作用，通过其不断循环构成物流成本管理控制体系。而这一体系的中心环节便是物流成本的日常控制。物流成本的预测、计划、核算、分析等成本管理技术，最终都要通过日常控制环节来实现物流成本的降低。而通过物流成本的日常控制，同时也是要求企业创新物流技术和方法、提高物流管理水平的过程。可以说，物流成本的有效管理与控制也推动着物流技术的更新、物流管理水平的提高。

在实际工作中，物流成本的日常控制可以按照不同的对象进行。一般来说，物流成本的日常控制对象可以分为以下几种主要形式。

（1）以物流成本的形成过程为控制对象。即从物流系统（或企业）投资建立、产品设计（包括包装设计）、材料物资采购和存储、产品制成入库和销售，一直到售后服务，凡是发生物流成本费用的各个环节，都要通过各种物流技术和物流管理方法，实施有效的成本控制。

（2）以包装、运输、储存、装卸、配送等物流功能作为控制对象，也就是通过对构成物流活动的各项功能进行技术改善和有效管理，从而降低其所消耗的物流成本费用。

除了以上两种成本控制对象划分形式之外，物流系统还可以按照各责任中心（运输车队、装卸班组、仓库等）、各成本发生项目（人工费、水电气费、折旧费、利息费、委托物流费等）等进行日常的成本控制，而这些成本日常控制的方式往往是建立在前面所述的物流成本管理系统的各种方法基础上的，需要与物流成本的经济管理技术有效结合起来运用。

（三）物流成本的综合管理与控制

物流成本管理系统是对物流成本进行预测和编制计划，并通过会计系统进行物流成本的归集和核算，对本年度物流成本进行分析，对相关物流成本责任部门进行考核，并把相关信息反馈给相关作业与管理部门，便于他们依据这些成本信息来充分挖掘降低物流成本的潜力，寻求降低物流成本的有关技术经济措施。同时，进行物流成本决策和再预测，进入下一个物流成本管理循环。因此，可以说，物流成本管理系统是由物流成本的预测、计划、成本计算、成本分析、成本信息反馈、成本决策和再预测等环节构成的。一个预测管理期连着下一个预测管理期，不断循环提高。成本管理的预测计划循环按时间标准进行划分，可以是短期计划（一个月或一个季度）、中期计划（半年或一年）和长期计划。

物流成本控制系统主要是通过物流技术的改善、物流管理水平的提高来实现物流过程的优化和物流成本的降低。物流过程是一个创造时间性和空间性价值的经济活动过程，为使其能提供最佳的价值效能，就必须保证物流各个环节的合理化和物流过程的迅速、通畅。物流系统各个环节的优化技术与方法很多，例如，用线性规划、非线性规划制订最优运输计划，实现物品运输优化；运用系统分析技术，选择货物最佳的配比和配送线路实现货物配送优化；运用存储理论确定经济合理的库存量，实现物资存储优化；运用模拟技术对整个物流系统进行研究，实现物流系统的最优化等。

物流成本的综合管理与控制，就是要将物流成本管理系统与日常控制系统结合起来，形成一个不断优化的物流系统的循环。通过一次次循环、计算、评价，使整个物流系统在不断地优化，最终找出其总成本最低的最佳方案。

第二节 物流成本的内容及其核算

只有明确了物流成本的真实内容，才能使沉在水面下的物流费用浮出水面，才能正确归集与分配与物流相关的费用，正确计算企业物流成本，从而有针对性地在保证一定物流服务的前提下开展降低物流成本的活动。目前，会计政策并没有出台统一的物流成本核算方法，但是物流成本的核算却越来越受到企业的重视。从企业竞争战略角度讲，如果拥有了独特、稀缺和不可模仿的物流成本管理方法，那么这种资源的利用就能为企业带来竞争力，从而提高企业运作的效率和效能。因此，企业如何设计自己的物流成本核算方法，就显得非常重要。

一、物流成本的内容

（一）物流成本的构成

企业的物流过程一般包括采购供应物流、生产物流、产品销售物流以及回收和废弃物物流等。企业的物流成本是指企业在进行采购、供应、生产、销售、回收等过程中开展运输、包装、仓储、配送、回收等一系列物流活动所发生的费用。一般包括以下内容。

（1）人工费用，企业开展物流活动发生的人工成本，具体包括工资、奖金、津贴以及福利费等。

（2）物资消耗，物流活动中的能源消耗、物料消耗、包装耗材、固定资产折旧等。

（3）资产损耗，物流运作过程中发生的资产损耗。

（4）资金成本，指原材料、半成品、产品等存货占用资金的利息、手续费等支出。

（5）物流外包费。

（6）物料回收、废弃物处理、商品退回等发生的费用。

（7）其他费用，物流活动发生的差旅费、税金、保险费、租赁费、管理费、信息费等。

（二）物流成本的分类

物流成本贯穿企业经营活动的全过程，包括从原材料采购开始一直到将商品送到消费者手中所发生的全部物流费用，物流成本按不同的标准有不同的分类。

1. 按物流运作的主体不同分类

（1）企业自营物流成本。企业自行开展物流业务所发生的一切费用。

（2）物流外包成本。企业将物流业务委托给第三方物流企业或功能性物流企业运营所支付的委托费。

2. 按物流功能不同分类

（1）运输成本。主要包括运输人员的人工费用、营运费用（如是公路运输，则包括营运车辆能源消耗、折旧、公路运输管理费等）、差旅费等。

（2）仓储成本。主要包括仓储管理人员的人工费用、租赁费或设施设备折旧费、存货的损耗以及保管存货所带来的成本。

（3）包装成本。主要包括人工费用、包装材料费、设备折旧费、包装技术费等。

（4）流通加工成本。主要包括流通加工的劳务费、设备折旧费、耗材费等。

（5）装卸与搬运成本。主要包括人工费用、资产折旧费、能源消耗费、维修费以及其他相关费用。

（6）配送成本。主要包括人工成本、车辆的折旧费、货物的损耗以及其他相关费用。

（7）物流信息和管理费用。企业为物流管理所发生的人工成本、差旅费、办公费、物流信息系统维护使用费以及其他费用。

3. 按物流成本性态的不同分类

（1）变动成本。某项物流业务发生时，其成本总额随业务量的增减变化而近似成正比例增减变化的成本。

（2）固定成本。某项物流业务发生时，其成本总额保持稳定，与业务量的变化无关的成本。

二、物流成本核算与实施中存在的问题

在现阶段，物流成本核算与应用中存在着一些问题，这会阻碍物流管理水平的提高。

（一）物流成本的会计核算方法不明确

在当前我国的会计核算制度中，没有明确物流成本的概念及其核算方法，没有单列的物流成本核算会计科目，尽管 2006 年 9 月国家标准化管理委员会批准发布了国家标准 GB/T 20523—2006《企业物流成本构成与计算》（以下简称国家标准），但由于国家标准不具有强制执行的效力，许多企业并没有依据国家标准按统一的内容和要求从会计数据中分离出物流成本，对物流成本未能进行正确的分类、归集与核算，从而使企业不能全面地切实地掌握物流成本。企业内部对于物流成本不甚了解，对于物流成本是什么也十分模糊，弄不清物流成本与存货成本、物流成本与制造成本、物流成本与促销费用的关系。例如，采购物料所发生的运输费、包装费、保险费、途中的合理损耗及物料挑选整理费用，会计核算直接将这些费用计入物料的成本，形成“物料价值”的一部分；生产过程中发生的物料存储及其他物流运作费用则计入“制造费用”；产品销售过程中所发生的物流运作费用计入了“产品销售费用”。物流成本被分散到诸如“存货”“制造费用”“管理费用”“销售费用”

“资产减值损失”等账户混合核算，导致企业的管理人员无法得到真实的物流成本，无法对物流成本进行具体的控制。

（二）物流成本核算与管理没有超出财务会计的范围

有的企业即使进行一些物流成本的分解，但往往还停留在财务会计对物流成本进行核算与反映的层次，没有根据国家标准也没有充分利用管理会计中的有关方法对物流成本进行分析、归集、分配与计算，得出的物流成本数据并不能有效地运用到企业的成本控制、预算管理、绩效考核、经营决策等领域中，这使得物流成本的核算不能与管理、控制有效地结合起来。例如，企业在成本控制、绩效考核、经营决策时，通常不会将损益表中的“资产减值损失”列为物流成本的一部分，也不会对资产负债表中的“存货”进行分析将其隐性成本的部分归集分配到物流成本中；即使有些企业采用国家标准或作业成本法对物流成本进行归集核算，但对于物流成本的归集也并不全面，如许多企业都没有将采购物料所发生的运输费列入运输成本中。

（三）物流成本核算实施标准不统一

国家标准化管理委员会发布的《企业物流成本构成与计算》规定的物流成本计算对象、物流成本构成及物流成本计算方法，设计的物流成本报表，旨在帮助企业从纷繁复杂的会计数据中提取和归集物流成本信息，为企业的物流成本核算提供统一的标准，以使不同企业的物流成本具有可比性，为企业系统、科学的开展物流成本管理工作提供数据支持。但由于物流成本涉及的范围广，会计核算制度中物流成本各项目的核算又较为复杂，而国家标准提纲挈领的、原则性的规定多，具体的规定少，各个企业对国家标准中的物流成本项目的理解和界定并不相同，导致不同的企业物流成本各项目计算的口径并不一致。物流成本的计算在具体实施时由于缺乏统一标准，其数据也就缺乏可比性，从而削弱了其在成本控制、预算管理、绩效考核、经营决策等领域中的作用。

三、物流成本的核算目的及其核算对象

物流成本核算是根据企业确定的成本计算对象，采用相应的成本计算方法，按照规定的成本项目，通过一系列物流费用的汇集与分配，从而计算出各物流环节成本计算对象的实际总成本和单位成本。

（一）物流成本核算的目的

物流成本核算的基本目的，是要促进企业加强物流管理，提高管理水平，创新物流技术，提高物流效益。具体地说，物流成本核算的目的可以体现在以下几个方面。

（1）通过对企业物流成本的全面计算，弄清物流成本的大小，从而提高企业内部对物

流重要性的认识。

（2）通过对某一具体物流活动的成本计算，弄清物流活动中存在的问题，为物流运营决策提供依据。

（3）按不同的物流部门组织计算，计算各物流部门的责任成本，评价各物流部门的业绩。

（4）通过对某一物流设备或机械（如单台运输卡车）的成本计算，弄清其消耗情况，谋求提高设备效率、降低物流成本的途径。

（5）通过对每个客户物流成本的分解核算，为物流服务收费水平的制定以及有效的客户管理提供决策依据。

（6）通过对某一成本项目的计算，确定本期物流成本与上年同期成本的差异，查明成本增加或降低的原因。

（7）按照物流成本计算的口径计算本期物流实际成本，评价物流成本预算的执行情况。

（二）物流成本的核算对象

物流成本的核算对象应根据物流成本计算的目的及企业物流活动的特点予以决定。一般来说，物流成本核算的对象有如下几种。

（1）以某种物流功能为对象。即根据需要，以包装、运输、储存等物流功能为对象进行核算。这种核算方式对于加强每个物流功能环节的管理，提高每个环节作业水平，具有重要的意义。

（2）以某一物流部门为对象，如仓库、运输队、装配车间等部门为对象进行核算。这种核算对加强责任中心管理，开展责任成本管理方法以及对于部门的绩效考核是十分有利的。

（3）以某一服务客户作为核算对象。这种核算方式对于加强客户服务管理、制定有竞争力且有营利性的收费价格是很有必要的。特别是对于物流服务企业来说，在为大客户提供物流服务时，应认真分别核算对各个大客户提供服务时所发生的实际成本。

（4）以某一产品为对象。这主要是指货主企业在进行物流成本核算时，以每种产品作为核算对象，计算为组织该产品的生产和销售所花费的物流成本。据此可进一步了解各产品的物流费用开支情况，以便进行重点管理。

（5）以企业运营的某一过程为对象，如以供应、生产、销售、退货等某过程为对象进行核算。它的主要任务是从材料采购费及管理费用中抽出供应物流费，如材料采购账户中的外地运输费、管理费用中的市内运杂费、原材料仓库的折旧费、保管人员的工资等；从基本生产车间和辅助生产车间的生产成本、制造费用以及管理费用等账户中抽出生产物流费，如人工费部分按物流人员比例或物流工时比例确定计入，折旧费、大修费按物流固定资产占用资金比例确定计入等；从销售费用中抽出销售物流费，如销售过程中发生的运输、包装、装卸、保管、流通加工等费用和委托物流费等。这样就可以得出物流费用的总额，可使企业经营者一目了然地概观各范围（领域）物流费用的全貌，并据此进行比较分析。

（6）以某一物流成本项目为对象。把一定时期的物流成本从财务会计的计算项目中抽出，按照成本项目进行分类核算。可以将企业的物流成本分为企业自营物流成本、物流外包成本。其中，企业自营物流成本包括按相应的分摊标准和方法计算的为组织物流活动而发生的材料费、人工费、燃料费、办公费、维护费、利息费、折旧费等；物流外包成本包括企业把物流活动外包给外部企业所支付的包装费、保管费、装卸费等。

（7）以某一地区为对象，计算在该地区组织供应、生产和销售所花费的物流成本，据此可进一步了解各地区的物流费用开支情况，以便进行重点管理。

（8）以某一物流设备和工具为对象，如以某一运输车辆为对象进行核算。

（9）以企业全部物流活动为对象进行核算，确定企业为组织物流活动所花费的全部物流成本支出。

四、物流成本的核算方法

企业物流成本核算的设计思路，可以分为会计方式、统计方式以及会计和统计相结合的方式三种模式。

（一）会计方式的物流成本核算方法

会计方式核算物流成本就是通过凭证、账户、报表对物流耗费予以连续、系统、全面地记录、计算和报告。具体有两种形式：一是把物流成本核算与正常的会计核算截然分开，单独建立物流成本核算的凭证、账户和报表体系，物流成本核算和正常的会计核算两套体系同步展开，物流成本的内容在物流成本核算体系和正常的会计核算体系中得到双重反映，也叫双轨制；二是把物流成本的内容与物流成本核算体系和正常的会计核算相结合，增设“物流成本”科目，对于发生的各项成本费用，若与物流成本无关，直接计入会计核算相关的成本费用科目，若与物流成本相关，则计入“物流成本”科目，也叫单轨制。

运用会计方式进行物流成本核算时，提供的成本信息比较系统、全面、连续，且准确、真实，这是其优点。但这种方法比较复杂，或者需要重新设计新的凭证、账户、报表核算体系，或者需要对现有体系进行较大的甚至可以说是彻底的调整。

（二）统计方式的物流成本核算方法

统计方式核算物流成本，不需要设置完整的凭证、账户和报表体系，主要是通过对企业现行成本核算资料的剖析，分离出物流成本的部分，按不同的物流成本计算对象进行重新归类、分配和汇总，加工成所需的物流成本信息。

与会计方式的物流成本核算比较起来，由于统计方式的物流成本核算没有对物流耗费进行连续、全面、系统的跟踪，据此得来的信息，其精确程度受到很大的影响。但正由于它不需要对物流耗费作全面、系统、连续的反映，所以运用起来比较简单、方便。在会计人员素质不高、物流管理意识淡薄、会计电算化尚未普及的情况下，可运用此法，以简化物流成本核算，满足当前物流管理的需要。

（三）会计方式与统计方式相结合的物流成本核算方法

所谓会计方式与统计方式相结合，即物流耗费的一部分内容通过会计方式予以核算，另一部分内容通过统计方式予以核算。运用这种方法，也需要设置一些物流成本账户，但不像第一种方法那么全面、系统。而且，这些物流成本账户不纳入现行成本核算的账户体系，对现行成本核算来说，它是一种账外核算，具有辅助账户记录的性质。

第三节 物流成本性态分析

物流成本性态分析，是指在成本核算及其他有关资料的基础上，运用一定的方法揭示物流成本水平的变动，进一步查明影响物流服务成本水平变动的各种因素。

一、物流成本性态

成本性态也称为成本习性，是指成本总额对业务总量之间的依存关系。成本总额与业务总量之间的关系是客观存在的，而且具有一定的规律性。

在物流系统的运营活动中，发生的资源消耗与业务量之间的关系可以分为两类：一类是随着业务量的变化而变化的成本，例如材料的消耗、燃料消耗、工人的工资等。这类成本的特征是业务量高，成本的发生额也高；业务量低，成本的发生额也低，成本的发生额与业务量近似成正比关系。另一类是在一定的业务量范围内，与业务量的增减变化无关的成本，例如固定资产折旧费、管理部门的办公费等。这类成本的特征是在物流系统正常运营的条件下，这些成本是必定要发生的，而且在一定的业务量范围内基本保持稳定。对于这两类不同性质的成本，我们将前者称为变动成本，而将后者称为固定成本。也就是说，按物流成本的性态特性，可将物流成本划分为变动成本和固定成本。

（一）变动成本

变动成本是指其发生总额随业务量的增减变化而近似成正比例增减变化的成本。这里所需强调的是变动的对象是成本总额，而非单位成本。就单位成本而言，则恰恰相反，是固定的。因为只有单位成本保持固定，变动成本总额才能与业务量之间保持正比例的变化。

（二）固定成本

固定成本是指成本总额保持稳定，与业务量的变化无关的成本。同样应予以注意的是，固定成本是指其发生的总额是固定的，而就单位成本而言，却是变动的。因为在成本总额固定的情况下，业务量小，单位产品所负担的固定成本就高；业务量大，单位产品所负担的固定成本就低。

（三）混合成本及其分解

在物流系统的运营活动中，还存在一些既不与业务量的变化成正比例变化也非保持不变，而是随业务量的增减变动而适当变动的成本，这种成本表现为半变动成本或半固定成本，例如车辆设备的日常维修费等。其中受变动成本影响较大的称为半变动成本，而受固定成本的特征影响较大的称为半固定成本。由于这类成本同时具有变动成本和固定成本的特征，所以也称为混合成本。

事实上，在物流系统的运营过程中，混合成本所占的比重是比较大的。对于混合成本，可按一定方法将其分解成变动与固定两部分，并分别划归到变动成本与固定成本。混合成本分解可以依据历史数据来进行，常用方法包括高低点法、散点图法和回归直线法，在没有历史数据可以借鉴的情况下，也可以由财务人员通过账户分析法或技术测定法进行混合成本的分解。

对混合成本进行分解后，可以将整个运营成本分为固定成本与变动成本两个部分，在此基础上，进行物流成本的分析与管理。

二、物流系统本量利分析

本量利分析方法是在成本性态分析的基础上发展起来的，主要研究成本、业务量、价格和利润之间的数量关系，它所提供的原理、方法是企业进行预测、决策、计划和控制等经营活动的重要工具。

（一）本量利分析基本模型

本量利分析是成本—业务量—利润关系分析的简称，也称为 CVP（Cost Volume Profit Analysis）分析，是指在变动成本计算模式的基础上，以数学化模型与图形来揭示固定成本、变动成本、业务量、单价、营业额、利润等变量之间的内在规律性联系，为预测、决策和规划提供必要财务信息的一种定量分析方法。在介绍其在物流中的应用前，必须了解一些本量利的基本公式，即本量利分析的原理。

本量利分析的基本模型为：

利润=营业收入-变动成本总额-固定成本总额

=单价×业务量-单位变动成本×业务量-固定成本总额

=（单价-单位变动成本）×业务量-固定成本总额

在本量利分析中，边际贡献是一个十分重要的概念。所谓边际贡献是指营业收入与相应变动成本总额之间的差额，又称贡献边际、贡献毛利、边际利润或创利额，它除了主要以总额表示外，还有单位边际贡献和边际贡献率两种形式。单位边际贡献是某产品或服务的营业单价减去单位变动成本后的差额，亦可用边际贡献总额除以相关业务量求得；边际贡献率是指边际贡献总额占营业收入总额的百分比，又等于单位边际贡献占单价的百分比。

在上面的公式中，（单价-单位变动成本）就是产品或服务的单位边际贡献，而（单价-单位变动成本）×业务量部分就是边际贡献总额，从而可以看出，各种产品或物流服务所提供的边际贡献，虽然不是物流的营业净利润，但它与物流的营业净利润的形成有着密切的关系。因为边际贡献首先用于补偿物流系统的固定成本，边际贡献弥补固定成本后的余额即是企业或物流系统的利润。

（二）物流系统的本量利分析

本量利分析包括盈亏平衡分析和盈利条件下的本量利分析。从上面的分析可以看出，只有当物流系统所实现的边际贡献大于固定成本时才能实现利润；否则物流系统将会出现亏损。而当边际贡献正好等于固定成本总额时，物流系统不盈不亏。所谓盈亏平衡点，又称为保本点，是指企业或物流系统的经营规模（业务量）刚好使利润等于零，即出现不盈不亏的状况。盈亏平衡分析就是根据成本、营业收入、利润等因素之间的函数关系，预测企业或物流系统在怎样的情况下可以达到不盈不亏的状态。而盈利条件下的本量利分析主要考虑在特定利润要求情况下应达到的业务量，以及在一定业务量情况下企业或物流系统的利润以及安全边际情况。

本量利分析的应用十分广泛，它与物流经营分析相联系，可促使物流系统降低经营风险；与预测技术相结合，可进行物流系统保本预测，确定目标利润实现的最少业务量预测等；与决策融为一体，物流系统能据此进行作业决策、定价决策和投资不确定性分析；此外，它还可以应用于物流的全面预算、成本控制和责任会计。

1. 单项物流服务项目的本量利分析

单项物流服务项目的本量利分析也包括保本点分析和盈利条件下的本量利分析。

单项物流服务项目保本点是指能使物流达到保本状态的单项业务量的总称，即在该业务量水平上，该项物流业务收入与变动成本之差刚好与固定成本持平。稍微增加一点业务量，就有盈利；反之，稍微减少一点业务量，就会导致亏损发生。单项物流服务项目的保本点有两种表现形式：一是保本点业务量，二是保本点营业收入，它们都是标志达到收支平衡实现保本的物流业务指标。保本点的确定就是计算保本点业务量和保本点营业收入额的过程。在物流多项作业条件下，虽然也可以按具体服务项目计算各自的保本业务量，但由于不同服务的业务量不能直接相加，因而往往只能确定它们总的保本点营业收入，而不能确定总保本点业务量。下面以企业运输车队的运输业务为例来说明单项物流服务项目的本量利分析方法。

运输车队的运输收入同运输成本的数量关系，不外乎以下三种情况：运输收入＞运输成本；运输收入＜运输成本；运输收入=运输成本。在以上三种情况中，只有运输收入同运输成本相等时企业才处于不盈不亏状态，也就是盈亏平衡状态。因此，盈亏平衡点就是运输收入同运输成本相等的点，在这一点以上就是盈利，在这一点以下就是亏损。运输车队保本点业务量的计算式如下：

保本点运输业务量=固定成本总额/（单位运价-单位变动成本）

例：某公司运输车队依据历史数据分析，确定单位变动成本 150 元 / 千吨千米，固定成本总额为 20 万元。本月预计货物运输量 5 000 千吨千米，单位运价为 200 元 / 千吨千米，请对该运输车队进行运输业务的本量利分析。

首先计算该公司的保本点运输业务量。从本题条件可知，固定成本=200 000 元；单位运价=200 元/千吨千米；单位变动成本=150 元/千吨千米。则可以计算保本点货物运输业务量及保本点运输营业收入：

保本点运输业务量=200 000/（200-150）=4 000（千吨千米）

保本点运输营业收入=4 000×200/10 000=80（万元）

同时，也可以计算该运输公司的预计安全边际和安全边际率，以分析企业所面临的经营风险大小。安全边际和安全边际率的计算公式为：

安全边际量=实际或预计业务量-保本点业务量

安全边际额=实际或预计营业收入额-保本点营业收入额

安全边际率=安全边际量/实际或预计业务量

或=安全边际额/实际或预计营业收入额

在本例中，该公司的安全边际量为 5 000-4 000=1 000（千吨千米），安全边际额为 100-80=20（万元），安全边际率为 20%。

安全边际量与安全边际率都是正指标，即越大越好。在欧美企业一般用安全边际率来评价物流经营的安全程度，表 11-1 列示了安全边际率与评价物流系统经营安全程度的一般标准。

表 11-1　物流系统经营安全性检验标准

安全边际率	10%以下	10%～20%	20%～30%	30%～40%	40%以上
安全程度	危险	值得注意	较安全	安全	很安全

企业或物流系统可以通过降低单位变动成本、降低固定成本、扩大业务量或提高价格等方式来提高安全边际率，降低经营风险。

盈亏平衡分析是比较特殊的本量利分析，它以利润为零、物流系统不盈不亏为前提条件。从现实的角度看，物流系统不但要保本，还要有盈利。因此，只有在考虑到盈利存在的条件下才能充分揭示成本、业务量和利润之间正常的关系。除了进行盈亏平衡分析之外，还可以进行有盈利条件下的本量利分析。

在既定单价和成本水平条件下，企业或物流系统为了实现一定目标利润，就需要达到一定的业务量或营业收入，这可以称为实现目标利润的业务量或营业收入，也可以成为保利点业务量或营业收入。保利点业务量和保利点营业收入的计算公式为：

保利点业务量=（固定成本总额+目标利润）/（单位价格-单位变动成本）

=（固定成本总额+目标利润）/单位边际贡献

保利点营业收入=（固定成本总额+目标利润）/边际贡献率

如果考虑所得税因素，需要确定实现目标净利润条件下的业务量和营业收入，则上述公式可以演变为：

保利点业务量=［固定成本总额+目标净利润/（1-所得税税率）］/（单位价格-单位变动成本）=［固定成本总额+目标净利润/（1-所得税税率）］/单位边际贡献

保利点营业收入=［固定成本总额+目标净利润/（1-所得税税率）］/边际贡献率

2. 有关因素变动对本量利指标的影响

上述的本量利分析中，诸因素均是已知和固定的，但实际这种静态平衡是不可能维持长久的，当有关因素发生变动时，各项相关指标也会发生变化。掌握各因素和各指标之间的变化规律，对物流成本控制实践是很有帮助的。

（1）相关因素的变动对保本点和保利点的影响。如果其他因素保持不变，而单价单独变动时，由于单价变动会引起单位边际贡献或边际贡献率向相同方向变动，从而会改变保本点和保利点。当单价上涨时，会使单位边际贡献和边际贡献率上升，相应会降低保本点和保利点，使物流经营状况向好的方向发展；单价下降时，情况则刚好相反。

如果单位变动成本单独变动时，会引起单位边际贡献或边际贡献率向相反方向变动，因而影响到保本点和保利点。当单位变动成本上升时，会提高保本点和保利点，使物流经营状况向不利的方向发展；反之则相反。

如果固定成本单独变动时，也会影响到保本点和保利点业务量。显然，固定成本增加会使保本点和保利点提高，使物流成本向不利方向发展；反之则相反。如果要求的目标利润单独变动时，显然，目标利润的变动只会影响到保利点，但不会改变保本点。营业量的变动不会影响保本点和保利点的计算。

（2）相关因素变动对安全边际的影响。当单价单独变动时，由于单价变动会引起保本点向反方向变动，因而在营业业务量既定的条件下，会使安全边际向相同方向变化。

当单位变动成本单独变动时，会导致保本点向同方向变动，从而在营业业务量既定的条件下，会使安全边际向反方向变动。固定成本单独变动对安全边际的影响与之类似。当预计营业量单独变动时，会使安全边际向同方向变动。

（3）相关因素变动对利润的影响。单价的变动可通过改变营业收入而从正方向影响利润；单位变动成本的变动可通过改变变动成本总额而从反方向影响利润；固定成本的变动直接会从反方向改变利润；营业量的变动可通过改变边际贡献总额而从正方向影响利润。

上述关系是进行企业或物流系统利润敏感性分析的重要前提。

3. 多项物流服务项目的本量利分析

一般来说，物流系统提供的物流服务项目往往不止一项，这种情况下，由于每项物流服务的业务量计量单位都不同，给本量利分析带来了一定的困难。例如，仓储服务业务量的计量单位可能是托盘数、吨等，而运输服务业务量的计量单位可能为吨公里。在这种情况下的本量利分析可以从以下角度进行考虑。

首先，如果在物流成本的核算中可以按照不同的服务项目分别进行固定成本和变动成本的核算，那么就可以分别按照单项物流服务的本量利分析原理进行分析。

其次，如果物流系统提供的多种服务项目中，如果有一种是主要项目，它所提供的边际贡献占整个物流系统的边际贡献比例很大，而其他服务项目所提供的边际贡献很小或者发展余地不大，则也可以按照主要服务项目的有关资料进行本量利分析。

如果各种服务项目在物流系统中都占有相当大的比重，且没有分项目进行物流成本的核算，根据前面的分析，可以知道无法进行保本点业务量和保利点业务量的计算，而只能计算保本点和保利点的营业收入。其计算公式分别为：

保本点营业收入=固定成本总额/综合边际贡献率

保利点营业收入=（固定成本总额+目标利润）/综合边际贡献率

安全边际率=安全边际额/实际或预计营业收入

应当指出的是，在本量利分析的实际应用中，应该结合企业实际需求以及物流成本核算基础工作的完成情况来考虑，物流成本的核算是进行本量利分析的前提，离开了物流成本的核算，本量利分析就成了一句空话。而结合实际需要进行本量利分析可以使该项工作发挥更大的效用。例如，如果物流企业针对大客户提供多项物流服务，则可以按照不同的客户进行本量利分析，这可以为物流企业的客户关系管理提供非常有用的信息。

第四节　物流成本的日常控制

除了通过预算管理、本量利分析、责任中心管理等成本控制技术进行物流成本管理之外，在日常的物流运营过程中，也需要通过各种物流管理技术和方法的应用来提高物流效率，达到物流成本降低的目的。

一、物流成本日常控制的原则

物流成本的日常控制要遵循以下基本原则。

1. 成本控制与服务质量控制相结合的原则

物流成本控制的目的在于加强物流管理、促进物流合理化。物流是否合理，取决于两个方面：一是对客户的服务质量水平；二是物流费用的水平。如果只重视物流成本的降低，有可能会影响到客户服务质量，这是行不通的。一般来说，提高服务质量水平与降低物流成本之间存在着一种“效益悖反”的矛盾关系。也就是说，要想降低物流成本，物流服务质量水平就有可能会下降，反之，如要提高服务质量水平，物流成本又可能会上升。因此，在进行物流成本控制时，必须搞好服务质量控制与物流成本控制的结合。要正确处理降低成本与提高质量的关系，从二者的最佳组合上谋求物流效益的提高。

2. 局部控制与整体控制相结合的原则

这里所说的局部控制是指对某一物流功能或环节所耗成本的控制，而系统控制是指对全部物流成本的整体控制。物流成本控制最重要的原则，是对总成本进行控制。物流是整个系统的优化，这就要求将整个系统及各个辅助系统有机地结合起来进行整体控制。例如，航空运输比其他运输方式的运费高，但航空运输可以减少包装费，保管费几乎为零，而且没有时间上的损失。因此，从总成本的角度看，不应单看运输费用的削减与否。从一定意义上说，采用总成本控制比局部物流功能的成本控制更为合适。因此，物流成本控制应以降低物流总成本作为目标。

3. 全面控制和重点控制相结合的原则

物流系统是一个多环节、多领域、多功能所构成的全方位的开放系统。物流系统的这一特点也从根本上要求我们进行成本控制时，必须遵循全面控制的原则。首先，无论产品设计、工艺准备、采购供应，还是生产制造、产品销售，抑或售后服务各项工作都会直接或间接地引起物流成本的升降变化。为此，要求对整个生产经营活动实施全过程的控制。其次，物流成本的发生直接受制于企业供、产、销各部门的工作，为此要求实施物流成本的全部门和全员控制。再次，物流成本是各物流功能成本所构成的统一整体，各功能成本的高低直接影响物流总成本的升降。为此，还要求实施全功能的物流成本控制。最后，从构成物流成本的经济内容来看，物流成本主要由材料费、人工费、折旧费、委托物流费等因素构成。为此，要求实施物流成本的全因素控制。

需要指出的是，强调物流成本的全面控制，并非要将影响成本升降的所有因素事无巨细、一律平等地控制起来，而应按照例外管理的原则，实施重点控制。

4. 经济控制与技术控制相结合的原则

这就是要求把物流成本日常控制系统与物流成本经济管理系统结合起来，进行物流成本的综合管理与控制。物流成本是一个经济范畴，实施物流成本管理，必须遵循经济规律，广泛地利用利息、奖金、定额、利润等经济范畴和责任结算、业绩考核等经济手段。同时，物流管理又是一项技术性很强的管理工作。要降低物流成本，必须从物流技术的改善和物流管理水平的提高上下功夫。通过物流作业的机械化和自动化，以及运输管理、库存管理、配送管理等技术的充分应用，来提高物流效率，降低物流成本。

5. 专业控制与全员控制相结合的原则

与物流成本形成有关的部门（单位）进行物流成本控制是必要的，这也是这些部门（单位）的基本职责之一。如物流部门对物流费用的控制，生产部门对生产过程中物流费用的控制，财会部门对所有费用的控制等。有了专业部门的物流成本控制，就能对物流成本的形成过程进行连续、全面的控制，这也是进行物流成本控制的一项必要工作。有了全员的成本控制，形成严密的物流成本控制网络，从而可以有效地把握物流成本形成过程的各个环节和各个方面，厉行节约、杜绝浪费、降低物流成本，保证物流合理化措施的顺利进行。

二、以物流成本形成过程为对象的物流成本控制

（一）投资阶段的物流成本控制

投资阶段的物流成本控制，主要是指企业在厂址选择、设备购置、物流系统布局规划等过程中对物流成本所进行的控制。其内容包括以下几方面。

1. 合理选择厂址

厂址选择合理与否，往往从很大程度上决定了以后物流成本的高低。例如，把廉价的土地使用费和人工费作为选择厂址的第一要素时，可能会在远离原料地和消费地的地点选点建厂，这对物流成本的高低会造成很大的影响。除了运输距离长以外，还需在消费地点设置大型配送中心，而且运输工具的选择也受到了限制。如果在消费地附近有同行业的企业存在，在物流成本上就很难与之竞争，即使考虑到人工费和土地使用费的因素在内，也很难断定是否有利。所以工厂选址时应该重视物流这一因素，事先要搞好可行性研究，谋求物流成本的降低。

2. 合理设计物流系统布局

物流系统布局的设计对于物流成本的影响是非常大的，特别是对于全国性甚至是全球性的物流网络设计而言，如何选择物流中心和配送中心的位置、运输和配送系统的规划、物流运营流程的设计等，对于整个系统投入运营后的成本耗费有着决定性的影响。在物流系统布局规划时，应通过各种可行性论证，比较选择多种方案，确定最佳的物流系统结构和业务流程。

3. 优化物流设备的购置

优化物流设备投资是为了提高物流工作效率和降低物流成本。企业往往需要购置一些物流设备，采用一些机械化、自动化的措施。但在进行设备投资时，一定要注意投资的经济性，要研究机械化、自动化的经济临界点。对于一定的物流设备投资来说，其业务量所要求的条件必须适当。一般来说，业务量增加时，采用机械化和自动化有利，而依靠人工作业则成本提高。相反，如果超过限度搞自动化，那么将不可避免地会要增大资金成本，同样是不可取的。

（二）产品设计阶段的物流成本控制

物流过程中发生的成本大小，与物流系统中所服务产品的形状、大小和重量等密切相关，而且不仅局限于某一种产品的形态，同时还与这些产品的组合、包装形式、重量及大

小有关。为此，实施物流成本控制有必要从设计阶段抓起，特别是对于制造企业来说，产品设计对物流成本的重要性尤为明显。具体地说，设计阶段的物流成本控制主要包括如下几方面的内容。

1. 产品形态的多样化

耐用消费品，特别是家用电器制品，在产品的形态设计上可以考虑多样化。例如，电炉和电风扇，如果设计成折叠形式，就易于保管和搬运；机床如果设计带有把柄，就能为搬运和保管过程中的装卸作业的顺利进行提供方便。

2. 产品体积的小型化

体积的大小从很大程度上决定了物流成本的高低。例如，要把一个体积大的产品装到卡车车厢里，如果这个产品的底面积占整个车厢底面积的 51%，一辆卡车只能装一件，其余 49%的底面积若不装其他东西，就只能空着。如果要以同样方法运两件这种产品，就需要两辆卡车，花双倍的费用。如果设计时考虑这一点，按照占卡车车厢底的 50%的大小制造该产品，则一辆卡车可运两件，运输费用就可以得到有效节约。再如，洗涤剂浓缩化，可降低 1/3 的物流成本；餐饮行业所用的调料和佐料，如果由液体改制成粉末状态，也可以使配送效率成倍增长等。

3. 产品批量的合理化

当把数个产品集合成一个批量保管或发货时，就要考虑到物流过程中比较优化的容器容量，例如，一个箱子装多少件产品？箱子设计成多大？每个托盘上堆码多少个箱子等？

4. 产品包装的标准化

各种产品的形状是多种多样、大小不一的，大多数都在工厂进行包装。包装时通常需要结合产品的尺寸等选择包装材料。也就是说，根据产品的大小、形状，分割包装材料并进行捆包，这样做才不会浪费。但是，多种多样的包装形态在卡车装载和仓库保管时，就容易浪费空间。从降低物流成本的角度看，这种做法不一定是最合理的。根据物流管理的系统化观点，应该是包装尺寸规格化，形状统一化，有时即使增加包装材料用量，或者另外需要填充物，但总的物流成本可能会降低。

从上述情况可知，产品设计阶段决定着物流的效率、决定着物流成本的高低。这就要求在设计阶段就必须扎实地掌握和分析本企业由上（零部件、原材料的供应商）到下（产品销售对象、最终需要者）整个流程，弄清产品设计对整个物流过程各个环节所需成本的影响，从整体最优的原则出发，搞好产品设计，实施物流成本的事前控制。

（三）采购与供应阶段的物流成本控制

采购与供应阶段是物流费用发生的直接阶段，这也是物流成本控制的重要环节。供应阶段的物流成本控制，主要包括以下内容。

1. 优选供应商

企业进货和采购的对象很多，每个供应商的供货价格、服务水平、供货地点、运输距离等都会有所区别，其物流成本也就会受到影响。企业应该在多个供应商中考虑供货质量、服务水平和供货价格的基础上，充分考虑其供货方式、运输距离等对企业物流成本的综合影响，从多个供货对象中选取综合成本较低的供货厂家，以有效地降低企业的物流成本。

2. 运用现代化的采购管理方式

JIT采购和供应是一种有效降低物流成本的物流管理方式，它可以减少供应库存量，降低库存成本，而库存成本是供应物流成本的一个重要组成部分。另外，电子采购、招标采购、全球采购等采购管理方式的运用，也可以有效地加强采购供应管理工作。对于集团企业或连锁经营企业来说，集中采购也是一种有效的采购管理模式。这些现代化采购管理方式的运用，对于降低采购与供应物流成本是十分重要的。

3. 控制采购批量和再订货点

每次采购批量的大小，对订货成本与库存成本有着重要的影响。采购批量大，则采购次数减少，总的订货成本就可以降低，但会引起库存成本的增加；反之亦然。因此，企业在采购管理中，对订货批量的控制是很重要的。企业可以通过相关数据分析，计算其主要采购物资的最佳经济订货批量和再订货点，从而使得订货成本与库存成本之和最小。

4. 供应物流作业的效率化

企业进货采购对象及其品种很多，接货设施和业务处理要讲求效率。例如，同一企业不同分厂需购多种不同物料时，可以分别购买、各自进货；也可以由总厂根据各分厂进货要求，由总厂统一负责进货和仓储的集中管理，在各分厂有用料需要时，由总厂仓储部门按照固定的路线，把货物集中配送到各分厂。这种有组织的采购、库存管理和配送管理，可使企业物流批量化，减少事务性工作，提高配送车辆和各分厂进货工作效率。

5. 采购途耗的最省化

供应采购过程中往往会发生一些途中损耗，运输途耗也是构成企业采购与供应物流成本的一个组成部分。运输中应采取严格的预防保护措施尽量减少途耗，避免损失、浪费，降低物流成本。

6. 采购和销售物流交叉化

销售和采购物流经常发生交叉，可以把外销商品的运输与从外地采购的物流结合起来，利用回程车辆运输，既提高货物运输车辆的使用率，又降低运输成本。同时，缓解城市交通堵塞，促使发货进货业务集中化、简单化，促进搬运工具、物流设施和物流业务的效率化。

（四）生产过程的物流成本控制

生产物流成本也是物流成本的一个重要组成部分。生产物流的组织与企业生产的产品类型、生产业务流程以及生产组织方式等密切相关，因此，生产物流成本的控制是与企业的生产管理方式不可分割的。在生产过程中有效控制物流成本的方法主要包括以下几种。

1. 生产工艺流程的合理布局

生产车间和生产工艺流程的合理布局，对生产物流会产生重要影响。通过合理布局，可以减少物料和半成品迂回运输，提高生产效率和生产过程中的物流运转效率，降低生产物流成本。

2. 合理安排生产进度，减少半成品和在产品库存

生产进度的安排合理与否，会直接或间接地影响生产物流成本。例如，生产安排不均衡，产品成套性不好，生产进度不一，必然会导致半成品、成品的库存增加，从而引起物流成本的升高。生产过程中的物流成本控制，其主要措施是采用“看板管理方式”。这种管理方式的基本思想是力求压缩生产过程中的库存，减少浪费。

3. 实施物料领用控制，节约物料使用

物料成本是企业产品成本的主要组成部分，控制物料消耗，节约物料使用，直接关系到企业的生产经营成果和经济效益。通过物料领用的控制，可以有效地降低企业的物料消耗成本。物料的领用控制可以通过“限额领料单”（或称定额领料单或限额发料单）来进行，它是一种对指定的材料在规定的限额内多次使用的领发料凭证。使用限额领料单，必须为每种产品、每项工程确定一个物料消耗数量的合理界限，即物料消耗量标准，作为控制的依据。

（五）销售阶段的物流成本控制

销售物流活动作为企业市场销售战略的重要组成部分，不仅要考虑提高物流效率，降低物流成本，而且还要考虑企业销售政策和服务水平。在保证客户服务质量的前提下，通过有效的措施，推行销售物流的合理化，以降低销售阶段的物流成本。主要的措施包括以下几方面。

1. 加强订单管理，与物流相协调

订单的重要特征表现在订单的大小、订单交货时间等要素上。订单的大小和交货时间要求往往会有很大的区别，在有的企业中，很多小订单往往会在数量上占了订单总数的大部分，它们对物流和整个物流系统的影响有时也会很大。因此，有的企业为了提高物流效率，降低物流成本，在订单量上必须充分考虑商品的需求特征和其他经营管理要素的需要。

2. 销售物流的大量化

销售物流的大量化主要表现在通过延长备货时间，以增加运输量，提高运输效率，减少运输总成本。例如，许多企业把产品销售送货从“当日配送”改为“次日配送”或“周日指定配送”，就属于这一类。这样可以更好地掌握配送货物量，大幅度提高配货装载效率。另外，在日本为了鼓励运输大量化，采取一种增大一次物流批量折扣收费的办法，实行“大量（集装）发货减成收费制”，因实行物流合理化而节约的成本由双方分享等。现在，这种以延长备货时间来加大运输或配送量的做法已经被许多企业所采用。需要指出的是，这种做法必须在能够满足客户对送货时间要求的前提下进行。

3. 商流与物流相分离

现在，商流与物流分离的做法已经被越来越多的企业所采纳。其具体做法是订货活动

与配送活动相分离，由销售系统负责订单的签订，而由物流系统负责货物的运输和配送。运输和配送的具体作业，可以由自备车完成，也可以通过委托运输的方式来实现，这样可以提高运输效率，节省运输费用。此外，还可以把销售设施与物流设施分离开来，如把同一企业所属的各销售网点的库存实行集中统一管理，在最理想的物流地点设立仓储设施，集中发货，以压缩流通库存，解决交叉运输，减少中转环节。这种商物分离的做法，把企业的商品交易从大量的物流活动中分离出来，有利于销售部门集中精力搞销售，而物流部门也可以实现专业化的物流管理，甚至面向社会提供物流服务，以提高物流的整体效率。

4. 增强销售物流的计划性

以销售计划为基础，通过一定的渠道把一定量的货物送达指定地点。如某些季节性消费的产品，可能会出现运输车辆过剩与不足，或装载效率下降等因素。为了调整这种波动性，可事先同买主商定时间和数量，制订出运输和配送计划，使生产厂按计划供货。在日本啤酒行业，这种方法被称为“定期、定量直接配送系统”的计划化物流。

5. 实行差别化管理

这是指根据商品流转快慢和销售对象规模的大小，把保管场所和配送方法区别开来。对周转快的商品分散保管，反之集中保管，以压缩流通库存，有效利用仓库空间；对供货量大的实行直接送货，供货量小而分散的实行营业所供货或集中配送。差别化方针必须既要节约物流成本，又要提高服务水平。

6. 物流的共同化

这是实施物流成本控制的最有效措施。超出单一企业物流合理化界限的物流合理化，是最有前途的物流发展方向。一方面，通过本企业组合而形成的垂直方向的共同化，实现集团企业内的物流一元化和效率化，如实行同类商品共同保管、共同配送；另一方面，通过与其他企业之间的联系，而形成的水平方向的共同化，来解决两个以上产地和销售地点相距很近而又交叉运输的企业如何加强合作以提高装载效率，压缩物流设备投资的问题，如解决长途车辆空载和设施共同利用问题。

三、以物流功能为对象的物流成本控制

（一）运输成本的控制

运输是物流系统中的核心功能。运输成本的控制目的，是使总的运输成本最低，但又不影响运输的可靠性、安全性和快捷性要求。运输成本的组成内容主要包括人工费、燃油费、运输杂费以及运输保险费、外包运输费等。据有关部门的统计，企业为进行运输活动而支付的费用约占物流成本总额的 50%以上。影响运费的因素很多，主要有商品运输量、运输工具、运输里程、装卸技术改进程度和运输费率等。因此，运输成本控制，要根据不同情况采取不同的措施。

1. 减少运输环节，节约成本

运输是物流过程中的一个主要环节，围绕着运输活动，还要进行装卸、搬运、包装等工作，多一道环节，须花费许多劳动，增加不少成本。因此，在组织运输时，要尽可能发挥运输距离经济的作用，对有条件直运的，应尽可能采用直达运输，减少中间环节，使物资不进入中转仓库，越过不必要的环节，由产地直运到销地或用户，减少二次运输。同时，更要消除相向运输、迂回运输等不合理现象，以便减少运输里程、节约大量的运费开支。

2. 合理选择运输工具

选择运输工具对于具有不同形状、价格、运输批量、交货日期及到达地点货物特征的货物，都有与之相对应的适当运输工具。运输工具的经济性与迅速性、安全性、便利性之间存在着相互制约的关系。因此，在目前多种运输工具并存的情况下，在控制运输成本时，必须注意根据不同货物的特点及对物流时效的要求，对运输工具所具有的特征进行综合评价，以便做出合理选择运输工具的策略。

3. 运用线性规划、非线性规划技术制订最优运输计划，实现运输优化

在物流过程中，运输组织问题是很重要的。例如，某产品现有某几个工厂生产，又需供应某几个客户，怎样才能使企业生产的产品运到客户所在地时达到总运费最小的目标？在企业到消费地的单位运费和运输距离，以及各企业的生产能力和消费量都已确定的情况下，可用线性规划技术来解决运输的组织问题；如果企业的生产量发生变化，生产费用函数是非线性的，就应使用非线性规划来解决。属于线性规划类型的运输问题，常用的方法有单纯形法和表上作业法。

4. 注意运输方式

采用零担凑整，集装箱、捎脚回空运输等办法，扩大每次运输批量，减少运输次数。采用合装整车运输是降低运输成本的有效途径，合装整车运输的基本做法有：零担货物拼整车直达运输；零担货物拼整车接力直达或中转分运；整车分斜；整车零担等。

5. 提高货物装载量

改进商品包装，压缩轻松的商品体积，并积极改善车辆的装载技术和装载方法，提高装载量，使用最少的运力运输更多的货物，提高运输生产效率。提高装载率的基本思路是：一方面要最大限度地利用车辆载重吨位；另一方面是要充分使用车辆装载容积。具体的做法包括：组织轻重配装；对于体大笨重、不易装卸又容易碰撞致损的货物，如自行车、科学仪器等，采用解体运输，分别包装、装卸和搬运，以提高装载效率等。

此外，还应搞好自有运输工具的维修、保管和管理工作，严格控制各项费用支出。同时，也要加强运输途中的物品保管工作，减少运输途中损耗。

（二）仓储成本的控制

在物流活动中，仓储的任务是对供应和需求之间在时间上的差异进行调整。对于使用自备仓库的仓储活动，其相关的仓储成本主要是仓库维护费、出入库和库存的操作费、仓

储设施的折旧、库存占用资金的利息等，如果租用营业仓储设施，则仓储成本主要是租赁费、使用费和库存占用资金的利息。仓储成本控制的目标，就是要实行货物的合理库存，不断提高保管质量，加快货物周转，发挥物流系统的整体功能。仓储成本管理的一个重要方面，是要研究保管的货物种类和数量是否适当。高价商品长期留在仓储设施中，就会积压资金。若是银行贷款，还要负担利息支出。而过分地减少储存量，虽对减少利息负担有利，但对顾客的订货来说又有脱销的危险，这也会失去盈利的机会。由此可见，仓储成本控制，是物流成本控制的一项重要内容。一般来说，仓储成本控制应抓好如下几项工作。

1. 优化仓储布局，减少库存点，削减不必要的固定费用

目前，许多企业通过建立大规模的物流中心，把过去零星的库存集中起来进行管理，对一定范围内用户进行直接的配送，这是优化仓储布局的一个重要表现。需要注意的是，仓储设施的减少和库存的集中，有可能会增加运输成本，因此，要从运输成本、仓储成本和配送成本的总和角度来考虑仓储设施的布局问题，使总的物流成本达到最低。

2. 采用现代化库存计划技术来控制合理库存量

例如，采用物料需求计划（MRP）、制造资源计划（MRP Ⅱ）以及准时制（JIT）生产和供应系统等，来合理地确定原材料、在产品、半成品和产成品等每个物流环节最佳的库存量，在现代物流理念下指导物流系统的运行，使存货水平最低、浪费最小、空间占用最小。

3. 运用存储论确定经济合理的库存量，实现货物存储优化

货物从生产到客户之间需要经过几个阶段，几乎在每一个阶段都需要存储，究竟在每个阶段库存量保持多少为合理？为了保证供给，需隔多长时间补充库存？一次进货多少才能达到费用最省的目的？这些都是确定库存量的问题，也都可以在存储论中找到解决的方法。其中应用较广泛的方法是经济订购批量模型及其模型的扩展。

4. 在库存管理中采用 ABC 分类管理法，搞好库存物品种类的重点管理和库存安排，提高保管效率

ABC 法符合“抓住关键少数”“突出重点”的原则，是库存成本控制中一种比较经济合理的方法。对于品种少但占用资金额高的 A 类货物，应作为重点控制对象，必须严格逐项控制；而 B 类物资则作为一般控制对象，可分别不同情况采取不同的措施；而对于 C 类物资，则不作为控制的主要对象，只需要采取一些简单的控制方法即可。

5. 加强仓储设施点的内部管理，降低日常开支

在保证货物质量安全的前提下，更好地堆放和储藏物品，以节约保管费用；提高仓储设施点与仓储设备的利用率，掌握好储存额的增减变化情况，充分发挥仓储设施使用效能；提高保管人员对通风、倒垛、晾晒工作效率，减少人工成本的支出；在物品保管中所需保养、擦油、防虫药剂，托保、代保以及仓储设施点小修等费用支出，均须纳入计划，节约使用；做好仓库盘点工作，尽可能减少货物损失；如此等等。

（三）配送成本的控制

为了提高对客户的服务水平，越来越多的企业建立配送中心，进行配送作业。但是配送作业的实施往往会带来成本的居高不下，从而使企业的竞争力减低。因此，对配送成本的控制就显得非常重要。对配送成本的控制从配送中心选址、配送中心内部的布局开始，一直到配送运营过程。配送中心的选址涉及配送的范围和配送路线等，对配送成本的影响是很大的。对配送成本的日常控制方法还包括以下一些方面。

1. 优化配送作业，降低配送成本

优化配送作业的主要手段有混合配送、差异化配送、共同配送等。混合配送作业是指部分配送作业由企业自身完成，另一部分外包给第三方，这种混合配送作业可以合理安排配送任务，使配送成本达到最小。差异化配送是指按产品的特点、销售水平来设置不同的配送作业，即不同的库存、不同的配送方式以及不同的储存地点，例如，对 A、B、C 类物资采用不同的配送作业。共同配送是一种战略运作层次上的共享，它是几个企业联合、集小量为大量、共同利用同一配送设施的配送方式。

2. 运用系统分析技术，选择配送线路，实现货物配送优化

配送线路是指各送货车辆向各个客户送货时所要经过的路线，它的合理与否，对配送速度、车辆的利用效率和配送费用都有直接影响。目前较成熟的优化配送线路的方法是节约里程法。

3. 通过自动化技术，提高配送作业效率

配送作业包括入库、保管装卸、备货、分拣、配载、发货等作业环节。入货和发货效率的提高可以通过条形码技术和便携式终端性能的提高来实现；而在保管和装卸作业中，也可以通过自动化技术来降低人工成本，并实行作业的标准化；备货作业的自动化是比较难的，备货自动化中最常用的是数码备货，这是一种不使用人力而是借助于信息系统有效地进行作业活动，具体地说，就是在由信息系统接受客户订货的基础上，向分拣员发出数码指令，从而按照指定的数量和种类正确、迅速地备货作业系统。

4. 建立通畅的配送信息系统

在配送作业中，需要处理很大的数据量。配送中心内部成本降低的策略方法，其主要手段都是要借助于通畅的信息系统，导入自动化仪器，力图做到配送中心作业的机械化和自动化，节约人力资源成本，简化订发货作业，制订最佳的配载计划和配送路线，最终降低配送成本。

（四）包装成本的控制

一般来说，包装可以认为是生产环节的终点，又是销售物流的起点。企业生产的产品只有销售给用户才具有使用价值。为了确保使用价值不受影响并吸引用户购买，需要对产品进行包装和对外观进行必要的装潢，但是必须讲求物流成本，要适用，不能华而不实造

成浪费。

一般来说，包装成本控制应采取如下几项措施：（1）所有包装物品购入时，主管部门必须登账掌握，根据领用凭证发料，并严格控制使用数量，以免损失浪费；（2）各使用部门应按需要时间提出使用数量计划，交主管部门据以加工、购置，如逾期没计划或数字庞大造成浪费或供应不及时，均应追究责任；（3）要加强包装用品规格质量的验收和管理，注意搞好包装用品的回收利用；（4）在保证商品在运输、装卸、保管、销售过程中质量、数量不受损失的前提下，适当采用一些包装代用品，选择质好价廉的包装材料，节约费用开支；（5）要加速包装物的周转，延长使用年限和使用次数，克服损失浪费现象；（6）根据产品的特点、运输的远近，研究包装物的要求，改善包装方法；（7）了解用户情况，改进不必要的装潢，力求包装简单化、朴素化。

长治液压有限公司物流成本的控制

（一）长治液压有限公司背景

长治液压有限公司（简称长治液压）是债转股整体改制企业，1952 年成立，企业总资产 2.4 亿元，主要产品有汽车转向助力泵、中高压齿轮泵、液压破碎锤等 400 余个品种，达到世界先进水平，应用范围涉及汽车、工程、农机、冶金等多个行业，主要用户有玉柴集团、东风汽车公司、一汽集团等多家知名企业，在全国 10 多个重要城市设立办事处，并将产品出口到东南亚、意大利、德国等 20 余个国家和地区。

长治液压在整个机械行业的供应链中处于中游地带，对于上游企业来说，长治液压是组织者和领导者，它制定了液压元件的相关标准，影响着上游企业的物流方式、信息的交换。同传统的制造企业相比，长治液压物流成本构成更为复杂，成本控制难度更大：首先，长治液压元件远销东南亚、欧洲，是国内外多家企业的液压元件供应商，其物流所跨区域广泛，物流管理分散，运输成本高，仓库要实现优化选择的难度大，对整个物流配送要求的管理水平高，否则很难实现缺货成本与库存成本之间的优化；其次，由于长治液压生产的液压零部件品种多，生产线种类烦琐，要实现 JIT 管理难度大，组织上游的物流工作困难；再次，由于经济的高速发展，客户对于速度的要求提高，如何在最短的时间内将液压元件送往全国各地甚至是其他国家地区是一个难题，同时液压元件属于较为贵重的元件，在物流过程中要尽量保持元件的稳定性，减少碰撞，这也会增加物流成本。

（二）长治液压物流成本控制

长治液压由于建厂时间长，是一个传统的工业企业，虽然进行了改制，但是初期其现代物流建设并不完善，加上工厂布局分散，供应商广泛，物流配送与产品生产并不能很好地结合起来，经过这些年的努力和改善，长治液压物流逐渐向现代化物流转变，开始采用现代化的管理方式控制物流成本，产生了一定的效果，其物流成本控制的方法主要有以下几个方面。

（1）完善物流基础设施，降低各项物流作业成本。为了实现物流与产品生产成本之间的协调，在低成本的条件下实现优质的物流服务，提高物流效率，长治液压在自营物流的基础上与第三方物流进行合作，如与中国远洋物流公司、陕西省邮政物流公司、宇翔运通货运有限公司等物流公司签订了合作协议，建立了物流合作关系，通过物流外包，极大降低了运输、存储、装卸搬运、物流管理等成本。

对于自营物流，长治液压通过引进现代化的物流信息管理平台，完善物流基础设施，实现了物流信息的及时沟通；通过引入供应商物流管理模式、电子商务物流模式等先进的物流管理模式，与供应商建立良好的合作关系，通过对库存信息的及时沟通，减少库存压力，降低库存成本；通过引进绿色低碳物流技术，采用可循环使用的物流包装，降低包装成本；通过建立先进的物流系统，实现企业、供应商、第三方物流、经销商之间信息的及时沟通，及时补充缺货，降低存货成本，实现物流资源的整合，加快货物的周转速度；同时，要在企业内部实现职责分明，控制每个部门的成本，对整个物流流程进行成本管理，建立一整套针对物流成本控制的规章制度，实现物流成本的制度化，降低物流成本，提高企业的效益。

（2）管理物流流程成本。长治液压对采购环节、生产环节、销售环节的物流进行优化改进，以降低物流成本。如在生产环节，长治液压一条生产线上的液压零件种类多、空间有限，不能将生产线上多个型号的液压元件进行摆放，虽然可以通过增加生产线的方式解决，但是这将增加企业的生产成本。长治液压经过研究对生产物流进行改进，通过改良液压元件的包装，减小包装容器的尺寸，增加生产物流的配送频率，解决了不同种类液压元件的摆放问题，节约了空间，在不影响生产线运行的同时降低了成本。

（3）优化供应链成本。长治液压的物流成本控制从两方面入手：一是从企业内部进行物流成本控制；二是管理供应链来降低企业的成本。长治液压先后动员了液压泵、流体阀、液压锁、节流阀等多个液压元件供应商在附近建厂，降低企业物流成本的同时，提高了供应链的稳定性，在元件配送与库存之间实现了平衡，促进了相关供应商的集聚，实现了配送方式的集配，降低了运输成本，降低了库存量，也实现了元件的及时补给。在促进供应商集聚的同时也吸引着更多的供应商，规模经济逐步显现，降低了供应链成本，从而从整体上降低了物流成本。

问题：

长治液压是如何以物流成本形成过程为对象对自营物流的物流成本进行控制的?

案例分析：

从案例资料来看，长治液压以物流成本形成过程为对象的成本控制表现为：（1）投资阶段，主要通过引进现代化的物流信息管理平台、完善物流基础设施、建立先进的物流系统等过程中对物流成本进行控制；（2）产品设计阶段，通过引进绿色低碳物流技术，采用可循环使用的物流包装，改良液压元件的包装，减小包装容器的尺寸，使产品批量合理化，降低包装成本和生产物流成本；（3）采购与供应阶段，与供应商建立良好的合作关系，动员供应商就近建厂，促进相关供应商集聚，实现配送方式的集配，运用 JIT 采购和供应，实现元件的及时补给，降低了运输成本及库存量，并使供应物流作业效率化；（4）生产过程、销售阶段，对生产物流、销售物流进行优化改进，增加配送频率，降低物流成本。

问题讨论：

1. 长治液压有限公司是如何实现配送方式的集配的？达到了何种效果？
2. 长治液压有限公司采用了哪些途径来降低物流成本？

复习思考题

1. 什么是物流成本？如何理解？
2. 当前我国企业物流成本管理中主要存在哪些问题？降低物流成本的途径有哪些？
3. 物流成本管理系统包括哪些基本内容？
4. 简述物流成本核算与应用中存在的问题。
5. 物流成本的日常控制要遵循哪些原则？
6. 物流成本的核算对象主要有哪几种？
7. 简述物流成本的核算方法。
8. 如何进行盈亏平衡分析？保本点是如何确定的？
9. 试阐述以物流成本形成过程为对象的物流成本控制。
10. 如何对仓储成本进行控制？

第十二章 绿色物流

本章重点

- 绿色物流的概念及特征
- 绿色物流系统的构成
- 绿色物流系统的行为主体
- 物流系统的各功能要素对环境的影响
- 绿色物流体系的构建
- 逆向物流的定义、分类及特点
- 精益物流的含义及特点
- 精益物流管理成功的条件

传统的物流活动各个环节都在不同程度上对环境产生了负面影响，如运输环节中车辆的尾气排放、不可降解的废弃包装材料、装卸搬运环节的粉尘污染、流通加工产生边角废料造成的废弃物污染等。今天，物流已成为经济发展的重要支柱，为了充分发挥现代物流产业对经济的拉动作用，实现长期可持续发展，必须从环境角度对物流系统进行改进，以形成一个与环境共生的现代综合物流系统，改变原来经济发展与物流之间的单向作用关系，抑制物流对环境造成危害，同时又要形成一种能促进经济和消费生活健康发展的现代物流系统。这就产生了“绿色物流”这一全新的概念。可以这样说，“绿色物流”作为可持续发展模式在物流行业中的具体表现，开始出现并逐渐成为21世纪物流管理的新方向。

第一节 绿色物流的概念及特征

@链接资料

船舶运输是贝克啤酒出口业务的最重要运输方式。贝克啤酒厂毗邻不来梅港，是其采取海运的最大优势。凭借全自动化设备，标准集装箱可在8分钟内罐满啤酒，15分钟内完成一切发运手续。每年，贝克啤酒通过海运方式发往美国一地的啤酒就达 9 000TEU（为货柜容量的计算基础）。之所以选择铁路运输和海运方式，贝克啤酒解释为两个字：环保。欧洲乃至世界范围陆运运输的堵塞和污染日益严重，贝克啤酒选择环保的方式不仅节约了运输成本，还为自己贴上了环保的金色印记。

自 20 世纪 90 年代初期，西方国家的企业界及物流学术界的学者们就提出绿色物流（Green Logistics 或 Environmental Logistics）的概念，绿色物流很快就得到了政府、学术界和企业界的高度重视。一方面，政府通过立法限制物流过程中的环境影响，例如，欧盟国家、美国和日本等国家都制定了严格的法规限制机动车尾气排放和废弃物污染；另一方面，发达国家提出了发展循环型经济的目标，积极扶持逆向物流的发展。很多跨国公司都积极响应这一行动，富士施乐、通用、惠普等大型跨国公司都实施了逆向物流的项目，并且收益显著。

一、绿色物流的概念及目标

绿色物流是近十年来提出的一个新概念，目前还没有完全成熟的定义。但是在国际上，绿色物流已作为继绿色制造、绿色消费之后的又一个新的绿色热点，受到广泛的关注。由 A. M. 布鲁尔、K. J. 巴顿和 D. A. 亨舍尔合著的《供应链管理和物流手册》一书中，认为由“绿色（Green）”和“物流（Logistics）”组合在一起的“绿色物流（Green Logistics）”一词，代表着与环境相协调的高效运输配送系统。

国内有些企业及学者已经在绿色生产、绿色包装、绿色流通、绿色物流方面进行了有意义的探索，认为绿色物流是指在运输、储存、包装、装卸、流通加工等物流活动中，采用先进的物流技术、物流设施，最大限度地降低对环境的污染，提高资源的利用率。

中华人民共和国国家标准物流术语（GB/T 18354—2006）中将绿色物流定义为：在物流过程中抑制物流对环境造成危害的同时，实现对物流环境的净化，使物流资源得到最充分的利用。

绿色物流是一个多层次的概念，它既包括企业的绿色物流活动，又包括社会对绿色物流活动的管理、规范和控制。从绿色物流的活动范围看，它包括物流作业环节和物流管理全过程的绿色化。从物流作业环节来看，包括绿色运输、绿色包装、绿色流通加工等。从物流管理全过程来看，主要是从环境保护和节约资源的目标出发，改进物流体系，既要考虑正向物流环节的绿色化，又要考虑供应链上的逆向物流体系。具体包括：（1）物流作业环节绿色化；（2）物流管理全过程的绿色化；（3）逆向物流；（4）精益物流。

一般的物流活动主要是为了实现企业的盈利，满足顾客需求，扩大市场占有率等，这些目标最终均是为了实现某一主体的经济利益。而绿色物流在上述经济利益的目标之外，还追求节约资源、保护环境这一既具有经济属性又具有社会属性的目标。尽管从宏观角度和长远的利益看，节约资源、保护环境与经济利益的目标是一致的，但对某一特定时期、某一特定的经济主体却是矛盾的。按照绿色物流的最终目标，企业无论在战略管理还是战术管理中，都必须从促进经济可持续发展这个基本原则出发，在创造商品的时间效用、空间效用和形质效用，满足消费者需求的同时，注重按生态环境的要求，保持自然生态平衡和保护自然资源，为子孙后代留下生存和发展的权利。因而，绿色物流的最终目标是可持续性发展，实现该目标的准则是经济利益、社会利益和环境利益的统一。

二、绿色物流的特征

绿色物流除了具有一般物流所具有的特征外，还具有学科交叉性、多目标性、多层次性、时域性和地域性等特征。

（一）学科交叉性

绿色物流是物流管理与环境科学、生态经济学的交叉。由于物流与环境之间的密切关系，在研究社会物流与企业物流时必须考虑环境问题和资源问题；又由于生态系统与经济系统之间的相互作用和相互影响，生态系统也必然会对经济系统的子系统——物流系统产生作用和影响。因此，必须结合环境科学和生态经济学的理论、方法进行物流系统的管理、控制和决策，这也正是绿色物流的研究方法。学科的交叉性，使得绿色物流的研究方法复杂，研究内容十分广泛。

（二）多目标性

绿色物流的多目标性体现在企业的物流活动要顺应可持续发展的战略目标要求，注重对生态环境的保护和对资源的节约，注重经济与生态的协调发展，追求企业经济效益、消费者利益、社会效益与生态环境效益四个目标的统一。系统论观念告诉我们，绿色物流的多目标之间通常是相互矛盾、相互制约的，一个目标的增长将以另一个或几个目标的下降为代价，如何取得多目标之间的平衡，这正是绿色物流要解决的问题。从可持续发展理论的观念看，生态环境效益的保证将是前三者效益得以持久保证的关键所在。

（三）多层次性

绿色物流的多层次性体现在三个方面：

首先，从对绿色物流的管理和控制主体看，可分为社会决策层、企业管理层和作业管理层三个层次的绿色物流活动，或者说是宏观层、中观层和微观层。其中，社会决策层的主要职能是通过政策、法规的手段传播绿色理念；企业层的任务则是从战略高度与供应链上的其他企业协同，共同规划和控制企业的绿色物流系统，建立有利于资源再利用的循环物流系统；作业层主要是指物流作业环节的绿色化，如运输的绿色化、包装的绿色化、流通加工的绿色化等。

其次，从系统的观点看，绿色物流系统是由多个单元（或子系统）构成的，如绿色运输子系统、绿色仓储子系统、绿色包装子系统等。这些子系统又可按空间或时间特性划分成更低层次的子系统，每个子系统都具有层次结构，不同层次的物流子系统通过相互作用，构成一个有机整体，实现绿色物流系统的整体目标。

最后，绿色物流系统还是另一个更大系统的子系统，这就是绿色物流系统赖以生存发展的外部环境，包括法律法规、政治、文化环境、资源条件、环境资源政策等，它们对绿色物流的实施起到约束作用或推动作用。

（四）时域性和地域性

时域特性指的是绿色物流管理活动贯穿于产品的生命周期全过程，包括从原材料、零件与零部件的采购与供应，生产内部物流，产成品的分销、包装、运输，直至报废、回收的整个过程。

绿色物流的地域性体现在两个方面：一是指由于经济的全球化和信息化，物流活动早已突破地域限制，呈现出跨地区、跨国界的特性。相应地，对物流活动绿色化的管理也具有跨地区、跨国界的特性。二是指绿色物流管理策略的实施需要供应链上所有企业的参与和响应。例如，欧洲一些国家为了更好地实施绿色物流战略，对于托盘的标准、汽车尾气排放标准、汽车燃料类型等都进行了规定，其他国家的不符合标准要求的货运车辆将不允许进入本国。跨地域、跨时域的特性也说明了绿色物流系统是一个动态的系统。

第二节　绿色物流系统分析

循环经济的发展需要物资流通领域的绿色化，绿色物流是现代物流的主要发展趋势，它突破了以往非绿色物流对环境与资源的负面影响，在物流过程中抑制物流对环境造成危害的同时，实现物流环境的净化，使物流资源得到最充分利用，从而能够推进循环经济的发展。在绿色物流系统构成中，构建正向绿色物流体系与逆向绿色物流体系，充分发挥绿色物流功能要素（包括集约资源、绿色仓储、绿色运输、绿色包装、绿色流通加工、绿色装卸搬运、绿色信息搜集和管理、废弃物回收等）的作用。正是绿色物流功能要素与绿色物流的行为主体——政府、公众和企业相结合，形成绿色物流系统的运行模式。

一、绿色物流系统的构成及行为主体

一般物流系统的运行需要大量的人力、财力、物力、信息投入，通过各项物流功能要素，在实现物流效益、服务、信息的同时，还会对环境产生污染排放。为了使物流系统在社会经济大系统中可持续发展，需要降低物流系统的物资消耗、减少环境污染。于是，实

现物流系统的绿色管理，也称绿色物流系统的实现，是十分必要的。

（一）绿色物流系统的构成

根据绿色物流的定义，绿色物流系统的实现也分为以下两个层次。

1. 微观绿色物流系统

微观绿色物流系统的实现需要从组织和过程两个方面来保障，其系统结构如图 12-1 所示。

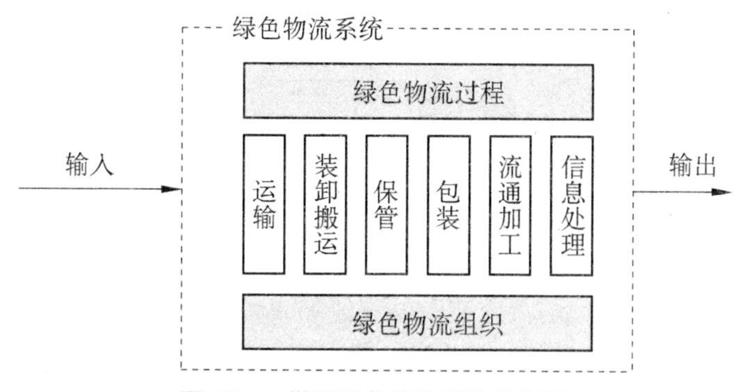

图 12-1　微观绿色物流系统结构图

在微观层次的绿色物流系统中，物流组织建立全面的环境管理体系，确保系统中所有环境行为都遵守特定的规范，系统的环境影响日益减少，呈现出良性循环的趋势。物流过程采用先进的绿色技术，如绿色包装、绿色运输等，确保物流活动的污染排放和能源消耗不断降低；同时以面向产品全生命周期评价方法从整体上测度改善情况，监控系统的整体优化效果。面向产品全生命周期的企业绿色物流是指企业在产品全生命周期的各个环节，包括运输、储存、包装、装卸和流通加工等物流活动中，采用先进的物流技术、物流设施，最大限度地降低对环境的污染，提高资源利用率，改善人类赖以生存和发展的环境。主要指：科学的物流设计、管理和实施，合理的商品运输方案，无害包装的选用，包装物的回收复用，优化资源利用的流通加工等。

2. 宏观绿色物流系统

在宏观层次，绿色物流系统体现了 4R 原则：减量化（Reduce）、可再用（Reuse）、可回收（Reclaim）、再循环（Recycling），真正实现以有效的物资循环为基础的物流活动与环境、经济、社会共同发展，使社会发展过程中的废物量达到最少，并使废物实现资源化与无害化处理。一般物流系统通常在垃圾收集环节才进行物品的回收。绿色物流系统则在每两类物流环节之间就进行物品的回收、重用，整个物流循环系统由无数个小的循环系统组成，在完成一次大的物流循环之前，每个小循环系统已经工作了无数次，因此确保物流系统中的物资能得到最大程度的利用。

宏观绿色物流系统的结构如图 12-2 所示，根据物流的服务对象，由采购与供应物流、生产物流、销售物流、回收物流及废弃物物流组成了一个闭环位于系统的中央，保障这个闭环能正常运转的外部条件包括绿色物流技术、物流环境影响评价标准和企业物流审核制度。

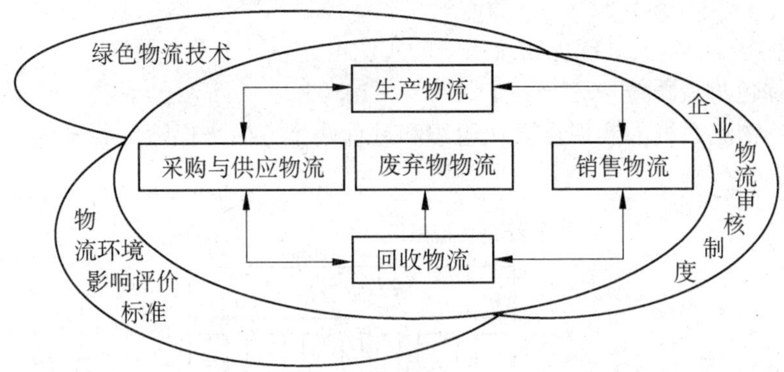

图 12-2 宏观绿色物流系统结构图

21 世纪的物流必须从系统构筑的角度，建立废弃物的回收再利用系统。企业不仅仅要考虑自身的物流效率，还必须与供应链上的其他关联者协同起来，从整个供应链的视野来组织物流，最终建立起包括供应商、生产商、批发商、零售商和消费者在内的供应—生产—流通—消费—再利用的循环物流系统。

（二）绿色物流系统的行为主体

绿色物流作为新的物流形式，从强调物流对企业经济效益的贡献，转向强调物流及物流决策对企业和社会的全面影响，因而引起公众和政府的关注，也是企业管理者必须面对的问题。政府、企业以及代表社会的广大公众构成了绿色物流系统运行过程中的行为主体，它们是绿色物流战略实施和发展的推动力量。

1. 公众的绿色消费理念是绿色物流发展的巨大推动力

清洁的环境给公众带来的是新鲜的空气、洁净的水质、畅通的交通、舒适的工作和生活环境，公众的环境意识及其相应的行为对绿色物流战略的实施同样具有不可替代的推动作用。关心环境污染问题、具有环境危机感的公众往往会采取积极的措施，避免造成更多的污染，崇尚“绿色消费”。“绿色消费”有三层含义：一是人类的消费活动无害于环境，即“无污染消费”，选择有助于公众健康的绿色产品；二是从资源学的意义来讲，人类的消费活动应做到对自然资源的“适度”和综合利用，即减少自然资源的消耗速率、按照资源的多重使用属性做到“重复使用、多次利用”，节约资源；三是在消费过程中注重对垃圾的回收和处置，不造成环境污染。可以说，正是公众的绿色消费观念促使企业积极主动地提供绿色产品、绿色包装和绿色服务。对于物流企业来说，物流系统的绿色化将为企业赢得良好的环境声誉，从而得到广大公众的认可，赢得更多的客户。另外，公众对某种非环保行为的强烈抗议也会促使政府采取相应的法规措施，从而限制企业的环境污染行为。

例如，公众对废弃物填埋处理和焚烧处置的强烈抵制，促使了许多国家制定包装废弃物回收法、电子产品回收法等，也是促使企业实施绿色物流战略、实施逆向物流计划的主要原因之一。

2. 企业是绿色化物流的基本施行者

企业是实施绿色物流的基本主体。当企业意识到消费者对环境问题的日益关注，并意识到企业的环境战略将为企业带来新的市场机会，通过关注环境来促进产品销量或业务量的增长已是大势所趋。在物流市场中，最大的需求来自工商企业，物流的提供方也是企业自身或物流企业，所以，企业物流是全社会物流系统中的最重要组成部分。企业物流的绿色化是企业环境战略的重要组成，它不仅能改善企业本身经营活动对环境的影响，而且还能推动企业产品所在的供应链的绿色化，进而推动全社会物流系统的绿色化。因此，企业是绿色物流的直接实施者，是可持续发展战略的最核心的行为主体；没有企业的行动，一切环境保护计划都将无法实现。

3. 政府必要的服务和环境监管是绿色物流发展的保障

绿色物流系统的正常运转需要政府部门提供必要的服务和监管，包括金融、财政、保险、监管、计量、教育等政府职能的发挥。如政府可通过立法和制定行政法规，将节约能源、保护环境的要求制度化。可利用财税手段，对道路资源、不可再生能源、不可再生包装材料的使用等收取附加费，对噪声污染、废气污染行为加以惩罚和限制，对包装废弃物、产品废弃物的处置进行严格的限制等；以基金或补贴的形式，对物流过程中的节约资源、降低污染的行为予以鼓励和资助；利用产业政策，直接限制资源浪费型和环境污染型的产业发展；政府通过开展绿色物流的宣传教育，对物流中的经济主体——工商企业、物流企业以及末端消费者，大力宣传绿色物流的内涵和意义，可强化绿色物流意识。可以说，政府职能的发挥是企业实施绿色物流战略的外部驱动力，是绿色物流发展的保障。

二、物流系统的环境影响分析

组成物流系统的各个功能要素对环境的影响各不相同。首先，各要素对环境产生影响的种类不同。例如，运输对环境的影响主要表现在燃烧汽油或柴油而排出的污染性气体，以及发动机产生的噪声；而包装对环境的影响则主要表现在采用非降解型包装材料造成的废弃物污染。其次，各要素对环境的影响程度不同。由于作业过程的差异，使得有的要素对环境造成比较严重的影响，而有的要素对环境的影响微乎其微。根据前人的研究成果和经验结论，在物流系统的各功能要素中，运输对环境的影响是最严重、最广泛的，其次是装卸搬运和包装，而储存、流通加工、信息处理则较为轻微。

（一）运输对环境的影响

运输对环境的影响主要表现在以下几方面。

1. 运输过程对环境的影响

运输是物流系统中最主要、最基本的功能要素，运输工具的燃油消耗和燃油产生的污染，是物流系统造成资源消耗和环境污染的主要原因，运输过程对环境的污染包括以下几方面。

（1）运输工具在行驶中发出的噪声。

（2）运输工具排放的尾气。

（3）装载设备的清扫、清洗产生的废渣与废水。

（4）运输工具行驶中由路面或运输物产生的扬尘。

（5）运输有毒有害物质的沿途事故性泄漏，以及普通货物的沿途抛洒。

其中，尾气、噪声、废渣、废水、扬尘为货物运输固有的污染种类；有毒有害物质的泄漏属于货物运输的事故性污染。

2. 运输管理变革对环境的影响

物流管理活动的变革，如集中库存和即时配送制（Just in Time，JIT）的兴起，也改变着运输的环境影响。例如：（1）不合理的货运网点及配送中心布局，导致货物迂回运输，增加了车辆燃油消耗，加剧了废气污染和噪声污染；过多的在途车辆增加了对城市道路面积的需求，加剧了城市交通的阻塞。（2）集中库存虽然能有效地降低企业的物流费用，但由于产生了较多的一次运输，从而增加了燃料消耗和对道路面积的需求。（3）JIT 强调无库存经营，从环境角度看，JIT 配送适合于近距离的输送。如果企业与用户之间距离较远，要实施 JIT 就必须大量利用公路网，使货运从铁路转移到公路，增加了燃油消耗，带来了空气污染和噪声等，从而使环境遭到破坏。

（二）装卸搬运对环境的影响

装卸搬运过程中对环境的影响主要表现在以下几方面。

（1）装卸搬运工具在作业过程中产生噪声污染。

（2）如果由燃料驱动，装卸搬运机械的运转将产生一定的尾气污染。

（3）搬运工具行驶中由路面或搬运物产生的扬尘。

（4）装卸搬运不当，商品体的损坏，造成资源浪费和废弃；废弃物还有可能对环境造成污染，如化学液体商品的破漏，造成水体污染、土壤污染等。

（三）储存对环境的影响

储存对环境的影响表现为以下几方面。

（1）进行物流作业时，发出的噪声。

（2）储存中的所有商品都可能因物流作业不当，对周边环境造成空气、土壤、水体等污染，尤其在易燃、易爆、化学危险品的储存过程中，如果储存不当还可能造成爆炸或泄漏，产生破坏性的环境污染。

（3）储存养护时的一些化学方法，如喷洒杀虫剂，会对周边生态环境造成污染。

（四）包装对环境的影响

包装具有保持商品品质、美化商品、提高商品价值的作用。当今大部分商品的包装材料和包装方式，不仅造成资源的极大浪费，而且严重污染环境，主要表现在以下几方面。

（1）过度包装提高了商品的重量、体积，增加对运输能力、储存能力的需求。相当一部分工业品，特别是消费品的包装都是一次性使用，且越来越复杂，这些包装材料不仅消耗了大量的自然资源，废弃的包装材料还是城市垃圾的重要组成部分，处理这些废弃物要花费大量人力、物力和财力，造成资源的浪费，不利于可持续发展，同时也无益于生态经济效益。

（2）不少包装材料是不可降解的，它们长期留在自然界中，会对自然环境造成严重影响，如塑料袋等。

（五）流通加工对环境的影响

各种流通加工活动均会对环境造成负面影响，具体表现在以下三方面。

（1）由消费者分散需求而进行的流通加工，资源利用率低，浪费能源。

（2）分散的流通加工中产生的边角废料，难以集中和有效地再利用，造成资源浪费和废弃物污染；加工产生的废气、废水和废物都对环境和人体构成危害。

（3）如果流通加工中心的选址不合理，也会造成费用增加和资源的浪费，还会因增加了运输量而产生新的污染。

（六）信息处理对环境的影响

信息处理是通过收集与物流活动相关的信息，使物流活动能低成本、高效率地进行。随着计算机的普及和企业内部信息系统的建设，信息处理功能要素中也出现了环境问题。例如，机房里计算机设备的密集布设产生的辐射可能危及员工的健康，错误的信息也会给环境带来不利的影响，如错误的订货信息会使工作无效，造成资源和人力的极大浪费。

三、绿色物流体系的构建

构建绿色物流体系首先应加强绿色物流教育，树立现代绿色物流的全新理念，其次需要构建正向绿色物流体系和逆向绿色物流体系。

（一）正向绿色物流体系的建立

正向绿色物流是指物料流从生产企业向消费者流动的物流。合理高效的正向绿色物流体系结构分为以下八个环节。

1. 选择绿色供应商

由于政府对企业的环境行为的严格管制，并且供应商的成本绩效和运行状况对企业经济活动构成直接影响。因此在绿色供应物流中，有必要增加供应商选择和评价的环境指标，即要对供应商的环境绩效进行考察。例如，潜在供应商是否曾经因为环境污染问题而被政府课以罚款？潜在供应商是否存在因为违反环境规章而被关闭的危险？供应商供应的零部件是否采用了绿色包装？供应商通过 ISO 14000 环境管理体系认证了吗？

2. 绿色运输管理

企业如果没有采取绿色运输，将会加大经济成本和社会环境成本，影响企业经济运行和社会形象。企业绿色运输的主要措施有以下几项。

（1）合理配置配送中心，制订配送计划，提高运输效率以降低货损量和货运次数。如开展共同配送，共同配送可以最大限度地提高人员、物资、资金、时间等资源的利用效率，取得最大化的经济效益。同时，可以去除多余的交错运输，并取得缓解交通、保护环境等社会效益。

（2）合理采用不同运输方式。不同运输方式对环境的影响不同，尽量选择铁路、海运等环保运输方式。如采取复合一贯制运输方式：复合一贯制运输是指吸取铁路、汽车、船舶、飞机等基本运输方式的长处，把它们有机地结合起来，实行多环节、多区段、多运输工具相互衔接进行商品运输的一种方式。这种运输方式以集装箱作为联结各种工具的通用媒介，起到促进复合直达运输的作用。为此，要求装载工具及包装尺寸都要做到标准化。由于全程采用集装箱等包装形式，可以减少包装支出，降低运输过程中的货损、货差。复合一贯制运输方式的优势还表现在：它克服了单个运输方式固有的缺陷，从而在整体上保证了运输过程的最优化和效率化。

（3）评价运输者的环境绩效，由专业物流企业使用专门运输工具负责危险品的运输，并制订应急保护措施。如大力发展第三方物流。发展第三方物流，由这些专门从事物流业务的企业为供方或需方提供物流服务，可以从更高的角度考虑物流合理化问题，简化配送环节。进行合理运输，有利于在更广泛的范围内对物流资源进行合理利用和配置，可以避免自有物流带来的资金占用、运输效率低、配送环节烦琐、企业负担加重、城市污染加剧等问题。当一些大城市的车辆配送大为饱和时，专业物流企业的出现使得在大城市的运输车辆减少，从而缓解了物流对城市环境污染的压力。除此之外，企业对各种运输工具还应采用节约资源，减少环境污染的原料作动力，如使用液化气、太阳能作为城市运输工具的动力。

3. 绿色包装管理

绿色包装是指采用节约资源、保护环境的包装。绿色包装的途径主要有：促进生产部门采用尽量简化的以及由可降解材料制成的包装；在流通过程中，应采取措施实现包装的合理化与现代化。具体可以采取以下措施。

（1）包装模数化。确定包装基础尺寸的标准，即包装模数化。包装模数标准确定以后，各种进入流通领域的产品便需要按模数规定的尺寸包装。模数化包装利于小包装的集合，利用集装箱及托盘装箱、装盘。包装模数如能和仓储设施、运输设施尺寸模数统一化，也利于运输和保管，从而实现物流系统的合理化。

（2）包装的大型化和集装化。有利于物流系统在装卸、搬运、保管、运输等过程的机械化，加快这些环节的作业速度，有利于减少单位包装，节约包装材料和包装费用，有利于保护物品。如采用集装箱、集装袋、托盘等集装方式。

（3）包装多次、反复使用和废弃包装的处理。采用通用包装，不用专门安排回返使用；采用周转包装，可多次反复使用，如饮料、啤酒瓶等；梯级利用，一次使用后的包装物，用毕转化作他用或简单处理后转作他用；对废弃包装物经再生处理，转化为其他用途或制作新材料。

（4）开发新的包装材料和包装器具。发展趋势是，包装物的高功能化，用较少的材料实现多种包装功能。

4. 绿色仓储系统

随着人们环保意识的加强，物流仓储系统的绿色化势在必行。我国必须走可持续发展的道路，尽量减少对人类生存环境的破坏。一方面是利用物流仓储系统减少对工作及生活环境的污染和影响，如对有害物资的储存、黑暗条件下物资的存储，可利用自动化仓储系统解决管理和存取问题，降低工作的危险性；另一方面是减少物流仓储系统本身对周围环境的不利影响，如设备噪声、移动设备的震动、烟尘污染、设备的油渍污染，集中库存可减少对周围环境的辐射面。另外，通过采用自动化系统，充分考虑人机工程学原则，使管理、操作和维护环境相协调。

5. 绿色装卸搬运

在装卸过程中进行正当装卸，避免商品的损坏，从而避免资源浪费以及废弃物对环境造成污染。另外，绿色装卸还要求消除无效搬运，提高搬运的灵活性，合理利用现代化机械，保持物流的均衡顺畅。

6. 绿色流通加工

流通加工具有较强的生产性，也是流通部门对环境保护可以大有作为的领域。绿色流通加工主要措施包括以下几项。

（1）集中进行流通加工，提高原材料、加工设备的利用率。集中加工可以进行集中下料，如钢材、铝材、木材、玻璃等的集中下料，能够做到优材优用、小材大用，通过搭配套裁，减少边角余料，具有明显提高原材料利用率的效果；同时还能提高加工效率，降低加工费用。分散加工的情况下，加工设备由于生产周期和生产节奏的限制，设备的利用时紧时松，表现为加工过程的不均匀，导致设备的加工能力得不到充分发挥。而集中加工，加工对象范围广、加工数量大，加工设备的利用率显著提高，避免了资源浪费和能源浪费。

（2）合理进行流通加工，降低物品在物流过程中的损耗，降低环境污染程度。有些物品因形状特殊，其运输和装卸作业的效率难以提高，且极易发生损失，如果通过适当的流通加工则可以弥补这些产品的物流缺陷。例如，自行车在销售地区的装配加工可以防止整车运输的低效率和高损失；造纸用木材磨成木屑的流通加工，可极大地提高运输工具的装载效率；水泥熟料的磨制加工以及混凝土的集中搅拌，可以避免成品粉状水泥对环境的污染、防止水泥的运输损失、减少包装、使物流更加合理。

7. 绿色信息的搜集和管理

物流不仅是商品空间的转移，也包括相关信息的搜集、整理、储存和利用。绿色物流要求对绿色物流系统的相关信息能够及时有效地进行收集、处理，并及时运用到物流管理中去，促进物流的进一步绿色化。而且，物流信息的搜集、整理、储存过程也应是绿色的。

8. 废弃物料的处理

企业正向物流中产生废弃物料的来源主要有两个：一是生产过程中未能形成合格产品而不具有使用价值的物料，如产品加工过程中产生的废品、废件，钢铁厂产生的钢渣，机械厂的切削加工形成的切屑等；二是流通过程中产生的废弃物，如被捆包的物品解捆后产生的废弃的木箱、编织袋、纸箱、捆绳等。由于垃圾堆场的日益减少，因此厂商寻找减少废弃物料的方法就显得越发重要。一方面厂商要加强进料和用料的运筹安排；另一方面在产品的设计阶段就要考虑资源可得性和回收性能，减少生产中的废弃物料的产生。

@链接资料

近年来，一系列国家政策为绿色物流的发展提供了保障。2014年9月，国务院印发《物流业发展中长期规划（2014—2020年）》，作为重点工作之一的“大力发展绿色物流”，政府“鼓励采用低能耗、低排放运输工具和节能型绿色仓储设施”。与此同时，我国不断加大对新能源汽车应用的推广力度，国家和地方补贴、优惠政策纷纷出台。如2016年，天津市按国家标准1:1比例给予新能源汽车地方补贴（但不超过总车价的60%），且市内新能源车不受机动车尾号限行的影响。

2015年12月28日，中外运—敦豪国际航空快件有限公司首批35辆纯电动物流服务车正式投入使用。首批电动车采用针对城市物流特点量身打造的比亚迪T3车型，用于深圳CBD（Central Business District，简称CBD）及周边地区的日常派送。这标志着中外运-敦豪与比亚迪股份有限公司的战略合作全面启动，双方将共同打造电动物流解决方案，通过推动新能源车辆在市场的使用，助力“绿色物流”发展。

比亚迪为中外运-敦豪解决“最后一公里”物流难题打造的T3纯电动物流车，采用MPV（Multi-Purpose Vehicles）先进造车工艺设计，外观时尚大气，车内宽敞舒适，后置3.5m^{3}的宽大货舱，具有310N·m的最大扭矩，时速可达130km/h，载重能力高达0.8t，续驶里程超过200km，自主研发的铁电池动力强劲，技术参数和性能指标完全满足城市物流配送需求，低噪声、零排放、使用成本低、良好的操控性等特点有效地减少了城市的污染，大幅降低了城市物流配送成本，并为驾驶员提供了更为舒适的工作环境。

（二）逆向绿色物流体系的建立

逆向物流是指物料流从消费者向企业流动的物流。合理高效的逆向物流体系结构分为以下六个环节。

1. 回收产品

回收产品是逆向物流系统的始点，它决定着整个逆向物流体系是否能够盈利。产品回收的数量、质量、回收的方式以及产品返回的时间选择都应该在控制之下，如果这些问题不能得到有效的控制，那很可能使得整个逆向物流体系一团糟，从而使得对这些产品再加工的效率得不到保证。要解决这个问题，厂商必须和负责收集旧产品或退回产品的批发商及零售商保持良好的接触和沟通。

2. 回收产品运输

产品一旦通过批发商和零售商收集以后，下一步就是把它们运输到对其进行检查、分类和处理的车间。如何对其运输和分类没有固定的模式，这要根据不同产品的性质而定，例如，对易碎品如瓶子、显示器等的处理方式与轮胎、家具等完全不同。但是，需要注意的一点是我们不仅要考虑产品的运输和储存成本，还要考虑产品随着回收时间延长的“沉没成本”，从而对不同产品在时间上给予不同的对待。

3. 检查与处置决策

对回收品的功能进行测试分析，并根据产品结构特点以及产品和各零部件的性能确定可行的处理方案，包括直接再销售、再加工后销售、分拆后零部件再利用和产品或零部件报废处理等。然后，对各方案进行成本效益分析，确定最优处理方案。

回收产品的测试、分类和分级是一项劳动和时间密集型的工作，但是如果企业通过设立质量标准、使用传感器、条形码以及其他技术使得测试自动化就可以改进这道工序。一般来说，在逆向物流体系中，企业应该在质量、产品形状或者变量的基础上尽早地做出对产品的处置决策，这可以大大降低物流成本，并且缩短再加工产品的上市时间。

4. 回收产品的修理或复原

企业从回收产品中获取价值主要通过两种方式来实现：第一，取出其中的元件，经过修理后重新应用；第二，通过对该产品全部的重新加工，再重新销售。但是，相对于传统的生产而言，对回收产品的修理和再加工有很大的不确定性，因为回收的产品在质量以及时间上可能差异会很大，这就要求我们在对回收产品分类时，尽量把档次、质量及生产时间类似的产品分为一组，从而降低其可变性。

5. 再循环产品的销售

回收产品经过修理或复原后就可以投入到市场进行销售。和普通产品的供求一样，企业如果计划销售再循环的产品，首先需要进行市场需求分析，从而决定是在原来市场销售，还是开辟新的市场，在此基础上企业就可以指定出再循环产品的销售决策，并且进行销售，这就完成了逆向物流的一个循环。

6. 报废处理

对那些没有经济价值或严重危害环境的回收品或零部件，通过机械处理、地下掩埋或焚烧等方式进行销毁。

美国从 1999 年开始对废旧物资的再利用实行税收优惠政策。对购买回收再生资源的企业可减税（销售税）10%。政府从 2001 年起，将每年的 11 月 15 日定为美国的“回收再利用日”，鼓励美国人购买再生产品和含有再生材料的产品。此外，美国政府通过立法对每一个行业、每一种商品都制定了相应的废弃物回收、处理及排放的标准和具体规定。美国各大再生资源行业协会不仅积极与政府进行沟通，还为企业举办各种活动，通过宣传、鼓励、教育的方式，推动了美国再生资源产业的迅速发展。国家再生联盟（NRC）通过向其成员提供技术信息、教育培训及提出和制定有利于行业发展的政策，推动和促进再生资源行业的发展，保护资源和环境。此外，NRC 还设立奖项激励组织和个人促进资源再生，如最佳纸张回收利用奖和美国废料再生工业协会再生纸分会奖学金。

韩国在 2002 年实施了“废弃物再利用责任制”。“废弃物再利用责任制”规定：废旧的家用电器、轮胎、润滑油、日光灯、电池、纸袋、塑料包装材料、金属罐头盒、玻璃瓶等 18 种材料须由生产单位负责回收和循环利用。如果生产者回收和循环利用的废旧品达不到一定比例，政府将对相关企业课以罚款。罚款比例是相应回收处理费用的 1.15～1.3 倍。例如，空瓶的回收比例必须达到 80%以上。生产单位在实施“废弃物再利用责任制”时，采取三种形式回收和处理废弃物。第一种形式是生产单位自行回收和处理废弃物，回收处理费用自行负担，废弃物循环利用的效益自享；第二种形式为“生产者再利用事业共济组合”，也就是生产者将废弃物回收处理的责任转移给从事这类活动的合作社，依据废弃物的品种，论重量交纳分担金；第三种形式是生产单位与废弃物再利用企业签订委托合同，按废弃物的数量交纳委托金，由后者负责废弃物的回收和处理。目前，韩国 80%～90%的生产单位采用第二种形式回收和处理废弃物。

第三节　逆 向 物 流

1998 年，美国学者詹姆斯·斯多克（James Stock，1998）发表了《逆向物流方案的制定、执行与应用》之后，不断有各国学者在这一领域展开深入地研究。在产业界，随着资源环境观和经济管理的演变，一些知名企业已经注意到逆向物流所蕴含的商机并将其作为强化竞争优势，增加顾客价值，提高供应链整体绩效的重要手段。他们清楚地知道，有效的逆向物流系统和流程能节约成本、增加利润，并提高客户服务质量。惠普、通用汽车、IBM、3M、戴尔等纷纷启动逆向物流发展战略，近年来，逆向物流业务呈现出快速增长的态势。

一、逆向物流的概念及成因

著名品牌 Estèe Launder 在全球范围年销售额达到 40 亿美元，但同时每年退、过量、报废和损坏的数额达 1.9 亿美元，约占销售额的 4.75%；在消费类电子业，如电脑、手机、电视、音响设备等，美国一年的退货额超过 150 亿美元；据美国零售业联合会最新的报告显示，2015 年，美国零售市场退货产品总价值高达 2 605 亿美元。

从经济学理论角度来看，在垄断竞争的市场条件下始终存在经济资源有效性的利用效率问题，而规模经济与不经济性也持续地影响着企业的投资回报率。产品由彼及此反向流动至企业的现象自古有之，未来也不会消亡，当企业经济规模的基数不断庞大而又以更大的比率扩大，“蛋糕”已经是最初 50 甚至 100 倍时，资源的利用和损失仍然会维持一定的比例关系，似乎这很合理。但不要忽视，损失的绝对数值也已同步增长到原来的几十倍了，加之以客户为主导的市场变化逼使企业为了保持自己的竞争地位必须调整战术接受许多隐性损失，如自由的、无理由退货等，因而企业试图达到资源零损失率的完美资源利用几乎是不可能的。

对这一问题可以引出很多理论的探讨，但是从近些年实践的验证和结果来看，全球领先的知名企业，如通用汽车、IBM、3M、西尔斯、强生、Estèe Launder 等在某个特殊管理领域所实施的一系列计划控制措施和信息化系统，已经对上述问题的实际改善产生了积极影响，与此同时，获得了资源的充分利用、成本下降、客户满意度、环保多方面的综合经济效益和社会效益。这一特殊的领域就是：逆向物流管理，它和正向物流管理（产品由企业到消费者的物流过程）从来就是物流的孪生姐妹，然而，无论是理论界或是企业界过去的几十年对于它的注意大多是匆匆而过，间或在一些物流论著中提及也只是蜻蜓点水。和正向物流在聚光灯下相比，她一直在后台默默地存在埋首了很久。

“逆向物流也许是企业成本可以降低的最后的未开垦地了”，西尔斯物流执行副总裁曾这样说；在国外的一篇评论中说道：“退货中孕育未知的机会，直到现在还是少有企业考虑过”；而美国南佛罗里达大学教授，美国物流管理协会的资深专家詹姆斯•斯多克对逆向物流的描述更为精辟，他认为“公司对退货如何处置已经成为一项标新立异的竞争战略，并正成为拓展效率提高的全新领域”。

（一）逆向物流的概念

逆向物流（Reverse Logistics）这个名词最早是由 Stock 在 1992 给美国物流管理协会的一份研究报告提出的，经 Stock，Kostecki，Rogers 等众多学者的研究和产业界实践，已经日渐形成供应链中一个独特的领域，发挥出越来越大的作用。

国外学者及研究机构对逆向物流的定义有不同的表述。Carter 和 Ellram（1998）认为：

逆向物流是物品在渠道成员间的反向传递过程，即从产品消费地（包括最终用户和供应链上的客户）到产品来源地的物理性流动。企业通过这一过程中的物料再循环、再利用，使其在环境管理方面更有成效。

美国逆向物流执行协会（The Reverse logistics Executive Council）主任 Rogers 博士和 Tibben Lembke 博士 1999 年出版了第一本逆向物流著作 *Going Backwards: Reverse Logistics Trends and Practices*，他们对逆向物流下的定义是：为重新获取产品的价值或使其得到正确处置，产品从其消费地到来源地的移动过程。他们认为逆向物流的配送系统是由人、过程、计算机软件和硬件以及承运商组成的集合，它们相互作用共同实现物品从终结地到来源地的流动。

美国物流管理协会对逆向物流的定义为："计划、实施和控制原料、半成品库存、制成品和相关信息，高效和成本经济的从消费点到起点的过程，从而达到回收价值和适当处置的目的。"简单地说，逆向物流就是为了回收价值或适当处置的目的而从最后目的地移动货物的过程。产品、组件、原料、设备甚至完整技术上的系统都有可能在供应链中向相反的方向流动。

我国国家标准物流术语（GB/T 18354—2006）将逆向物流定义为：物品从供应链下游向上游的运动所引发的物流活动。

（二）逆向物流的成因

随着市场竞争的加剧和政府加强环保立法，逆向物流已不再是供应链中令人忽视的角落。BMW、通用汽车等著名企业也纷纷投资建立逆向物流系统，老牌的英国邮政公司也推出了逆向物流服务，该项服务可通过更加有效的退货管理帮助零售商节省上百万英镑的开支。越来越多的企业意识到逆向物流已日渐成为企业之间竞争的一个有力武器，逆向物流已经被提到了一个战略高度。逆向物流在产业界的广泛实践不是偶然的，它的产生源自于市场竞争和环境保护。由于逆向物流所涉及的范围很广，其产生原因也很复杂，总体来说，主要有以下几种原因。

1. 来自顾客的退货行为（Return of Goods）

任何企业，即使是包括全球 500 强在内的跨国公司，都会面临顾客的退货问题。由于经济发展朝着全球化方向运作，纯粹的本国制造和物流活动已颇为少见，大规模的生产和配送运输及存储环节都会造成商品、半成品、原材料和零部件的缺陷和瑕疵，造成递送商品的错位等，这里不仅有人为因素，亦受制于非人为因素。即使是更加精益化的物流与供应链管理运作，也会有一些误差的出现。常见的退货原因有：存在质量问题；数量有偏误；错误的递送对象，如此等等。从零售终端来看，这种现象的比率较高，如顾客购买手机、家电产品等都可能出现正常退货的现象。近年来，随着电子商务的发展，人们消费行为的转变，来自退货的逆向物流数量在急剧增加。据美国服饰零售行业数据咨询服务商 True Fit 的数据显示，美国在线服装市场的退货率高达 50%。True Fit 联合创始人 Romney Evans 表示，全球服装市场约 1 万亿美元，在线服装销售约占其中 12%，即在线服装销售每年的退货价值高达 600 亿美元，而全球最大服装零售商 Inditex SA（Zara 母公司）2015 年的收入才只有 209 亿欧元。

2. 来自供应商的产品召回行为（Product Recall）

产品召回制度源于 20 世纪 60 年代的美国汽车行业，经过多年实践，美国、日本、欧洲、澳大利亚等国对缺陷汽车召回都已经形成了比较成熟的管理制度。在欧洲，许多欧盟成员国实施了专门的法律，要求制造商在知晓其产品存在缺陷后采取措施进行召回。2000 年是世界汽车业界的“汽车召回年”。福特汽车中国有限公司、三菱汽车公司、日本马自达、韩国现代下属的起亚公司、标致公司、克莱斯勒公司以及通用汽车公司都相继宣布，因各种原因其各自生产的汽车或多或少都存在安全隐患，在全球召回汽车。而 2010 年召回汽车则更为历年之最，从丰田 RAV4 到长安福特福克斯，从雷克萨斯到英菲尼迪，从宝马 5 系到捷豹 XF，从牧马人到兰博基尼……根据中国汽车召回网的数据显示，2010 年 1—6 月，各大汽车厂家仅在我国就实施了 33 起召回，平均不到一周就有一次，召回数量高达 58.5 万多辆。在实施召回的汽车中，既有丰田、戴姆勒、通用、标致雪铁龙、雷诺、马自达、保时捷、斯巴鲁、三菱等跨国公司的畅销车型，也有东风雪铁龙、上海通用、一汽丰田、长安铃木、华晨宝马、长安福特等合资企业的主力产品。“召回”，俨然成了 2010 年最受关注的车市符号。近几年随着消费者地位的上升，消费者权益增加，产品召回现象从最初的汽车、电脑迅速蔓延到手机、家电、日用品等各行业。为了维护企业的核心竞争力，企业需要通过有效的逆向物流管理来降低召回损失。我国在 2004 年 3 月 15 日正式发布《缺陷汽车产品召回管理规定》，并于 2004 年 10 月 1 日开始实施，这是我国以缺陷汽车产品为试点首次实施的召回制度。为进一步加强和完善缺陷汽车产品召回的管理，我国在 2012 年 10 月 22 日颁布了《缺陷汽车产品召回管理条例》（于 2013 年 1 月 1 日起施行），在 2015 年 12 月 9 日又出台了《缺陷汽车产品召回管理条例实施办法》（于 2016 年 1 月 1 日开始实施），中国的缺陷产品召回制度从汽车开始成为消费者的法宝。2015 年 12 月 21 日，《缺陷消费品召回管理办法》也正式出台，并于 2016 年 1 月 1 日起实施。

3. 来自国际和法律的环境保护因素

经济全球化的推进也让各国开始密切关注环境保护问题，各国都从自身可持续发展的目标出发，对破坏环境的商品及商品包装制定相关法律进行严厉监控。德国的《包装废品废除法令》于 1991 年通过并成为法律，这一法令强调企业有责任管理它们的包装废品，包括收集、分类、循环使用包装物。1995 年欧盟发布了一条包装法令，要求其所有成员国到 2001 年最少要再生利用各自 25%的包装品。其他欧洲国家如奥地利、荷兰也采取同样的措施来制定或修正它们的法律。英国于 1997 年制定的《垃圾掩埋税收法案》使得处理固体废品的成本比以前更加昂贵，这毫无疑问会迫使厂商与消费者提高再生循环利用的意识。一些相关机构也承担了监督和管理逆向物流的责任，如美国消费者产品安全委员会、美国食品与药品管理局和美国农业部。欧盟 2005 年 8 月正式生效的《关于报废电子电气设备指令》（WEEE），要求欧盟电气电子设备的生产商（包括进口商和经销商）必须承担自己报废产品回收的费用。2012年欧盟对报废电子电气设备指令进行了修订，修订的指令规定，由2016年起，欧盟成员国每年需收集投入到本国市场的电子电气设备平均重量的45%的报废产品，到2019年，各成员国的收集率需达到65%。我国于20世纪90年代开始，也出台了一系列的法规和条例，如1993年2月22日颁布了《中华人民共和国产品质量法》（于2000年7月进行了修订）、2004年12月29日发布了《中华人民共和国固体废物污染环境防治法》（于2015年4月进行了修订）、2009年2月25日发布了《废弃电器电子产品回收处理管理条例》（自2011年1月1日起施行）等。

4. 逆向物流价值发现

随着全球各类资源和生产能力的有限性愈加明显，已使用过产品及材料的再生恢复逐步成为满足急速增长的消费市场需求的关键力量。同时，各工业化国纷纷制定减少浪费的政策举措也促使材料循环使用的理念逐步取代原有的“一次使用”的经济观。此外，消费者日益高涨的呼声要求企业最大程度地降低产品和加工流程对环境的影响，而生产者的相关法律责任也成为公众环保政策的重要组成部分。在这些力量的推进下，过去的十年里产品的恢复再生无论在规模和范围上都有了巨大的发展，其中主要的复印机厂商富士施乐、佳能等皆投入重力对已使用过的设备进行再生产，化工行业的多家公司致力于已使用地毯的再循环。

这些全新的全球资源环境观和经济观的演变是导致逆向物流突破性发展最重要的几个因素，因而在某种意义上，逆向物流还有“绿色物流”“环保物流”的美誉，然而对许多优秀企业而言，逆向物流还承载着另外一项重要职责，即它被专家认为是公司显示竞争力和领先优势的有效利器。

通用汽车、西尔斯、3M以及许多在线零售商已经将逆向物流问题从后台的阴影下推向了高层会议的焦点议程中。因为他们清楚地知道有效的逆向物流系统和流程将使退货返回库存，在清理中心出售，或被拆卸为零件以节约成本，增加利润，并提高客户服务质量。有关逆向物流的流程如图12-3所示。

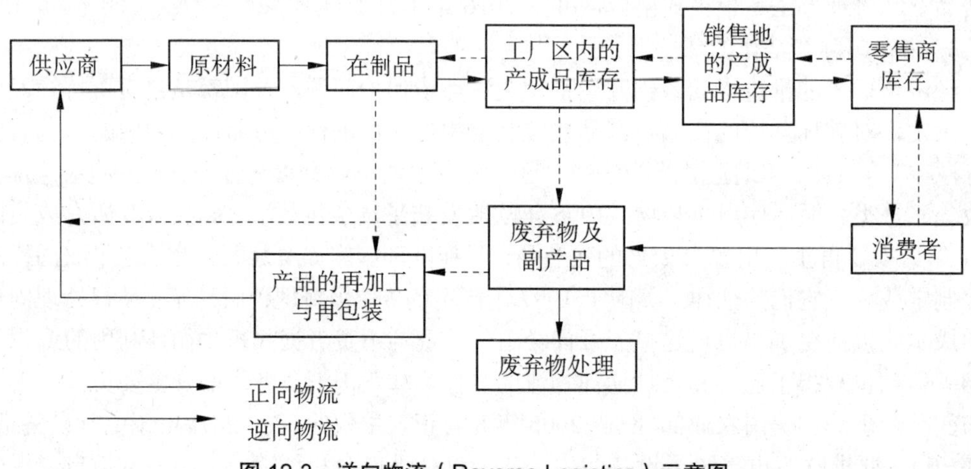

图12-3 逆向物流（Reverse Logistics）示意图

二、逆向物流的分类

作为企业供应链活动的一个特殊组成部分，逆向物流按其成因、途径和处置方式的不同可分为以下几个种类。

（一）按照逆向物流的退货来源分类

（1）投诉退货。此类逆向物流形成可能是由于运输差错、质量等问题，它一般在产品出售短期内发生。通常情况下，客户服务部门会首先进行受理，确认退回原因，做出检查，最终处理的方法包括退换货、补货等。汽车、手机、家用电器等通常会由于这种原因进入回流渠道。

（2）商业退回。商业退回是指未使用商品退回，例如零售商的积压库存，包括时装、化妆品等，这些商品通过再使用、再生产、再循环或者处理，尽可能进行价值的回收。

（3）维修退回。维修退回是指有缺陷或损坏产品在销售出去后，根据售后服务承诺条款的要求，退回制造商，它通常发生在产品生命周期的中期。典型的例子包括有缺陷的家用电器、零部件和手机。一般是由制造商进行维修处理，再通过原来的销售渠道返还用户。

（4）终端使用退回。这主要是使用期满后产品被收集进行重新制造、回收或者焚烧，通常发生在产品出售之后较长时间。终端退回可以是出自经济的考虑，最大限度地进行资产恢复，例如地毯循环、轮胎修复等这些可以再生产、再循环的产品，也可能是受制于法规条例的限制，对诸如超过产品生命期的一些白色和黑色家电等产品仍具有法律责任。

（5）生产报废和副品。生产过程的废品和副品，一般来说，是出于经济和法规条例的原因，发生的周期较短，而且并不涉及其他组织。通过再循环、再生产，生产过程中的废品和副品可以重新进入制造环节，得到再利用。生产报废和副品在药品行业和钢铁业中普遍存在。

（6）包装物。包装物的回收在实践中已经存在很久了，逆向物流的对象主要是托盘、包装袋、条板箱、器皿，它考虑经济的原因，将可以重复使用的包装材料和产品载体通过检验和清洗、修复等流程进行循环利用，降低制造商的制造费用。

（二）按照逆向物流回流的物品特征和回流流程分类

（1）低价值产品的物料：例如金属边角料或者副品，原材料回收等。这种逆向物流的显著特征是它的回收市场和再使用市场通常是分离的，也就是说，这种物料回收并不一定进入原来的生产环节，而是可以作为另外一种产品的原材料投入到另一个供应链环节中。从整个逆向物流过程来看，它是一个开环的结构。在此类逆向物流管理中，物料供应商通常扮演着重要的角色，他们将负责对物料进行回收、采用特殊设备再加工，而除了管理上的要求外，特殊设备要求的一次性投资也比较庞大。这些要求决定了物料回收环节一般是集中在一个组织中。高的固定资产投入一般都会强调规模经济的重要性，在这里也不例外，此类逆向物流对供应源数量的敏感性非常强，另外，所供应物料的质量（如纯度等）对成本的影响比较大，因此保证供应源的数量和质量将是物流管理的重心。

（2）高价值产品的零部件：例如电子电路板、手机等。出于降低成本和获取利润等经济因素的考虑，这些价值增加空间较大的物品回收通常由制造商发起。此类逆向物流与传统的正向物流结合得最为紧密，它可以利用原有的物流网络进行物品回收，并通过再加工过程，还将进入原来的产品制造环节，在严格意义上，这才是真正的逆向物流，但是，如果回收市场的进入壁垒较低，第三方物流组织也可以介入其中。

（3）可以直接再利用的产品：最明显的例子便是包装材料的回收，包括玻璃瓶、塑料包装、托盘等，它们通过检测和清洗处理环节便可以被重新利用。此类逆向物流由于包装材料的专用性属于闭环结构，供应时间是造成供应源质量不确定性的重要因素，因而管理的重点将会放在供应物品的时点控制上，例如制定合理的激励措施进行控制，通过标准化产品识别标志简化物品检测流程。不仅如此，我们还可以看到，由于在此类逆向物流的物品回收阶段对管理水平和设备的要求不高，因此可以形成多个回收商分散管理的格局，由原产品制造商对这些回收商统一管理，这种情况下，我们也可以应用供应链伙伴关系理论对他们之间的合作机制进行研究。

（三）按照逆向物流的回收方式分类

（1）再使用。主要是指容器、包装等能进行简单的处理就能再次投入使用。

（2）再制造。对于复杂的装备或机器进行处理，一般只有制造商才能处理。

（3）再循环。分为法规驱动和经济驱动，前者主要指减少废物，后者主要指废物利用。

（4）销毁处理。对那些没有经济价值或严重危害环境的回收品或零部件，通过机械处理、地下掩埋或焚烧等方式进行销毁。

三、逆向物流的特点

逆向物流作为企业供应链中特殊的一环，与正向物流相比，既有共同点，也有各自不同的特点。二者的共同点在于都具有包装、装卸、运输、储存、加工等物流功能。但是，逆向物流与正向物流相比又具有其鲜明的特殊性。

（一）分散性

换言之，逆向物流产生的地点、时间、质量和数量是难以预见的。废旧物资流可能产生于生产领域、流通领域或生活消费领域，涉及任何领域、任何部门、任何个人，在社会的每个角落都在日夜不停地发生。正是这种多元性使其具有分散性。而正向物流则不然，按量、准时和指定发货点是其基本要求。这是由于逆向物流发生的原因通常与产品的质量或数量的异常有关。

（二）缓慢性

人们不难发现，开始的时候逆向物流数量少、种类多，只有在不断汇集的情况下才能形成较大的流动规模。废旧物资的产生也往往不能立即满足人们的某些需要，它需要经过加工、改制等环节，甚至只能作为原料回收使用，这一系列过程的时间是较长的。同时，废旧物资的收集和整理也是一个较复杂的过程。这一切都决定了废旧物资缓慢性这一特点。

（三）混杂性

回收的产品在进入逆向物流系统时往往难以划分为产品，因为不同种类、不同状况的废旧物资常常是混杂在一起的。当回收产品经过检查、分类后，逆向物流的混杂性随着废旧物资的产生而逐渐衰退。

（四）多变性

由于逆向物流的分散性及消费者对退货、产品召回等回收政策的滥用，有的企业很难控制产品的回收时间与空间，这就导致了多变性。主要表现在以下四个方面：逆向物流具有极大的不确定性；逆向物流的处理系统与方式复杂多样；逆向物流技术具有一定的特殊性；相对高昂的成本。

通过上面的四点比较，我们就可以看出正向物流和逆向物流是一个完整物流系统的两个子系统，两者相互联结、相互作用、相互制约，共同构成了一个开放式的物流循环系统。

第四节　精 益 物 流

精益物流是起源于日本丰田汽车公司的一种物流管理思想，其核心是追求消灭包括库存在内的一切浪费，并围绕此目标发展的一系列具体方法。它是从精益生产的理念中蜕变而来的，是精益思想在物流管理中的应用。

一、精益物流产生的背景及含义

第二次世界大战结束不久，汽车工业中统治世界的生产模式是以美国福特制为代表的大量生产方式，这种生产方式以流水线形式少品种、大批量生产产品。在当时，大批量生产方式即代表了先进的管理思想与方法，大量的专用设备、专业化的大批量生产是降低成本、提高生产率的主要方式。与处于绝对优势的美国汽车工业相比，日本的汽车工业则处于相对幼稚的阶段，丰田汽车公司从成立到 1950 年的十几年间，总产量甚至不及福特公司 1950 年一天的产量。汽车工业作为日本经济倍增计划的重点发展产业，日本派出了大量人员前往美国考察。丰田汽车公司在参观美国的几大汽车厂之后发现，采用大批量生产方式降低成本仍有进一步改进的余地，而且日本企业还面临需求不足与技术落后等严重困难；加上战后日本国内的资金严重不足，也难有大量的资金投入以保证日本国内的汽车生产达到有竞争力的规模，因此他们认为在日本进行大批量少品种的生产方式是不可取的，而应考虑一种更能适应日本市场需求的生产组织策略。

以丰田的大野耐一等人为代表的精益生产的创始者们，在不断探索之后，终于找到了一套适合日本国情的汽车生产方式：准时制生产、全面质量管理、并行工程、充分协作的团队工作方式和集成的供应链关系管理，逐步创立了独特的多品种、小批量、高质量和低消耗的精益生产方法。1973年的石油危机，使日本的汽车工业闪亮登场。由于市场环境发生变化，大批量生产所具有的弱点日趋明显，而丰田公司的业绩却开始上升，与其他汽车制造企业的距离越来越大，精益生产方式开始为世人所瞩目。

（一）精益思想背景

在市场竞争中遭受失败的美国汽车工业，在经历了曲折的认识过程后，终于意识到致使其竞争失败的关键是美国汽车制造业的大批量生产方式输给了丰田的精益生产方式。1985年，美国麻省理工学院的Daniel T. Jones教授等筹资500万美元，用了近5年的时间对90多家汽车厂进行考察，将大批量生产方式与丰田生产方式进行对比分析，于1992年出版了《改造世界的机器》一书，把丰田生产方式定名为精益生产，并对其管理思想的特点与内涵进行了详细的描述。4年之后，该书的作者出版了它的续篇《精益思想》，进一步从理论的高度归纳了精益生产中所包含的新的管理思维，并将精益方式扩大到制造业以外的所有领域，尤其是第三产业，把精益生产方法外延到企业活动的各个方面，不再局限于生产领域，从而促使管理人员重新思考企业流程，消灭浪费，创造价值。

精益思想的核心就是以越来越少的投入——较少的人力、较少的设备、较短的时间和较小的场地创造出尽可能多的价值；同时也越来越接近用户，提供他们确实要的东西。精确地定义价值是精益思想关键性的第一步；确定每个产品（或在某些情况下确定每一产品系列）的全部价值流是精益思想的第二步；紧接着就是要使保留下来的、创造价值的各个步骤流动起来，使需要若干天才能办完的订货手续，在几小时内办完，使传统的物资生产完成时间由几个月或几周减少到几天或几分钟；随后就要及时跟上不断变化着的顾客需求，因为一旦具备了在用户需要的时候就能设计、安排生产和制造出用户真正需要的产品的能力，就意味着可以抛开销售，直接按用户告知的实际要求进行生产，这就是说，可以按用户需要拉动产品，而不是把用户不想要的产品硬推给用户。

（二）精益物流的含义

精益思想的理论诞生后，物流管理学家则从物流管理的角度对此进行了大量的借鉴工作，并与供应链管理的思想密切融合起来，提出了精益物流的新概念。

我国国家标准物流术语（GB/T 18354—2006）将精益物流定义为：消除物流过程中的无效或不增值作业，用尽量少的投入满足客户需求，实现客户的最大价值，并获得高效率、高效益的物流。

精益物流是运用精益思想对企业物流活动进行管理，其基本原则有以下几项。

（1）从顾客的角度而不是从企业或职能部门的角度来研究什么可以产生价值。

（2）按整个价值流确定供应、生产和配送产品所有必需的步骤和活动。

（3）创造无中断、无绕道、无等待、无回流的增值活动流。

（4）及时创造仅由顾客拉动的价值。

（5）不断消除浪费，追求完善。

精益物流的目标可概括为：在提供满意服务的顾客服务水平的同时，企业应把浪费降低到最低程度。

企业物流活动中的浪费现象很多，常见的有：不满意的顾客服务、无需求造成的积压和多余的库存、实际不需要的流通加工程序、不必要的物料移动、因供应链上游不能按时交货或提供服务而等候、提供顾客不需要的服务等，努力消除这些浪费现象是精益物流最重要的内容。

二、精益物流系统的特点

精益物流系统具备如下四方面的特点。

（一）拉动型的物流系统

在精益物流系统中，顾客需求是驱动生产的动力源，是价值流的出发点。价值流的流动要靠下游顾客来拉动，而不是依靠上游的推动，当顾客没有发出需求指令时，上游的任何部分不提供服务，而当顾客需求指令发出后，则快速提供服务。

（二）高质量的物流系统

在精益物流系统中，电子化的信息流保证了信息流动的迅速、准确无误，还可有效减少冗余信息传递，减少作业环节，消除操作延迟，这使得物流服务准时、准确、快速，具备高质量的特性。

（三）低成本的物流系统

精益物流系统通过合理配置资源，以需定产，充分合理地运用优势和实力；通过电子化的信息流，进行快速反应、准时化生产，从而消除诸如设施设备空耗、人员冗余、操作延迟和资源浪费等现象，保证其物流服务的低成本。

（四）不断完善的物流系统

在精益物流系统中，员工理解并接受精益思想的精髓，领导者制定能够使系统实现“精益”效益的决策，并在执行过程中不断改进，达到全面物流管理的境界。

三、精益物流管理成功的条件

精益物流管理成功必须具备以下条件。

（一）严格拉动的概念

精益物流管理方法严格要求按照拉动的概念，以最终需求为起点，由后道作业向前道作业按看板所示信息提取材料（商品），前道作业按看板所示信息进行补充生产。在生产流程的安排上，要求生产制造过程（可推广到整个供应链）保持平准化，即生产制造过程安定化、标准化和同步化。这样，不仅可以满足顾客的需求，提高顾客服务水平，而且可以实现低水平的库存，降低成本。

（二）重视人力资源的开发和利用

精益物流管理方法要求重视对人力资源的开发和利用，这包括对员工的培训使其掌握多种技能成为多能工。同时要求给予作业现场员工处理问题的责任，做到不将不良品移送给下道作业，确保产品的质量做到零缺陷。精益物流管理要求从局部优化到系统优化，企业的所有员工要具有团队精神，共同协作解决问题，造就一支致力于不断改善和革新的团队。

（三）小批量生产

小批量生产的优势在于能减少在制品库存，降低库存、维持成本，节约库存空间，易于现场管理。当质量问题发生时，容易查找和重新加工。在生产进度安排上允许有一定的弹性，可按需求进行调整，对市场需求的变化能做出迅速及时的反应。同时，小批量生产要求在变换产品组合时，生产线的切换程序简便化和标准化，进而使生产切换速度加快，为此要求供应商能小批量、频繁及时供货。

（四）与供应商长期可靠的伙伴关系

精益物流管理方法要求供应商在需要的时间提供需要数量的物料。进一步，要求供应商能对订货的变化做出及时、迅速的反应，具有弹性，因此，必须选择少数优秀的供应商，并与他们建立长期可靠的合作伙伴关系，分享信息情报，共同协作解决问题，实现合作伙伴间的双赢。

（五）高效率、低成本的物流运输方式

精益物流管理方法要求高效率、低成本的物流运输装卸方式，要求供应商小批量、频繁运送。但是小批量、频繁运送将增加运输成本。为了降低运输成本，精益物流管理方法要求积极寻找集装机会。另外，需要使用使小批量物品的快速装卸变得容易的设备。

（六）决策层的支持

精益物流管理方法要求企业最高决策管理层的大力支持。与视库存作为企业资产，认为库存是经营所必需的传统管理方法不同，精益物流管理办法视库存为企业负债，认为库存是浪费。精益物流管理要求对企业整个体系进行改革甚至重建，这需要大量投资和花费很多时间，也存在着较大风险，如果没有最高决策管理层的支持，企业不可能采用精益方法，即使采用了，也可能由于部门间不协调或投入资源不足，不能发挥精益的优势。

案例分析

逆向物流——精细化的报废车拆解流水线

据相关机构预测，2015 年，全国汽车保有量达 1.5 亿辆，到 2020 年有望超过 2 亿辆。根据汽车报废规律，报废汽车一般占汽车保有量的 6%～8%。以此测算，2020 年报废汽车将达到 1 200 万～1 600 万辆。

上海市从 2015 年 10 月 26 日开始启动全市的报废机动车拆解行业改革。位于上海浦东奉贤区的鑫广再生资源（上海）有限公司，成为上海市第一批也是唯一的改革试点企业。该公司试点的报废机动车资源化项目最大亮点就是“逆向物流”，打造自动化、精细化、环保化的报废车拆解流水线，实现每个岗位标准化操作，提高报废车零部件再利用率和再制造率。公司正在运行的机动车拆解流水线，可以拆解各类车型的报废机动车，年拆解能力 10 万辆。

报废汽车拆解流水线采用全自动化和机械化控制，分为环保预处理、拆解、破碎、清理场地四个步骤，全过程通常只需两小时，最快时 12 分钟就能拆解一辆报废的汽车。

其中，环保预处理环节是对污染或有害于环境的物质、材料和零部件进行无害化和安全化处理。例如，各种废液的集中抽取、安全气囊的处理和氟利昂的回收等，确保危险部件妥善收集、环保终端处置。

拆解环节强调精准化工序定位，进行精细化、无损化拆解，便于零部件再制造和再利用，提高资源回收利用率。一辆报废汽车送上拆解流水线，将从轮胎、发动机等零部件开始分类处理。

对不能再利用的汽车部件，如车门、外壳、车厢等车体部分则集中至厂房外的特定场地、等待专业破碎线“消化”。该公司的破碎线除了拥有 1 小时破碎 60 吨部件的巨大的破

碎能力，还能自动分选出回收钢铁、有色金属等各种再生材料，如车体空壳被粉碎后，会分选出拳头大小的钢铁碎块，可以直接打包送至钢厂回炉“重生”。

一般情况下，报废汽车材料的回收利用率可达95%，如图12-4所示。鑫广再生资源（上海）有限公司副总经理费文磊告诉记者，一辆约1吨的报废小轿车，经过流水线的精细化专业拆解，可获得约740千克铁、110千克有色金属、70千克塑料和36千克橡胶，资源回收利用率高达96%。

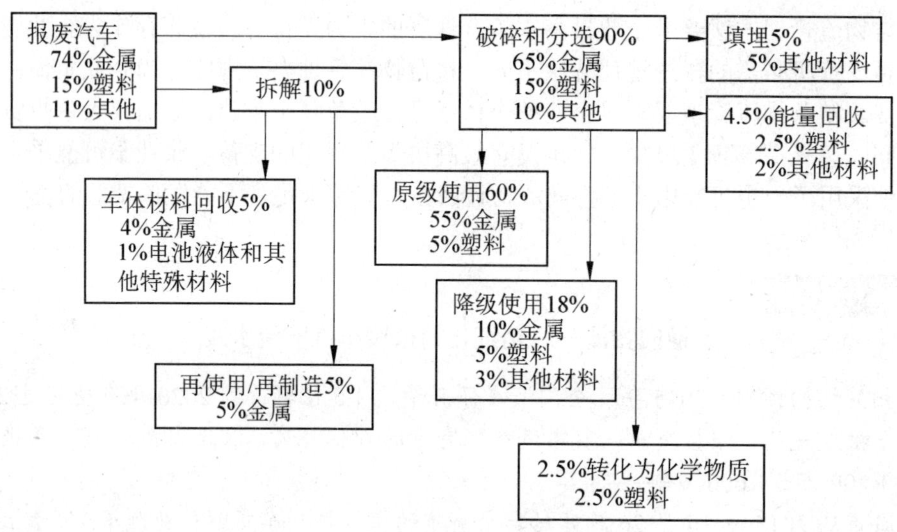

图12-4 报废汽车材料的回收利用

问题：

简述鑫广再生资源（上海）有限公司对报废汽车逆向物流的处置方式。

案例分析：

鑫广再生资源（上海）有限公司对报废汽车采用自动化、精细化、环保化的报废车拆解流水线，通过环保预处理、拆解、破碎、清理场地四个步骤完成拆解工作。对报废汽车的材料有原级使用、降级使用、再制造、再循环和填埋处理五种处置方式。

问题讨论：

1. 以报废汽车回收为例，分析逆向物流的价值。
2. 鑫广再生资源（上海）有限公司报废机动车资源化项目最大亮点：“逆向物流”，打造自动化、精细化、环保化的报废车拆解流水线，你如何理解？

复习思考题

1. 在宏观层次，绿色物流系统体现了哪4R原则？
2. 为什么要实施绿色物流？

3. 简述绿色物流的概念及最终目标。
4. 绿色物流的特征有哪些?
5. 请就运输对环境的影响进行简要分析。
6. 简述绿色包装管理的要点。
7. 企业绿色运输的措施有哪些?
8. 何谓逆向物流?
9. 按照退货来源逆向物流可以分为哪些类别?
10. 简述精益物流的含义。
11. 精益物流系统有哪些特点?
12. 请阐述精益物流管理成功的条件。

参考文献

[1]（英）艾伦·哈里森，雷姆科·范赫克. 物流管理[M]. 第4版. 北京：机械工业出版社，2013.

[2] 百度百科. 国际货物运输保险[EB/OL]. http：//baike.baidu.com/item/国际货物运输保险/6030813.

[3] 百度百科. 物联网[EB/OL]. http：//baike.baidu.com/item/物联网.

[4] 百度百科. 中欧班列建设发展规划（2016—2020年）[EB/OL]. http：//baike.baidu.com/item/中欧班列建设发展规划（2016—2020年）.

[5] 曹翠珍. 现代物流管理导论[M]. 北京：电子工业出版社，2012.

[6] 陈荣秋，马士华. 生产运作管理[M]. 第4版. 北京：机械工业出版社，2013.

[7]（美）大卫·辛奇-利维，菲利普·卡明斯基，伊迪斯·辛奇-利维. 供应链设计与管理[M]. 北京：中国人民大学出版社，2011.

[8]（美）戴维·格兰特. 物流管理[M]. 霍艳芳，等，译. 北京：中国人民大学出版社，2016.

[9]（美）道格拉斯·兰伯特，詹姆士·斯托克，莉莎·埃拉姆. 物流管理[M]. 张文杰，等，译. 北京：电子工业出版社，2012.

[10] 丁玉书，刘阳威. 物流管理概论[M]. 北京：清华大学出版社，2012.

[11] 公司报道. 中外运-敦豪：绿色物流先行者[J]. 中国物流与采购，2016（1）.

[12] 顾东晓，章蕾. 物流学概论[M]. 北京：清华大学出版社，2012.

[13]（德）汉斯·克里斯蒂安·波弗尔. 物流管理[M]. 第7版. 北京：北京出版社，2009.

[14]韩超群，刘志学. VMI & TPL供应链集成化模型与策略空间[J]. 工业工程与管理，2011（2）.

[15] 黄勇娣. 一辆报废轿车回收利用率达96%[N]. 解放日报，2015-11-17（9）.

[16] 黄征宇. 宝供物流的信息化情结[J]. 中国信息化，2009（15）.

[17] 黄中鼎. 现代物流管理学[M]. 第2版. 上海：上海财经大学出版社，2010.

[18] 霍红. 物流管理学[M]. 第2版. 北京：科学出版社，2014.

[19] 计国君，蔡远游. 物流管理[M]. 厦门：厦门大学出版社，2012.

[20] 李传荣. 物流管理概论[M]. 北京：北京大学出版社，2012.

［21］李严锋. 现代物流管理［M］. 第 3 版. 大连：东北财经大学出版社，2013.

［22］黎继子，杨卫丰. 物流管理［M］. 北京：清华大学出版社，北京交通大学出版社，2011.

［23］刘宏伟，汪传雷. 现代物流概论［M］. 北京：中国物资出版社，2012.

［24］（美）罗纳德・H. 巴罗. 企业物流管理——供应链的规划、组织和控制［M］. 王晓东，胡瑞娟，等，译. 北京：机械工业出版社，2003.

［25］马士华. 新编供应链管理［M］. 北京：中国人民大学出版社，2013.

［26］钱丽娜. UPS：让"灵活物流"成为中国企业的核心竞争力［J］. 商学院，2017（1）.

［27］商凤敏. 基于供应链的准时化采购方式在制造企业中的应用研究［J］. 物流工程与管理，2014（5）.

［28］（美）斯坦利・E. 福西特，莉萨・M. 埃尔拉姆，杰弗里・A. 奥格登. 供应链管理：从理论到实践［M］. 蔡临宁，邵立夫，译. 北京：清华大学出版社，2009.

［29］宋华，于亢亢. 现代物流管理［M］. 第 2 版. 北京：中国人民大学出版社，2012.

［30］（美）苏尼尔・乔普拉，彼得・迈因德尔. 供应链管理：战略，规划和运行［M］. 陈荣秋，等，译. 北京：中国人民大学出版社，2011.

［31］苏宁云商集团股份有限公司. 2015 苏宁云商社会责任报告［EB/OL］. http：//www.suning.cn/.

［32］（美）唐纳德 J. 鲍尔索克斯，戴维 J. 克劳斯. 物流管理：供应链过程一体化［M］. 林国龙，等，译. 北京：机械工业出版社，2003.

［33］（美）唐纳德 J. 鲍尔索克斯，戴维 J. 克劳斯，等. 供应链物流管理［M］. 原书第 4 版. 马士华，等，译. 北京：机械工业出版社，2015.

［34］涂传清，黄海燕. 国家标准 GB/T 20523—2006《企业物流成本构成与计算》实施中存在的问题及对策［J］. 中国管理信息化，2011（2）.

［35］王雷，解鹏，王传磊. 报废汽车拆解现状及工艺探讨［J］. 资源再生，2016（4）.

［36］王玉，江宏. 苏宁物流：打造开放型物流平台［J］. 物流技术与应用，2015（9）.

［37］文贵春，李平. 基于供应链下上海通用汽车整车分销物流的方案实施［J］. 企业改革与管理，2016（4）.

［38］（美）小保罗・R. 墨菲，唐纳德・F. 伍德. 当代物流学［M］. 第 9 版. 北京：中国人民大学出版社，2009.

［39］（美）肖尚纳・柯恩，约瑟夫・罗塞尔. 战略供应链管理［M］. 李伊松，等，译. 北京：机械工业出版社，2016.

［40］轩召强，葛俊俊，王宸. 上海推报废机动车拆解试点项目 打破原有"1+4+1"运作模式［EB/OL］. http：//sh.people.com.cn/n/2015/1113/c134768-27093097-2.html.

［41］燕庆明. 物联网技术概论［M］. 西安：西安电子科技大学出版社，2012.

［42］叶宁勇. 基于物联网技术的物流信息监管系统研究［J］. 商场现代化，2015（1）.

[43]（美）詹姆斯·C. 约翰逊，唐纳德·F. 伍德，丹尼尔·L. 沃德洛，等. 现代物流学[M]. 张敏，译. 北京：社会科学文献出版社，2003.

[44]（美）詹姆士 R. 斯托克. 战略物流管理[M]. 北京：中国财经经济出版社，2003.

[45] 张弛. 开往欧洲的列车——中欧货运班列调查 [J]. 凤凰周刊，2015（11）.

[46] 张书源，张文杰. 物流学概论[M]. 上海：复旦大学出版社，2011.

[47] 张余华. 面向客户需求的大规模定制策略[M]. 北京：清华大学出版社，2010.

[48] 张余华. 欧盟物流管理[M]. 北京：高等教育出版社，2010.

[49] 张余华. 现代物流管理[M]. 第2版. 北京：清华大学出版社，2010.

[50] 智雅. 服装业退货一年600亿美元怎么解决？[N]. 中国服饰报，2016-7-15（10）.

[51] 周鹤. 企业物流成本控制研究——以长治液压有限公司物流成本控制为例[J]. 物流技术，2015（8）.